2012年10月，李新应邀出席在俄罗斯总统官邸新奥加廖沃举行的座谈会。

2016年12月，李新应特别邀请出席俄罗斯议会上院主席B.马特维延科主持的欧亚经济一体化专题会议并发表"一带一路"对接欧亚经济联盟构建亚欧经济伙伴关系的演讲。

2016年12月，李新应邀出席俄罗斯上院主席B.马特维延科主持的欧亚经济一体化专题会议并与其进行深入交流。马特维延科主席为李新专著《俄罗斯经济再转型：创新驱动现代化》签名留念。

2013年12月，李新和俄罗斯铁路总公司总裁B.亚库宁讨论俄罗斯参与共建"一带一路"问题。

2017年10月，李新与吉尔吉斯斯坦前总理奥托尔巴耶夫夫妇在希腊"世界文明对话"罗德岛论坛期间探讨中吉乌铁路问题。

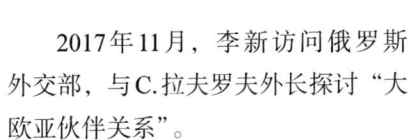

2017年11月，李新访问俄罗斯外交部，与C.拉夫罗夫外长探讨"大欧亚伙伴关系"。

2014年3月,俄罗斯科学院举行主席团会议,讨论"跨欧亚发展带"及其与"一带一路"对接合作构想,李新做报告。

2014年6月，李新应邀出席国际1520铁路国际论坛并就丝绸之路经济带与"跨欧亚发展带"对接合作发表演讲。

2014年6月，李新与哈萨克斯坦前总理A.马明在国际论坛嘉宾席上。

2014年7月，应上海国际问题研究院邀请，B.亚库宁率俄罗斯铁路总公司代表团来上海就丝绸之路经济带与"跨欧亚发展带"合作进行深入探讨。

2017年6月，李新应邀出席圣彼得堡国际经济论坛上海合作组织与大欧亚伙伴关系建设前景专场会议，与俄罗斯总统上合组织事务特别代表Б.哈基莫夫、时任上海合作组织秘书长Р.阿利莫夫在主席台上。

2016年5月，李新应邀出席俄罗斯国际事务委员会举办的第二届"俄罗斯和中国"国际论坛。

2016年5月，李新在"俄罗斯和中国"国际论坛上的演讲得到俄罗斯副外长 И.莫尔古洛夫（上图）和前外长 И.伊万诺夫（下图）以及政界和学界人士的肯定。

2013年9月，李新在参加瓦尔代俱乐部年会期间与摩尔多瓦前总统P.卢钦斯基畅谈共建丝绸之路经济带。

2015年9月，李新在波罗的海论坛期间与波兰前总理W.齐莫舍维奇共进晚餐，畅谈与波兰共建"一带一路"问题。

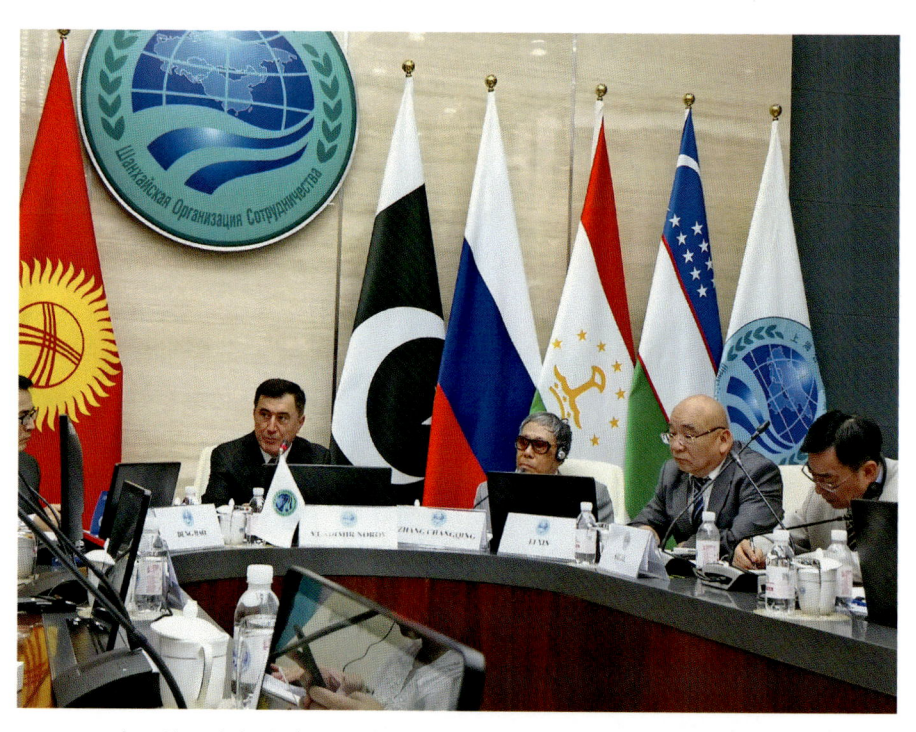

2019年6月，李新出席上海合作组织秘书处上海合作组织咨询委员会会议，左一为上海合作组织秘书长B.诺罗夫。

2021年6月，在中国外交部支持下，中国-上海合作组织国际司法交流合作培训基地、上海政法学院和中国上海合作组织研究中心、中国国际问题研究院共同举办第二届上合高端论坛，庆祝上海合作组织成立20周年。中国政府欧亚事务特别代表李辉、上海合作组织秘书长B.诺罗夫等出席开幕式。

2021年6月，李新与中国政府欧亚事务特别代表李辉、上海合作组织秘书长B.诺罗夫等与会嘉宾在上海西郊宾馆逸兴亭合影。2001年6月，中国、俄罗斯、哈萨克斯坦、乌兹别克斯坦、吉尔吉斯斯坦和塔吉克斯坦六国元首在这里宣布成立上海合作组织。

2023年7月，李新应邀出席哈萨克斯坦外交部主办的首届中亚安全与合作论坛，与俄罗斯科学院世界经济与国际关系研究所主席A.邓金院士、哈萨克斯坦总统战略研究所所长E.土库莫夫、伊朗外交部副部长兼政治和国际关系研究所所长穆罕默德·谢赫勒斯莱米共同探讨上海合作组织共建"一带一路"问题。

上海合作组织
构建亚欧经济伙伴关系的平台

Shanghai Cooperation Organization
Building a Platform for Eurasian Economic Partnership

李新 / 著

世界知识出版社

图书在版编目（CIP）数据

上海合作组织：构建亚欧经济伙伴关系的平台 / 李新著.——北京：世界知识出版社，2024.6
ISBN 978-7-5012-6719-4

Ⅰ.①上… Ⅱ.①李… Ⅲ.①上海合作组织—研究 Ⅳ.①D814.1

中国国家版本馆CIP数据核字（2024）第013802号

书　　名	上海合作组织：构建亚欧经济伙伴关系的平台 Shanghai Hezuo Zuzhi: Goujian Yaou Jingji Huoban Guanxi De Pingtai
作　　者	李　新
责任编辑	蒋少荣　范景峰
责任出版	赵　玥
责任校对	陈可望
出版发行	世界知识出版社
地址邮编	北京市东城区干面胡同51号（100010）
网　　址	www.ishizhi.cn
电　　话	010-65233645（市场部）
经　　销	新华书店
印　　刷	北京虎彩文化传播有限公司
开本印张	787毫米×1092毫米　1/16　24印张
字　　数	390千字
版次印次	2024年6月第一版　2024年6月第一次印刷
标准书号	ISBN 978-7-5012-6719-4
定　　价	108.00元

版权所有　侵权必究

前　言

21世纪第一个20年结束之时，美国"退群"，英国"脱欧"，美元武器化，疫情政治化，美西方滥用贸易制裁大棒挑起贸易摩擦和产业链"脱钩"。单边主义、保护主义严重破坏了既有的国际政治经济秩序和全球治理体系，极大动摇了多边治理体系的根基。美西方火上浇油，使乌克兰危机不断扩大，进一步加剧了世界格局的紧张动荡。世界贸易组织、国际货币基金组织等全球多边治理体系已经无力塑造适应全球经济新变化的多边贸易规则，国际经贸合作呈现区域自由化特征。另外，以人工智能、大数据、量子科技为代表的新一轮科技革命和产业革命正在蓬勃开展，推动人类生产方式和生活方式发生革命性变革，进而改变不同国家的比较优势和竞争优势。新兴力量必然谋求与自身利益诉求相符合的国际秩序与国际规则，从而加速推动全球治理体系与国际秩序的变革。

在21世纪第一个20年结束之时，中国已成为世界第二大经济体，国家治理体系日臻完善，治理能力日益提高；中国科技实力、国防现代化能力不断增强，综合实力、国际地位和影响力快速上升；中国方案和中国智慧逐渐被世界各国所接受；第一个百年奋斗目标成功实现，中国特色社会主义建设进入新时代，中国踌躇满志地奔向第二个百年奋斗目标——全面建成社会主义现代化强国，以中国式现代化全面推进中华民族伟大复兴。

新时代的中国深刻把握中华民族伟大复兴战略全局和世界百年未有之大变局，推动构建人类命运共同体。中国坚持对话协商、共商共建共享、合作共赢、交流互鉴和绿色低碳原则，主张建设一个持久和平、普遍安全、共同繁荣、开放包容和清洁美丽的世界。中国倡导上海合作组织（简称"上合组织"，SCO）为推动构建人类命运共同体作出更多实践性探索：加强抗疫合作，构建卫生健康共同体；维护安全和稳定，构建安全共同体；深化务实合作，构建发展共同体；促进民心相通，构建人文共同体。上海合作组织成员国重申，"倡议推动构建相互尊重、公平正义、合作共赢的新型国际关系，形成构建人类命运共同体的共同理念具有重要现实意义"。

共建"一带一路"是构建人类命运共同体的实践平台。"一带一路"倡议提倡投资和贸易自由化，反对保护主义，提倡建设开放型世界经济，推动经济全球化朝着更加开放、包容、普惠、平衡、共赢的方向发展，以发展为导向，完善全球治理。上合组织二十多个参加国都是最早参与共建"一带一路"的国家。中蒙俄经济走廊和中巴经济走廊、中哈产能合作成为共建"一带一路"的样板；"一带一路"与欧亚经济联盟合作成为"欧亚全面伙伴关系"和亚欧经济伙伴关系建设的核心。上合组织成为共建"一带一路"的重要平台，也是中国加快实施自由贸易区战略、构建国内国际双循环发展格局的先锋区域。

俄罗斯推进欧亚一体化进程从"小欧亚"到"大欧亚"，与中国"一带一路"倡议并行不悖，协调发展。进入21世纪，随着欧盟和北约东扩进程加快，俄罗斯加强了后苏联空间的欧亚一体化进程，主要机制包括独联体自贸区、俄罗斯－白俄罗斯联盟国家、俄罗斯－白俄罗斯－哈萨克斯坦关税同盟、欧亚经济共同体和欧亚经济联盟。2015年中俄《关于丝绸之路经济带建设和欧亚经济联盟建设对接合作的联合声明》使欧亚经济联盟的外延越出后苏联空间走向整个亚欧大陆，该声明试图加强与上合组织、东盟和"一带一路"合作，并以上合组织为制度架构致力于建设"大欧亚伙伴关系"。新时代中俄全面战略协作伙伴关系可以而且能够引领和保障"大欧亚伙伴关系"建设和"一带一路"建设相互协调、契合与合作。

新时代中俄全面战略协作伙伴关系是"一带一路"建设和欧亚经济联盟建设对接合作的政治基础。《中俄睦邻友好合作条约》签署20周年之际，两国元首发表联合声明，在更高起点、更大范围、更深层次上推进合作。中俄两国关系达到历史最高水平，成为互信程度最高、协作水平最高、战略价值最高的新型国际关系的典范。"世代友好、永不为敌"理念符合两国根本利益，契合和平与发展的时代主题，是构建新型国际关系和人类命运共同体的生动实践。在世界进入动荡变革期、人类发展遭遇多重危机背景下，中俄密切协作，成为维护国际战略平衡与世界和平稳定的重要因素。

中国和上合组织其他成员国以上合组织为平台共建"一带一路"，实现了"一带一路"与欧亚经济联盟的对接合作。坚持跨境硬件基础设施和双边规则、标准、法律制度等软件基础设施对接合作，分别实施"硬联通"和"软联通"，重点是后者，即贸易和投资规则的制定。在交通基础设施、物流和多式联运方面加强互联互通，共同实施基础设施建设，如中俄之间的黑河跨境公路大桥和同江铁路大桥、石油和天然气运输管道，连接中俄哈的"双西公路"建设，如火如荼的中欧班列等。在条件成熟的领域建立贸易便利化机制，在有共同利益的领域制定共同措施，协调并兼容相关管理规定和标准、经贸等领域政策，研究推动将2019年生效的《中国与欧亚经济联盟经贸合作协定》转型升级为中国与欧亚经济联盟自由贸易协定，并探讨在此基础上建立上合组织自贸区的必要性和可能性。

上合组织自贸区具有质的规定性和量的规定性。从质的规定性来看，上合组织参加国相互合作有着坚实的政治基础。它们不断加强政治互信，保持着良好的交往势头，堪称新型国际关系的典范。上合组织成员国间进出口结构互补性较强，能够产生良好的国际贸易效果，具有良好的经济基础。从量的规定性来看，利用全球贸易分析项目（GTAP）模型对上合组织自贸区进行模拟可以得出结论：中国与其他成员国之间贸易互补性大于竞争性，各国具有国际竞争优势的产业各不相同，贸易发展极不平衡，贸易效率不高，但存在较大的贸易合作潜力空间。

随着世界贸易组织等多边谈判阻滞，区域贸易协定（RTA）成为国际经贸规则的重要载体。贸易协定的区块化发展使得中国与欧亚经济联盟、上合组织、"一带一路"共建国家、欧盟、东盟以及《区域全面经济伙伴关系协定》（RCEP）成员国、《全面与进步跨太平洋伙伴关系协定》（CPTPP）成员国之间的自贸区也呈现出网络化发展的格局。可以设想，以上合组织为平台实现共建"一带一路"和俄罗斯"大欧亚伙伴关系"倡议相辅相成的合作，使"一带一路"不仅在硬件基础设施而且在软件基础设施上联通亚欧地区一系列区域经济一体化进程，构建亚欧经济伙伴关系（亦即中俄在2017年提出的构建"欧亚经济伙伴关系"），即以中国为核心的"立足周边，辐射'一带一路'，面向全球的高标准自由贸易区网络"，将促进贸易和投资自由化便利化，有利于建设开放型世界经济，推动经济全球化朝着更加开放、包容、普惠、平衡、共赢的方向发展，并有利于各国共同构建人类命运共同体。

目 录

第一章　上海合作组织的成立及其经济与合作 1
　　第一节　上海五国与上海合作组织 3
　　第二节　上海合作组织的成立及其宗旨 11
　　第三节　上海合作组织国家经济概述 22
　　第四节　上海合作组织经济合作20年：成就与经验总结 52

第二章　构建上海合作组织命运共同体：中国方案与智慧 79
　　第一节　人类命运共同体理念的形成和发展 82
　　第二节　构建更加紧密的上海合作组织命运共同体 92
　　第三节　"一带一路"是推动构建人类命运共同体的实践平台 99
　　第四节　中国加快实施自由贸易区战略 115
　　第五节　中国统一大市场建设与国内区域经济一体化 130

第三章　上海合作组织：共建"一带一路"重要平台 149
　　第一节　上合组织是共建丝绸之路经济带的重要平台 152
　　第二节　中蒙俄经济走廊与"冰上丝绸之路" 161
　　第三节　丝绸之路经济带与中亚经济战略对接合作 177
　　第四节　中巴经济走廊 198

第四章　上海合作组织：俄罗斯"大欧亚伙伴关系"构架 213
　　第一节　俄罗斯的小欧亚：欧亚经济联盟 215
　　第二节　俄罗斯"大欧亚伙伴关系"主要内容 228

第三节　俄罗斯落实"大欧亚伙伴关系"的构想 236
　　第四节　上合组织是"大欧亚伙伴关系"的基石 253

第五章　中俄在上海合作组织中的引领作用：中俄新时代全面战
　　　　略协作伙伴关系 261
　　第一节　中俄关系及其发展趋势 264
　　第二节　中俄经济合作的潜力有待进一步挖掘 277
　　第三节　俄罗斯远东开发与中国东北振兴战略及其对接 287
　　第四节　中俄产能务实合作基本思路 305

第六章　上合组织：亚欧经济伙伴关系愿景 315
　　第一节　亚欧经济伙伴关系的核心："一带一路"和欧亚经济
　　　　　　联盟合作 318
　　第二节　亚欧经济伙伴关系的基本形式：上合组织自贸区 329
　　第三节　亚欧经济伙伴关系愿景：中国方案 347

后　　记 371

第一章　上海合作组织的成立及其经济与合作

上海合作组织（简称"上合组织"，俄文名称为Шанхайская Организация Сотрудничества，俄文缩写为ШОС，英文名称为Shanghai Cooperation Organization，英文缩写为SCO）于2001年在上海成立。其前身是"上海五国"，源于1987年开始的中苏第三次边界谈判。1991年12月苏联解体，俄罗斯、哈萨克斯坦、吉尔吉斯斯坦和塔吉克斯坦等15个苏联加盟共和国相继宣布独立。中苏边界谈判继续以中国与俄、哈、吉、塔分别谈判和中国与上述四国联合代表团谈判的形式进行。1996年4月，中、俄、哈、吉、塔五国在上海举行第一次元首会晤，中国与俄、哈、吉、塔签署了《关于在边境地区加强军事领域信任的协定》，此事奠定了五国合作的基础，该五国史称"上海五国"。2001年6月，"上海五国"邀请乌兹别克斯坦参加在上海成立的上海合作组织，加强安全和经济合作，联合打击恐怖主义、分裂主义和极端主义，维护地区安全与稳定，繁荣地区经济，促进社会发展。上海合作组织成立20多年来，在安全、经济、人文等领域积极开展了富有成效的合作，取得了举世瞩目的合作成果，成员国从6个扩大到2022年的9个，成为国际舞台上一支影响力越来越大的政治力量。

第一节　上海五国与上海合作组织

一、上海五国机制的形成

1991年12月苏联解体，15个加盟共和国宣告独立。俄罗斯联邦宣布自己为苏联的国际法继承者，并承认中苏边界谈判的成果。1992年2月，俄联邦最高苏维埃高票批准了《关于中苏国界东段的协定》，随后中俄两国外长在北京互换了协定批准书。这是有关中苏边界的第一个国际文件，它不仅解决了两国东段边界97%的领土争端，而且为两国长期睦邻友好打下了良好的基础。

苏联解体后，新独立的哈萨克斯坦、吉尔吉斯斯坦和塔吉克斯坦成为中国西部地区的新邻国。原中苏西段边界变成了中国与俄罗斯、哈萨克斯坦、吉尔吉斯斯坦、塔吉克斯坦四国的边界。1992年9月，俄、哈、吉、塔四国代表在白俄罗斯首都明斯克签署了一项关于联合组团与中国进行边界和边境地区裁军和军事信任谈判的协议。原中苏边界谈判以"五国两方"（即中方与"联方"）的新模式在平等协商、互谅互让的基础上继续进行。中国领导人与上述四国领导人多次就彻底解决边界问题交换了意见，并达成共识。1994年9月，中俄两国签署了《关于中俄国界西段的协定》。1994年4月，中哈签署了《中国和哈萨克斯坦关于中哈国界的协定》。1996年7月，中吉签订《中国和吉尔吉斯共和国关于中吉国界的协定》。1999年8月，中塔签订《中国和塔吉克斯坦关于中塔国界的协定》。中国同俄、哈、吉、塔四国之间的第一批国界协定签订后，还剩下一些争议地区。中国领导人先后与相关国家领导人当面沟通，最后共同作出政治决断，同意既考虑历史因素，又尊重现实情况，兼顾双方利益，彻底解决边界问题。2004年10月，中俄两国签署了《关于中俄国界东段的补充协定》，明确了黑瞎子岛、珍宝岛以及阿巴该图洲渚等争议地区的归属问题。中国同哈萨克斯坦、吉尔吉斯斯坦和塔吉克斯坦也先后解决了剩余的争议地区归属问题，并于1997年9月、1998年7月签订了《中国和哈萨克斯坦关于中哈国界的补充协定》，1999年8月签订《中国和吉尔吉斯斯坦关于中吉国界的补充协定》，2000年7月签订《中国、塔吉克斯坦和吉尔吉斯共和国关于三国国界交界点的协定》。这标志着长达4,300多公里的中俄边界线、1,700多公里的中哈边界线、约1,100公里的中吉边界线和约600公里的中塔边界线最终全部划定。至此，历时近40年曲折艰辛的中苏、中俄、中哈、中吉、中塔边界谈判终于画上了句号。这是互利共赢的结果。它不仅一劳永逸地消除了历史遗留下来的国家关系隐患，而且为国际社会和平解决边界争端树立了成功的典范。

俄罗斯在独立初期奉行对西方"一边倒"的外交政策，却换来了北约东扩的结果，于是开始转向东西方平衡外交。1992年年底，俄罗斯总统叶利钦首次访华，中俄签署了《关于中华人民共和国和俄罗斯联邦相互关系基础的联合声明》，实现了中俄关系对中苏关系的顺利继承。1993年俄国内民族主义、中左派势力和俄共支持率上升，激进派受挫，盖达尔退出政府，军方也加入了对亲西方外交政策的批评。1994年年初，叶利钦致信江泽民，提出建立"面向21世纪的建设性伙伴关系"的建议。9月江泽民访俄时中俄正式确立了"面向21世纪的不对抗、不结盟的新型伙伴关系"，并签署了两国领导人《关于互不首先使用核武器和互不将战略核武器瞄准对方的联合声明》。与此同时，1992年美国不顾中方强烈反对与台湾当局达成出售150架F-16战斗机的交易，金额达60亿美元。1995年6月，针对李登辉"访美"，大陆于同年7月、8月、11月和1996年3月在东海和台湾海峡举行了一系列军事演习，史称"1996年台海危机"。中俄两国所面临的外部地缘政治局势促进了双边关系的进一步加强。1996年4月，叶利钦再次访华，中俄将此前"面向21世纪的建设性伙伴关系"提升为"面向21世纪的战略协作伙伴关系"，并建立两国领导人定期会晤机制。从该地区的内部因素来看，苏联解体后该地区出现了15个独立国家。它们还没有来得及建立完备的国家制度和体制，缺乏成熟的外交政策。包括俄罗斯在内的"新国家"都经历着相互之间传统的政治、经济、社会联系中断和转型带来的剧烈"阵痛"，有些国家甚至陷入战乱的旋涡。在南高加索，阿塞拜疆和亚美尼亚争夺"纳卡"的战争从1989年持续到现在仍未得到解决，数千人死亡，上百万人流离失所；格鲁吉亚因内部民族矛盾造成分裂，阿布哈兹和南奥塞梯宣布独立。阿富汗则军阀混战，战火很快燃遍全境，并出现恐怖主义、毒品和武器交易向中亚溢出的迹象。中亚国家的极端势力受到鼓舞，不断制造恐怖袭击等事端，如1999年上半年在乌兹别克斯坦和哈萨克斯坦发生的恶性恐怖事件。塔吉克斯坦于1992年爆发旷日持久的内战，直到1997年实现民族和解，才彻底从动荡中走出来。中亚各国边界源自苏联行政区划调整，各民族、种族呈杂居状态，随着苏联的解体，各种民族、种族、部落、边界矛盾凸显出来，各国相互争夺水资源，矛盾纷繁复杂。各种民族极端主义、分裂主义和恐怖主义蔓延、肆虐，毒品走私和其他跨国犯罪活动难以遏制。西方和北约集团也虎视眈眈，试图填补因苏联解体在中亚出现的地缘政治真空，使中亚国家和俄罗斯、中国都面临着周边安全环境恶化的现实挑战。另外，地处内陆的中亚国家在扩大对外经济交往过程中遇到严重的瓶颈，它们需要发展交通运输业将自己丰富的能源、农产品、矿产原料等出口到世界上更多的国家，需要引进外资和技术摆脱对农业和原材料的依赖，实现工业化。它们经济不能自给自足，对俄罗斯依赖性很强，同时开始探索与中国的经济合作。

早在1990年4月，中国与苏联就签署过有关在两国边境地区相互缩减武装力量和增进军事领域信任措施的原则协定。苏联解体后，在上述背景下，1992年3月，中国与俄罗斯、哈萨克斯坦、吉尔吉斯斯坦、塔吉克斯坦四国联合代表团就中国同四国在边境地区裁减军事力量和加强军事信任问题举行谈判。谈判以中国为一方，以四国联合代表团为另一方。到1995年年底，双方共进行了22轮谈判。1996年4月26日，中、俄、哈、吉、塔五国元首在上海举行首次会晤，讨论了共同边界的安全问题，并决定启动五国元首定期会晤机制，史称"上海五国"机制。会晤期间以中国为一方，以俄、哈、吉、塔四国为另一方签署了《关于在边境地区加强军事领域信任的协定》，规定双方部署在边境地区的军事力量互不进攻，不进行针对对方的军事演习，限制军事演习的规模、范围和次数，相互通报在边境100公里纵深地区的重要军事活动情况，彼此邀请观察实战演习，预防危险军事活动，加强双方边境地区军事力量和边防部队之间的友好交往，等等。1997年4月，"上海五国"元首在莫斯科会晤期间签署了以中国为一方，以俄、哈、吉、塔四国为另一方的《关于在边境地区相互裁减军事力量的协定》。根据协定，双方将边境地区的军事力量裁减到与睦邻友好相适应的水平，使其只具防御性；互不使用武力或以武力相威胁，不谋求单方面军事优势；双方部署在边境地区的军事力量互不进攻；裁减和限制部署在边界两侧各100公里纵深的军事人员和武器数量；交换边境地区军事力量的有关材料；对协定执行情况进行监督；等等。这两个协定的签署，是在特殊历史条件下中国与俄罗斯和中亚国家关系实现正常化的重大举措，目的是消除冷战时期中苏长期对抗局面和潜在威胁，为建立真正的睦邻友好关系扫清障碍。这两个协定的签署在欧亚地区产生了积极影响，有助于该地区的国家之间形成良性互动的关系，并为探索建立区域合作新模式打下了坚实的基础。

1998年7月，五国元首在哈萨克斯坦阿拉木图举行第三次会晤。此次会晤不再是以中国为一方，以俄、哈、吉、塔为联合的另一方的"五国两方"格局，而是变成了"五国五方"多边会晤机制。会晤的注意力开始转向确保边境地区社会秩序的稳定和加强地区安全合作。《阿拉木图联合声明》重申坚持相互尊重主权和领土完整、平等、互不干涉内政等公认准则，主张通过友好协商解决国家间的争端和分歧；同意就安全问题积极进行双边和地区对话与磋商，欢迎本地区对此感兴趣的所有国家参与这一进程；称各方将采取措施，打击任何形式的民族分裂主义、宗教极端主义、国际恐怖主义、有组织犯罪、偷运武器、贩卖毒品和麻醉品以及其他跨国犯罪活动，不允许利用本国领土从事损害五国中任何一国的国家主权、安全和社会秩序的活动。此次会晤首次将五国间的合作从安全领域扩大到经济领域，强调大规模经济合作对于巩固地区和平与稳定具有重要作用，五国称将加强和鼓励所有经济领域，包括油气管道基础设施，以及铁路、公路、水运和空运领域的大规模长期合作，发展平等互利的经济合作，包括改善投资环境，相互提供国际通用的贸易条件。《阿拉木图联合声明》标志着"上海五国"之间的合作已超越了解决边境问题的狭窄范围，表达了五国在政治、安全、经济领域全面发展相互关系和合作的愿望。1999年8月，"上海五国"元首在吉尔吉斯斯坦首都比什凯克举行会晤，重申加强上述领域合作的同时，表示愿举行不定期的国家元首、政府首脑会晤，以及包括外长、国防部长、经济和文化部门负责人会晤在内的各个级别的经常接触和磋商。面对俄罗斯和中亚地区以及中国新疆日益猖獗的恐怖主义、分裂主义和极端主义"三股势力"[①]给该地区安全形势造成的威胁，《比什凯克声明》特别强调共同打击国际恐怖主义和其他跨国犯罪行为，决定在比什凯克建立"反恐怖活动协调中心"，从而成立了"上海五国"第一个针对外部势力采取协同行动的机构。2000年7月，"上海五国"元首在塔吉克斯坦首都杜尚别举行会晤，对"上海五国"机制形成以来的成果进行了总结，充分反映了五国人民永结友好的共同心愿。在充分肯定"上海五国"在维护本地区安全与稳定方面发挥的日益重要的积极作用的基础上，五国强调必须进一步充实和完善"上海五国"机制，使其制度化并逐步形成五国多层次、多方面的合作机制，各方决心深化五国在政治、经贸、外交、军事和其他领域的合作，以巩固地区的安全与稳定。首次提出开展联合演

---

① "三股势力"，是对肆虐于中亚各国及周边国家的民族分裂势力、宗教极端势力和暴力恐怖势力的统称。

习和交流等加强军事合作的愿望,以及举行五国国防部长会议和国防机构间的磋商。

二、"上海五国"机制发展的成果和积极意义

"上海五国"机制的产生是20世纪90年代下半期国际关系史上的重大事件。在其存续的五年里,"上海五国"逐步确立了"睦邻友好、平等互利、团结协作、共同发展"的指导原则,在边界、安全、经贸、国际关系等领域开展了卓有成效的合作,不断取得更大的成果,为该机制的进一步深入发展和成功转型打下了坚实的基础。成员国从建立边境地区军事互信入手,把相互合作逐步扩大到维护地区安全和稳定等广泛领域,从而使"上海五国"进程取得了令人瞩目的成功。"上海五国"进程是当代国际关系中一次重要的外交实践。它首倡了以相互信任、裁军与合作安全为内涵的新型安全观,丰富了由中俄两国始创的以结伴而不结盟为核心的新型国家关系,提供了以大小国共同倡导、安全先行、互利协作为特征的新型区域合作模式。

第一,这一机制解决了中苏历史遗留问题。苏联解体后,中、俄、哈、吉、塔五国为了结束20世纪60年代形成的军事对峙状态和解决中苏边境的历史遗留问题,以中国为一方,以俄、哈、吉、塔四国为另一方,延续了中苏之间于1987年恢复的解决边界问题的谈判。1996年双方在平等协商、互谅互让的基础上,在上海签署了《关于在边境地区加强军事领域信任的协定》,翌年又在莫斯科签署了《关于在边境地区相互裁减军事力量的协定》。这两个协定的签署不仅正式结束了中苏边境地区持续了30多年的紧张局势,将中国与俄、哈、吉、塔之间长达7,000多公里的边界变成了和平、安定和信任地带,同时也向全世界展示了正在探索中的地区安全合作新模式,为国际社会寻求超越冷战思维,探索新型国家关系、新型安全观和新型区域合作模式提供了重要的经验。"上海五国"的发展历程,体现了一种具有鲜明时代特征的精神,即睦邻互信、平等互利、团结协作、共同发展。2001年,中国国家主席江泽民进一步将这一时代精神概括为"互信、互利、平等、协商,尊重多样文明、谋求共同发展",并称其

为"上海精神"。①他指出,"上海精神"不仅是五国处理相互关系的经验总结,而且对推动建立公正合理的国际政治经济新秩序也具有重要的现实意义,指明了这一精神的重要历史意义和国际意义。

第二,这一机制保障了该地区的安全与稳定。哈萨克斯坦、吉尔吉斯斯坦和塔吉克斯坦所处的中亚地区位于亚欧大陆的中心,是各种文化、宗教、政治、经济利益的交汇点,随着苏联解体和5个年轻国家的独立,这里形成了地缘政治"真空",各种国际势力相继涌入,积极渗透,使中亚地区的地缘形势骤然紧张。此外,长期被压制的民族、宗教等因素在新独立的中亚各国政治经济生活中突然活跃起来,并与该地区恐怖主义组织发生着千丝万缕的联系。民族分裂主义、宗教极端势力、恐怖活动、毒品贩卖、武器走私等跨国犯罪活动猖獗,恐怖分子在中亚各国制造系列爆炸、绑架、凶杀等恐怖事件,企图推翻中亚各世俗政权。这都使中亚各国领土主权的巩固乃至整个地区的安全稳定面临严峻挑战。因此,自1998年阿拉木图会晤后,五国领导人都强调要采取联合行动,打击对地区安全、稳定、发展构成主要威胁的"三股势力"及武器、毒品走私等犯罪活动。"上海五国"框架内的安全合作逐渐具体化、机制化,多渠道、多层面合作已成为维护地区安全与稳定的重要保障。

第三,这一机制促进了"上海五国"经济发展。20世纪70年代末,中国开始实行改革开放,以经济建设为中心,加快了经济发展速度。90年代,俄罗斯和中亚各国实行市场化改革,在经历了痛苦的转型之后,经济从1996年开始缓慢复苏。加快提高经济发展水平,改善民生等已成为各国的共同愿望。便利的地缘条件,各国间的经济互补性,使"上海五国"很快在这一领域达成合作的意愿。五国元首决定改善本国投资、贸易环境,为企业进行正常商业活动提供便利条件。这使得中国与"上海五国"其他四个成员国的货物贸易额从1992年的62.7亿美元增加到2000年的97.5亿美元,成员国之间的相互贸易达到267.4亿美元。"上海五国"积极的经贸合作有效支持了各成员国国民经济的恢复与发展,提高了成员国应对经济全

---

① 江泽民:《深化团结协作 共创美好世纪——在"上海合作组织"成立大会上的讲话》,中国政府网,2001年6月15日,http://www.gov.cn/gongbao/content/2001/content_60948.htm,访问日期:2021年3月23日。

球化的能力。

第四，构建新型国家关系、安全观和区域合作模式。20世纪90年代，中国和俄罗斯以及中亚各国均处于社会经济重大变革时期，国家政治体制的完善、国民经济的发展都需要相对安定的国际环境。然而冷战结束后，世界仍不太平，霸权主义和强权政治依然大行其道，冷战思维还在国际政治舞台蔓延，对"上海五国"的和平发展构成严重威胁。"上海五国"坚持不结盟、不对抗、不针对第三国的原则，在确立睦邻互信关系的基础上，各成员国就重大国际问题达成共识，相互之间协调立场，相互支持，密切合作，共同伸张国际正义，从而有力维护了成员国选择各自政治经济发展道路的权利，推动了地区乃至世界政治的多极化发展。"上海五国"的吸引力，不仅在于成员国在军事互信、维护安全和稳定、发展经贸合作等方面取得了世界瞩目的成果，还在于五国共同为抵制地缘政治冷战思维和霸权主义积极探索出了新型国家关系、安全观、区域合作模式的成功经验。所谓新型国家关系、安全观的一个重要内容就是在相互信任的基础上，通过对话与协商，最大限度地减少国与国边境地区的军事力量和军事活动，加强相互之间的友好往来，建立睦邻友好的边界，从而维护各国的国家安全和地区安全，进一步推动相互关系和相互合作的发展。这种新型国家关系和安全观与和平共处五项原则及其他国际关系准则在精神上是一致的。"上海五国"之间形成的新型区域合作模式，是开放的多边合作机制。它不针对第三国，欢迎本地区所有有意愿的国家参加，以促进本地区和世界的和平与发展。

总而言之，"上海五国"机制的形成是20世纪90年代下半期国际关系发展历史上的重大事件。它的发展历程体现了一种具有鲜明时代特征的精神，这就是"睦邻互信、平等互利、团结协作、共同发展"。和平与发展是国际社会的时代主题，通过共同发展来提高各国综合实力是一切爱好和平国家的共同意愿。"上海五国"机制的形成与发展顺应了全球历史潮流，符合各成员国利益，是冷战结束后亚欧大陆上出现的一种新的合作机制。随着这一机制的进一步发展，它在各个成员国政治、安全、经济、社会发展中发挥着越来越大的作用，成为该地区稳定、繁荣和发展的可靠保障。同时，"上海五国"机制的国际意义和影响也越来越突出。它为世界各国树立了一种正确处理国家关系的典范,在全球范围内受到越来越强烈的关注,成为世界范围内反对霸权主义、维护世界和平、构建多极世界格局、推动构建新型全球化的重要动力和积极因素。

第二节 上海合作组织的成立及其宗旨

2001年6月15日,"上海五国"元首正式邀请乌兹别克斯坦参加在上海举行的第六次会晤。为深化中国与俄罗斯和中亚地区的全方位合作,共同维护该地区的和平稳定和繁荣发展,参加会晤的六国决定成立永久性政府间国际组织——上海合作组织,合作范围涉及政治、安全、经济和人文交流各领域。随着中亚人口大国乌兹别克斯坦的正式加入,"上海五国"成功转型为"上海合作组织"。一个崭新的、承载着更多期望和责任的地区合作机制宣告成立,并且拥有了自己的灵魂——"上海精神",即"互信、互利、平等、协商、尊重多样文明、谋求共同发展"。

一、上海合作组织的成立

2001年6月15日,"上海五国"邀请乌兹别克斯坦总统在上海举行高峰会晤,六国共同发表《"上海合作组织"成立宣言》,向全世界郑重宣告:哈萨克斯坦共和国、中华人民共和国、吉尔吉斯共和国、俄罗斯联邦、塔吉克斯坦共和国和乌兹别克斯坦共和国共同建立"上海合作组织"。

六国元首高度评价了"上海五国"成立五年来在促进并深化各成员国之间睦邻互信与友好关系、巩固地区安全与稳定、促进共同发展方面发挥的积极作用。一致认为"上海五国"的建立和发展顺应了冷战结束后人类要求和平与发展的历史潮流,展示了不同文明背景、传统文化各异的国家通过互尊互信实现和睦共处、团结合作的巨大潜力。确信在21世纪政治多极化、经济和信息全球化进程迅速发展的背景下,将"上海五国"机制提升到更高的合作层次,有利于各成员国更有效地共同利用机遇和应对新的挑战与威胁。

六国元首明确了"上海合作组织"的宗旨是:加强各成员国之间的相互信任与睦邻友好;鼓励各成员国在政治、经贸、科技、文化、教育、能源、交通、环保及其他领域的有效合作；共同致力于维护和保障地区的和平、安全与稳定；建立民主、公正、合理的国际政治经济新秩序。

《"上海合作组织"成立宣言》明确规定了"上海合作组织"的基本原则：（1）"上海合作组织"各成员国将严格遵循《联合国宪章》的宗旨与原则，相互尊重独立、主权和领土完整，互不干涉内政，互不使用或威胁使用武力，平等互利，通过相互协商解决所有问题，不谋求在相毗邻地区的单方面军事优势。（2）"上海合作组织"奉行不结盟、不针对其他国家和地区及对外开放的原则，愿与其他国家及有关国际和地区组织开展各种形式的对话、交流与合作，在协商一致的基础上吸收认同该组织框架内合作宗旨和任务、原则及其义务并能促进实现这一合作的国家为该组织新成员。（3）"上海五国"进程中形成的以"互信、互利、平等、协商、尊重多样文明、谋求共同发展"为基本内容的"上海精神"，是本地区国家几年来合作中积累的宝贵财富，应继续发扬光大，使之成为新世纪"上海合作组织"成员国之间相互关系的准则。（4）"上海合作组织"是在1996年和1997年分别于上海和莫斯科签署的关于在边境地区加强军事领域信任和关于在边境地区相互裁减军事力量两个协定的基础上发展起来的，其合作范围已扩大到政治、经贸、文化、科技等诸多领域。上述协定所体现的原则确定"上海合作组织"各成员国相互关系的基础。（5）"上海合作组织"各成员国将加强在地区和国际事务中的磋商与协调行动，在重大国际和地区问题上相互支持和密切合作，共同促进和巩固本地区及世界的和平与稳定。在当前国际形势下，维护全球战略平衡与稳定具有特别重要的意义。

《"上海合作组织"成立宣言》明确了"上海合作组织"合作的领域和任务：（1）"上海合作组织"尤其重视并尽一切必要努力保障地区安全。各成员国将为落实《打击恐怖主义、分裂主义和极端主义上海公约》而紧密协作，包括在比什凯克建立"上海合作组织反恐怖中心"。此外，为遏制非法贩卖武器、毒品、非法移民和其他犯罪活动，将制定相应的多边合作文件。（2）"上海合作组织"将利用各成员国之间在经贸领域互利合作的巨大潜力和广泛机遇，努力促进各成员国之间双边和多边合作的进一步发展以及合作的多元化。为此，将在"上海合作组织"框架内启动贸易和投资便利化谈判进程，制定长期多边经贸合作纲要，并签署有关文件。

在"上海合作组织"自身制度建设方面,六国元首决定:(1)"上海合作组织"每年举行一次成员国元首正式会晤,定期举行政府首脑会晤,轮流在各成员国举行;(2)为扩大和加强各领域合作,除业已形成的相应部门领导人会晤机制外,可视情组建新的会晤机制,并建立常设和临时专家工作组研究进一步开展合作的方案和建议;(3)为协调"上海合作组织"成员国主管部门的合作并组织其相互协作,决定建立该组织成员国国家协调员理事会,并由外长批准该理事会暂行条例来规范其活动;(4)责成国家协调员理事会在《"上海合作组织"成立宣言》和"上海五国"元首已签署文件的基础上着手制定《上海合作组织宪章》,明确阐明"上海合作组织"未来合作的宗旨、目标、任务,吸收新成员的原则和程序,作出决定的法律效力和与其他国际组织相互协作的方式等规定。六国元首坚信,"上海合作组织"的成立标志着各成员国合作进程开始迈入一个崭新的发展阶段,这符合当今时代潮流,符合本地区的现实,符合各成员国人民的根本利益。上海合作组织的成立也必将对推进本地区乃至整个亚欧大陆的和平与发展产生深远影响。

二、《上海合作组织宪章》的主要内容

2002年6月,上海合作组织成员国元首在圣彼得堡举行峰会,通过了《上海合作组织宪章》。《上海合作组织宪章》是一个重要的国际法律文献,为上海合作组织奠定了稳固的法律基础,向国际社会展示了成员国决心加强区域合作、维护和促进世界和平与发展事业的坚定信念。上合组织成员国认为,有必要加快机制建设,筹建上合组织秘书处和地区反恐怖机构;加强团结协作,加大合作力度,特别是针对该地区安全隐患犹存的形势深化六国在安全领域的合作,加大打击"三股势力"的力度。

上海合作组织框架内的协作以"互信、互利、平等、协商、尊重多样文明、谋求共同发展"的精神为指导,以发掘各成员国和人民睦邻、团结、合作的巨大潜力为出发点,以各国人民历史形成的联系为基础,恪守《联合国宪章》宗旨和原则以及其他公认的国际法原则和准则,力求进一步深化全面合作,在政治多极化、经济及信息全球化进程发展背景下,共同努力维护和平,保障地区安全与稳定,共同把握机遇,应对新的挑战和

威胁。为此,《上海合作组织宪章》对上海合作组织的宗旨和任务、合作领域、基本原则和制度框架作出了明确规定。

上海合作组织的基本宗旨和任务是：加强成员国间的相互信任和睦邻友好；发展多领域合作，维护和加强地区和平、安全与稳定，推动建立民主、公正、合理的国际政治经济新秩序；共同打击一切形式的恐怖主义、分裂主义和极端主义，打击非法贩卖毒品、武器和其他跨国犯罪活动，以及非法移民；鼓励开展政治、经贸、国防、执法、环保、文化、科技、教育、能源、交通、金融信贷及其他共同感兴趣领域的有效区域合作；在平等伙伴关系基础上，通过联合行动，促进地区经济、社会、文化的全面均衡发展，不断提高各成员国人民的生活水平，改善生活条件；在参与世界经济的进程中协调立场；根据成员国的国际义务及国内法，促进保障人权及基本自由；保持和发展与其他国家和国际组织的关系；在防止和和平解决国际冲突中相互协助；共同寻求21世纪出现的问题的解决办法。

上海合作组织成员国坚持的基本原则为：相互尊重国家主权、独立、领土完整及国家边界不可破坏，互不侵犯，不干涉内政，在国际关系中不使用武力或以武力相威胁，不谋求在毗邻地区的单方面军事优势；所有成员国一律平等，在相互理解及尊重每一个成员国意见的基础上寻求共识；在利益一致的领域逐步采取联合行动；和平解决成员国间分歧；本组织不针对其他国家和国际组织；不采取有悖本组织利益的任何违法行为；认真履行在《上海合作组织宪章》及本组织框架内通过的其他文件中所承担的义务。

上海合作组织框架内合作的基本方向是：维护地区和平，加强地区安全与信任；就共同关心的国际问题，包括在国际组织和国际论坛上寻求共识；研究并采取措施，共同打击恐怖主义、分裂主义和极端主义，打击非法贩卖毒品、武器和其他跨国犯罪活动，以及非法移民；就裁军和军控问题进行协调；支持和鼓励各种形式的区域经济合作，推动贸易和投资便利化，以逐步实现商品、资本、服务和技术的自由流通；有效使用交通运输领域内的现有基础设施，完善成员国的过境潜力，发展能源体系；保障合理利用自然资源，包括利用地区水资源，实施共同保护自然的专门计划和方案；相互提供援助以预防自然和人为的紧急状态并消除其后果；为发展本组织框架内的合作，相互交换司法信息；扩大在科技、教育、卫生、文化、体育及旅游领域的相互协作；本组织成员国可通过相互协商扩大合作领域。

为有效落实《上海合作组织宪章》规定的宗旨和任务，上海合作组织设立国家元首会议、政府首脑（总理）会议、外交部长会议、各部门领导人会议、国家协调员理事会、地区反恐怖机构、秘书处等主要机构。

国家元首会议是上合组织最高机构。该会议确定上合组织活动的优先领域和基本方向，决定其内部结构和运作、与其他国家及国际组织相互协作的原则问题，同时研究最迫切的国际问题。元首会议例会每年举行一次。例会主办国元首担任国家元首会议主席。例会举办地按惯例根据上合组织成员国国名俄文字母的排序确定。

政府首脑（总理）会议通过上合组织预算，研究并决定组织框架内发展各具体领域，特别是经济领域相互协作的主要问题。政府首脑（总理）会议例会每年举行一次。例会主办国政府首脑（总理）担任会议主席。例会举办地由成员国政府首脑（总理）预先商定。

外交部长会议讨论上合组织当前活动问题，筹备国家元首会议和在组织框架内就国际问题进行磋商。必要时，外交部长会议可以上合组织名义发表声明。外交部长会议按惯例在每次国家元首会议前一个月举行。召开外交部长非例行会议需有至少两个成员国提出建议，并经其他所有成员国外交部长同意。例会和非例会地点通过外交部长会议相互协商确定。国家元首会议例会主办国外交部长担任外交部长会议主席，任期自上次国家元首会议例会结束日起，至下次国家元首会议例会开始日止。根据会议工作条例，外交部长会议主席对外代表上合组织。

根据国家元首会议和国家政府首脑（总理）会议的决定，成员国各部门领导人定期召开会议，研究上合组织框架内发展相关领域相互协作的具体问题。会议主办国有关部门领导人担任会议主席。会议举办地点和时间预先商定。为筹备和举办会议，经各成员国预先商定，可成立常设或临时专家工作小组，根据部门领导人会议确定的工作章程开展工作。专家小组由各成员国部门代表组成。

国家协调员理事会是上合组织日常活动的协调和管理机构。理事会为国家元首会议、政府首脑（总理）会议和外交部长会议作必要准备。国家协调员由各成员国根据各自国内规定和程序任命。理事会至少每年举行3次会议。主办国家元首会议例会的成员国国家协调员担任会议主席，任期自上次国家元首会议例会结束日起，至下次国家元首会议例会开始日止。根据国家协调员理事会工作条例，受外交部长会议主席委托，国家协调员理事会主席可对外代表上合组织。

依据2001年6月15日签署的《打击恐怖主义、分裂主义和极端主义上海公约》建立的地区反恐怖机构执行委员会是上合组织常设机构，设在比什凯克（吉尔吉斯共和国）。该机构的基本任务和职能、其成立、经费原则及活动规则由成员国间签署的单独国际条约及通过的其他必要文件来规定。

上海合作组织秘书处是上合组织常设行政机构。它承担上合组织框架内开展活动的组织技术保障工作，并为组织年度预算方案提出建议。秘书处由秘书长领导。秘书长由国家元首会议根据外交部长会议的推荐批准。秘书长由各成员国公民按其国名俄文字母排序轮流担任，任期三年，不得连任。副秘书长由外交部长会议根据国家协调员理事会的推荐批准，不得由已任命为秘书长的国家产生。秘书处官员以定额原则为基础，由雇佣的成员国公民担任。在执行公务时，秘书处秘书长、副秘书长和其他官员不应向任何成员国和（或）政府、组织或个人征求或领取指示。他们应避免采取任何可能影响其只对上合组织负责的国际负责人地位的行动。成员国应尊重秘书处秘书长、副秘书长和工作人员职责的国际性，在他们行使公务时不对其施加影响。上合组织秘书处设在北京（中华人民共和国）。

关于上海合作组织成员国资格，上合组织对承诺遵守该宪章宗旨和原则及上合组织框架内通过的其他国际条约和文件规定的该地区其他国家实行开放，接纳其为成员国。上合组织吸收新成员问题的决定由国家元首会议根据国家外交部长会议按有关国家向外交部长会议现任主席提交的正式申请所写的推荐报告作出。如成员国违反该宪章规定和（或）经常不履行其按上合组织框架内所签国际条约和文件承担的义务，可由国家元首会议根据外交部长会议报告作出决定，中止其成员国资格。如该国继续违反自己的义务，国家元首会议可作出将其开除出上合组织的决定，开除日期由国家元首会议自己确定。成员国都有权退出上合组织。

上合组织各机构的决议以不举行投票的协商方式通过，如在协商过程中无任一成员国反对，即协商一致，决议被视为通过，但中止成员资格或将其开除出组织的决议除外，该决议按"除有关成员国一票外协商一致"原则通过。任何成员国都可就所通过决议的个别方面和（或）具体问题阐述其观点，这不妨碍整个决议的通过。上述观点应写入会议纪要。如某个成员国或几个成员国对其他成员国感兴趣的某些合作项目的实施不感兴趣，他们不参与并不妨碍有关成员国实施这些合作项目，同时也不妨碍上述国家在将来加入到这些项目中来。上合组织各机构的决议由成员国根据本国法律程序执行。各成员国落实该宪章和上合组织框架内其他现有条约及上合组织各机构决议所规定义务的情况，由上合组织各机构在其权力范围内进行监督。

上合组织可与其他国家和国际组织建立协作与对话关系，包括在某些合作方向。上合组织可向感兴趣的国家或国际组织提供对话伙伴国或观察员地位。提供该地位的条例和程序由成员国间的专门协定规定。《上海合作组织宪章》不影响各成员国参加的其他国际条约所规定的权利和义务。在根据《上海合作组织宪章》规定上合组织与其他国际组织及国家相互关系程序和方式的多边文件生效前，将实施《上海合作组织与其他国际组织及国家相互关系临时方案》。

上海合作组织的官方和工作语言为汉语和俄语。

《上海合作组织宪章》还对上合组织的国际人格、特权和豁免权、解决争议、保留以及活动经费的来源和使用作出了规定。

《上海合作组织宪章》的签署，标志着2001年6月在上海宣布成立的崭新国际组织——上海合作组织的法律基础的确立。成立上合组织的目的是加强成员国间的相互信任和睦邻友好，加强多领域协作，以维护和巩固地区的和平、安全与稳定，共同应对新的挑战和威胁，鼓励在不同领域开展有效的互利合作，促进组织成员国的经济、社会和文化发展。其遵循的基本原则是相互尊重主权、独立、领土完整及边界不可破坏，不干涉内政，不使用武力或以武力相威胁，所有成员国一律平等。

三、维护本地区安全与稳定是上海合作组织的首要任务

正如《"上海合作组织"成立宣言》开宗明义所表明的,"'上海合作组织'尤其重视并尽一切必要努力保障地区安全",[①] 各成员国紧密协作打击恐怖主义、分裂主义和极端主义,在比什凯克建立"上海合作组织反恐怖中心",坚决遏制非法贩卖武器、毒品、非法移民和其他犯罪活动。上海合作组织成立的同时,成员国就针对本地区日益紧张的安全局势签署了《打击恐怖主义、分裂主义和极端主义上海公约》(以下简称《上海公约》)。

《上海公约》首先对"恐怖主义""分裂主义""极端主义"进行了界定。"恐怖主义"被定义为致使平民或武装冲突情况下未积极参与军事行动的任何其他人员死亡或对其造成重大人身伤害、对物质目标造成重大损失的任何其他行为,以及组织、策划、共谋、教唆上述活动的行为,而此类行为因其性质或背景可认定为恐吓居民、破坏公共安全或强制政权机关或国际组织以实施或不实施某种行为,并且是依各方国内法应追究刑事责任的任何行为。《上海公约》以附件的形式给出了成员国定义的恐怖组织名单。《上海公约》规定,"分裂主义"是指旨在破坏国家领土完整,包括把国家领土的一部分分裂出去或分解国家而使用暴力,以及策划、准备、共谋和教唆从事上述活动的行为,并且是依据各方国内法应追究刑事责任的任何行为。"极端主义"是指旨在使用暴力夺取政权、执掌政权或改变国家宪法体制,通过暴力手段侵犯公共安全,包括为达到上述目的组织或参加非法武装团伙,并且依各方国内法应追究刑事责任的任何行为。

《上海公约》规定,各方根据本公约及其所承担的其他国际义务,在预防、查明和惩治上述犯罪行为的方面进行合作,包括使其受到相应的处罚,不得为犯罪行为开脱罪责,依法相互引渡。各方经协商一致,可就打击犯罪行为的事项进行磋商、交换意见、协调立场。各方中央主管机关就交流信息、执行侦查请求、采取措施和相互通报、相互提供协助、交换法

---

① 《上海合作组织成立宣言》,上海合作组织,2001年6月15日,http://chn.sectsco.org/documents,访问日期:2021年2月6日。

律法规、交流经验、干部培训等方面开展合作。《上海公约》还明确了各方中央主管机关分享共同关心的关于犯罪行为的情报、协助请求的内容和形式、被请求方的权利和义务等。为有效落实《上海公约》，在比什凯克设立各方地区性反恐怖机构。

《上海公约》签署两个多月后，美国纽约就遭到了严重的国际恐怖主义袭击，即震惊全球的"9·11事件"。可见，上海合作组织对共同打击国际恐怖主义是具有先见之明的，成员国对恐怖主义同仇敌忾，对美国的反恐行动给予了大力支持。随后举行的上海合作组织成员国政府首脑会晤发表联合声明，对2001年9月11日发生在美国的史无前例的恐怖行动进行了强烈谴责，表示"对此极其愤慨"，"我们将此种野蛮行为视为对人类文明基本准则、社会稳定和国家安全及包括生存权在内的基本人权的挑衅"。联合声明表示，国际恐怖主义已对全人类构成严重威胁。美国的悲惨事件表明，恐怖主义无国界、无道义标准。只有各国联合努力才能消灭这股邪恶势力。上海合作组织成员国在此方面进行着积极的工作。打击恐怖主义、分裂主义和极端主义是上海合作组织的最重要任务之一，并且上合组织正在采取步骤加快建立联合反恐怖机构。"我们准备同所有国家和国际组织密切配合，采取有效措施，为根除恐怖主义带来的全球性危险而进行毫不妥协的斗争。"[1] 2002年1月，上海合作组织外长发表的联合声明指出，"上海合作组织将维护地区安全与稳定、打击恐怖主义、分裂主义和极端主义'三股势力'确定为各成员国的合作重点，是十分正确和具有远见的"。[2]

四、发展经济关系是上海合作组织非常重要的任务

2001年"上海五国"机制吸收乌兹别克斯坦加入并成功转型为上海合作组织，其合作范围跨越政治和安全，走向全面合作，鼓励各成员国在政治、经贸、科技、文化、教育、能源、交通、环保及其他领域的有效合作，并根据中方倡议启动贸易和投资便利化谈判进程，制定长期多边经贸

---

[1] 《上海合作组织成员国政府总理声明》，上海合作组织，2001年9月14日，http://chn.sectsco.org/documents，访问日期：2021年2月11日。

[2] 《上海合作组织成员国外长联合声明》，上海合作组织，2002年9月11日，http://chn.sectsco.org/documents，访问日期：2021年1月24日。

合作纲要。上海合作组织圣彼得堡峰会发表的《上海合作组织成员国元首宣言》强调，发展经济关系是上合组织工作中非常重要的任务。为此将根据2001年9月14日签署的上合组织成员国政府间备忘录加快建立贸易和投资便利化及制定多边经贸合作长期纲要的谈判进程。在近期内确定在交通和能源设施建设、水利、能源开采和运输以及其他共同感兴趣的领域开展具体协作的优先项目。江泽民在峰会上表示，安全与经贸合作相辅相成、相互促进，是推动区域合作与上海合作组织发展的两个轮子。

2001年9月，在阿拉木图举行的首次政府总理会晤期间通过了《上海合作组织成员国政府间关于区域经济合作的基本目标和方向及启动贸易和投资便利化进程的备忘录》（以下简称《备忘录》），明确了启动贸易和投资便利化进程是现阶段上海合作组织内开展区域经济合作的重要任务；规定了区域经济合作基本目标（发挥成员国经济互补性，促进共同发展，扩大贸易和投资规模，促进经营主体间的合作生产和经贸活动，改善贸易和投资环境，为逐步实现商品、资本、服务和技术的自由流动创造条件，协调各国对外经济活动方面的法律，鼓励和支持各国地方之间建立直接经济联系，有效利用区域内现有基础设施开发过境运输能力，开展服务贸易和保护生态环境领域合作，建立区域经济合作机制）；确定了实现贸易和投资便利化的途径（分步骤消除贸易和投资障碍，确保货物和旅客运输的法律、经济、组织和其他条件，口岸基础设施建设，协调商品和技术标准，扩大法律信息交流，吸引和保护相互投资）；指出了合作的重点领域和部门（能源、交通、电信、农业、旅游、银行信贷、水利和环保等，促进中小企业建立直接联系）。① 2002年上合组织将"推动贸易和投资便利化，以逐步实现商品、资本、服务和技术的自由流通"明确写入《上海合作组织宪章》。②

2003年9月，六国政府总理在北京批准了《上海合作组织成员国多边

---

① 《上海合作组织成员国政府间关于区域经济合作的基本目标和方向及启动贸易和投资便利化进程的备忘录》，载颂同凯主编《上海合作组织区域经济合作：发展历程与前景展望》，人民出版社，2010，第238页。

② 《上海合作组织宪章》，上海合作组织，2002年6月7日，http://chn.sectsco.org/documents/，访问日期：2021年2月4日。

经贸合作纲要》(简称《纲要》),提出到2010年实现贸易投资便利化和2020年"实现货物、资本、服务和技术的自由流动"的中期和长期目标,规定了为此需要完成的主要任务和方向。①《纲要》明确了经贸合作的基本目标是在长期实施业已商定的一揽子举措,支持和鼓励上海合作组织成员国经贸合作,发展互利经济联系,使各国经济重点领域生产和投资合作取得进展,并在此基础上增加相互贸易额,以提高居民生活水平。长期内(2020年前),上海合作组织成员国将致力于在互利基础上最大效益地利用区域资源,为贸易投资创造有利条件,以逐步实现货物、资本、服务和技术的自由流动。中期内(2010年前),共同努力制定稳定的、可预见和透明的规则和程序,在上海合作组织框架内实施贸易投资便利化,并以此为基础在《上海合作组织宪章》和《备忘录》规定的领域内开展大规模多边经贸合作。短期内积极推动贸易投资便利化进程,共同制定落实该《纲要》必需的多边协议和各国法律措施清单,建立和发展经贸投资的信息空间,确定共同感兴趣的经贸合作优先领域和示范合作项目并付诸实施。

《纲要》规定为实现上述目标要完成的任务为：协商共同立场,确定互利的经济和科技合作的途径;在世界贸易组织(WTO)框架内相互协作,支持正在加入世贸组织的成员国;根据各方本国法律,为保证经营主体生产活动的平等机会和保障而创造条件;制订经济合作的共同专项规划和投资项目,促进建立良好的投资环境;提高贸易和投资政策的透明度,就该领域法律法规进行信息交流;发展本地区各国银行间合作和金融信贷关系;就利用和进一步发展交通运输和通信领域现有基础设施进行合作;以公认的国际标准和规则为基础,在商品标准和合格评定方面开展合作;完善海关程序;在各方国际义务框架内逐步消除相互贸易中的关税和非关税壁垒。

《纲要》规定能源、交通运输、电信、农业、旅游、银行信贷领域、水利和环境保护领域,以及促进中小企业实体间的直接交流是合作的优先方向。具体包括：开展在燃料和能源领域的合作,提高现有能源生产能力和能源网络的效益;在开发石油和天然气新产地及其加工方面扩大互利合

---

① 《上海合作组织成员国多边经贸合作纲要》,载须同凯主编《上海合作组织区域经济合作》,第244页。

作；加深上海合作组织成员国在地质勘探研究领域的合作，开发矿产和原料资源；在使用现有运输基础设施领域开展合作，并对上海合作组织成员国境内运输和分拨服务市场的形成和运作所必需的运输体系进行现代化改造；共同利用上海合作组织成员国的过境运输潜力；在采用高级信息和电信技术、完善相应基础设施方面开展合作；实施发展本地区农业及农产品加工业的共同项目；就引导居民存款流向投资领域交流经验；建立开展技术创新合作的法律基础和机制；在区域内自然保护和保持生态平衡方面协调努力；卫生领域的合作；科学和新技术领域的合作；教育领域的合作；促进中小企业经营主体间的直接交流。

第三节　上海合作组织国家经济概述

上海合作组织六个创始成员国中有五个是从苏联独立出来的，分别是俄罗斯和中亚四国哈萨克斯坦、乌兹别克斯坦、吉尔吉斯斯坦和塔吉克斯坦。在2017年阿斯塔纳峰会上，印度和巴基斯坦成为正式成员国，2022年伊朗在撒马尔罕峰会上正式成为第九个成员国。截至2023年，上海合作组织参加国已增加到二十六个：除九个成员国外，还有蒙古国、阿富汗和白俄罗斯三个观察员国，以及土耳其、阿塞拜疆、亚美尼亚、柬埔寨、斯里兰卡、尼泊尔、沙特阿拉伯、卡塔尔、埃及、巴林、马尔代夫、阿联酋、科威特和缅甸十四个对话伙伴国。这些国家分布在整个亚欧大陆，既有军事大国俄罗斯和经济大国中国，也有能源大国伊朗和沙特，还有内陆山地小国吉尔吉斯斯坦和塔吉克斯坦，更有海岛小国斯里兰卡。它们民族、宗教、文化习俗各有不同，经济发展水平、阶段、规模和结构等千差万别。

一、俄罗斯联邦（Russian Federation）

1917年11月，俄国十月革命爆发，建立俄罗斯苏维埃联邦社会主义共和国，成为世界上第一个社会主义国家。1922年12月29日，在俄罗斯、乌克兰、拉脱维亚、立陶宛和白俄罗斯于1919年结成的五国同盟基础上，俄罗斯苏维埃联邦社会主义共和国、白俄罗斯苏维埃社会主义共和国、乌克兰苏维埃社会主义共和国和外高加索苏维埃社会主义共和国（格鲁吉亚、亚美尼亚和阿塞拜疆）签署联盟条约，成立苏维埃社会主义共和国联盟，简称苏联。1990年6月12日，俄罗斯宣布独立。1991年12月25日，苏联解体。

俄罗斯国土面积1,709.82万平方公里。现有人口（截至2023年7月）1.46亿，共有194个民族，其中俄罗斯族人口占77.7%，人口超过100万的民族还有鞑靼族、乌克兰族、巴什基尔族、楚瓦什族、车臣族和亚美尼亚族。据世界银行资料，2021年俄罗斯国内生产总值（GDP）为1.78万亿美元，人均12,172.8美元。[①] 俄罗斯是"上海五国"机制和上海合作组织创始国。

1992年1月，俄罗斯采取"休克疗法"向市场经济过渡，主要政策依据为1991年10月俄罗斯第五次人代会通过的激进的经济改革方案：《从计划经济向市场经济过渡：反危机实现经济稳定》和1992年2月盖达尔负责制定的给国际货币基金组织的《俄罗斯联邦经济政策备忘录》，以及1992年6月通过的《深化经济改革纲领》。1993—1997年，切尔诺梅尔金继续推进"休克疗法"，但实施得更加稳健，将改革的目标从自由市场经济转向社会市场经济。1998年8月，新任总理基里延科因无力偿付政府债券而宣布违约，经济大幅衰退，重新陷入"休克"，贫困人口再次上升到总人口的一半。"休克疗法"改革彻底失败。"休克疗法"的主要内容是：第一，取消国家对宏观经济的管制，实行经济自由化，包括价格自由化、企业经营自由化、对外经济活动自由化以及货币利率和汇率自由化；第二，为了遏制预期通货膨胀，实行严格紧缩的财政政策和货币政策以期实现宏观经济稳定化；第三，取消国家所有制垄断，实行产权非国有化和私有化，包括"小私有化""证券私有化""大私有化""货币私有化"；第四，经济结构改革，去军事化，适应现实需求结构，提高竞争力，融入世界经济。20世纪90年代的市场经济转型使俄罗斯经历了严重的经济衰退，丧失了30%的国民财富和45%的国内生产总值。恶性通货膨胀使居民实际收入减少近一半，金融寡头掠夺国家财富，制造业严重萎缩使俄罗斯只能出口能源和

---

① 世界银行数据库，https://data.worldbank.org.cn/country/russian-federation?view=chart，访问日期：2021年1月25日。

原材料。直到2008年，俄罗斯国内生产总值才恢复到1989年的水平。据俄联邦审计院发布的《1993—2003年俄联邦国有资产私有化进程分析》报告，这一时期几乎所有的私有化交易都是经济犯罪。[①]

世纪之交，普京接掌俄罗斯政权，对20世纪90年代的改革进行了"再改革"。为改变国家四分五裂和无政府状态，他加强了国家垂直管理，设立了7个联邦区并任命每个联邦区的总统全权代表对地方政府进行协调和监督，取消联邦委员会由地方领导人组成的原则，规定总统有权解除地方领导人职务，废除同联邦法律相抵触的地方法律。为理顺中央和地方的利益分配，俄罗斯调整了预算结构并实现财政体制分权化，完善和改进了财政支出权限的划分，进一步界定了税收权限和收入来源，保证了中央和地方财政来源的稳定性，并以法律的形式固定下来。改革措施还包括：在经济和社会领域建立一套完整的国家调控体系，明确国家在经济中的作用，即保护产权、保障平等的竞争条件等；优化国家机构，转变政府职能，改善政府与企业之间的关系，以促进经济发展；成立国家反腐败委员会，打击官僚腐败，加强廉政建设，建立政府机构反腐防腐制度；调整私有化战略，加强对私有化的管理和监督，对于具有战略性意义的企业通过法律程序收归国有，在每个重要战略领域都建立起大型国有控股公司，大大增强国家对经济的主导作用；打击寡头垄断，遏制其对国家经济的掠夺，加强国家对战略资源的控制，使国民经济命脉重新掌握在国家手中；建立有效的财金体系，改革税制，减轻税收负担；将市场经济的建设目标确定为"社会取向的市场经济"。普京总统在2003年国情咨文中提出国内生产总值翻一番的战略目标，要求提高人民生活水平，减少贫困，实施关系民生的医疗、教育、住宅和农业4大国家工程。2000—2007年的普京总统任期，俄罗斯经济保持了年均近7%的增长速度，2007年比2000年增加58.1%。[②] 2008年俄罗斯经济总量按购买力平价计算达到2.38万亿美元，居世界第7位。2007年人均国内生产总值达到1.7万美元，比2000年

---

① Счётная палата РФ: Анализ процессов приватизации государственной собственности в Российской Федерации за период 1993-2003 годы. Москва: «Олита», 2004, c.294.

② Федеральная служба РФ: «Российский статистический ежегодник 2009». Москва: Официальное издание, 2010, c.56.

增加63%。从2000年起俄联邦财政开始进入稳定的盈余期。黄金外汇储备从2000年的不足300亿美元猛增到2007年的4,779亿美元。2000年俄罗斯国家外债高达1,167亿美元，2006年8月俄罗斯提前归还了所欠巴黎俱乐部的所有外债，摆脱了沉重的外债包袱，到2007年俄外债只剩下374亿美元。普京的"再改革"措施为21世纪初俄罗斯的经济复苏奠定了制度基础。俄罗斯经济增长还得益于能源出口和国际能源价格飙升。1998年国际油价触底反弹，从18.2美元/桶一路飙升到2008年的105.2美元/桶。俄罗斯是全球第二大产油国和石油出口国，也是全球第一大天然气生产国。2003年俄罗斯发布能源导向经济战略，即《2020年前俄罗斯联邦能源战略》，开展石油天然气领域的国有化运动，将这些战略资源重新掌握在国家手中；积极开展能源外交；相继开工北欧天然气管道、远东石油和天然气管道。能源成为维护其地缘经济与地缘政治利益的重要战略和策略性武器。这一战略有效地抵御了西方2014年以来特别是2022年的致命性制裁，但与此同时也形成了俄罗斯经济对能源的严重依赖，"荷兰病"凸显。俄罗斯能源产值约占工业产值的30%，为政府创造了大约54%的财政收入和45%的外汇收入，国内生产总值增长率的一半是能源贡献的。

2008年梅德韦杰夫当选俄罗斯总统，根据普京提出的《2020年俄联邦社会经济长期发展构想》提出了旨在摆脱能源依赖型发展模式转向社会导向型创新发展模式的现代化战略，将"格洛纳斯"导航系统、核废料再生处理技术、氢能利用、超级计算机等列入国家重点科研项目。然而，这一雄心遭到了全球金融危机的无情打击，2009年俄罗斯经济衰退近8%，制造业产值下降15.2%，创15年来最大跌幅。俄罗斯政府提出了两部反危机纲领，注资15万亿卢布（占国内生产总值的37%）。在此背景下，梅德韦杰夫加快了其现代化战略的实施。2009年梅德韦杰夫在国情咨文中正式提出将以实现现代化作为国家未来10年的任务与目标。2010—2011年，俄罗斯出台了一系列举措，如成立总统直属的经济现代化和技术发展委员会，确定现代化的任务和目标，包括改善投资环境，建设"俄版硅谷"斯科尔科沃创新中心、莫斯科国际金融中心，在世界范围内为现代化战略的实施营造"现代化联盟"等。这些措施保障了俄罗斯国内生产总值从2010年转向增长，俄经济连续两年保持4.3%的增长率，见图1.1。2012年俄罗斯外汇储备达到5,244亿美元，超过了2008年的水平，俄罗斯继续保持世界第三大外汇储备国地位。2011年进出口总额达到创纪录的8,458亿美元。从2009年起俄罗斯摆脱了困扰多年的两位数通货膨胀，2011年消费价格指数只有6.1%。但俄经济增长动力不足，4年间国内生产总值仅增长了5.5%。

2012年普京再次当选俄罗斯总统，开始将重心转向亚太，在符拉迪沃斯托克（海参崴）举办亚太经合组织领导人非正式会议和东方经济论坛，大张旗鼓地开发开放远东地区。2014年将克里米亚并入俄罗斯，俄罗斯开始受到西方的强烈制裁，2021年，俄罗斯被迫实施进口替代战略。2022年2月，乌克兰危机爆发。西方对俄罗斯再次采取制裁措施，使俄罗斯成为世界上受制裁最多和最严重的国家之一，遭受制裁的行业遍及俄国民经济各领域，特别是金融、能源、高新技术产业等。受制裁影响，2015年俄罗斯经济再次陷入衰退，2016年以后俄逐渐适应西方制裁，经济增长率逐步回正。2018年俄经济增长2.5%以后，2020年又由于新冠疫情全球蔓延再次出现负增长，衰退近3%。2021年经过短暂的报复性增长（5.6%）之后，2022年再次衰退2.1%。

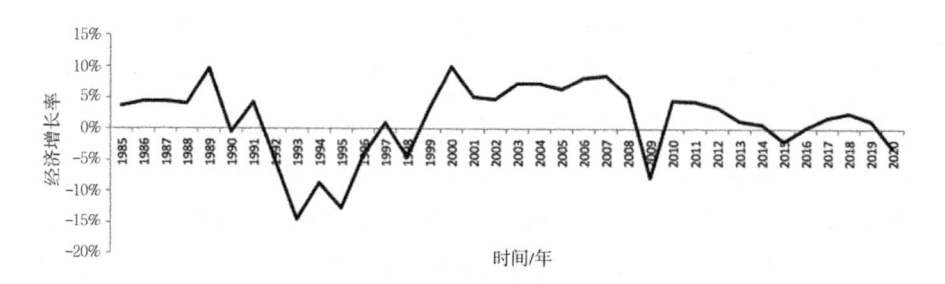

图1.1　近35年俄罗斯经济增长率变动趋势

资料来源：ЦСУ СССР: «Народное хозяйство СССР в 1991 г.». Москва: Финансы и статистика, 1992, с. 36; Федеральная служба РФ: «Российский статистический ежегодник 2011». Москва: Официальное издание, 2012, с.56; Федеральная служба РФ: «Российский статистический ежегодник 2020». Москва: Официальное издание, 2021, с.58.

二、哈萨克斯坦共和国（The Republic of Kazakhstan）

19世纪，俄国吞并中亚。1920年苏俄将南部阿克莫拉州、塞米巴拉金斯克州、图尔盖州、乌拉尔州以及后里海州等部分地区合并后组建吉尔吉斯自治共和国，首府为奥伦堡，隶属俄罗斯苏维埃联邦社会主义共和国。1925年更名为哈萨克自治苏维埃社会主义共和国，1936年更名为哈萨克苏维埃社会主义共和国并加入苏联，1991年12月16日哈萨克斯坦宣布独立。

哈萨克斯坦国土面积272.49万平方公里，为多民族国家，现有人口（截至2023年7月）1989.9万，其中哈萨克族占70.6%，俄罗斯族占15.1%，主要民族还有乌兹别克族、维吾尔族、日耳曼族、土耳其族、鞑靼族。首都为阿斯塔纳（1994年哈萨克斯坦最高苏维埃决定将首都从阿拉木图迁至阿克莫拉，苏联时期称切利诺格勒，1998年更名为阿斯塔纳，2019年更名为努尔苏丹，2022年更名为阿斯塔纳）。据世界银行资料，2021年哈萨克斯坦国内生产总值为1,908.1亿美元，人均10,041.5美元，图1.2所示。[①] 哈萨克斯坦为"上海五国"机制和上海合作组织创始国。

努尔苏丹·纳扎尔巴耶夫自1990年2月起任哈萨克斯坦最高苏维埃主席并于1991年12月任总统，2019年3月辞去总统职务，但仍以"民族领袖"和国家安全委员会主席名义担任国家最高领导人。2019年，卡西姆若马尔特·托卡耶夫出任哈萨克斯坦总统，并在2022年1月取代纳扎尔巴耶夫任国家安全委员会主席，他推行政治改革，致力于建设"新哈萨克斯坦"。

---

① 世界银行数据库，https://data.worldbank.org.cn/country/kazakhstan?view=chart，访问日期：2021年1月16日。

图 1.2　2021 年哈萨克斯坦与俄罗斯主要经济指标的比较

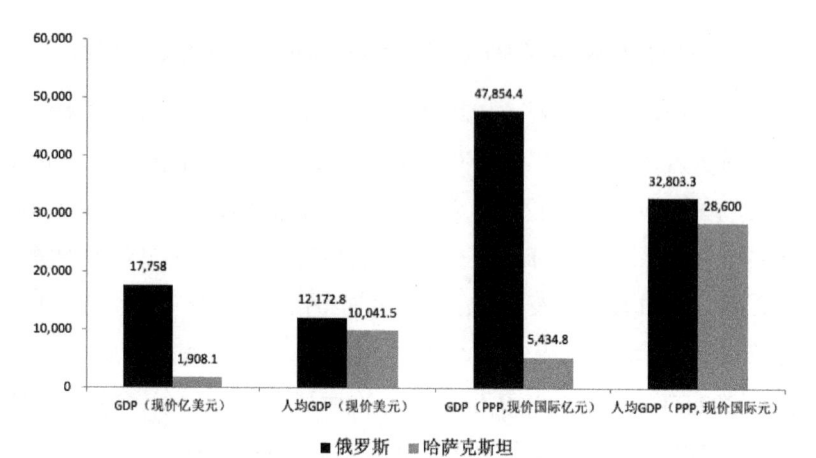

资料来源：世界银行数据库，https://data.worldbank.org.cn/country/，访问日期：2021 年 1 月 14 日。

独立初期，哈萨克斯坦经济发展的初始条件并不好，大量制造业部门发展水平低，自有资金匮乏，投资环境差，基础设施落后，地理上远离世界主要市场，对大规模外国经济援助也指望不上。但事实证明，哈萨克斯坦成为后苏联空间经济发展最好的国家。根据世界银行数据库，1991—2020 年的 30 年间，哈萨克斯坦国内生产总值年均增长 2.8%，远高于俄罗斯的 0.9%，见图 1.3。同期哈萨克斯坦人均国内生产总值年均增长率为 2.3%，高于俄罗斯的 1.9%。从 2021 年的情况看，如图 1.2 所示，虽然哈萨克斯坦经济总量只有俄罗斯的 11.4%，但人均国内生产总值已经与俄罗斯相差无几，是俄罗斯的 82.5%（按购买力平均计算为 87.2%）。

哈萨克斯坦 30 多年所取得的经济成效，主要得益于以下几个方面的原因。第一，哈萨克斯坦没有与原苏联加盟共和国彻底割断相互间的经济联系，从而保持了许多原有的合作产业链，使大量与原苏联加盟共和国特别是俄罗斯具有紧密合作关系的企业免遭破产。在过渡时期，哈萨克斯坦以后苏联空间市场为导向，具有许多优势，如哈萨克斯坦生产的产品就技术和质量水平来说虽然不及发达国家，但也完全符合该地区消费者的需求。反过来说，哈萨克斯坦从这些国家进口原料和零部件从性价比来说也更让生产者满意。此外，哈萨克斯坦保持与原苏联加盟共和国的经济合作还具有其他不可替代的优势，如不存在语言交流障碍、技术标准相近（铁路轨距、电网电压等）、共同的交通网络（公路和铁路网、电力和管道网）、法律相近等。这种紧密的经济联系保障了哈萨克斯坦在该市场的存在，使它开拓这一市场也更加便捷。另外，作为第二官方语言，哈萨克斯坦还保留了俄语的重要地位，这使它不仅保持了族际关系的稳定，而且在很大程度上降低了国内和国际贸易的交易成本。第二，为了与所有国家和经济一体化组织开展互利的经济合作，哈萨克斯坦从一开始就选择了多样化的经济政策，从而扩大了本国产品在国际市场的销路和国内市场所需要产品的进口，增加了对外国投资和先进技术的引进，降低了对某些伙伴国的依赖，使自身在进出口业务、与外国投资者谈判、签署国家间合作协定和引进技术等方面选择最优价格和质量指标的余地大幅上升，降低了外部经济冲突带来的风险（如制裁、禁运、贸易战、反倾销、卫生限制等）。哈萨克斯坦没有像波罗的海国家那样，由于自己经济的贫弱而不能真正保持经济联系的多样性，进而被纳入欧盟这样的经济集团的轨道，不得不服从他国利益而损害自己的经济利益。哈萨克斯坦奉行了真正的独立政策，并保持与所有伙伴国的互利关系。第三，哈萨克斯坦最大限度坚持了经济转型政策的渐进性，避免了意识形态因素对经济政策的影响。哈萨克斯坦宏观经济政策的决策者们关心的是这些决策的实际经济绩效和实实在在的效用，而非其他国家和国际组织的好恶。所以哈萨克斯坦领导人不必担心这些决策是否符合"正确的"市场经济的思想观点。在这一点上，哈萨克斯坦的做法与中国如出一辙，即一切从本国的实际出发，与本国国情相适应。第四，哈萨克斯坦实行了有效的财政政策，这在后苏联空间是较为出色的。尽管全球经济危机会周期性地制造一些艰难的问题，但哈萨克斯坦避免了1998年俄罗斯那样的国家债务违约，30年来本国货币坚戈汇率保持了平稳和可预测的变动。第五，与大多数原苏联加盟共和国不同，哈萨克斯坦建立了有效的开发机构体系，用以解决国民经济发展的长期问题。该体系的核心是2008年创立的国家投资控股公司"萨姆卢克—卡济纳"，它负责国家财富基金的运营。该公司多次充当了反危机调节器的角色，依靠自己的资源将陷入资金困境的战略性企业和银行送入正轨，不仅使生产得以重启，而且保住了就业岗位和投资者的资金。另外，该公司与其他开发机构一起实施积极的结构投资政策，旨在首先保障能够促进提高国民经济技术水平和竞争能力的项目的融资。

总而言之，由于合理的管理决策和有效的宏观经济政策，哈萨克斯坦在过去30多年中建立起了自给自足和强大的国民经济。然而国际局势总是变化不定，挑战和风险不断，需要各国政府及时和有效地应对。哈萨克斯坦2022年"一月事件"表明，旨在提高宏观经济绩效的决策需要更好地考虑可能的社会后果。这一事件有着一定的政治原因，但同时新冠疫情大流行造成的经济危机和居民收入不均衡加剧了事件的进程。官方统计数据显示，哈萨克斯坦居民收入差距并不是很大。10%最富有和10%最贫困家庭收入比为6∶1，这在后苏联空间是最低的。此外，哈萨克斯坦地区差距问题如经济发展、居民收入、医疗卫生等依然尖锐。2019年收入低于最低生活保障线的居民的比例从阿斯塔纳的1.1%到图尔克斯坦州的10.8%，相差10倍。而且城市居民和农村居民的收入差距也相当大。根据哈萨克斯坦国家统计局的数据，2020年阿特劳州农村贫困居民的比例是城市的9.8倍，曼吉斯套州这一指标为3.2倍。

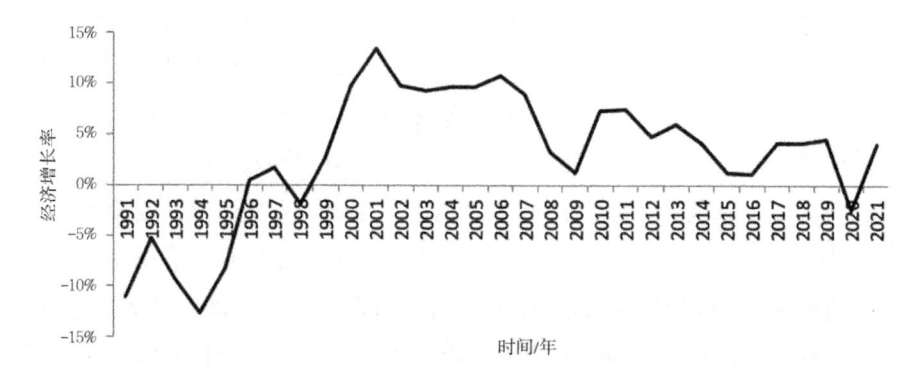

图1.3　近30年哈萨克斯坦经济增长率变动趋势

资料来源：世界银行数据库，https://data.worldbank.org.cn/country/kazakhstan?view=chart，访问日期：2021年1月18日。

哈萨克斯坦与俄罗斯保持着全方位合作，这是地缘经济和历史原因以及传统友好关系促成的。苏联和经济互助委员会范围内的合作与分工决定了哈俄之间长期的经济联系。然而，苏联晚期特别是20世纪90年代初俄罗斯"休克疗法"改革的失败，使两国遭遇了因保护在国际市场上缺乏竞争力的产能导致负担过重的问题，与此同时，传统市场上商品和服务的销售也大幅萎缩。于是两国采取了对低加工结构要素（燃料和原料部门）进行现代化改造并依靠燃料原料资源出口来提升对外经济联系效率的战略。两国在这方面开发了一系列合作项目，其中规模最大也是最成功的项目就是建立里海管道财团，将哈萨克斯坦石油运输到俄罗斯黑海港口新罗西斯克。这一管道满负荷运转可以保障哈萨克斯坦至少70%的石油出口，对两国经济至关重要。另外，两国特别是俄罗斯对先进技术和设备过度依赖及创新不足是两国经济共同的严重缺陷，两国进口替代战略的实施落空。两国今后共同的任务就是加快创新发展，发展有效的、零排放的数字经济。

三、乌兹别克斯坦共和国（The Republic of Uzbekistan）

1924年苏联在中亚分立出两个新的联盟共和国：乌兹别克苏维埃社会主义共和国和土库曼苏维埃社会主义共和国。乌兹别克苏维埃社会主义共和国首府1924年为布哈拉，1925年为撒马尔罕，1930年为塔什干。1929年乌兹别克斯坦的塔吉克自治苏维埃社会主义共和国独立成为苏联加盟共和国。1991年8月31日，乌兹别克斯坦共和国宣布从苏联独立。

乌兹别克斯坦国土面积44.89万平方公里，截至2023年7月人口3,637万，其中乌兹别克族占80%，俄罗斯族占5.5%，塔吉克族占4%。其他主要民族有土库曼族、乌克兰族，还有吉尔吉斯族、鞑靼族、朝鲜族、阿塞拜疆族、白俄罗斯族等。首都为塔什干。据世界银行资料，2021年乌兹别克斯坦国内生产总值为692.4亿美元，人均1,983.1美元。[①] 乌兹别克斯坦为上海合作组织创始国。

乌兹别克斯坦独立30多年来发生了深刻变化，但有一点是不变的，那就是巩固自己的独立性和坚持改革，提升国民经济的竞争力和居民生活水平。在苏联解体前的最后几年，国家秩序被破坏，许多原苏联加盟共和国

---

① 世界银行数据库，https://data.worldbank.org.cn/country/uzbekistan?view=chart，访问日期：2021年1月10日。

发生了流血冲突。乌兹别克斯坦及时避免了这些冲突，但经济跟其他加盟共和国一样陷入衰退。1990年人均国民收入只有全苏联平均数的一半，工业和农业劳动生产率分别为40%和50%。人均大众消费品生产也是苏联平均数的40%。随着苏联的解体，经济联系中断，乌生产衰退，居民生活和社会保障水平下降。乌兹别克斯坦由于所处地理位置成为交通死角。乌兹别克斯坦需要在最短的时间内建立自己的国防、外交、货币，保障能源和粮食安全，将自己的产品推向国际市场。在如此艰难的条件下，乌兹别克斯坦形成了自己的向市场经济转型的模式，即全面考虑本国的特殊性，坚持"五项基本原则"，即经济领先于政治、国家推动改革、法律至上、强大的社会保障和分阶段推进改革，从而避免了许多后苏联空间各国发生的经济和政治冲击，这使乌兹别克斯坦21世纪初在后苏联空间各国中第一个阻止了衰退，转向经济增长。其衰退程度是最低的，而社会保障水平则是最高的。乌兹别克斯坦还建立起了自己的汽车工业。1994年乌兹别克斯坦与韩国大宇公司创建了合资企业乌兹大宇汽车公司。大宇破产后，该公司与美国通用公司合作转型为通用乌兹别克斯坦公司，现在已经成为乌兹别克斯坦全资公司乌兹汽车工业公司。

不得不承认，21世纪10年代中期，严格行政调节经济的方法和封闭排斥了市场调节的潜力，使乌兹别克斯坦经济发展受阻。2016年新当选的总统沙夫卡特·米尔济约耶夫开始了深化改革的新阶段。2017年2月通过的《2017—2021年乌兹别克斯坦五大优先领域发展行动战略》规定了新阶段改革的主要方向，即完善国家和社会建设、保障法律至上和改革司法体系、放开和发展经济、发展社会领域、保障安全、实行平衡和建设性的对外政策。① 影响最大的经济改革措施就是货币改革。2017年9月乌兹别克斯坦发布了《关于放开货币政策的总统令》，允许法人和自然人自由兑换货币，统一了"黑市"、交易所和央行三种汇率。另一项重大改革举措是2018年开始的税收改革，2020年实行新版税法标志着第一阶段税收改革的完成。乌通过税收改革降低了劳动税，规范了税收征管制度，完善了税收

---

① Указ Президента Республики Узбекистан О Стратегии действий по дальнейшему развитию Республики Узбекистан (7 февраля 2017 г.) [сайт].URL: https://lex.uz/docs/3107042. (дата обращения: 02.02.2021).

行政管理体系。这些改革措施消除了大量阻碍企业经营活动的行政和官僚障碍，打造了良好的经营环境和必要的法律保障，使企业得到了国家有效支持。这些变化使乌兹别克斯坦在世界银行营商指数和美国传统基金会经济自由度指数排行榜中的地位有了大幅提升。

保障粮食安全是乌兹别克斯坦独立以来的最大成就。据1989年的问卷调查，有89.3%的受访人认为肉类产品不足，56.5%的人认为奶制品不足，55.3%和49.5%的人认为砂糖和糖果不够，17.5%的人认为土豆不够吃。苏联解体前乌兹别克斯坦平均每年购进300万吨谷物，1990年乌收获的谷物只有200万吨。食品短缺严重，保障粮食安全成为乌头等大事。为此，1989年乌决定拨出40万公顷可灌溉宅旁园地种植粮食作物，后来又扩大到70万公顷。乌从1995年开始减少棉花种植面积，其占比从50%减少到了36.1%，而谷物种植面积则从24%增加到了约45%。2018年1月，乌兹别克斯坦颁布的《关于进一步保障国家粮食安全的总统令》规定了一揽子消除粮食市场风险和保障粮食供应的措施，规定继续实行农业结构改革，巩固粮食安全。其中包括建设农产品生产和农业原料精加工集群，取消对棉花并减少对谷物的国家采购，进一步减少棉花种植面积，改革措施增加了17万公顷灌溉土地以种植谷物、蔬菜、油料作物，从而提升了乌兹别克斯坦在全球粮食安全排行榜的位次。

从宏观经济指标来看，1990—2019年，乌兹别克斯坦国内生产总值增加了403亿美元，达到579亿美元，是1990年的3.3倍，见图1.4，比邻国土库曼斯坦高出20%，是吉尔吉斯斯坦的6.9倍和塔吉克斯坦的7倍，是哈萨克斯坦的68.1%。2020年尽管受到新冠疫情的影响，乌兹别克斯坦经济仍然比上年增长了1.6%。乌经济年均增长率达到4.2%，增幅达14亿美元。同一时期，人均国内生产总值增加了一倍，达到1,756美元。20世纪90年代由于苏联解体和加盟共和国间经济联系中断导致的工业制成品销售市场萎缩，乌工业比重从1990年的25.9%下降到2000年的11.1%，相应地，农业比重则从33%上升到了50.7%。2000年以后，乌兹别克斯坦政府有效制止了这一消极趋势，从近30年来的总趋势看，农业比重从33%下降到了27.3%，工业比重则提升到了29.2%。在国内生产总值构成中，服务业比重从18.7%上升到23%，运输业比重从5.9%提高到了7.5%。对外贸易结构也发生了重大变化。如果说乌兹别克斯坦独立的前10年实行的是保障生活必需品供应的进口替代政策的话，那么近年来随着国家工业潜力的发挥，重点转向了出口导向，主要出口市场还是传统的俄罗斯和独联体其他成员国（不过以前主要是从这些国家进口）和亚洲国家。总体来说，独立30多年来，乌兹别克斯坦出口增加了3.3倍，达到181亿美元，年均增加5.7%。也就是说乌兹别克斯坦经济从农—工业产品进口替代变成了具有更高附加值的工—农业产品出口导向。更重要的是在制造业的技术结构中，高新技术领域的比重持续上升。

从苏联继承下来的中亚国家的边界对维护乌兹别克斯坦交通安全构成隐患，即使是其国内货物运输也要经过邻国领土。乌通过修建经过高山隘口的通向费尔干纳盆地和苏尔汉河州新的铁路和公路解决了这一问题。独立以来，乌兹别克斯坦建成了发达的铁路和公路交通网与保障国际和过境运输的航空港，以及连接国内主要大城市的高速列车。作为内陆国，乌兹别克斯坦到达海岸线至少要经过两个国家的领土，使商品进出口的运输成本大幅上升。乌政府高度重视优化运输走廊的建设和商品流向的改变。在苏联时期，乌兹别克斯坦的棉花主要运往俄罗斯，天然气沿中亚—中央管道运往中央管道，由中央管道再运往欧洲。机器和设备从俄罗斯、白俄罗斯和乌克兰向乌兹别克斯坦运输。20世纪90年代，乌兹别克斯坦的商品依然利用这一运输走廊经过波罗的海和远东走向国际市场。为了实现运输走廊多元化，乌1996年启动了经伊朗（连接中亚和伊朗的铁路线：伊朗马什哈德—萨拉赫斯—土库曼斯坦捷詹）和高加索通往欧洲的运输通道，经这条线乌兹别克斯坦的棉花和其他商品销往欧洲市场。与此同时，经伊朗到波斯湾港口的运输走廊也已形成，为乌兹别克斯坦打开了南亚和东南亚市场。全球经济危机爆发后，欧洲天然气价格大幅下降，使俄罗斯减少了对中亚天然气的购买。而此时，中国开始进军中亚天然气市场，使中亚的天然气出口摆脱了对俄罗斯的依赖。土库曼斯坦、哈萨克斯坦和乌兹别克斯坦的天然气通过中亚天然气管道源源不断地送往中国。此外，经过吉尔吉斯斯坦的中吉乌铁路和经过阿富汗通往巴基斯坦和印度的交通线路建设也取得了积极的成果。

2022年9月，在乌兹别克斯坦撒马尔罕举行的上海合作组织成员国元首理事会上，伊朗成为上海合作组织的第九个成员国。在美西方对中国、俄罗斯、伊朗进行遏制、制裁的背景下，加强区域经济合作，共同抵御西方经济制裁成为此次理事会的主要议题。乌兹别克斯坦作为主席国确定的主要优先方向有：进一步提升上海合作组织的影响力和潜力；研究制定区域内贸易的发展规划；通过《产业合作纲要》，建设产业合作中心；通过《上海合作组织交通运输互联互通战略》；研究制定《上海合作组织空间内基础设施发展规划》；深化减贫和粮食安全领域的合作；设立信息安全领域的上海合作组织专家论坛；引入上海合作组织善意大使制度；研究制定旅游业政府间协议；通过防治传染病的"路线图"。

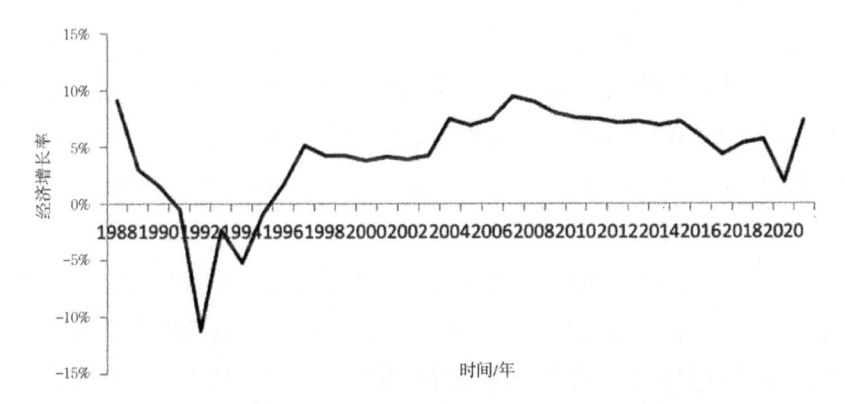

图1.4 近32年乌兹别克斯坦经济增长率变动趋势

资料来源：世界银行数据库，https://data.worldbank.org.cn/country/uzbekistan?view=chart，访问日期：2021年1月17日。

四、吉尔吉斯共和国（Kyrgyzstan）

1924年苏俄政府成立卡拉吉尔吉斯自治州，隶属俄罗斯联邦。卡拉吉尔吉斯自治州1925年更名为吉尔吉斯自治州，1926年更名为吉尔吉斯自治苏维埃社会主义共和国，1936年从俄罗斯联邦独立出来，成为苏联加盟共和国——吉尔吉斯苏维埃社会主义共和国，首府为伏龙芝（今比什凯克）。1991年8月31日宣布从苏联独立，国号为吉尔吉斯斯坦共和国，1993年改国号为吉尔吉斯共和国。

吉尔吉斯斯坦国土面积19.99万平方公里，其中90%位于海拔1,500

米以上，属于高山国家。截至2023年5月，有人口700万，其中吉尔吉斯族占73.3%，乌兹别克族占14.7%，俄罗斯族占5.6%。主要民族还有东干族、维吾尔族、塔吉克族、土耳其族、哈萨克族、鞑靼族、阿塞拜疆族、土库曼族、朝鲜族等。首都为比什凯克。据世界银行资料，2021年吉尔吉斯斯坦国内生产总值为85.4亿美元，人均1,276.2美元。[①] 吉尔吉斯斯坦为"上海五国"机制和上海合作组织创始国。

1991年8月31日，吉尔吉斯斯坦最高苏维埃特别会议通过了《国家独立声明》。独立后，吉尔吉斯斯坦政局一直不稳定，更换了7位总统和30位总理。吉尔吉斯斯坦与塔吉克斯坦和乌兹别克斯坦也多次由于边界、种族、水资源等问题发生矛盾和冲突。

与中亚其他国家一样，吉尔吉斯斯坦也经历了经济和社会领域的衰退。在向市场经济转型过程中，原有的苏联式经济联系突然中断，造成生产和生活水平的严重下降。缺乏能源和原料出口通道的吉尔吉斯斯坦处境变得更加艰难。在苏联后期，吉尔吉斯斯坦得到的各种直接和间接补贴达到国内生产总值的30%，相当于国家财政收入的40%。苏联解体后，补贴没有了，吉尔吉斯斯坦陷入了极度困难：工业停滞，农业被破坏，缺乏市场经济人才，通货膨胀，社会动荡。1991年，吉尔吉斯斯坦政府在国际货币基金组织的参与下制定了经济发展纲要，实施了"休克式"激进的经济自由化进程，放开了国内市场价格，通过了关于企业私有化和土地改革以及国家管理机构改革的相关法律。1991年12月，吉尔吉斯斯坦最高苏维埃通过了私有化法。到1996年非国有经济部门创造的国内生产总值就达到了22.3%，私营经济主体超过9.6万个，就业人数75万。吉尔吉斯斯坦经济市场化分为三个阶段。第一阶段是1991—1995年，其特征是转型性衰退和结构性危机：年均衰退幅度达到12.5%，1994年甚至超过20%；工业企业大量破产，市场难以适应国内外竞争的新形势。政府的工作重点集中在了实现宏观经济稳定，防止威胁社会稳定的生活水平大幅下降。第二阶段是1996—1999年，其特征是恢复性增长和在结构改革基础上的经济复苏：年

---

① 世界银行数据库，https://data.worldbank.org.cn/country/kyrgyz-republic?view=chart，访问日期：2021年1月20日。

均增长率5.7%，1997年增长率接近10%；通货膨胀放缓；投资复活。政府高度重视结构改革，创造了经济良性运转所必需的因素和条件。也正是这一时期社会财产分化严重、贫困和社会病态等转型的社会成本大幅上升。第三阶段是2000年至今，其特征是经济稳定增长：年均增长率3.8%，2013年超过10%，见图1.5。经济的稳定增长为政府的政策转型，即通过结构建设和市场红利的获取转向经济和人的可持续增长，创造了必要的条件。这一时期新经济模式的消极表现，如腐败和社会分化，日益突出。

吉尔吉斯斯坦总统和政府更迭如此频繁的原因之一是激进的经济改革并没有带来民众期待的经济奇迹。根据世界银行数据库，1991—2021年，吉尔吉斯斯坦年均经济增长率只有1.4%，而且波动性很大，在0%至10%之间大起大落。经济总量从25.7亿美元增加到85.4亿美元，增加了2.3倍。而人均国内生产总值年均增长率更是只有0.046%，从575美元增加到1,276美元，增加了1.2倍。仍然属于最贫穷国家，至少25%的人口全年生活费只有449美元。吉尔吉斯斯坦经济严重依赖外出打工收入汇款。2020年吉尔吉斯斯坦出境人数达到388.3万，超过全国人口总数的58%。在境外打工的吉尔吉斯斯坦人向国内汇款总额达到23.8亿美元，占全国国内生产总值的32.8%。1995—2015年，外国直接投资对吉尔吉斯斯坦经济的贡献率大幅上升，从1995年的6.4%上升到2015年的23.7%。但之后5年又大幅减少，2020年只有6.2%。如前所述，大规模私有化导致吉尔吉斯斯坦大量企业倒闭，支撑工业发展的只有矿产部门，特别是库姆托尔金矿。根据吉尔吉斯斯坦国家统计委员会数据，2020年吉尔吉斯斯坦工业生产比2010年增加了40%，而与1991年相比则收缩了14%。工业企业数量从1991年的3,200家减少到了2020年的1,900家。工业占国内生产总值的比重从1991年的36%缩减到了2020年的19%。2020年工业部门吸纳的就业人数为14.2万人，与1991年相比减少了近一半。农业是吉尔吉斯斯坦保障国家粮食安全、居民就业和向工业企业提供原料资源和向居民提供食品的重要部门。1991年吉尔吉斯斯坦政府决定解散集体农庄和国有农场，将其牲畜、农机和土地等资产转让给农民，建立农民私人和农场主经济。2015年农业部门集中了全国三分之一的就业人口和三分之一的增加值，同时也处于主要的贫困地区。2000年吉尔吉斯斯坦形成了再出口经济模式（从中国进口廉价商品再向独联体和欧洲国家出口），严重依赖进口。据官方统计，与1991年相比其贸易额增加了一倍。2020年全国共计有342个集贸市场，是1991年的2.8倍。需要指出的是，吉尔吉斯斯坦在独立初期进出口差额是最小的，几乎是进口多少出口多少。30年来发生了很大变化，2021年与1991年相比进口占比增加了8%，占吉尔吉斯斯坦对外贸易总额的三分之二。为了获取更加有利的贸易条件，吉尔吉斯斯坦加入了世贸组织、欧亚经济联盟和欧盟普惠制，但贸易平衡没有实质性的改变。1991年以来，吉尔吉斯斯坦国家外债从497万美元增加到2021年的41.8亿美元，达到国内生产总值的68%，其20%的财政收入用于还债。

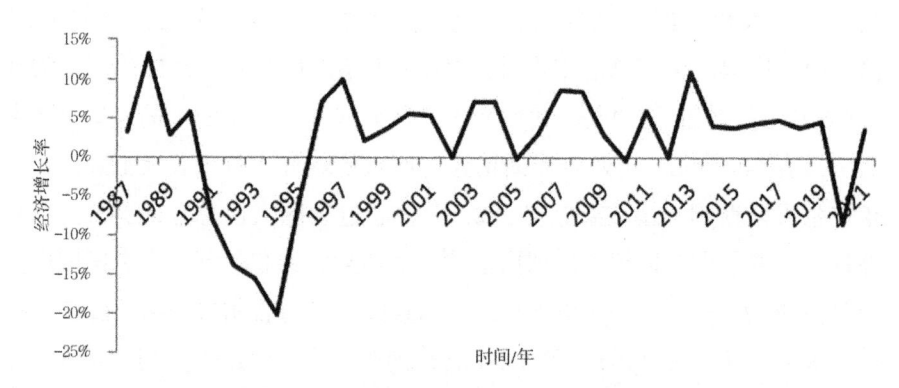

图1.5 近34年吉尔吉斯斯坦经济增长率变动趋势

资料来源：世界银行数据库，https://data.worldbank.org.cn/country/kyrgyz-republic?view=chart，访问日期：2021年1月29日。

五、塔吉克斯坦共和国（Republic of Tajikistan）

1924年苏联在乌兹别克苏维埃社会主义共和国内部成立塔吉克斯坦自治共和国。1929年从乌兹别克斯坦分立为苏联加盟共和国，即塔吉克苏维埃社会主义共和国。首府为斯大林纳巴德（1929年称久沙姆别，1961年更名为杜尚别）。1991年8月24日宣布从苏联独立。

塔吉克斯坦共和国国土面积14.31万平方公里，93%的领土是山地，属于山地国家。截至2023年1月有人口1001万，其中塔吉克族占80%，乌兹别克族占15.3%，俄罗斯族占1%。此外还有土库曼族和阿拉伯人等。首都为杜尚别。据世界银行资料，2021年塔吉克斯坦国内生产总值为87.5亿美元，人均897.1美元。[①] 塔吉克斯坦为"上海五国"机制和上海合作组织创始国。从独立后到1997年，塔吉克斯坦政局一直不稳定。

塔吉克斯坦现在实行总统制，1994年11月，埃莫马利·拉赫蒙诺夫当选为总统。1999年和2006年埃莫马利·拉赫蒙诺夫连任总统。2013年埃莫马利·拉赫蒙（2007年由原姓拉赫蒙诺夫改为拉赫蒙）再次获得连任，2020年他又一次获得连任。

尽管从2000年开始国内生产总值稳定增长，塔吉克斯坦仍然是后苏联空间最不发达的国家。独立30多年来经历了很多问题，其中包括内战、饥饿、经济危机和新冠疫情。苏联后期，塔吉克斯坦经济从1988年超过10%的增长率猛然跌至1989年的–6.5%。1990年艰难地爬升到–0.6%，1991年再次跌回–7%，1992年战争的爆发使经济进一步衰退近30%，见图1.6。内战期间塔吉克斯坦工业产值和国内生产总值分别缩减了三分之二，农业萎缩了一半。直到1997年6月在莫斯科签署和平协议后，塔吉克斯坦经济才回到正增长区间，当年增长1.7%，此后才开始了国家的发展。从战后的1998年到2021年，塔吉克斯坦经济年均增长率超过7%，其中最为强劲的增长是战后的第一个10年。1998年到2008年，塔吉克斯坦经济年均增长率高达8%，特别是2002年、2003年和2004年，经济增长率超过10%。通货膨胀从20世纪90年代的30%—40%降低到了6%—7%。全球金融危机最严重的2009年，塔吉克斯坦仍然保持近4%的经济增长率。从各部门来看，从1997年到2021年，塔吉克斯坦工业产值增加了1.5倍，农业产值增加了1.8倍，货物运输规模增加了70%，零售贸易增加了2.2倍，服务业增加了6.8倍。特别需要指出的是，塔吉克斯坦财政规模扩大了64倍，从而有能力将居民的货币收入增加37倍。塔吉克斯坦贫困人口比例从2000年的83%下降到了2017年的29.5%。

30多年来，塔吉克斯坦民族工业发生了根本性结构改革。在轻工业方面新建了50多家大型企业并增加了9,500个工作岗位，企业总数从1991年

---

① 世界银行数据库，https://data.worldbank.org.cn/country/tajikistan?view=chart，访问日期：2021年1月22日。

的63家增加到2020年的486家，在棉花及其纤维、皮革、医用棉、纺织产品、家具、箱包和袜子加工方面形成了新的生产能力。轻工业产值从1991年的6万索莫尼增加到2020年的31.4亿索莫尼。矿山开采和贵金属工业发展更快。塔吉克斯坦矿产资源丰富，拥有百余处生产有色金属、黑色金属、稀有金属和贵金属，宝石和装饰石品，建筑材料，化工产品矿产资源的矿山。1991年矿山开采工业在工业总产值中的比重只有8%，而到2020年则达到了25.1%。有色金属开采能力提升了60%—80%。吸引外资建立的合资企业有近40家，其中25家开采金银和有色金属，7家生产首饰并加工贵金属和宝石，5家加工石材。塔吉克斯坦的食品工业发展也非常迅速，企业总数从1991年的94家增加到2020年的523家，就业人数达到1.2万，生产规模从1996年的4,830万索莫尼扩大到2020年的67.7亿索莫尼，占工业产值比重达到22%。机械制造、国防和化学工业直到2000年以后才逐步恢复和增长，有20个企业和车间相继投产。

塔吉克斯坦经济面临的严重问题是国家债务持续上升。为了填补内战造成的经济窟窿，政府借了大量外债。目前，塔吉克斯坦外债总额为32亿美元，超过工业总产值的一倍，达到国内生产总值的38.2%，人均外债339美元。如果外债规模继续增加，塔吉克斯坦将有可能发生严重的经济问题——增长放缓、贸易下降、债务利息负担增加、本币贬值、居民购买力下降、借债增加。但是，塔吉克斯坦还有一个强大盾牌，就是境外打工汇款。塔吉克斯坦超过100万国民在境外就业，他们的汇款（每年20亿—40亿美元不等）在过去的10年保障了该国居民收入的70%多，维持了70%塔吉克斯坦家庭的生存，占该国国内生产总值的三分之一到一半。根据世界银行资料，21世纪初，塔吉克斯坦境外汇款增加了4倍，超过出口和引进外资规模。但是，2020年突如其来的新冠疫情使各国纷纷实行隔离政策，关闭了边境，许多留在俄罗斯的塔吉克斯坦人丢了工作，塔吉克斯坦的年轻人也没有了收入来源，塔吉克斯坦失业率上升。根据俄罗斯中央银行的统计，2020年从俄罗斯向塔吉克斯坦的汇款只有17亿美元，比2019年减少了32%，2019年的汇款超过25亿美元。这给塔吉克斯坦经济造成很大风险，首先导致货币市场失衡，造成通货膨胀，使贫困家庭生活更加困难。塔吉克斯坦经济除了依靠境外汇款以外，还有棉花种植业以及矿业、化工、棉织、冶金、机械制造和能源。但是，战争破坏了经济和矿床，各州之间交通落后，以及阿富汗边境局势不稳等因素影响了塔吉克斯坦经济的全面发展。

塔吉克斯坦政府采取积极措施吸引外国投资，包括利率优惠和担保，恢复和改造了原有工业项目并新建了许多工业项目、基础设施和交通设施。这些年塔吉克斯坦经济的恢复和发展主要依靠吸引外资，因为该国资金和技术极度短缺，但原料资源和廉价劳动力资源丰富。外资主要来自俄罗斯和哈萨克斯坦，2007年中国加入了对塔吉克斯坦投资的行列，并在此后的10年成为该国的主要投资国。塔吉克斯坦约50%的外资投向了能源领域，另外一半投入了公路等基础设施以及工业、电信、宾馆和住房。外资提升了塔吉克斯坦的电力供应水平，在塔吉克斯坦建设了新的水电站、电力输送线路。塔吉克斯坦2008年恢复了苏联时期停建的罗共水电站。在外资的帮助下，塔吉克斯坦电信市场以最快的速度增加了用户数量、运营商收入和政府财政收入。

尽管塔吉克斯坦经济实现了长期稳定发展，但仍然属于贫穷国家。人均国内生产总值从1990年的498美元增加到2021年的897美元，增量不足一倍，年均增长率不足0.3%。如果从战后和平时期算的话，年均增长率则达到5%，但仍然有25%的贫困人口。

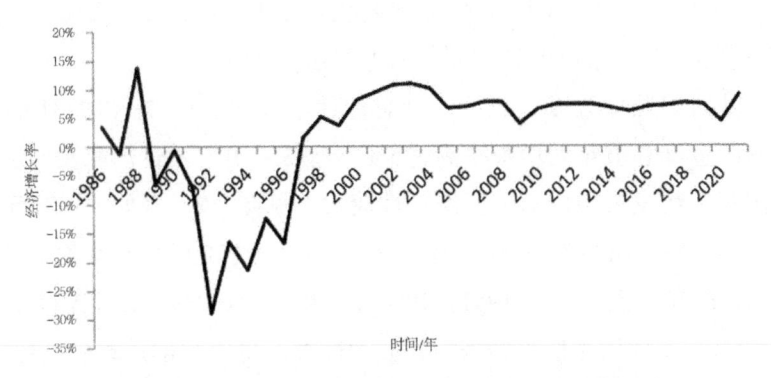

图1.6 近34年塔吉克斯坦经济增长率变动趋势

资料来源：世界银行数据库，https://data.worldbank.org.cn/country/tajikistan?view=chart，访问日期：2021年2月8日。

六、巴基斯坦伊斯兰共和国（The Islamic Republic of Pakistan）

1857年，位于南亚次大陆的莫卧儿帝国沦为英国殖民地，成为英属印度的一部分。但是英属印度内部印度教派和伊斯兰教派之间的对立十分尖锐。二战后，英国海外殖民地分崩离析。英国试图将印度次大陆殖民地里以印度教徒为主的区域组建为印度斯坦，将以伊斯兰教徒为主的区域组建为巴基斯坦，同时保留各藩王国，将三者统一为印度联邦，但这一计划未能实现。1947年6月，英属印度末代总督路易斯·蒙巴顿提出了印度独立法案，将英属印度分为印度和巴基斯坦两个新国家，两国在通过各自宪法之前属于英联邦的自治领。两国划界导致两大教教徒在短时间内大规模人口流动并引发大混乱和冲突。约50万人在冲突中丧生，1,200万人无家可归。1947年8月14日巴基斯坦宣布独立，定都卡拉奇。1956年3月，巴基斯坦自治领更名为巴基斯坦伊斯兰共和国，隶属英联邦，1965年迁都拉瓦尔品第作为过渡，1967年正式迁都伊斯兰堡。1971年东部地区脱离巴基斯坦，成立孟加拉人民共和国。

巴基斯坦国土面积为79.61万平方公里（不包括巴控克什米尔地区）。截至2023年，有人口2.4亿，主要民族有旁遮普族（占63%）、信德族（占18%）、普什图族（占11%）和俾路支族（占4%）。首都为伊斯兰堡。据世界银行资料，2021年巴基斯坦国内生产总值为3,463.4亿美元，人均1,537.9美元。[①] 巴基斯坦2017年加入上海合作组织。

巴基斯坦独立以来，经济发展总体速度较快。1961—2021年的60年间，国内生产总值年均增长率高达5%，远高于西方发达国家及印度、孟加拉国等多数发展中国家，但波动性较大，见图1.7。例如，1970年增长率高达11.3%，而1971年则只有0.5%；1961—1970年增长率高达7.2%，1971—1980年降至4.7%，1981—1990年又回升至6.3%，21世纪前20年再降至4.1%。造成巴基斯坦经济增长波动性大的主要因素是政权更替频繁，这给该国经济的长期持续发展带来一系列问题。造成巴基斯坦经济大幅波

---

① 世界银行数据库，https://data.worldbank.org.cn/country/pakistan?view=chart，访问日期：2021年2月9日。

动的另一个重要因素是以农业为支柱的经济结构抗风险能力差。巴基斯坦领土包括了干旱、半干旱、超干旱和沿喜马拉雅山湿润气候地带，农业生产经常受到不同程度的干旱、洪涝及虫灾肆虐的严重影响，影响也波及与农业相关的加工业和第三产业。巴基斯坦工业与服务业严重依赖农业，农业生产由于气候变化导致的产量波动，进一步影响着农产品加工业和与农产品相关的服务业的增长，并进而影响国内生产总值的增长。据测算，农业增长率每增加1个百分点，工业增加值将增加4.8个百分点，服务业增加值将增加4.3个百分点。此外，对外国援助的高度依赖也使巴基斯坦经济增长后劲不足。依靠外援发展经济是巴基斯坦一个重要而突出的特点。世界银行数据显示，20世纪90年代上半期，巴基斯坦接受的净官方发展援助占中央政府支出的比例超过10%，个别年份甚至达到16%。对外国援助的高度依赖，直接影响着巴基斯坦的经济增长。例如，受1997年亚洲金融危机和1998年巴基斯坦核试验的影响，1997—2000年巴基斯坦接受的外国援助下降了26.7%，相应地，其占中央政府支出的比例下降至6.3%，从而使巴基斯坦国内生产总值年均增长率也下降至2.9%。

从经济结构来看，巴基斯坦农村人口占三分之二，农业吸纳了45%的劳动力。第一产业作为巴基斯坦居民赖以生存的基础产业，传统上在国民经济中占有重要地位，是巴基斯坦经济增长的主要动力之一。其所占比重为21%—26%。巴基斯坦农业以种植业为主，小麦、水稻、棉花、甘蔗四大作物产值占其农业总产值的33.1%，占国内生产总值的7.1%。巴基斯坦农业自然条件良好，可耕地面积为3,450万平方公里，约占国土面积的29%，且阳光、温度、雨量充沛，土地肥沃，适合农作物生长。生产出来的农产品56.9%供直接消费用，其余则供其他行业作为原材料进行加工生产。其中，以农业原料为基础的棉纺织业是巴基斯坦最重要的工业部门，占巴基斯坦出口总额的60%左右。2009/2010财年棉纺织业产值达到11,767亿卢比，占工业总产值的36%和国内生产总值的8.5%。2005年前第一产业所占比重一直高于第二产业。从2005年开始第二产业产值比重超过了第一产业，达到23.9%，并在此后的几年中进一步提高到27%。2008年后第二产业产值所占比重回落至20.9%。巴基斯坦第二产业中，纺织业和钢铁业占据较大比例，但目前发展较缓慢，这与天然气短缺有较大关系。特别是化肥、皮革、纺织等产业常因天然气资源短缺的原因而出现停产现象。第三产业所占比重一直维持在50%左右，对巴基斯坦国民经济的发展起着举足轻重的作用。但是巴基斯坦服务业以批发和零售（占国内生产总值约17%）等低端服务业为主。而这些低端服务业的发展又往往依附于农产品，严重依赖农业的发展；金融、保险行业（占国内生产总值比重约5%）等相对高端的服务业发展速度缓慢，远低于与农产品相关的低端服务业对国内生产总值的贡献。近年来，信息技术产业在第三产业中的占比迅速提升，年销售额达到28亿美元左右，其中技术、信息技术服务和软件出口为16亿美元。目前在巴基斯坦，有1,500家注册信息技术公司，每年有1万名信息技术专业毕业生进入市场。2016年巴基斯坦程序员市场供给规模位列全球第3，仅次于美国和印度。在第三产业中，占据较大份额的还有会展经济。在首都伊斯兰堡、卡拉奇等城市，几乎每月都有医疗器械、服装鞋帽、食材、装备制造等方面的展会，吸引了南亚很多国家参与。

图 1.7　近60年巴基斯坦经济增长率变动趋势

资料来源：世界银行数据库，https://data.worldbank.org.cn/country/pakistan?view=chart，访问日期：2021年2月14日。

2018年7月，伊姆兰·汗执政后，巴基斯坦经济遇到了一定困难，经济增速急剧下滑，从2018年的6.1%下滑到2019年的2.5%，2020年突如其来的新冠疫情又将经济增速拉低到-1.3%。不过巴基斯坦政府实施了宽松的货币政策和积极的财政政策以及各项其他经济刺激措施，这些因素共同促进了国内私人投资的增长，从而使巴基斯坦经济发展势头趋向良好。2021年巴基斯坦经济又报复性地增长了6%。2021/2022财年，巴基斯坦国内生产总值增长率为5.97%。当然，巴基斯坦国内经济发展也面临一定的过热风险。由于内需强劲，进口增长快于出口增长，加之国际油价上涨这一重要因素，巴基斯坦外汇储备和卢比汇率在未来将面临更大的压力。针对这一问题，巴基斯坦政府采取了给经济降温的措施，包括：通过要求进口商缴纳相当于进口商品价值100%的现金保证金、对进口商品征收监管税等来限制进口，尤其是减少非必需品的进口；提高贴现率。这些措施已初见成效，通货膨胀率开始下降。同时，巴基斯坦周边地缘环境发生巨变，这也是该国经济增长道路上不得不重视的一大难题，给巴基斯坦未来的经济发展带来了不确定性。

七、印度共和国（The Republic of India）

印度是世界四大文明古国之一。公元前2500年至公元1500年之间创造了印度河文明。公元前4世纪，孔雀王朝统一印度，开始推行佛教，并向外传播。公元前188年，孔雀帝国灭亡后群雄割据，外族入侵，印度教和伊斯兰教兴起。1600年英国侵入莫卧儿帝国，建立东印度公司，1757年以后，印度逐步沦为英国殖民地。二战后，英国海外殖民地分崩离析。1947年6月，根据英属印度末代总督路易斯·蒙巴顿的印度独立法案，英国将英属印度分为印度和巴基斯坦两个新国家。8月15日印度宣布独立，1950年1月印度成立共和国，定都新德里。

印度国土面积约298万平方公里（不包括中印边境印占区和克什米尔印度实际控制区等）。2022年，印度人口约14.2亿。主要民族有印度斯坦族、泰卢固族、孟加拉族、马拉提族等。印度首都为新德里。据世界银行资料，2021年印度国内生产总值为31.7万亿美元，人均2,277.4美元。[①] 印度2017年加入上海合作组织。

印度作为英帝国的殖民地，在20世纪前50年经济长期停滞，1900—

---

① 世界银行数据库，https://data.worldbank.org.cn/country/india?view=chart，访问日期：2022年6月2日。

1950年，年均经济增长率只有1%。而独立以来至今年均增长率则高达5%。印度独立后经济发展可以分为三个阶段。

第一阶段（1950—1980年）。1947年印度独立后，国大党领袖尼赫鲁当选第一任总理，并在苏联的主持下决定借鉴苏联计划经济模式。他相信借鉴苏联在20世纪30年代推进工业化和军事工业发展中取得显著成效的经验能够成为推动印度快速成为亚洲经济和军事强国的最有效捷径。为此提出了一系列政策措施。其中包括：（1）建立严格管制的工业混合经济体制。推行行业准入政策和市场许可证制度，鼓励国有经济部门并限制私有经济部门的发展，以确保国有部门在军工、核能、钢铁、化肥、机器制造、煤炭、铁路等行业的主导地位，对关系国计民生的重要产品的生产、分配、交换和消费实行严格管制。1966年英迪拉·甘地就任总理后对银行和保险业实行国有化。（2）实行进口替代的内向型经济发展模式。印度政府规定，凡是本国能够生产的产品不准进口，同时采用高关税和进口公布及进口审批制度等非关税壁垒，并且对外国投资严加限制。（3）推行土地制度和租佃制度改革。印度1947年废除了历史上沿袭下来的柴明达尔制度（Zamindar System），1953年印度各邦政府通过了租佃改革法案，规定了租金在农业收入中所占比例。1959年、1961年和1971年印度政府分三次对土地的最高限额作了具体规定，以遏制大地主对土地的垄断。结果，尼赫鲁推行的计划经济体制与人们的期望相去甚远。印度年均经济增长率为3.6%，见图1.8，还出现多年负增长的情况，人均国内生产总值年均增长1.4%，但还是高于殖民地时期。

第二阶段（1981—1990年）。迫于印度社会各界的压力，20世纪80年代英迪拉·甘地和拉吉夫·甘地尝试进行了市场经济改革。主要措施有：（1）放松经济管制，如分阶段取消许可证制度。（2）从传统的进口替代模式转向进口替代与出口导向相结合的模式，如逐步扩大公布进口许可产品的清单，降低专营进口产品的份额以及鼓励出口。（3）改革税收体制，以增值税取代营业税。1990年除了石油、烟草等少数行业外，对其他制造业行业一律征收增值税。20世纪80年代推行的市场化改革不仅大幅提升了印度企业的生产率和国际竞争力，而且缓和了制造业生产效率被扭曲的程度，取得了明显的成效。这期间印度实际经济增长率达到了5.8%，高于同期发展中国家的平均水平。但财政纪律松散、贸易逆差扩大，以及90年代初海湾战争带来的油价飙升导致印度支付危机爆发。

第三阶段（1991年至今）。1991年当选印度总理的拉奥进一步加速了向市场经济转型的进程，后来的继任者瓦杰帕伊、辛格和莫迪都在坚持改革的市场化导向上保持了高度一致。他们大刀阔斧地改革了工业混合管制体制，将18个国有经济部门减少到4个，国家只把原子能、军用航空、舰船和铁路运输保留在自己手中。取消了所有的生产许可证，国家不再对企业下达指标。2015年莫迪撤销了国家计划委员会。印度还调整了外贸与外资管理体制，如拉奥政府取消了中间产品和资本品的进口许可证，将最高关税率由355%下调到55%，设立经济特区并实行优惠政策，取消所有商品进口配额限制，将外国直接投资参股最高比例从40%放宽到51%，在航空、广播电视、能源行业放松对外资的限制。全面改革了金融和财政体制。印度从单一官方汇率过渡到双重汇率制再过渡到市场汇率制，实现经常项目下卢比可自由兑换；鼓励发展私营银行；降低国家在国有银行的持股比例；放宽外国银行的准入限制；实行利率市场化；等等。这使得印度经济年平均增长率进一步提高到6.4%，人均国内生产总值年均增长率也提升到了4.8%。

2008年全球金融危机爆发，受此影响，印度经济增速从2007年第4季度10.6%的高点迅速跌落到2008年第4季度的2.4%。在扩张性财政和货币政策的刺激下，印度经济增速迅速回升到2010年的8.5%。但随着刺激效应的衰减，以及经济形势持续恶化、赤字高涨、通货膨胀持续攀升、工业生产放缓、货币急剧贬值、逆差继续扩大等，2011年印度经济增长率又跌落至5.2%，随后缓慢回升，直到2016年才恢复到2010年的水平。之后再一次掉头向下直到2020年，因新冠疫情衰退幅度高达6.6%，2020年的经济衰退是自20世纪60年代以来最严重的衰退。但是2021年印度经济又呈现出井喷式的报复性增长，增幅高达8.9%。

印度独立后，农业、工业和服务业都有了很大发展。由于不同时期印度政府发展的重点不同，不同时期三次产业的增长幅度也不同，致使三次产业在印度国内生产总值中的比例不断变化，促使印度形成以服务业为主的产业结构模式。20世纪50年代初到60年代中期，第一产业在印度国内生产总值中的比例从53.3%降到40.9%，降幅较大。第二、三产业的比重分别从13.7%和32.9%上升到19.6%和39.5%，第三产业增幅大于第二产业增幅。60年代中期到80年代初，第一产业在印度国内生产总值中的比例进一步下降到37.5%，降幅不大。第二和第三产业的比重微弱上升到22.9%和39.6%。80年代初到90年代初，第一产业比重大幅下降到31.9%，第二和第三产业比重也大幅提升到24.2%和43.8%，第三产业增幅远大于第二产业。90年代初到21世纪初，第一产业比重再次下降到25.7%，降幅较大。第二产业比重不仅没有上升，反而下降了0.4个百分点。第三产业比重则上升了6.6个百分点，达到50.5%。① 第三产业比重大幅度上升促使印度形成了以服务业为主的经济结构。印度第二产业基础薄弱，尚未建立完整的工业体系，对劳动力的需求有限。而第三产业主要提供信息技术外包服务、生物制药等高端就业岗位，不能吸纳低端劳动力就业。大量农民涌入城市寻求改善生活条件，但因无法被第二和第三产业吸收而滞留在城市，产生出大量贫民窟。此外，由于第二产业发展滞后，具有长期效益的电力、交通等基础设施建设严重落后。绝对贫困和收入分配失衡也是印度社会面临的主要问题，印度贫困人口占总人口比例依然超过30%，文盲率高达26%，甚至比撒哈拉以南非洲国家还高。收入分配不均及收入水平偏低严重制约着印度中产阶级的形成和消费能力的提高，消费对经济增长拉动能力不足。

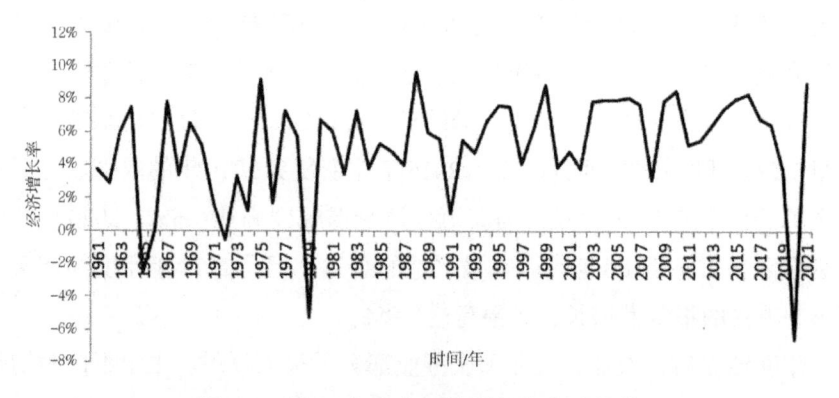

图1.8　近60年印度经济增长率变动趋势

---

① 根据印度政府财政部《2012—2013年度经济调查》统计表提供的资料计算。

资料来源：世界银行数据库，https://data.worldbank.org.cn/country/india?view=chart，访问日期：2021年2月11日。

八、伊朗伊斯兰共和国（The Islamic Republic of Iran）

伊朗是具有四五千年历史的文明古国，史称波斯。19世纪以后，伊朗沦为英、俄的半殖民地。1921年2月，礼萨·汗上校发动军事政变，占据德黑兰，1925年建立巴列维王朝，1935年改国名为伊朗。1941年其子穆罕默德·礼萨·巴列维继位。1951年穆罕默德·摩萨台成为首位民选首相。1953年他被英、美情报人员策动的政变推翻，巴列维国王重新上台，成为英美附庸。1963年巴列维国王按照美国人的方案发动"白色革命"，进行国内改革。伊斯兰教宗教领袖赛义德·鲁霍拉·霍梅尼极力反对改革，1964年被驱逐出境。1979年伊朗爆发伊斯兰革命，霍梅尼回国宣布成立伊朗伊斯兰共和国，与美国断交。

伊朗国土面积164.5万平方公里。截至2023年10月有人口8,502万，全国人口中波斯人占66%，阿塞拜疆人占25%，库尔德人占5%，其余为阿拉伯人、土库曼人等少数民族。伊斯兰教为国教，98.8%的居民信奉伊斯兰教，其中91%为什叶派，7.8%为逊尼派。据世界银行资料，2021年伊朗国内生产总值为2,315.5亿美元，人均为2,756.7美元。[①] 2022年伊朗加入上海合作组织。

伊朗伊斯兰共和国刚刚成立，就爆发了两伊战争。伊朗大量企业和基础设施被破坏，物资严重短缺，政府收入锐减，军费开支不断增加，通货膨胀急速上升。政府不得不对基本生活必需品等实行配给制。两伊战争对伊朗造成的直接经济损失约为4,400亿美元，间接经济损失约为4,900亿美元。1988年和1978年相比，伊朗国民收入减少了137亿美元，人均国民生产总值从2,000美元减少到800美元，通货膨胀率高达30%。伊朗既反对资本主义私有制，也反对公有制，主张国家掌握经济命脉并监督整个经济活动。伊朗于1983年开始执行第一个五年计划，目标是确保经济独立，优先使用本国资本、商品和技术，根除贫穷和剥削，保护被剥削者的利益，反

---

① 世界银行数据库，https://data.worldbank.org.cn/country/iran-islamic-rep?view=chart，访问日期：2021年2月27日。

对垄断和集中，消灭失业。伊朗实行国有化和进口替代政策，伊朗国家石油公司接管了所有的石油和天然气企业，将银行和保险公司收归国家，组建10家大型国有银行，收归国有的还有钢铁、化学、造船、飞机制造和矿产等战略性企业。1985年伊朗国有企业总数达到909家，国有企业就业人数达到全国就业人数的72.8%，创造了全国60%的工业增加值。伊朗不断加强政府对经济的控制，13家国有专业购销公司控制全国的进出口贸易，霍梅尼授权政府对22种商品实行价格管制，对生活必需品实行配给制，取消存款利息并限制银行信贷。这些政策使伊朗与世界经济隔绝，不能有效利用国外资源和先进技术，缺乏国际竞争使国内企业特别是国有企业效率低下，阻碍经济发展，使失业率和通胀率居高不下。

　　1989年拉夫桑贾尼当选为总统后，在东欧剧变和苏联解体背景下，伊朗政府采取了灵活务实的经济政策以加快伊朗经济的复苏和发展。1990年开始的第二个五年计划抛弃了以农业为基础的原则，改为以工农业发展并重、恢复石油工业为伊朗经济支柱的方针；放弃了"自给自足"孤立于国际社会的政策，推行有限度的经济开放政策，积极扩大对外贸易和国际经济合作；加强与欧洲国家的联系，积极吸引外资，引进先进的技术和设备；实施有限的经济自由化，减少国家对经济的干预，鼓励私营经济发展，出售部分国有企业。这些政策有效促进了经济稳步复苏。伊朗经济从1988—1989年度的负增长转变为1990—1991年度的正增长9.1%，见图1.9。1990—1991年的海湾危机引发了世界石油价格大幅上涨，使得伊朗石油收入大幅度增加，财政赤字和资金匮乏的困境有所缓和。1992—1993年伊朗国内生产总值增幅有所放缓，但仍保持了6%的增长率。接下来的两个财政年度伊朗经济增长率进一步放缓到了2%，主要原因在于经济自由化和私有化进程受到保守势力的阻碍。另外，美西方及其主导的国际经济组织对伊朗经济一直实行孤立政策，国际石油价格下滑也大幅减少了伊朗的外汇收入。人口的过快增长也给伊朗经济发展带来了沉重的负担。在拉夫桑贾尼执政后期，伊朗经济又陷入种种危机之中：通货膨胀率上升，国有企业管理不善和效率低下没有改善，工业生产能力不断下降，市场化改革助长了官僚腐败。迫不得已，1994年伊朗实行重大经济改革计划，削减财政预算，缩小投资规模，取消国家对生活必需品的补贴，恢复战时经济状态，恢复配给制，等等。但这些政策并没有使伊朗摆脱严重的经济危机。

伊朗是欧佩克（OPEC）第二大产油国，截至2004年，伊朗拥有1,258亿桶探明石油储量，约占全球总量的10%。2003年伊朗石油部预测其探明的天然气储量为26.6万亿立方米，占世界总储量的18%，仅次于俄罗斯，居世界第二位。伊朗经济对石油和天然气出口的依赖使其经济波动频繁。1997年哈塔米就任伊朗新总统，开始实施经济多元化政策。首先是大力发展石化工业。1997—2013年，伊朗分五个阶段实施石化工业发展计划，总投资206亿美元。其次是发展冶金工业。伊朗矿产资源非常丰富，除了拥有世界闻名的石油和天然气资源以外，还有金、铜、锌、铅、铬、铁、煤、锡、锰、铝、镍、镁、磷、锑、钨和氧化铁等。最后是实行优惠政策吸引外国投资，如改革税制，降低税率，取消政府垄断机构，推进私有化改革，设立石油稳定基金，实施促进和保护国外投资法，等等。以上措施取得了显著效果，1996—2002年，伊朗进出口总额从374亿美元增加到了520亿美元，吸引外资额增加了4倍。2002年伊朗吸引和保护外国投资法生效，伊朗还制定具体的实施细则，拓宽投资领域和方式。外资投资比例没有严格限制，投资的本金和利润可以自由汇出境外，使投资安全性大幅提高。

2005年执政的内贾德主张平民主义，伊朗的经济政策趋于保守，更加强调社会公正，主张深化私有化改革、分发公正股份[①]、改善国内投资环境、加强对外经济合作。内贾德的经济政策并非退回到霍梅尼时代，而是更强调社会公正、消除腐败，是伊朗政治经济改革的延续。然而，其在伊核问题上的强硬立场导致欧美和联合国加大了对伊朗的经济制裁，制裁范围从能源、金融扩大到几乎所有的经贸领域。国际制裁严重影响了伊朗的经济发展。

2014年2月，伊朗最高领袖哈梅内伊宣布了新经济政策："抵抗型经济"政策总纲领。他立足加强伊朗国家经济基础，明确《20年发展愿景规划》。该规划主要内容有：到2025年将伊朗建设成为发达国家，伊朗科技

[①] "公正股份"也叫"公平股份"，是伊朗国有经济私有化改革的一部分，核心是通过向低收入者廉价转让国有公司股票的方式，促进国家财富的公平分配以及国民经济的健康发展。

及经济发展水平将居地区之首;摆脱单一的石油经济结构,引进资金和技术促进非石油产品出口;保证伊朗经济不受任何外来势力的重大影响;强调社会公平,让贫困阶层分享经济发展成果。2013年鲁哈尼上台执政,对外实行温和务实的外交政策,积极改善与西方国家关系;对内推行"抵抗型经济"政策,抑制通胀,改善民生,为伊朗经济重振创造了比较宽松的内外环境。政府重点支持出口导向型投资,努力发展非石油经济,计划未来10年内非石油出口收入翻3番。然而,伊朗工业基础相对薄弱,石油型经济结构在很长时间内不会发生根本改变,非石油产品出口导向战略难以实现。2021年6月,莱希当选为伊朗第13任总统,其经济政策有待观察。

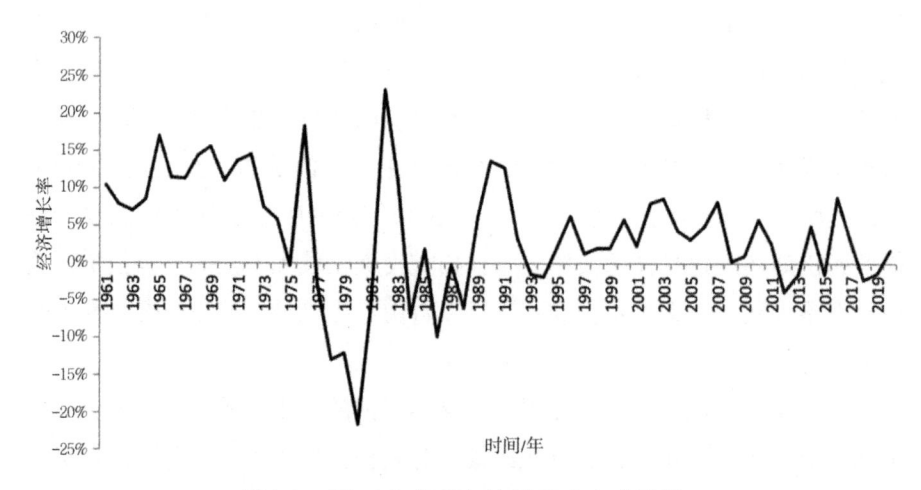

图1.9 近58年伊朗经济增长率变动趋势

资料来源:世界银行数据库,https://data.worldbank.org.cn/country/india?view=chart,访问日期:2021年2月28日。

第四节 上海合作组织经济合作20年:成就与经验总结

2021年上海合作组织进入弱冠之年,其前身"上海五国"迎来成立25周年。20年来上合组织在"上海精神"指引下,在不断完善自身机制建设的同时,在政治、安全、经济和人文领域积极开展务实合作并取得了丰硕成果,成功维护了地区安全与稳定,有力促进了地区经济发展与繁荣。从1996年的"上海五国"机制到2001年的上合组织六国以及2017年的八国和2022年的九国，上合组织的实力逐步壮大，合作的范围和领域逐步拓宽。加强区域经济合作成为该组织成员国、观察员国和对话伙伴国的共同利益，它们结成了经济利益共同体。

一、上合组织经济合作的阶段划分

众所周知，上合组织前身是"上海五国"机制。随着20世纪80年代中期中苏关系出现解冻迹象，1987年两国开启第三轮边界谈判。1991年苏联解体，中苏边界谈判变成了中国与俄罗斯、哈萨克斯坦、吉尔吉斯斯坦和塔吉克斯坦四国的边界及安全谈判。1996年五国元首在上海举行第一次会晤，就在边境地区加强军事信任达成一致。1998年在阿拉木图举行的第三次元首峰会标志着"上海五国"相互之间的合作从边境安全走向综合安全，并且"上海五国"意识到"大规模经济合作对于巩固地区和平与稳定具有重要作用"，"各方商定，发展平等互利的经济合作"，"扩大贸易额"，"鼓励和支持各种形式的地方和边境地区经贸合作以及五国大企业和大公司间的合作"，"改善各自投资环境，为增加对各国经济项目的投资创造条件"。"各方认为，必须大力加强和鼓励所有经济领域，包括油气管道基础设施，以及铁路、公路、水运和空运领域的大规模长期合作。"[1] 2000年第五次元首峰会将这种经济关系进一步明确定义为"平等和互利合作原则基础上"的"经贸伙伴关系"。[2] 上合组织成员国对经济合作重要性的认识是逐步深化的，大体经历了确立目标和制定方案、深入合作、扩张升华三个阶段。

1. 第一阶段（2001—2008年）：确立目标，制定方案

2001年"上海五国"机制吸收乌兹别克斯坦加入并成功转型为上海合作组织，其合作范围跨越政治和安全，走向全面合作，鼓励各成员国在政

---

[1] 《中华人民共和国、哈萨克斯坦共和国、吉尔吉斯共和国、俄罗斯联邦和塔吉克斯坦共和国阿拉木图联合声明》，中国外交部，1998年7月3日，https://www.fmprc.gov.cn/web/gjhdq_676201/gj_676203/oz_678770/1206_679110/1207_679122/200105/t20010531_9337111.shtml，访问日期：2021年3月1日。

[2] 《哈萨克斯坦共和国、中华人民共和国、吉尔吉斯共和国、俄罗斯联邦和塔吉克斯坦共和国元首杜尚别声明》，中国政府网，2000年7月5日，http://www.gov.cn/gongbao/content/2000/content_60387.htm，访问日期：2021年3月3日。

治、经贸、科技、文化、教育、能源、交通、环保及其他领域进行有效合作，并根据中方倡议启动贸易和投资便利化谈判进程，制定长期多边经贸合作纲要。同年9月，在阿拉木图举行的首次政府总理会晤通过了《上海合作组织成员国政府间关于区域经济合作的基本目标和方向及启动贸易和投资便利化进程的备忘录》，规定了区域经济合作基本目标，包括扩大贸易和投资规模，改善贸易和投资环境，为逐步实现商品、资本、服务和技术的自由流动创造条件，明确实现途径和部门合作方向，等等。2002年上合组织将"推动贸易和投资便利化，以逐步实现商品、资本、服务和技术的自由流通"明确写入《上海合作组织宪章》。[①] 2003年六国总理在北京批准了《上海合作组织成员国多边经贸合作纲要》，提出到2010年实现贸易投资便利化和到2020年"实现货物、资本、服务和技术的自由流动"的中期和长期目标，规定了为此需要完成的主要任务和方向。与此同时上合组织制定了《〈上海合作组织成员国多边经贸合作纲要〉落实措施计划》，该计划于2005年由六国总理批准，并且同年上合组织开始实施《上合组织进一步推动项目合作的措施清单》。2007年上合组织还签署了《上合组织成员国政府间海关合作与互助合作协定》。

这一阶段上合组织开展合作的内容主要集中在政治和安全领域，经贸合作方面的主要任务就是将经济合作提上议事日程、确立经济合作目标和任务以及制定经济合作纲要。其主要表现是：其一，在这一阶段上合组织成员国元首理事会会议发表的宣言关于强调经济合作的内容比较少；其二，2007年和2008年的元首宣言几乎完全排除了经济合作选项。

2. 第二阶段（2009—2016年）：逐步走向深入

面对突如其来的全球金融危机，2009年上合组织成员国政府首脑会议发出《上海合作组织成员国关于加强多边经济合作、应对全球金融经济危机、保障经济持续发展的共同倡议》，标志着上合组织经济合作进入提质升级阶段，合作领域向金融延伸。2011年上合组织成员国政府总理在圣彼得堡发布《关于世界和上合组织地区经济形势的联合声明》，声明重申了

[①]《上海合作组织宪章》，上海合作组织，2002年6月7日，http://chn.sectsco.org/documents/，访问日期：2021年3月13日。

大力发展和加强经济合作的重要意义，表示将尽快在上合组织框架内成立项目合作融资机制——专门账户和开发银行。2015年在郑州发布的《关于区域经济合作的声明》提出，深化区域经济合作，以基础设施建设、产能投资为优先方向，扩大双、多边经贸合作，共同促进本地区工业化和现代化进程。声明丰富了区域经济合作的内容，包括交通领域多边合作和运输便利化，贸易结构多元化，建立良好的投资环境、产能和高新技术领域合作，建立项目融资保障机制和本币互换，等等。这一阶段经济合作的一个重要动力来自共建"一带一路"倡议。2013年中国国务院总理李克强在上合组织成员国政府首脑（总理）理事会塔什干会议上第一次明确各成员国都在丝绸之路经济带上，希望各方积极参与新亚欧大陆桥建设，进一步畅通从东到西的大通道。2015年12月上合组织成员国政府首脑（总理）理事会通过的《关于区域经济合作的联合声明》不但表示"支持中国关于建设丝绸之路经济带的倡议"，而且还"认为该倡议契合上合组织发展目标"。[①] 上合组织大部分参加国与中国政府签署了共建"一带一路"的官方文件。

在这一阶段还签署了一系列政府间合作协定，如2010年签署的《农业合作协定》、2013年签署的《科技合作协定》，以及2014年签署的《国际道路运输便利化协定》等。在此期间，上合组织成员国元首发表的宣言关于经济合作的内容从上一阶段的每份宣言1—2条上升到每份宣言平均5条，涉及的合作领域更加广泛。

3. 第三阶段（2017年至今）：扩张与升华

随着上合组织成功扩员，深化经济合作的愿望成为所有参加国的共识。另外，因2014年乌克兰危机西方对俄罗斯实行全面制裁，进而殃及欧亚经济联盟其他成员国，而这些成员国也均为上合组织成员国、观察员国或对话伙伴国，它们希望加大上合组织经济合作的力度。2015年和2016年，上合组织成员国元首发表的宣言中有关经济合作的内容明显多于2014年之前的宣言，从每份宣言平均5条增加到8条和11条。而2017年至今，

[①] 《上海合作组织成员国政府首脑（总理）关于区域经济合作的声明》，上海合作组织，2015年12月15日，http://chn.sectsco.org/documents/，访问日期：2021年3月15日。

元首宣言中经济合作的内容每份宣言多达近20条。特别是，关于"贸易和投资便利化"以及"商品、资本、服务和技术自由流通"的呼声日渐高涨。如2017年《阿斯塔纳宣言》强调，有必要建立区域内经贸合作制度安排，进一步采取措施，促进贸易和投资便利化。宣言表示，成员国支持创造有利条件，逐步实现《上合组织宪章》规定的商品、资本、服务和技术自由流动。2018年《青岛宣言》呼吁成员国遵循《上合组织宪章》，推动贸易和投资便利化，以逐步实现商品、资本、服务和技术的自由流通，并发表了《关于贸易便利化声明》。

二、上合组织经济合作制度基础趋于完善

1. 完成了合作机制和法律建设

为了顺利实现《上海合作组织成立宣言》和《上海合作组织宪章》规定的政治、安全和经济合作的任务和目标，《上海合作组织宪章》确立了上合组织的制度结构框架。上合组织成员国国家元首会议是上合组织最高机构，决定上合组织活动的优先领域和基本方向；成员国政府首脑（总理）会议研究并决定组织框架内发展各具体领域，特别是经济领域相互协作的主要问题；根据国家元首会议和国家政府首脑（总理）会议的决定，成员国各部门领导人定期召开会议，研究上合组织框架内发展相关领域相互协作的具体问题，包括外交部长会议、经贸部长会议和经贸高官委员会会议以及相关专业工作组会议；国家协调员理事会是上合组织日常活动的协调和管理机构；秘书处是上合组织常设行政机构，承担上合组织框架内开展活动的组织技术保障工作。2006年上合组织成员国元首发表《上海合作组织5周年宣言》，宣布上合组织"顺利完成了机制和法律建设任务，确保本组织有效发挥职能"。[①]

2. 经济合作实体机制逐步形成

为了顺利落实上述各级会议机制确定的经济合作任务，2004年上合组织成员国元首在塔什干一致决定着手建立本组织发展基金和实业家委员

[①] 《上海合作组织5周年宣言》，上海合作组织，2006年6月15日，http://chn.sectsco.org/documents/，访问日期：2021年3月10日。

会。次年上合组织实业家委员会和上合组织银行联合体正式成立,并被赋予促进该组织框架内一体化进程的新资源职能。2004年9月,上合组织经贸部长在莫斯科签署了《关于建立上海合作组织区域经济合作网站问题的谅解备忘录》。为了落实《上海合作组织成员国多边经贸合作纲要》,上合组织启动了电子商务、海关、采用技术规则和标准及合格评定程序、过境潜力以及促进投资五个工作组,2006年增设了能源、现代信息和电信技术工作组。

2006年俄罗斯总统普京第一次倡议成立上合组织能源俱乐部。2013年中国国家主席习近平在上合组织成员国元首比什凯克峰会上重申了成立能源俱乐部和建立粮食安全机制的主张,呼吁推动建立上合组织开发银行,设立专门账户,用好银行联合体这一机制。[①] 同年年底,上合组织能源俱乐部宣告成立。2017年习近平建议将上合组织打造成"一带一路"与欧亚经济联盟、哈萨克斯坦"光明之路"对接合作的重要平台。他表示,"中方倡议逐步建立区域经济合作制度安排,并从商签《上海合作组织贸易便利化协定》做起","中方支持建立地方合作机制","倡议成立经济智库联盟和电子商务工商联盟"。[②]

3. 中国—上合组织经济合作机制模式多样化

上合组织是根据中国政府倡议成立的,中国作为上合组织的经济大国,为促进区域经济合作作出了积极贡献。2005年六国总理峰会肯定了上合组织秘书处、亚太经社会和中国国家开发银行在西安举办的欧亚经济论坛对促进上合组织经贸合作的平台作用,同时支持2006年上合组织成立5周年之际在上海举办工商企业家论坛及工商展览会倡议。2013年习近平在访问中亚四国并出席上合组织成员国元首比什凯克峰会期间呼吁上合组织成员国和观察员国共商共建共享丝绸之路经济带。中方愿根据市场原则,推动在每个成员国建立合作园区,不断深化产能合作。根据习近平的提

[①] 习近平:《弘扬"上海精神",促进共同发展——在上海合作组织成员国元首理事会第十三次会议上的讲话》,中国政府网,2013年9月13日,http://www.gov.cn/ldhd/2013-09/13/content_2488259.htm,访问日期:2021年3月19日。

[②] 习近平:《团结协作,开放包容,建设安全稳定、发展繁荣的共同家园——在上海合作组织成员国元首理事会第十七次会议上的讲话》,新华网,2017年6月10日,http://www.xinhuanet.com/politics/2017-06/10/c_1121118817.htm,访问日期:2021年3月20日。

议，中国在上海政法学院设立了中国—上海合作组织国际司法交流合作培训基地，为成员国提供司法人才培训；在青岛设立了中国—上海合作组织地方经贸合作示范区和中国—上海合作组织法律服务委员会，为经贸合作提供法律支持；在陕西杨凌设立了中国—上海合作组织农业技术交流培训示范基地，加强该地区国家现代农业领域合作。2020年习近平在圣彼得堡线上峰会期间提出，中方将在重庆举行中国—上海合作组织数字经济产业论坛，为各方开展创新合作搭建平台。为庆祝上合组织成立20周年，中方还举办了上海合作组织民间友好论坛，继续举办上海合作组织青年交流营活动，为各方提供600名青年交流名额，培养相知相亲的青年一代。

此外，中国还单方面出资设立经济合作促进基金和优惠贷款机制，如中国—欧亚经济合作基金等。上合组织成员国还可直接分享丝路基金、金砖新开发银行、亚洲基础设施投资银行等金融机构的融资计划。

三、上合组织经贸合作取得长足发展

在上述制度建设的基础上，在成员国加强经济合作促使经济共同发展和繁荣的共同意愿驱使下，以及成员国政府的共同努力和各项机制的促进下，上合组织成员国之间的相互经济合作在贸易、投资、金融领域取得了丰硕成果。上合组织经济总量在成立前的2000年只有1.5万亿美元，2005年就翻了一番达到3万亿美元，2010年达到7.8万亿美元，2017年达到17万亿美元，2019年接近20万亿美元。20年增加了12倍多。上合组织成员国对外贸易总额2000年尚不足6,500亿美元，2003年就突破了1万亿美元，2010年突破3万亿美元，2019年达到6.6万亿美元，不到20年增加了9倍多。[①] 这些国家吸引外国直接投资总额从不足500亿美元迅速上升到2019年2,315.6亿美元，达到2000年的近5倍。我们知道，上合组织成员国大部分是转型经济体和发展中国家，缺少促进经济发展所需要的足够的资金。但是，上合组织成立后成员国的资本也开始"走出去"。2000年它们对外直接投资总额只有40亿美元，而且主要是由俄罗斯（30亿美元）和中国（9亿美元）完成的，2003年突破100亿美元，2008年突破1,000亿美元，

---

① 世界银行数据库，https://data.worldbank.org.cn/country，访问日期：2021年4月2日。

2016年突破2,000亿美元。由于特朗普执政时期美国脱离全球化，奉行单边主义，对世界挥舞贸易摩擦和制裁大棒，上合组织成员国对外投资出现下滑趋势，2019年倒退到了2012年和2013年的水平，不足1,500亿美元。[①]

1. 成员国相互贸易规模迅速上升

相互贸易是上合组织经济合作的主要内容。中国凭借40多年改革开放形成的高速经济发展，经济规模稳居世界第二，形成了独一无二的制造业生产能力，成为名副其实的"世界工厂"。而其他成员国则得益于本国丰富的能源和原材料，将自己挂在"东方快车"上，形成优势互补，尽管某些国家对能源和原料出口依赖讳莫如深。上合组织成立以来，成员国之间的相互贸易规模大幅度攀升，见图1.10。

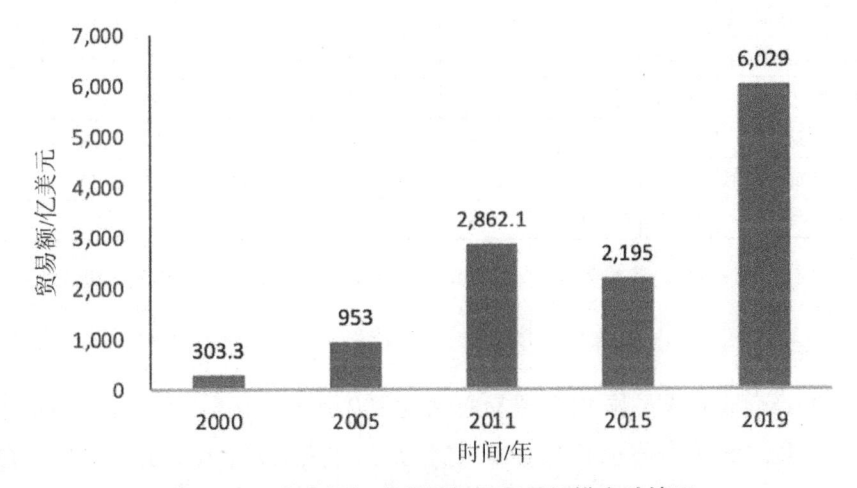

图1.10 上合组织成员国相互贸易规模变动情况

资料来源：联合国贸易数据库，https://comtrade.un.org/，访问日期：2021年8月15日。

上合组织成立的前一年即2000年，如表1.1所示，6个成员国之间的相互贸易总额只有303.26亿美元。根据国际贸易平衡理论，6个成员国进口总额与出口总额相等的原则，贸易净值只有151.63亿美元。其中俄罗斯与上合组织其他成员国的贸易规模为128.59亿美元，中国为89.75亿美

---

① 联合国贸发会议数据库，https://unctadstat.unctad.org/EN/BulkDownload.html，访问日期：2021年4月8日。

元,哈萨克斯坦为55.82亿美元,它们在上合组织相互贸易中的占比分别是42.4%、29.6%和18.4%,乌兹别克斯坦、吉尔吉斯斯坦和塔吉克斯坦三国总额不足30亿美元,占比不足10%。

表1.1 2000年上海五国及乌兹别克斯坦之间相互贸易规模

单位：亿美元

	国家	进口						出口总额
		中国	俄罗斯	哈萨克斯坦	乌兹别克斯坦	吉尔吉斯斯坦	塔吉克斯坦	—
出口	中国	—	22.33	5.98	0.39	1.10	0.07	29.88
	俄罗斯	52.48	—	22.47	2.74	1.03	0.56	79.28
	哈萨克斯坦	6.72	17.10	—	1.33	0.57	0.53	26.26
	乌兹别克斯坦	0.12	6.63	0.70	—	0.75	1.85	10.06
	吉尔吉斯斯坦	0.44	0.65	0.33	0.89	—	0.07	2.39
	塔吉克斯坦	0.10	2.59	0.06	0.98	0.03	—	3.75
进口总额		59.87	49.31	29.56	6.34	3.47	3.08	151.63
与其他国家贸易总额		89.75	128.59	55.82	16.40	5.87	6.83	303.26
成员国贸易占比		29.6%	42.4%	18.4%	5.5%	1.9%	2.2%	100%

资料来源：联合国贸易数据库，https://comtrade.un.org/，访问日期：2021年4月6日。

2015年6个成员国相互贸易总额达到2,195.33亿美元，达到2000年的7倍多，贸易净值也超过1,000亿美元。如表1.2所示，成员国与上合组织其他成员国的贸易规模显著上升，其中中国上升幅度高达8.7倍达到866.74亿美元，贸易比重相比2000年上升近10个百分点达到39.5%。俄罗斯贸易规模上升5.5倍达到829.89亿美元，贸易比重从42.4%下降到37.8%。哈萨克斯坦贸易规模上升4.7倍达到317.67亿美元，贸易比重从18.4%下降到14.5%。其他三国贸易总规模也提升了5.2倍达到181.03亿美元，贸易比重从近10%下降到8.2%。

表1.2 2015年上合组织成员国之间相互贸易规模

单位：亿美元

	国家	进口						出口总额
		中国	俄罗斯	哈萨克斯坦	乌兹别克斯坦	吉尔吉斯斯坦	塔吉克斯坦	—
出口	中国	—	347.57	84.41	22.29	42.82	17.95	515.04
	俄罗斯	283.35	—	103.02	22.21	12.89	7.59	429.06
	哈萨克斯坦	54.80	45.47	—	9.42	5.18	4.18	119.06
	乌兹别克斯坦	12.67	5.76	7.26	—	0.59	0.05	26.33
	吉尔吉斯斯坦	0.36	1.57	2.28	0.95	—	0.24	5.40
	塔吉克斯坦	0.52	0.46	1.65	0.06	0.08	—	2.77
进口总额		351.70	400.83	198.61	54.94	61.57	30.02	1,097.67
成员国与上合组织其他成员国贸易总额		866.74	829.89	317.67	81.27	66.97	32.79	2195.33
成员国贸易占比		39.5%	37.8%	14.5%	3.7%	3.0%	1.5%	100%

资料来源：联合国贸易数据库，https://comtrade.un.org/，访问日期：2021年4月9日。

2017年印度和巴基斯坦正式加入上合组织，上合组织成员国从6个增加到8个，相应地，上合组织成员国相互贸易规模进一步扩大。以2019年的数据为例，如表1.3所示，8个成员国相互贸易总额为6,029.43亿美元，达到2000年上合组织成员国之间贸易额的近20倍，贸易净值也达到3,014.72亿美元。上合组织成员国与其他成员国的贸易规模进一步上升，其中中国的贸易规模超过2000年的28倍达到2,527.57亿美元，贸易比重再提升2.4个百分点达到41.9%。俄罗斯的贸易规模超过2000年的11倍达到1,459.58亿美元，贸易比重进一步下降至24.2%，比2000年下降近一半。哈萨克斯坦的贸易规模也上升到了2000年的8.5倍达到472.65亿美元，贸易比重比2015年再下降近一半仅占7.8%。乌兹别克斯坦、吉尔吉斯斯坦和塔吉克斯坦三国贸易总规模也扩大到了2000年的10倍多达到313.05亿美元，贸易比重比2015年微弱下降2.9个百分点。结果显示，上合组织原六国中只有中国的相互贸易占比有所上升，其他五国均有不同程度的下降。这主要是因为印度和巴基斯坦的加入挤占了这些成员国的贸易占比。2019年印度在上合组织的贸易份额达到17.5%，直逼俄罗斯。巴基斯坦的贸易份额占3.3%，也明显大于乌兹别克斯坦、吉尔吉斯斯坦和塔吉克斯坦。

表1.3 2019年上合组织成员国之间相互贸易规模

单位：亿美元

	国家	中国	俄罗斯	哈萨克斯坦	乌兹别克斯坦	吉尔吉斯斯坦	塔吉克斯坦	印度	巴基斯坦	出口总额
		\multicolumn{8}{c	}{进口}	
出口	中国	—	494.85	128.07	50.44	63.12	16.12	749.24	161.83	1,663.68
	俄罗斯	573.21	—	142.87	39.08	15.59	9.53	73.08	1.69	855.06
	哈萨克斯坦	78.23	56.02	—	19.81	6.04	6.53	15.73	0.02	182.39
	乌兹别克斯坦	17.63	20.35	12.06	—	6.34	1.90	0.10	0.94	59.32
	吉尔吉斯斯坦	0.81	2.81	3.47	1.39	—	0.57	0.03	0.02	9.11
	塔吉克斯坦	0.84	0.37	1.03	1.44	0.10	—	0.03	0.00	3.80
	印度	172.79	28.71	1.94	1.93	0.29	0.25	—	11.86	217.77
	巴基斯坦	20.37	1.41	0.83	0.22	0.02	0.08	0.66	—	23.60
	进口总额	863.89	604.52	290.27	114.33	91.52	34.98	838.85	176.36	3,014.72
	成员国与上合组织其他成员国贸易总额	2,527.57	1,459.58	472.65	173.65	100.62	38.78	1,056.62	199.96	6,029.43
	成员国贸易占比	41.9%	24.2%	7.8%	2.9%	1.7%	0.7%	17.5%	3.3%	100%

资料来源：联合国贸易数据库，https://comtrade.un.org/，访问日期：2021年4月9日。

图1.11显示，2001年上合组织成立之后，中国与上合组织成员国之间的贸易规模呈阶梯状迅速上升。2001—2008年为第一个阶梯贸易高速增长期，年均增速高达31.8%，其中2007年增速接近50%。贸易额从120亿美元增加到869亿美元，增加6.2倍。但接下来的第二个八年受外部冲击强烈，年均增速只有3.6%。受全球金融危机影响，2009年贸易额跌至615.4亿美元，随后迅速恢复快速增长，到2014年增加1倍达到1,298.2亿美元。受乌克兰危机及西方对俄罗斯的制裁影响，2015年衰退近30%，2016年微弱增长1.9%。2011年上合组织成立10周年时，贸易规模超过1,000亿美元，是2000年的11.6倍。随着印度和巴基斯坦的加入，2017年中国与

上合组织成员国的贸易规模比2016年增加了1倍还多，达到2,176亿美元。2018年稳步增长17.2%，达到2,550亿美元。随着世界金融危机和全球经济衰退的临近，2019年中国和上合组织成员国之间的贸易额为2527.57亿美元，但依然达到20年前上合组织成立之前2000年的28.16倍。中国成为上合组织多数成员国第一或第二大贸易伙伴。[①]

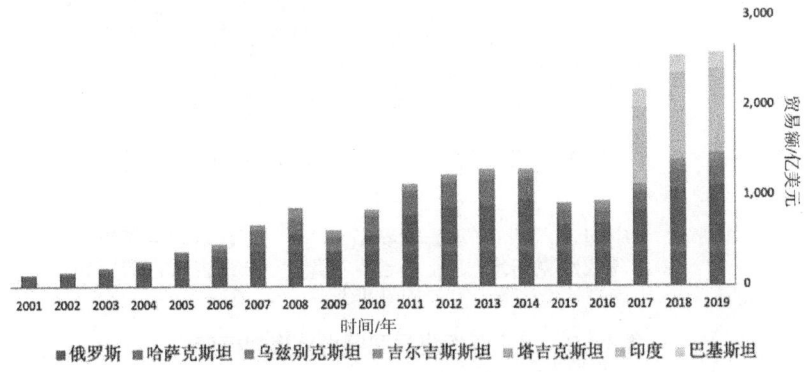

图1.11 中国与上合组织贸易规模变动

资料来源：国家统计局数据库，http://data.stats.gov.cn/easyquery.htm?cn=C01，访问日期：2021年4月5日。

2. 相互投资大幅增加

上合组织成员国大部分为发展中国家和经济转型国家，吸引外资解决国内社会经济发展的资金和技术缺口是它们的共同任务。图1.12显示，自上合组织成立以来，成员国吸引外资的能力和规模大幅度提升，其中中国、俄罗斯和印度是上合组织成员国吸引外资的主力。随着上合组织经济体量的迅速扩大，资本开始"走出去"寻找更加有利的投资场所，成员国对外投资迅速增加，如图1.13所示。2008年全球金融危机爆发之前，俄罗斯引领上合组织对外投资，2001—2008年对外累计投资1,764亿美元。从2008年开始中国对外投资迅速扩张，2000—2018年累计对外投资达到14,100亿美元。在中国和俄罗斯的引领下，2016年上合组织对外投资总量历史性地超过2,000亿美元，随后因世界经济形势的变化逐步回落到2019

---

① 李新：《上合组织是构建新型国际关系的典范》，《人民日报》2018年6月7日，国际版。

年的1,500亿美元。

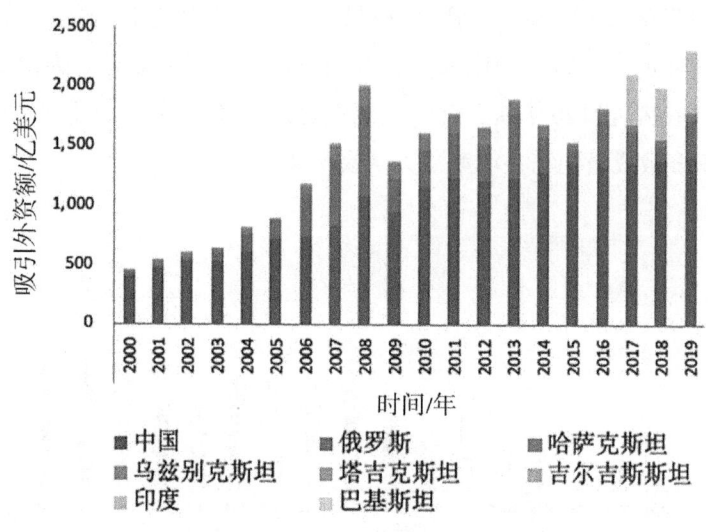

图1.12　上合组织成员国吸引外资规模变化

资料来源：联合国贸发会议数据库，https://unctadstat.unctad.org/EN/BulkDownload.html，访问日期：2021年4月8日。

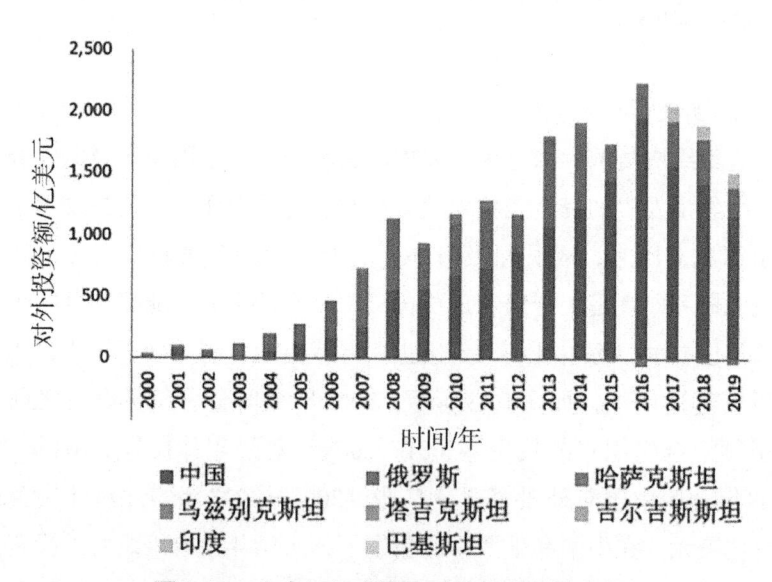

图1.13　上合组织成员国对外投资规模变化

资料来源：联合国贸发会议数据库，https://unctadstat.unctad.org/EN/BulkDownload.html，访问日期：2021年4月8日。

上合组织成员国之间的相互投资也在迅速攀升。但如前所述，上合组织成员国大部分是发展中国家，具有对外投资能力的国家主要是中、俄、印、哈四个经济体量最大的国家。自上合组织成立以来，中国对上合组织成员国的直接投资迅速增加。从流量来看，投资净额从上合组织成立之初的不足1亿美元增加到2008年的10亿美元，2012年和2017年分别达到创历史纪录的41.3亿美元和47.3亿美元。[①] 图1.14显示，中国对上合组织其他成员国的投资存量也相应地从组织成立之初的不足1亿美元增加到2010年的50亿美元和2018年的375亿美元，2019年略有下降，为352亿美元。特别是随着"一带一路"合作项目的推进，中国对该地区的投资迅速增加。截至2018年年底，中国对上合组织成员国投资总额累计超过862亿美元，涉及农业、制造业、基础设施等诸多领域。[②] 2001年，中国企业在该地区国家承包的建设工程总规模不足3亿美元，2010年增加到38.1亿美元，2017年和2018年均达到190亿美元，2019年略有下降，为183.5亿美元。[③]

虽然上合组织其他成员国相对中国经济体量较小，资金短缺，但是它们也在积极向中国投资。如图1.15所示，2001年中国实际利用上合组织成员国直接投资3,080万美元，其中俄罗斯2,976万美元，占96.6%。2004年猛增3倍，达到1.3亿美元。2017年印度和巴基斯坦加入上合组织后，印度带来的直接投资使上合组织对中国直接投资达到创纪录的近2亿美元。20年来中国累计实际利用上合组织成员国直接投资13.3亿美元。俄罗斯和印度是对中国直接投资的主力，但2018年以后印度对中国投资大幅下降，从2017年的1.5亿美元减少到2019年的0.25亿美元。俄罗斯对上合组织成员国的投资规模年度存量年均保持在40亿美元左右，而且投资的主要对象国是其传统势力范围内的中亚国家，特别是哈萨克斯坦，占俄罗斯对上合组织成员国投资总额的约70%。

---

① 王胜文、顾大伟、邢厚媛等主编《中国对外投资发展报告》（2013—2020年，相关年份12月发布），http://fec.mofcom.gov.cn/article/tzhzcj/tzhz/，访问日期：2021年4月19日。
② 《中国对上合组织成员国投资额累计超862亿美元》，走出去导航，2019年5月27日，https://www.investgo.cn/article/yw/zctz/201905/450901.html，访问日期：2021年4月7日。
③ 国家统计局数据库，http://data.stats.gov.cn/easyquery.htm?cn=C01，访问日期：2021年4月6日。

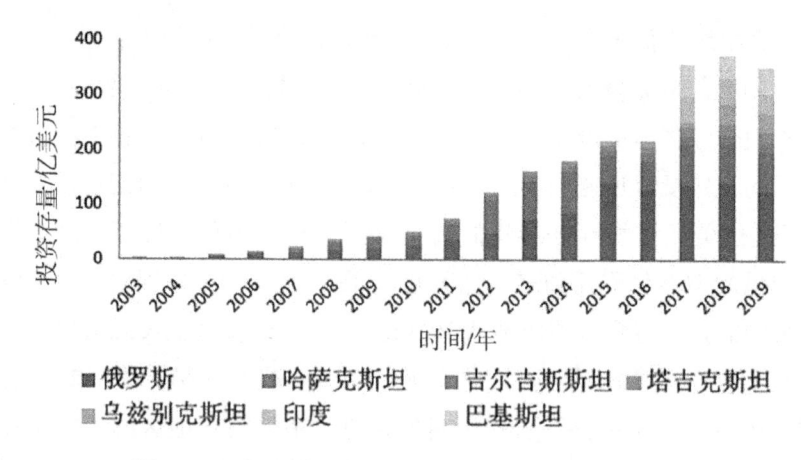

图1.14　中国对上合组织成员国直接投资存量变化

资料来源：国家统计局数据库，http://data.stats.gov.cn/easyquery.htm?cn=C01，访问日期：2021年4月10日。

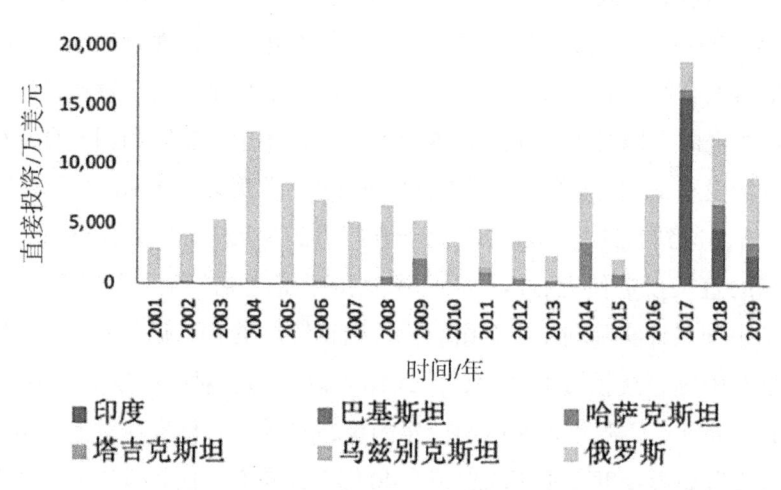

图1.15　中国实际利用上合组织成员国直接投资变化

资料来源：国家统计局数据库，http://data.stats.gov.cn/easyquery.htm?cn=C01，访问日期：2021年4月10日。

印度对上合组织成员国的直接投资除了中国之外主要是俄罗斯。特别是近年来，印度对俄罗斯和中亚地区的能源兴趣渐浓，鉴此印度自加入上合组织以来对俄罗斯的直接投资流量年均达到1,000万美元，截至2019年年底，印度对俄直接投资存量达到7.1亿美元。印度对中亚地区的能源投资也开始从无到有，逐年增大力度。

3. 金融合作日益密切

2008年爆发全球金融危机后，上合组织成员国政府首脑会议发出了《上海合作组织成员国关于加强多边经济合作、应对全球金融经济危机、保障经济持续发展的共同倡议》，标志着上合组织经济合作向金融领域拓展。

在上合组织金融机构建设方面，除了2005年成立银联体之外，2011年上合组织成员国总理呼吁"尽快在上合组织框架内成立项目合作融资机制——专门账户和开发银行"。[①] 2012年上合组织政府首脑会议要求深化本组织金融合作，研究举行财长和银行行长会晤。随后举行的上合组织成员国财长和银行行长会晤就全球金融危机和金融合作发表联合声明，表示要扩大成员国间本币结算范围。2014年银联体理事会签署了《关于加强金融合作、促进区域发展措施计划》。2019年，时任上合组织秘书长B.诺罗夫表示，上合组织框架内正在积极探讨在贸易和投资领域使用本币结算的问题，各成员国正在拟定路线图，完成向本币结算的过渡，逐步形成上合组织成员国之间相互结算新体系。[②]

金融危机发生之后，中国主动积极推进并扩大与上合组织成员国的货币互换和本币结算规模。2011年中俄、中哈央行分别签订新的双边本币结算协定，本币结算从边境贸易扩大到一般贸易，并扩大了地域范围。2014年中俄、中哈续签规模分别为1,500亿元和70亿元人民币的双边本币互换协议。2015年中俄央行行长签署《中国人民银行与俄罗斯联邦中央银行合作谅解备忘录》，2016年双方又签署了在俄罗斯建立人民币清算安排的合作备忘录，大大促进了两国企业和金融机构使用人民币进行跨境交易，并促进了双边贸易、投资便利化。截至2016年，中国与上合组织成员国之间双边本币互换规模已达1,600亿元人民币。2018年7月，哈萨克斯坦中国

[①] 《上海合作组织成员国政府首脑（总理）关于世界和上合组织地区经济形势的联合声明》，上海合作组织，2011年11月7日，http://chn.sectsco.org/documents/，访问日期：2021年4月18日。

[②] 耿雁冰：《上合组织秘书长：上合成员国正拟定本币结算路线图，2035年将新建212个物流中心》，21世纪经济报道南方号，2019年7月5日，http://static.nfapp.southcn.com/content/201907/05/c2394821.html?group_id=1，访问日期：2021年4月8日。

石油（阿克纠宾）油气股份有限公司与新疆阿拉山口翰林贸易有限公司实现价值426.24万元人民币进口2.66万吨硫黄的结算。2019年中俄两国央行签署了过渡到本币结算的政府间协议，双边贸易中的本币结算比例将从当时的10%上升到50%。与此同时，双方正计划在中国跨境银行间支付系统（CIPS）和俄罗斯金融信息传输系统（SPFS）之间建立支付网关，即国际支付系统，逐步取代环球银行间金融通信协会（SWIFT）系统。俄罗斯还大幅增加了外汇储备中的人民币占比。2015—2019年年初，这一比重从5%跃升至15%。截至2019年6月30日，人民币占俄罗斯外汇储备的13.2%。

中国单方面向上合组织成员国提供优惠贷款。上合组织第一个10年，中方先后承诺向其他成员国提供120多亿美元优惠贷款，2012年胡锦涛宣布中方决定向其他成员国再提供100亿美元贷款。2014年和2018年习近平两次宣布，中方决定向上海合作组织成员国提供50亿美元贷款，并启动最终规模50亿美元的中国–欧亚经济合作基金，上合组织银联体框架内还设立300亿元人民币等值专项贷款。2007—2019年，俄罗斯企业和除银行以外的金融机构从中国获得贷款共计796.2亿美元，特别是在俄罗斯遭遇全球金融危机的2009年和因乌克兰危机受到西方全面制裁的2014年和2015年3年，中国年均向俄罗斯提供贷款170亿美元。[①] 从哈萨克斯坦对华债务来看，截至2020年10月1日，债务总额共计103.1亿美元，其中银行12.3亿美元，其他部门企业58.5亿美元，另外还有32.2亿美元的企业间债务。[②] 截至2018年年末，中国进出口银行向塔吉克斯坦提供的贷款余额为12亿美元，占塔吉克斯坦对外双边借款总额的64%。[③] 截至2018年6月，中国国家开发央行已累计向上合组织成员国发放贷款超1,000亿美元，在上合组织成员国发放贷款余额为413.4亿美元和163.7亿元人民币。此外，自2001年以来，中国信保支持中国企业向上合组织其他成员国出口和投资

---

① 俄罗斯中央银行数据库，http://cbr.ru/statistics/macro_itm/svs/，访问日期：2021年4月27日。
② 哈萨克斯坦中央银行数据库，https://www.nationalbank.kz/ru/news/vneshniy-dolg，访问日期：2021年4月22日。
③ Министерство финансов Республики Таджикистан, Отчёт о состоянии государственного долга за 2018 год (12 марта 2019 г.) [сайт], URL: http://minfin.tj/downloads/otchet_2018vd.pdf，访问日期：2021年4月11日。

超过1,796.4亿美元，承保项目达到420个。

四、上合组织经济合作的新机遇：构建亚欧经济伙伴关系

上合组织弱冠之际，中国赋予了它率先建设人类命运共同体的庄严使命，俄罗斯总统普京赋予了它建设"大欧亚伙伴关系"的新使命，中俄两国领导人还将上合组织看作共商共建共享"一带一路"的最重要平台。2019年上合组织成员国签署了面向2035年的新版《多边经贸合作纲要》，开启了经济合作新征程。

1. 中国领导人倡议率先在上合组织构建人类命运共同体

2014年，习近平呼吁上合组织成员国牢固树立命运共同体、利益共同体意识，要坚持"上海精神"。2016年，习近平肯定了上合组织已经打造了休戚与共、安危共担的命运共同体，形成了你中有我、我中有你的利益共同体。2017年上合组织成员国元首在阿斯塔纳发表宣言，一致强调共同"推动构建人类命运共同体"。2018年习近平再次表示，上合组织要继续在"上海精神"指引下，同舟共济，精诚合作，齐心协力构建上海合作组织命运共同体，推动建设新型国际关系。2018年上合组织正式确立构建人类命运共同体理念，倡议"推动建设相互尊重、公平正义、合作共赢的新型国际关系，确立构建人类命运共同体的共同理念"。[①]

人类命运共同体理念要求发展开放型世界经济，在开放中分享机会和利益、实现互利共赢；发展全球互联互通，让世界各国实现联动增长，走向共同繁荣；发展全球自由贸易和投资，在开放中推动贸易和投资自由化便利化，旗帜鲜明反对保护主义，推动经济全球化朝着更加开放、包容、普惠、平衡、共赢的方向发展。人类命运共同体理念完全体现在了上合组织奉行的"上海精神"中，更是体现在了《上海合作组织成立宣言》和《上海合作组织宪章》的宗旨和原则中。应以"一带一路"与欧亚经济联盟对接合作为抓手，硬件基础设施和软件基础设施两方面对接齐头并进，共同开辟"亚欧共同经济空间"，构建亚欧经济伙伴关系。硬件基础设施对接，

---

① 《上海合作组织成员国元首理事会青岛宣言》，上海合作组织，2018年6月10日，http://chn.sectsco.org/documents/，访问日期，2021年5月9日。

即加强互联互通建设,实现跨境对接,打通亚欧大陆六条大经济走廊和环绕亚欧大陆的两条蓝色经济通道;软件基础设施对接,即规则、标准、法律基础等的对接和统一,优化市场软环境,推进贸易和投资便利化自由化,消除各种要素在不同经济体之间自由流动的障碍。

2. 上合组织是"一带一路"与成员国对接合作重要平台

2013年李克强总理第一次明确各成员国都在"丝绸之路经济带"上。2014年习近平主席呼吁上合组织成员国、观察员国、对话伙伴国积极参与丝绸之路经济带建设。2015年国务院授权发布的《推动共建丝绸之路经济带和21世纪海上丝绸之路的愿景与行动》明确要发挥上海合作组织等现有多边合作机制的作用。

上合组织支持"一带一路"建设。2014年上合组织成员国政府首脑阿斯塔纳会议发表的联合公报第一次"对中华人民共和国关于建设'丝绸之路经济带'的倡议表示欢迎"。[①] 2015年上合组织《乌法宣言》第一次表示"支持中华人民共和国关于建设丝绸之路经济带的倡议"。[②] 同年12月,李克强总理建议将上合组织打造成丝绸之路经济带建设的安全、产能、互联互通、金融、区域贸易、社会民生六大合作平台。上合组织政府首脑发表《关于区域经济合作的联合声明》,"认为该倡议契合上合组织发展目标"。[③]

上合组织成员国积极谋求与"一带一路"实现对接合作。"一带一路"倡议提出后得到上合组织成员国、观察员国和对话伙伴国的积极响应,它们纷纷与中国签署共建"一带一路"合作文件,并制定自己的长期发展战略与之对接合作。哈萨克斯坦分别在2014年和2015年出台了《2050年发展战略》、"光明之路"新经济政策和第二个《产业发展与创新五年规划》。乌兹别克斯坦发布了《进一步发展的行动战略》以及发展交通基础设施、摆脱能源发展模式的经济结构调整规划。塔吉克斯坦和吉尔吉斯斯坦也分

[①]《上海合作组织成员国政府首脑(总理)理事会第十三次会议联合公报》,上海合作组织,2014年12月16日,http://chn.sectsco.org/documents/,访问日期:2021年5月18日。
[②]《上海合作组织成员国元首乌法宣言》,上海合作组织,2015年7月10日,http://chn.sectsco.org/documents/,访问日期:2021年5月17日。
[③]《上海合作组织成员国政府首脑(总理)关于区域经济合作的声明》,上海合作组织,2015年12月15日,http://chn.sectsco.org/documents/,访问日期:2021年5月27日。

别制定了《2030年发展战略》和《2040年发展战略》。中哈产能合作成为共建"一带一路"的合作典范。

上合组织可以成为"一带一路"与欧亚经济联盟对接合作的重要平台。2015年中俄签署的《关于丝绸之路经济带建设和欧亚经济联盟建设对接合作的联合声明》明确强调了上合组织在实现两大项目对接合作中的平台作用。同年12月,《中俄总理第二十次定期会晤联合公报》明确指出,"双方认为上海合作组织是实现丝绸之路经济带建设与欧亚经济联盟建设对接的最有效平台"。[①] 2017年习近平主席表示,中方和有关各方正积极推动"一带一路"建设同欧亚经济联盟建设等区域合作倡议以及哈萨克斯坦"光明之路"等各国发展战略对接,上海合作组织可以为此发挥重要平台作用。

3. 俄罗斯倡议借上合组织构建"大欧亚伙伴关系"

2016年俄罗斯总统普京在圣彼得堡国际经济论坛开幕式上正式发出了建设"大欧亚伙伴关系"倡议。他表示,"大欧亚伙伴关系"的基础是欧亚经济联盟、"一带一路"、上合组织、东盟等一体化机构潜力之和,要推动签署欧亚贸易便利化协定,要在整个亚欧大陆范围内实现"和谐"的自由贸易和市场开放原则。"大欧亚共同体"的设计师C.卡拉甘诺夫认为,"大欧亚伙伴关系"将通过逐步形成的囊括整个大陆的自由贸易区来实现共同富裕,制定协商一致的大欧亚交通战略,建立稳定的金融秩序,跨境贸易和投资本币结算,建立独立的支付体系和欧亚互助组织。这与中国推进共建"一带一路"倡议和实行面向全球的高质量自由贸易区战略具有相似之处,二者的结合构成亚欧经济伙伴关系的主要内容。C.卡拉甘诺夫还表示,"大欧亚伙伴关系"将遵循如下原则:尊重主权和领土完整,维护和平与稳定;尊重政治多元化,拒绝干涉内政;经济开放,互利共赢;政治稳定,防止冲突;文化多样性,文明对话;等等。这与中国提倡的"构建新型国际关系"和"人类命运共同体"具有很多一致性。

俄罗斯将上合组织看作"大欧亚伙伴关系"的制度模式。一方面推动上合组织在2017年实现扩员,使印、巴成为正式成员国,伊朗也在2022

[①] 《中俄总理第二十次定期会晤联合公报》,中国政府网,2015年12月18日,http://www.gov.cn/xinwen/2015-12/18/content_5025320.htm,访问日期:2021年5月22日。

年加入了上合组织；另一方面俄罗斯副外长 И.莫尔古洛夫在2019年东方经济论坛上明确表示，现在大欧亚只是以协商性的、以安全为主题的上合组织的形式存在。对俄罗斯外交政策具有重要影响的瓦尔代俱乐部早在2015年就指出，"大欧亚共同体可以通过上合组织来发挥组织功能"，"上合组织的迅速发展可以成为建立大欧亚共同体的核心机制"。① 俄罗斯高等经济学院 Д.苏斯洛夫教授进一步表示，印度和巴基斯坦加入后的上合组织是欧亚空间最具代表性的区域性国际共同体，是大欧亚形成的重要因素，"构成大欧亚在政治和安全领域的支柱"。2020年俄罗斯政府将"大欧亚伙伴关系"列入其作为上合组织轮值主席国的重要任务。俄罗斯总统普京在2019年6月上合组织成员国元首理事会大范围会议上就已经表示，将进一步致力于欧亚经济联盟与"一带一路"的相互对接，并在此基础上构建大欧亚伙伴关系及开放的、平等的和创造性的合作空间。俄罗斯倡议促进各国发展战略和多边一体化项目潜力的协同，确立上合组织作为在欧亚地区建设广泛、平等和互利合作空间的重要支柱，并保障"大欧亚伙伴关系"思想下的可靠安全和稳定发展。2020年11月签署的《上合作组织成员国元首理事会莫斯科宣言》表示，"成员国注意到俄罗斯联邦关于在上合组织、欧亚经济联盟、东盟国家及其他相关国家和多边机制参与下建立大欧亚伙伴关系的倡议"。②

4. 新版《多边经贸合作纲要》启动经济合作新征程

鉴于2003年制定的瞄准2020年的《上海合作组织成员国多边经贸合作纲要》已临近期满，2019年9月，上合组织成员国经贸部长会议制定并通过了面向2035年的新版《多边经贸合作纲要》。

新版《多边经贸合作纲要》确定了新的基本目标：短期内（2025年前）"成员国协商制定并落实代表相互利益的领域规划和项目，使用现代创新和'绿色'技术"；中期内（2030年前）"计划通过制定上合组织框架内贸易和投资领域稳定和透明的规则和程序保障各国经济增长和转型，推动服

---

① Караганов С., «Евроазиатский выход из европейского кризиса» //Россия в глобальной политике. №3, 2015. сс.2-6; Караганов С.,Бордачев Т. и др., «К Великому океану – 3: Создание Центральной Евразии». Москва: Валдайский дискусионый клуб, июнь 2015 года. с.14.

② 《上海合作组织成员国元首理事会莫斯科宣言》，《人民日报》2020年11月11日，第2版。

务和电子商务产业的发展","继续就本地区贸易便利化研究方法,制定并落实《上合组织宪章》和本《纲要》规定的合作优先方向的规划和项目";长期内(2035年前)"通过采用数字技术和创造有利条件逐步实现《上合组织宪章》规定的商品、资本、服务和技术自由流动提高全球竞争力和保障上合组织成员国民族经济数字化改革"。[1]

新版《多边经贸合作纲要》规定的优先合作方向更加广泛,包括贸易和投资、银行和金融、交通和物流、工业、农业、能源、海关、创新、信息通信技术、空间发展、跨区域协作、旅游、生态、教育和其他代表相互利益的领域。

为了实现在以上各合作领域确定的目标,新版《多边经贸合作纲要》还提出了88项具体任务。其中包括贸易和投资彻底便利化、银行间直接结算和扩大本币结算、研究建立上合开发银行和上合发展基金(专门账户)的可能性、建设多式运输走廊、产能合作和建设工业园,并就反对国际和地区贸易保护主义,坚持以世贸组织原则和规则为基础的开放、透明、包容和非歧视多边贸易体系等开展国际合作。新版《多边经贸合作纲要》目标的实现将有助于本地区可持续包容性经济增长,促进实现2030年可持续发展议程的目标。

5. 自贸区建设是上合组织经济合作的长期目标

上合组织各成员国之间经济实力和体量、经济结构和布局、发展水平和阶段,以及政治经济制度、民族种族构成、宗教信仰政策等存在巨大差异,严重阻碍了上合组织经济合作制度安排的形成,不仅经济一体化进程的最低阶段自由贸易区不能达成共识,而且贸易和投资便利化协定久拖不决。2018年上合组织成员国平均关税税率7.6%,其中所有产品简单平均适用税率俄罗斯为4.9%,哈萨克斯坦4.6%,乌兹别克斯坦13.6%(2015年),吉尔吉斯斯坦3.9%,塔吉克斯坦5.1%(2017年),印度和巴基斯坦分别为9%和12.6%,中国位于平均水平。上合组织总体关税水平高于世界平均水平的7%,远高于欧盟的1%。[2] 各成员国的主要担心在于"世界工

---

[1] 《上海合作组织成员国政府间关于区域经济合作的基本目标和方向及启动贸易和投资便利化进程的备忘录》,载须同凯:《上海合作组织区域经济合作》,第238页。

[2] 世界银行数据库,https://data.worldbank.org.cn,访问日期:2021年5月21日。

厂"的廉价商品会冲击其民族产业，威胁其经济安全。

虽然上合组织成员国都是发展中国家，属于"南南合作"模式，但各方面的差异及其相互之间的互补性决定了开展经济合作的必要性。推进经济一体化进程，实现贸易和投资便利化和组织内部自由贸易，将会促进上合组织所有成员国的增长和发展，特别是中亚和南亚相对欠发达地区国家将赢得更多发展机会。笔者和博士研究生胡贝贝、吴笛计算了上合组织成员国之间贸易的互补指数，结果均高于0.5的临界点，其中中国与除印度外其他成员国的互补指数均大于1，特别是与乌兹别克斯坦高达2.13；而俄罗斯与除哈萨克斯坦外其他成员国互补指数均接近或超过1；印度与所有成员国互补指数也接近或超过1。作者采用GTAP模型对上合组织自贸区建立之后各成员国的经济增长以及贸易转移和贸易创造效应的分析表明，自贸区可以使各成员国国内生产总值增速提升0.1个百分点，其中中、俄、印三国将分别提升0.25、0.17和0.09个百分点，与此同时会削弱其他国家经济增速0.01—0.03个百分点。自贸区还会使上合组织成员国进出口不同程度地增加，且增加幅度显著大于非成员国的降幅，其中吉尔吉斯斯坦进出口增幅最高，将分别达到4.42%和4.07%。[①] 详见表1.4。

表1.4　上合组织自贸区的建立对成员国宏观经济的预期影响

国家	国内生产总值变化	出口变化	进口变化	福利变化/万美元
中国	0.25%	0.59%	0.69%	138,929
俄罗斯	0.17%	0.96%	1.55%	52,095
哈萨克斯坦	−0.01%	0.87%	1.38%	2,352
吉尔吉斯斯坦	−0.02%	4.42%	4.07%	1,544
塔吉克斯坦 乌兹别克斯坦	0.09%	1.13%	1.71%	548
印度	0.09%	2.14%	2.11%	45,187
巴基斯坦	−0.01%	3.72%	2.87%	8,106
北美自由贸易区	−0.02%	−0.03%	−0.03%	−26,802
欧盟	−0.03%	−0.04%	−0.04%	−79,665

[①] 胡贝贝、吴笛、李新：《上海合作组织自贸区建设及其经济效应分析》，《国际展望》2018年第3期。

续表

国家	国内生产总值变化	出口变化	进口变化	福利变化/万美元
世界其他国家	−0.04%	−0.05%	−0.07%	−993.33

资料来源：胡贝贝、吴笛、李新：《上海合作组织自贸区建设及其经济效应分析》，《国际展望》2018年第3期，第62页。

2020年年底中国参与的《区域全面经济伙伴关系协定》的签署标志着欧亚地区作为世界经济发动机——亚太经济圈和世界最大经济体之间最大共同经济空间的初步形成。此外，中国正积极谋求加入《全面与进步跨太平洋伙伴关系协定》，届时这一自由贸易共同经济空间将进一步跨越太平洋。如果上合组织框架内实现自由贸易，那么这一共同经济空间将会与欧盟连成一体，成为全球最大的自由贸易区。为此，中国与俄罗斯在2016年签署的《联合声明》表示，"中俄主张在开放、透明和考虑彼此利益的基础上建立欧亚全面伙伴关系，包括可能吸纳欧亚经济联盟、上海合作组织和东盟成员国的加入"。[1] 2017年双方签署的《关于进一步深化全面战略协作伙伴关系的联合声明》进一步将"欧亚全面伙伴关系"确定为"欧亚经济伙伴关系"。[2] 中国的"一带一路"倡议与俄罗斯的"大欧亚伙伴关系"倡议在推进地区一体化进程方面具有一致的目标。

五、上合组织完成新使命所面临的新挑战

上合组织在履行自己新使命的同时，也面临着一系列新问题和新挑战。

1. 百年未有之大变局致使世界经济陷入危机

以美国为首的西方霸权主义逐步走向衰落，以中国为首的新兴经济体强势崛起，这是不可阻挡的历史大势。美国高高举起单边主义和贸易保护主义大旗，一方面致使中东和北非战乱不断，大量移民涌向欧洲，西方国家民粹主义上升；另一方面将中俄列为竞争对手并分别对其挥舞关税和制

---

[1] 《中华人民共和国和俄罗斯联邦联合声明》，《人民日报》2016年6月26日，第2版。
[2] 《中华人民共和国和俄罗斯联邦关于进一步深化全面战略协作伙伴关系的联合声明》，《人民日报》2017年7月5日，第3版。

裁大棒，拱火乌克兰危机，致使全球经济发展失去动力，新冠疫情全球蔓延触发世界经济严重衰退，对上合组织其他成员国造成不利影响。种种迹象表明，拜登治下的美国仍在奉行对中俄同时进行遏制的战略。此外，美国对中国企业实行技术封锁和制裁，试图让世界上两个最大经济体实现经济"脱钩"。这对上合组织其他成员国必然造成严重影响。

对此，习近平在达沃斯世界经济论坛发出警告指出，人类正在遭受第二次世界大战结束以来最严重的经济衰退，世界正在经历百年未有之大变局。世纪疫情阴霾未散，局部冲突硝烟又起，冷战思维和集团政治回潮，单边主义、保护主义抬头，经济全球化遭遇逆流，和平赤字、发展赤字、信任赤字、治理赤字有增无减，人类社会正站在十字路口，面临前所未有的挑战。他警告，如果走对立对抗的歧路，无论是搞冷战、热战，还是贸易战、科技战，最终将损害各国利益、牺牲人民福祉。他向全世界呼吁，摒弃意识形态偏见，共同走和平共处、互利共赢之路，携手应对全球性挑战。要建设开放型世界经济，坚定维护多边贸易体制，不搞歧视性、排他性标准、规则、体系，不搞割裂贸易、投资、技术的高墙壁垒。国际社会应该按照各国共同达成的规则和共识来治理，而不能由一个或几个国家来发号施令。俄罗斯总统普京也同时发出严正警告，表示当前的国际局势与20世纪30年代非常类似，当时正是由于没有正确处理好某些问题而导致了第二次世界大战。如果坐视不管，如今的局势将滑向难以预测和难以控制的境地。有可能发生世界发展的中断、所有人反对所有人、试图通过寻找"内部的"和"外部的"敌人来解决尖锐的矛盾等。我们已经感受到对外政治和宣传的语调在升温，可以预期实际行动，包括使用贸易壁垒、非法制裁以及金融、技术和信息领域的限制对那些不听话不服管的国家施压等会变本加厉。这种没有规则的游戏将非常现实地提升单方面使用武力的风险。[①]

2. 上合组织成员国经济结构差异使一体化进程缓慢

早在上合组织成立之初、确定经济合作目标的时候，中国国务院总理

---

① «Владимир Путин выступил на сессии онлайн-форума «Давосская повестка дня 2021», организованного Всемирным экономическим форумом (27 января 2021 г.) [сайт]. URL: http://www.kremlin.ru/events/president/news/64938. (дата обращения: 19.05.2021)

温家宝就倡议逐步建立上海合作组织自由贸易区，但是该倡议受到其他成员国的反对，上合组织不得不退而求其次。《上海合作组织成立宣言》《上海合作组织宪章》和《上海合作组织成员国多边经贸合作纲要》同意从贸易和投资便利化开始，并且上合组织成员国签署了《上海合作组织成员国政府间关于区域经济合作的基本目标和方向及启动贸易和投资便利化进程的备忘录》。直到2018年，中方再次倡议启动本组织自贸区可行性研究，但中方倡议仍未得到其他成员国的积极回应。贸易和投资便利化谈判进程也异常迟缓，直到2018年，上合组织成员国元首才在青岛峰会上发表了《关于贸易便利化的联合声明》。新版《多边经贸合作纲要》将贸易投资便利化和商品、资本、技术和服务自由流动的目标推迟到了2035年。

此外，早在2004年，上合组织成员国元首就一致决定着手建立本组织发展基金。2005年上合组织成员国签署了《上海合作组织银行间合作（联合体）协议》，但发展基金的建立被推迟了。面对全球金融危机的肆虐，2011年上合组织成员国总理发布《关于世界和上合组织地区经济形势的联合声明》，呼吁尽快在上合组织框架内成立项目合作融资机制——专门账户和开发银行，但至今杳无踪影。面向2035年的新版《多边经贸合作纲要》也仅仅是"研究建立上合开发银行和上合发展基金（专门账户）的可能性"。[①]

由于上合组织成员国就自由贸易区、贸易投资便利化以及上合组织发展基金和开发银行建设不能达成一致，上合组织地区贸易和投资规模受到严重制约。现有规模与上合组织在政治、安全领域的合作水平相比严重滞后。中国与上合组织成员国的贸易和投资规模基本与非洲持平，远远落后于东盟和拉美。究其原因，除了地缘政治因素，还有成员国之间的政治、文化、宗教等各方面利益和诉求千差万别，经济结构和规模、发展水平和阶段截然不同方面的原因。在这样的巨大差异下各成员国很难求同存异，而协商一致的原则阻碍了多边框架的经济合作。因此，上合组织成员国的

---

① Программа многостороннего торгово-экономического сотрудничества государств-членов Шанхайской организации сотрудничества (2 ноября 2019 г.) [сайт]. URL: https://www.economy.gov.ru/material/file/f2034a49ba5ab9869d83c5a4a6c5de07/programma_shos.DOCX?ysclid=lcundse4ja374705993. (дата обращения: 19.07.2021)

经济合作难以制定统一的制度规范，自由贸易和贸易投资便利化的制度安排也止步不前，经济合作仅限于成员国之间双边层面。

3. 上合组织的迅速扩大或会降低合作的效率

俄罗斯始于20世纪末的融入"大欧洲"的梦想破灭，并且北约东扩致使其生存空间被严重挤压，致使俄罗斯不得不携欧亚经济联盟"向东"突围，开启"大欧亚"战略空间。其意图是使俄罗斯从欧亚的桥梁变成正在崛起的"大欧亚"的心脏，并以"非西方的大欧亚"作为与美西方对抗的地缘政治集团。为此，俄罗斯视扩大的上合组织为"大欧亚"的制度平台。2017年具有难以调和矛盾的印度和巴基斯坦成功地加入上合组织，伊朗也在2022年成为上合组织的正式成员国。扩大的上合组织一方面将提升地缘政治属性，进而会降低经济合作的必要性和可能性。另一方面由于成员国之间的差异更加扩大以及"协商一致"原则的限制，上合组织经济合作的效率将可能降低。

第二章　构建上海合作组织命运共同体：中国方案与智慧

20世纪70年代末到80年代末，中国开始对长期僵化和高度集权的计划经济体制进行根本性的改革。对内从农村开始逐步转向城市，允许个体经济和私营经济的存在和发展，确立了计划和市场相结合的有计划的商品经济模式；对外实行开放政策，设立深圳等经济特区，开放14个沿海港口城市。由此中国走上了建设中国特色社会主义的道路。1989年国内生产总值和人均国内生产总值增幅超过1978年的4倍，中国人民过上了富裕生活。

20世纪80年代末90年代初，中国顶住了国内政治风波和西方制裁以及东欧剧变和苏联解体、世界社会主义和共产主义运动进入低潮的政治压力。邓小平明确要求，"我们要在建设有中国特色的社会主义道路上继续前进"，"改革开放胆子要大一些"，"经济要发展得快一点"。同时指出，计划和市场不是区别资本主义和社会主义的标准，1992年党的十四大将中国的经济体制模式确定为社会主义市场经济体制，中国开始从计划经济体制向社会主义市场经济体制过渡。中国在1997年提前3年实现了人均国民生产总值比1980年翻两番的战略目标。

世纪之交，中国加入世贸组织，开始融入全球经济治理体系，走上了"接受规则，推进改革"的发展道路。加入世贸组织成为中国改革开放的加速器，推动了中国经济市场化进程，中国成功融入世界经济。到2008年，中国人均国内生产总值比2000年翻两番，2009年中国成为世界第一大出口国，2010年成为世界第二大进口国，同时经济总量跃居世界第二。

进入中国特色社会主义新时代，中国快速崛起，比历史上任何时期都更接近中华民族伟大复兴的目标。中国一方面深化改革，全面开放，推动共建开放型世界经济，坚持多边贸易体制；另一方面积极谋求参与全球经济治理，倡议共商共建共享"一带一路"，建立亚洲基础设施投资银行和金砖国家新开发银行，促进人民币国际化，推动全球经济治理体系改革，推动建设新型国际关系和新型全球化，构建人类命运共同体。2017年中国国内生产总值和2018年人均国内生产总值比2010年再翻一番，与美国的差距越来越小。根据世界银行资料，中美两国国内生产总值之比从2000年的11.8%上升到2010年的40.5%，2021年进一步达到76%。[①]

第一节　人类命运共同体理念的形成和发展

改革开放是中国发展的强大动力，特别是坚持走中国特色社会主义道路，建立社会主义市场经济体制，全面参与经济全球化，使中国进入了经济发展的快速路。国际社会困惑了：一个日益强大的中国将如何和世界相处？当世界面临百年未有之大变局，逆全球化思潮和单边主义、保护主义兴起之际，国际社会再一次困惑了：世界怎么了？我们怎么办？中国提出了构建人类命运共同体，实现共赢共享的"中国方案"，弘扬和平、发展、公平、正义、民主、自由的全人类共同价值，建设持久和平、普遍安全、共同繁荣、开放包容、清洁美丽的世界。

一、人类命运共同体理念的形成与发展

世纪之交，特别是21世纪第一个10年，美西方对中国的快速崛起产生了恐惧，宣扬"中国威胁论""中国崩溃论"。为了回答一个日益强大的中国如何和世界相处这个问题，早在21世纪初中国就已经向世界宣布：将始终不渝地走和平发展道路。2011年国务院新闻办公室发布的《中国的和平发展》白皮书呼吁国际社会应该超越国际关系中陈旧的"零和博弈"，超越危险的冷战、热战思维，超越曾把人类一次次拖入对抗和战乱的老路。要以命运共同体的新视角，以同舟共济、合作共赢的新理念，寻求多元文明交流互鉴的新局面，寻求人类共同利益和共同价值的新内涵，寻求各国合作应对多样化挑战和实现包容性发展的新道路。要和平，不要战争；要发展，不要停滞；要对话，不要对抗；要理解，不要隔阂，乃大势所趋、人心所向。[②]中国再次向世界郑重宣告，和平发展是中国实现现代化和富民强国、为世界文明进步作出更大贡献的战略抉择。中国将坚定

---

① 世界银行数据库，https://data.worldbank.org.cn，访问日期：2023年1月14日。
② 国务院新闻办公室：《中国的和平发展》(白皮书)，《人民日报》2011年9月7日，第15版。

不移沿着和平发展道路走下去。白皮书首次把"命运共同体"与"和平发展""合作共赢"联系起来，强调了国际关系发展的新视角、新理念、新道路等。

人类只有一个地球，各国共处一个世界。历史昭示我们，弱肉强食不是人类共存之道，穷兵黩武无法带来美好世界。要和平不要战争，要发展不要贫穷，要合作不要对抗，推动建设持久和平、共同繁荣的和谐世界，是各国人民共同愿望。2012年党的十八大第一次将"人类命运共同体"写入了党的政治报告，主张在国际关系中弘扬平等互信、包容互鉴、合作共赢的精神，共同维护国际公平正义。平等互信，就是要遵循联合国宪章宗旨和原则，坚持国家不分大小、强弱、贫富一律平等，推动国际关系民主化，尊重主权，共享安全，维护世界和平稳定。包容互鉴，就是要尊重世界文明多样性、发展道路多样化，尊重和维护各国人民自主选择社会制度和发展道路的权利，相互借鉴，取长补短，推动人类文明进步。"合作共赢，就是要倡导人类命运共同体意识，在追求本国利益时兼顾他国合理关切，在谋求本国发展中促进各国共同发展，建立更加平等均衡的新型全球发展伙伴关系，同舟共济，权责共担，增进人类共同利益。"[①]

2017年党的十九大明确将"中国特色大国外交要推动构建新型国际关系，推动构建人类命运共同体"写入。世界正处于大发展大变革大调整时期，和平与发展仍然是时代主题。世界多极化、经济全球化、社会信息化、文化多样化深入发展，全球治理体系和国际秩序变革加速推进，各国相互联系和依存日益加深，国际力量对比更趋平衡，和平发展大势不可逆转。同时，世界面临的不稳定性不确定性突出，世界经济增长动能不足，贫富分化日益严重，地区热点问题此起彼伏，恐怖主义、网络安全、重大传染性疾病、气候变化等非传统安全威胁持续蔓延，人类面临许多共同挑战。没有哪个国家能够独自应对人类面临的各种挑战，也没有哪个国家能够退回到自我封闭的孤岛。党的十九大郑重呼吁，"各国人民同心协力，构建人类命运共同体，建设持久和平、普遍安全、共同繁荣、开放包容、清

---

① 胡锦涛：《坚定不移沿着中国特色社会主义道路前进，为全面建成小康社会而奋斗——在中国共产党第十八次全国代表大会上的报告》，人民出版社，2012，第47页。

洁美丽的世界"。①要相互尊重、平等协商，坚决摒弃冷战思维和强权政治，走对话而不对抗、结伴而不结盟的国与国交往新路。要坚持以对话解决争端、以协商化解分歧，统筹应对传统和非传统安全威胁，反对一切形式的恐怖主义。要同舟共济，促进贸易和投资自由化便利化，推动经济全球化朝着更加开放、包容、普惠、平衡、共赢的方向发展。要尊重世界文明多样性，以文明交流超越文明隔阂、文明互鉴超越文明冲突、文明共存超越文明优越。要坚持环境友好，合作应对气候变化，保护好人类赖以生存的地球家园。中国将高举和平、发展、合作、共赢的旗帜，恪守维护世界和平、促进共同发展的外交政策宗旨，坚定不移在和平共处五项原则基础上发展同各国的友好合作，推动建设相互尊重、公平正义、合作共赢的新型国际关系。中国坚持对外开放的基本国策，坚持打开国门搞建设，积极促进"一带一路"国际合作，努力实现政策沟通、设施联通、贸易畅通、资金融通、民心相通，打造国际合作新平台，增添共同发展新动力。加大对发展中国家特别是最不发达国家援助力度，促进缩小南北发展差距。中国支持多边贸易体制，促进自由贸易区建设，推动建设开放型世界经济。中国秉持共商共建共享的全球治理观，倡导国际关系民主化，坚持国家不分大小、强弱、贫富一律平等。在统筹国内国际两个大局的基础上，中国始终不渝走和平发展道路、奉行互利共赢的开放战略，坚持正确义利观，树立共同、综合、合作、可持续的新安全观，谋求开放创新、包容互惠的发展前景，促进和而不同、兼收并蓄的文明交流，构筑尊崇自然、绿色发展的生态体系，始终做世界和平的建设者、全球发展的贡献者、国际秩序的维护者。同各国人民一道，推动人类命运共同体建设，共同创造人类的美好未来。

  10余年来，中国在全面推进中国特色大国外交实践中积极推动构建人类命运共同体，坚定维护国际公平正义，倡导践行真正的多边主义，旗帜鲜明反对一切霸权主义和强权政治，毫不动摇反对任何单边主义、保护主义、霸凌行径。积极推动构建新型国际关系，积极参与全球治理体系改革

---

① 习近平：《决胜全面建成小康社会，夺取新时代中国特色社会主义伟大胜利——在中国共产党第十九次全国代表大会上的报告》，中国政府网，http://www.gov.cn/zhuanti/2017-10/27/content_5234876.htm，访问日期：2022年10月20日。

和建设，全面开展抗击新冠疫情国际合作，赢得广泛国际赞誉，中国国际影响力、感召力、塑造力显著提升。2022年党的二十大提出构建人类命运共同体是世界各国人民前途所在，呼吁"世界各国弘扬和平、发展、公平、正义、民主、自由的全人类共同价值，促进各国人民相知相亲……共同应对各种全球性挑战"。[①] 中国始终坚持维护世界和平、促进共同发展的外交政策宗旨，致力于推动构建人类命运共同体。中国坚持对外开放的基本国策，坚定奉行互利共赢的开放战略，不断以中国新发展为世界提供新机遇，推动建设开放型世界经济，更好惠及各国人民。中国坚持经济全球化正确方向，共同营造有利于发展的国际环境，共同培育全球发展新动能。中国积极参与全球治理体系改革和建设，坚持真正的多边主义，推进国际关系民主化，推动全球治理朝着更加公正合理的方向发展。中国坚持在和平共处五项原则基础上同各国发展友好合作，推动构建新型国际关系，深化拓展平等、开放、合作的全球伙伴关系，致力于扩大同各国利益的共同点，秉持真实亲诚理念和正确义利观加强同发展中国家团结合作，维护发展中国家共同利益。

二、人类命运共同体理念的践行与发展

进入21世纪第二个10年，一方面，新一轮科技革命和产业革命进程加快，经济全球化深入发展，中国成为世界第二大经济体，二十国集团登上历史舞台，全球治理体系发生深刻变革。另一方面，世界经济增长乏力，发展鸿沟日益突出，冷战思维和强权政治阴魂不散，长期致力于推进经济全球化的美国等发达国家内部出现的逆全球化思潮和单边主义、保护主义，民粹主义和民族主义等极端思想不断发酵。面对这一国际局势，2013年3月习近平在莫斯科国际关系学院发表演讲时指出，"人类生活在同一个地球村里，生活在历史和现实交汇的同一个时空里，越来越成为你中有我、我中有你的命运共同体"。[②] 从此，人类命运共同体理念在国际关系的实践之中不断发展和丰富。特别是习近平2017年1月在日内瓦联合国总

---

① 习近平：《高举中国特色社会主义伟大旗帜，为全面建设社会主义现代化国家而团结奋斗——在中国共产党第二十次全国代表大会上的报告》，《人民日报》2022年10月26日，第1版。

② 习近平：《论坚持推动构建人类命运共同体》，中央文献出版社，2018，第5页。

部发表的演讲,为解决世界之问"将到哪里去?"提出了中国方案,那就是"构建人类命运共同体,实现共赢共享",人类命运共同体首次被写入联合国相关决议。① 根据党的十九大、二十大精神,中国外交的目标就是推动建设相互尊重、公平正义、合作共赢的新型国际关系,构建人类命运共同体。

习近平在国际地区性论坛、多双边会谈等国际平台,积极推动从双边到多边,从周边到全球构建人类命运共同体,稳步推动中国与世界各国的合作与发展。2013年10月,习近平在印度尼西亚国会发表演讲,第一次倡议携手建设更为紧密的中国–东盟命运共同体,并指出一个更加紧密的中国–东盟命运共同体符合亚洲和世界各国人民共同利益。2015年3月,习近平在博鳌亚洲论坛上进一步提出了通过迈向亚洲命运共同体,推动建设人类命运共同体的"路线图"。2014年11月,习近平在亚太经合组织工商领导人峰会上详细阐述了"亚太命运共同体"范畴,呼吁坚持亚太大家庭精神和命运共同体意识,顺应和平、发展、合作、共赢的时代潮流,共同致力于亚太繁荣进步,共同实现"亚太梦想"。为此需要共同建设互信、包容、合作、共赢的亚太伙伴关系,携手打造开放型亚太经济格局,不断发掘经济增长新动力,精心勾画全方位互联互通蓝图。2021年习近平将亚太命运共同体进一步深化为"开放包容、创新增长、互联互通、合作共赢的亚太命运共同体"。至于中国与非洲的关系,2013年3月习近平在坦桑尼亚尼雷尔国际会议中心发表演讲时就表示,中非从来都是命运共同体,中非关系的本质特征是真诚友好、相互尊重、平等互利、共同发展。他2015年6月与安哥拉总统多斯桑托斯谈话时指出,中国和非洲历来是休戚与共的利益共同体和命运共同体,加强同非洲国家的团结合作是中方长期坚定的战略选择。2015年12月,习近平出席中非合作论坛约翰内斯堡峰会,为构建中非命运共同体夯实了"五大支柱":政治上平等互信、经济上合作共赢、文明上交流互鉴、安全上守望相助、国际事务中团结协作。2018年9月,习近平从责任共担、合作共赢、幸福共享、文化共兴、安全

---

① 李秉新、殷淼:《"构建人类命运共同体"首次写入联合国决议》,2017年2月12日,http://world.people.com.cn/n1/2017/0212/c1002-29074838.html,访问日期:2021年6月9日。

共筑、和谐共生六个方面进一步详细阐述了中非命运共同体的基本内涵。关于中国与拉美国家的关系，2014年7月，习近平与拉美和加勒比国家领导人举行会晤时表示，让我们抓住机遇，开拓进取，努力构建携手共进的命运共同体，共创中拉关系的美好未来。构建中拉命运共同体符合双方的共同利益，也有利于亚洲同拉美和加勒比两大地区乃至世界和平与发展。中国与阿拉伯国家的关系日益密切，2014年6月，习近平呼吁中国与阿拉伯国家共商共建共享"一带一路"，让建设成果更多更公平惠及中阿人民，打造中阿利益共同体和命运共同体。2022年5月，习近平还提出了中国同太平洋岛国命运共同体概念。尽管美西方高举单边主义旗帜和保护主义大棒，美国和欧盟也同样是中国与之共建命运共同体的重要伙伴。2017年11月，习近平对来访的特朗普表示，今天中美关系已经变成你中有我、我中有你的利益共同体，两国在维护世界和平、促进共同发展方面拥有更多、更广的共同利益，肩负更大、更重的共同责任，中美关系的战略意义和全球影响进一步上升。2014年3月，习近平在比利时《晚报》发表文章称，"中欧是发展之路上的利益共同体"。在经济全球化时代，中欧是利益高度交融的命运共同体。

在构建国际组织命运共同体方面，2014年11月习近平在二十国集团领导人峰会上表示，"二十国集团成员要树立利益共同体和命运共同体意识"，坚持做好朋友、好伙伴，积极协调宏观经济政策，努力形成各国增长相互促进、相得益彰的合作共赢格局。2016年10月，习近平与金砖国家领导人举行第八次会晤时呼吁，携手打造金砖国家利益共同体，表示金砖国家同呼吸、共命运，既是息息相关的利益共同体，更是携手前行的行动共同体。

在构建全球治理命运共同体方面，2015年12月习近平在第二届世界互联网大会上呼吁，各国应该加强沟通、扩大共识、深化合作，共同构建"网络空间命运共同体"。互联网发展是无国界、无边界的，利用好、发展好、治理好互联网必须深化网络空间国际合作，携手构建网络空间命运共同体，努力做到发展共同推进、安全共同维护、治理共同参与、成果共同分享。互联网让世界变成了地球村，推动国际社会越来越成为你中有我、我中有你的命运共同体。2016年4月习近平在华盛顿核安全峰会上表示，核恐怖主义是全人类的公敌，核安全事件的影响超越国界。在互联互通时代，没有哪个国家能够独自应对，也没有哪个国家可以置身事外。他呼吁所有国家都要参与到核安全事务中来，以开放包容的精神，努力打造核安全命运共同体。面对突如其来的新冠全球大流行，公共卫生安全成为人类面临的共同挑战。2020年3月，习近平就法国发生新冠疫情致法国总统马克龙的慰问电首次提出打造人类卫生健康共同体。2022年6月，习近平在金砖国家峰会上表示，倡导坚持共同、综合、合作、可持续的安全观，立足人类是不可分割的安全共同体，走出一条对话而不对抗、结伴而不结盟、共赢而非零和的新型安全之路。金砖国家要加强政治互信和安全合作，就重大国际和地区问题密切沟通协调，照顾彼此核心利益和重大关切，相互尊重主权、安全、发展利益，反对霸权主义和强权政治，抵制冷战思维和集团对抗，共建人类安全共同体。习近平主席向金砖国家政党、智库和民间社会组织论坛致贺信指出，中国愿同包括金砖国家在内的世界各国一道，加快落实联合国2030年可持续发展议程，稳步推进全球发展倡议落地落实，共同构建全球发展共同体。

三、人类命运共同体理念的内涵

构建人类命运共同体所要达到的目标是实现全人类的共同价值，即和平、发展、公平、正义、民主、自由。和平与发展是我们的共同事业，公平正义是我们的共同理想，民主自由是我们的共同追求。这也是联合国的崇高目标。世界格局正处在一个加快演变的历史性进程之中。和平、发展、进步的阳光足以穿透战争、贫穷、落后的阴霾。世界多极化进一步发展，新兴市场国家和发展中国家崛起已经成为不可阻挡的历史潮流。经济全球化、社会信息化极大解放和发展了社会生产力，既创造了前所未有的发展机遇，也带来了需要认真对待的新威胁新挑战。世界各国要继承和弘扬联合国宪章的宗旨和原则，构建以合作共赢为核心的新型国际关系，打造人类命运共同体。

构建人类命运共同体遵循和平与发展两大时代主题和合作与共赢两大基本原则，二者的有机统一是构建人类命运共同体的最基本内涵。和平与发展是当今世界各国人民共同的企盼，符合世界历史发展的潮流。当今世界正在发生深刻复杂的变化，和平、发展、合作、共赢的时代潮流更加强劲。国际社会日益成为你中有我、我中有你、命运与共、休戚相关的命运共同体。国家之间要构建对话不对抗、结伴不结盟的伙伴关系。大国之间要相互尊重彼此核心利益和重大关切，管控矛盾分歧，努力构建不冲突不对抗、相互尊重、合作共赢的新型关系，坚持沟通，真诚相处，平等相待，避免"修昔底德陷阱"。中国将继续高举和平、发展、合作、共赢的旗帜，始终不渝走和平发展道路、奉行互利共赢的开放战略，建设一个持久和平的世界。

2015年9月，习近平在第七十届联合国大会一般性辩论会上发表题为《携手构建合作共赢新伙伴 同心打造人类命运共同体》的讲话。2017年1月，习近平在联合国日内瓦总部发表题为《共同构建人类命运共同体》的讲话。这两次讲话系统阐明了人类命运共同体"五位一体"的主要内涵。[①]

第一，坚持对话协商，在国与国之间形成平等相待、互商互谅的伙伴关系。坚持主权平等原则。主权是国家独立的根本标志，也是国家利益的根本体现和可靠保证。主权和领土完整不容侵犯，各国应该尊重彼此核心利益和重大关切，尊重各国自主选择的社会制度和发展道路，尊重各国推动经济社会发展、改善人民生活的实践。世界各国一律平等，国家不分大小、强弱、贫富，都是国际社会平等成员，都有平等参与国际事务的权利。各国的事务应该由各国人民自己来管，世界的前途命运必须由各国共同掌握。坚持多边主义，不搞单边主义；奉行双赢、多赢、共赢的新理念，扔掉我赢你输、赢者通吃的旧思维。通过对话解决争端，通过协商化解分歧。在国际和区域层面建设全球伙伴关系，走出一条"对话而不对抗，结伴而不结盟"的国与国交往的新路，即不冲突、不对抗，平等相待、相互尊重、合作共赢。

第二，坚持共建共享、营造公道正义，建设一个普遍安全的世界。在

---

① 习近平：《携手构建合作共赢新伙伴 同心打造人类命运共同体——在第七十届联合国大会一般性辩论时的讲话》，新华网，2015年9月29日，http://www.xinhuanet.com/politics/2015-09/29/c_1116703645.htm，访问日期：2021年7月13日；习近平：《共同构建人类命运共同体——在联合国日内瓦总部的演讲》，新华网，2017年1月19日，http://www.xinhuanet.com/world/2017-01/19/c_1120340081.htm，访问日期：2021年7月19日。

经济全球化时代，各国安全相互关联、彼此影响。世上没有绝对安全的世外桃源，没有一个国家能凭一己之力谋求自身绝对安全，一国的安全不能建立在别国的动荡之上，他国的威胁也可能成为本国的挑战。弱肉强食是丛林法则，不是国与国相处之道。穷兵黩武是霸道做法，只能搬起石头砸自己的脚。各国都有平等参与国际和地区安全事务的权利，也都有维护国际和地区安全的责任。必须摒弃一切形式的冷战思维，树立共同、综合、合作、可持续安全的新观念，尊重和保障每一个国家的安全。充分发挥联合国及其安理会在止战维和方面的核心作用，通过和平解决争端和强制性行动双轨并举，化干戈为玉帛。加强国际和地区合作，共同应对日益增多的非传统安全威胁，坚决打击一切形式的恐怖主义，铲除恐怖主义滋生的土壤。推动经济和社会领域的国际合作齐头并进，统筹应对传统和非传统安全威胁，防战争祸患于未然。对待国家间存在的分歧和争端，坚持通过对话协商以和平方式解决，以对话增互信，以对话解纷争，以对话促安全。

第三，坚持合作共赢，谋求开放创新、包容互惠的发展前景，建设一个共同繁荣的世界。发展是第一要务，大家一起发展才是真发展，可持续发展才是好发展。各国在谋求自身发展时，应该积极促进其他国家共同发展，让发展成果更多更好惠及各国人民。2016年9月，二十国集团领导人杭州峰会聚焦全球经济治理等重大问题，首次将发展问题置于全球宏观政策框架突出位置。要实现这一目标，就应该秉持开放精神，推进互帮互助、互惠互利。维护世界贸易组织规则，支持开放、透明、包容、非歧视性的多边贸易体制，共同维护和发展开放型世界经济，共同促进世界经济强劲、可持续、平衡增长，推动贸易和投资自由化便利化，坚持开放的区域合作，反对各种形式的保护主义，反对以邻为壑和转嫁危机。努力缩小南北差距，建立更加平等均衡的新型全球发展伙伴关系，夯实世界经济长期稳定发展基础。合作共赢应该成为各国处理国际事务的基本政策取向，树立双赢、多赢、共赢的新理念，摒弃你输我赢、赢者通吃的旧思维。坚持同舟共济、权责共担，携手应对日益增多的全球性问题。经济全球化是历史大势，促成了贸易大繁荣、投资大便利、人员大流动、技术大发展。2008年爆发的国际金融危机启示我们，引导经济全球化健康发展，需要加强协调、完善治理，推动建设一个开放、包容、普惠、平衡、共赢的经济全球化，既要做大蛋糕，更要分好蛋糕，着力解决公平公正问题。要用好"看不见的手"和"看得见的手"，努力形成市场作用和政府作用有机统一、相互促进，打造兼顾效率和公平的规范格局。

第四，坚持包容互鉴，促进和而不同、兼收并蓄的文明交流，建设一个开放包容的世界。人类文明多样性是世界的基本特征，也是人类进步的源泉。不同文明凝聚着不同民族的智慧和贡献，没有高低之别，更无优劣之分。每种文明都有其独特魅力和深厚底蕴，都是人类的精神瑰宝。不同文明要取长补短、共同进步，让文明交流互鉴成为推动人类社会进步的动力、维护世界和平的纽带。文明相处需要和而不同的精神，文明之间要对话，不要排斥；要交流，不要取代。文明差异不应该成为世界冲突的根源，而应该成为人类文明进步的动力。要尊重各种文明，平等相待，互学互鉴，兼收并蓄，推动人类文明实现创造性发展。只有相互尊重、彼此借鉴、和谐共存，这个世界才能丰富多彩、欣欣向荣。只有交流互鉴，注重汲取不同国家、不同民族创造的优秀文明成果，取长补短，才能共同绘就人类文明美好画卷。

第五，**坚持绿色低碳**，构筑尊崇自然、绿色发展的生态体系，建设一个清洁美丽的世界。人与自然共生共存，人类可以利用自然、改造自然，但归根结底是自然的一部分，必须呵护自然，不能凌驾于自然之上。绿水青山就是金山银山。应该遵循天人合一、道法自然的理念，寻求永续发展之路。以人与自然和谐相处为目标，实现世界的可持续发展和人的全面发展。建设生态文明关乎人类未来。国际社会应该携手同行，共谋全球生态文明建设之路，牢固树立尊重自然、顺应自然、保护自然的意识，坚持走绿色、低碳、循环、可持续发展之路。倡导绿色、低碳、循环、可持续的生产生活方式，平衡推进2030年可持续发展议程，不断开拓生产发展、生活富裕、生态良好的文明发展道路。

2021年10月，习近平在中华人民共和国恢复联合国合法席位50周年纪念会议上呼吁，"我们应该携手推动构建人类命运共同体，共同建设持久和平、普遍安全、共同繁荣、开放包容、清洁美丽的世界"，"人类应该和衷共济、和合共生，朝着构建人类命运共同体方向不断迈进，共同创造更加美好未来。推动构建人类命运共同体,不是以一种制度代替另一种制度,不是以一种文明代替另一种文明,而是不同社会制度、不同意识形态、不同历史文化、不同发展水平的国家在国际事务中利益共生、权利共享、责任共担,形成共建美好世界的最大公约数",①第一次明确了人类命运共同体中利益、权利和责任之间相互促进、相互制约的辩证关系。构建人类命运共同体五个方面的内涵——"持久和平、普遍安全、共同繁荣、开放包容、清洁美丽的世界"与中国国内统筹推进的经济建设、政治建设、文化建设、社会建设和生态文明建设的"五位一体"总体布局有着密切的联系。2018年4月,习近平在与联合国秘书长古特雷斯的谈话中明确了这种联系。他指出,中国正在统筹推进经济、政治、文化、社会、生态文明建设"五位一体"总体布局,这五方面也是构建人类命运共同体的主要内容。我们追求的发展应该是高质量的发展,衡量标准就是以人民为中心。不论是国内治理、还是全球治理,都要以人民的获得为目标,要不断为民众提供信心和稳定预期。②

第二节 构建更加紧密的上海合作组织命运共同体

上海五国机制在边界划界、边界安全和跨界合作等方面卓有成效的工作过程中,形成了"互信、互利、平等、协商、尊重多样文明、谋求共同发展"的"上海精神",它已经成为上海合作组织赖以生存发展的根基。成员国之间本着"上海精神"结成了平等合作、互利共赢、开放包容、和谐和睦的新型国际关系。习近平高度重视上海合作组织命运共同体建设。

一、上海合作组织率先建设人类命运共同体

习近平最早是在2013年9月接受上合组织成员国媒体联合采访时提出

---

① 《习近平在中华人民共和国恢复联合国合法席位50周年纪念会议上的讲话》,人民网,2021年10月25日,http://politics.people.com.cn/n1/2021/1025/c1024-32263419.html,访问日期:2021年7月17日。

② 《习近平会见联合国秘书长古特雷斯》,中国政府网,2018年4月8日,http://www.gov.cn/xinwen/2018-04/08/content_5280653.htm,访问日期:2021年7月17日。

上海合作组织命运共同体的。他表示，"上海合作组织成立12年来，成员国结成紧密的命运共同体和利益共同体。面对复杂的国际和地区形势，维护地区安全稳定和促进成员国共同发展，过去、现在乃至将来相当长时期内都是上海合作组织的首要任务和目标"。① 中国和中亚国家都处在关键发展阶段，面对前所未有的机遇和挑战，都提出了符合本国国情的中长期发展目标。上合组织成员国战略目标是一致的，那就是确保经济长期稳定发展，实现国家繁荣富强和民族振兴。他在纳扎尔巴耶夫大学发表演讲时再次强调，我们要全面加强务实合作，将政治关系优势、地缘毗邻优势、经济互补优势转化为务实合作优势、持续增长优势，打造互利共赢的利益共同体。

由于国际和地区形势复杂多变，上合组织既面临难得的机遇，也面临严峻的挑战。"三股势力"、贩毒、跨国有组织犯罪严重威胁本地区安全稳定；受国际金融危机影响，各国经济发展都不同程度地遇到困难。因此，习近平在出席2013年上合组织元首比什凯克峰会时呼吁，我们需要树立同舟共济、互利共赢的意识，加强合作，联合自强，把上海合作组织打造成成员国命运共同体和利益共同体，使其成为成员国共谋稳定、共同发展的可靠保障和战略依托。2014年9月，习近平在上合组织元首杜尚别峰会上再次强调，要本着对地区乃至世界和平、稳定、发展高度负责的态度，牢固树立同舟共济、荣辱与共的命运共同体、利益共同体意识，凝心聚力，精诚协作，全力推动上海合作组织朝着机制更加完善、合作更加全面、协调更加顺畅、对外更加开放的方向发展，为本地区人民造福。

2015年7月，习近平在上合组织元首乌法峰会上提出，要让"上海精神"成为本组织成员国打造命运共同体、共建和谐家园的精神纽带。他呼吁坚持"上海精神"，打造本地区命运共同体。自上合组织成立以来，"互信、互利、平等、协商、尊重多样文明、谋求共同发展"的"上海精神"已经成为上海合作组织赖以生存发展的根基，代表了当今国际关系发展方向。"上海精神"具有划时代意义，要继续以"上海精神"为指引，坚持上

---

① 《习近平接受五国媒体联合采访》，人民网，2013年9月4日，http://www.people.com.cn/24hour/n/2013/0904/c25408-22796172.html，访问日期：2021年7月18日。

海合作组织一贯秉持的国际关系准则，维护国际公平正义，倡导多边主义和开放主义，相互尊重彼此利益，不干涉别国内政，以和平方式解决分歧争端，以共赢理念促进发展繁荣。要让"上海精神"在本地区更加深入人心、发扬光大，成为本组织成员国打造命运共同体、共建和谐家园的精神纽带。习近平赞赏上合组织成员国以《上海合作组织宪章》和《上海合作组织成员国长期睦邻友好合作条约》这两份纲领性文件为思想基石和行动指南，坚定遵循"上海精神"，在构建命运共同体道路上迈出日益坚实步伐，树立了合作共赢的新型国际关系典范。他指出，"上海精神"产生的强大凝聚力是该组织发展的保证。习近平主席2017年6月在上海合作组织阿斯塔纳峰会上指出，"我们要保持团结协作的良好传统，新老成员国密切融合，深化政治互信，加大相互支持，构建平等相待、守望相助、休戚与共、安危共担的命运共同体"。"上海精神"是上合组织成员国共同的财富，上合组织是我们共同的家园。上合组织牢牢把握世界多极化、经济全球化大势，从"上海精神"中发掘智慧，从团结合作中获取力量，携手构建更加紧密的上海合作组织命运共同体。在"上海精神"指引下，上合组织成员同舟共济，精诚合作，齐心协力构建上海合作组织命运共同体，推动建设新型国际关系，携手迈向持久和平、普遍安全、共同繁荣、开放包容、清洁美丽的世界。

  2016年6月，习近平在上合组织元首塔什干峰会上宣布，上合组织打造了休戚与共、安危共担的命运共同体，形成了你中有我、我中有你的利益共同体。他指出，"面对国际和地区风云变幻，成员国彼此支持维护各自核心利益的努力，共同妥善应对域内外各种挑战，有力维护了地区安全稳定，打造了休戚与共、安危共担的命运共同体"，"坚持互利共赢和共同发展，积极挖掘互补优势，协力做大合作蛋糕，全面推进经贸、金融、能源、交通等各领域合作深入发展……上海合作组织不断加强利益融合，形成了你中有我、我中有你的利益共同体"。[①]

  2018年6月，习近平在上合组织元首青岛峰会上提出，要推动上海合

[①] 习近平：《弘扬上海精神　巩固团结互信　全面深化上海合作组织合作——在上海合作组织成员国元首理事会第十六次会议上的讲话》，人民网，2016年6月24日，http://cpc.people.com.cn/n1/2016/0624/c64094-28477360.html，访问日期：2021年7月28日。

作组织实现新发展，提倡新发展观、安全观、合作观、文明观和全球治理观来构建更加紧密的命运共同体。他指出："我们愿同各方一道，不忘初心，携手前进，推动上海合作组织实现新发展，构建更加紧密的命运共同体，为维护世界和平稳定、促进人类发展繁荣作出新的更大贡献。"他呼吁提倡创新、协调、绿色、开放、共享的发展观，实现各国经济社会协同进步，解决发展不平衡带来的问题，缩小发展差距，促进共同繁荣；要践行共同、综合、合作、可持续的安全观，摒弃冷战思维、集团对抗，反对以牺牲别国安全换取自身绝对安全的做法，实现普遍安全；要秉持开放、融通、互利、共赢的合作观，拒绝自私自利、短视封闭的狭隘政策，维护世界贸易组织规则，支持多边贸易体制，构建开放型世界经济；要树立平等、互鉴、对话、包容的文明观，以文明交流超越文明隔阂，以文明互鉴超越文明冲突，以文明共存超越文明优越；要坚持共商、共建、共享的全球治理观，不断改革完善全球治理体系，推动各国携手建设人类命运共同体。[①] 2019 年，习近平主席在出席第二十三届圣彼得堡国际经济论坛前夕接受俄罗斯塔斯社、《俄罗斯报》联合采访时表示，中方愿同成员国一道努力，深化团结互信和各领域合作，推动上海合作组织得到更大发展，为国际形势注入更多稳定性和正能量，为构建人类命运共同体作出"上合贡献"。

  2020 年 11 月，习近平全面系统阐述了更加紧密的上海合作组织命运共同体的内涵。第一，针对新冠疫情全球大流行，他提出"加强抗疫合作，构建卫生健康共同体"，指出团结合作是抗击疫情最有力的武器，全力挽救生命是当务之急；第二，"维护安全和稳定，构建安全共同体"，上合组织要遵循共同、综合、合作、可持续的安全观，有效应对各类威胁和挑战，营造良好地区安全环境；第三，"深化务实合作，构建发展共同体"，上合组织要秉持创新、协调、绿色、开放、共享的发展理念，拓展务实合作空间，助力经济复苏、民生改善；第四，"促进民心相通，构建人文共同体"，上合组织要促进文明互学互鉴，增进各国睦邻友好，夯实上海合作

[①] 习近平：《弘扬"上海精神" 构建命运共同体——在上海合作组织成员国元首理事会第十八次会议上的讲话》，中国政府网，2018 年 6 月 10 日，http://www.gov.cn/xinwen/2018-06/10/content_5297652.htm，访问日期：2021 年 7 月 24 日。

组织长远发展民意基础。他呼吁,"上海合作组织要弘扬'上海精神',深化团结协作,为地区国家稳定和发展作出更大贡献,为推动构建人类命运共同体作出更多实践探索"。①

2021年9月,习近平在上合组织成员国元首杜尚别峰会上系统总结了上合组织成立20年来为构建人类命运共同体所作的理论贡献和实践探索。他指出,20年来,上合组织始终遵循"互信、互利、平等、协商、尊重多样文明、谋求共同发展"的"上海精神",致力于世界和平与发展和人类进步事业,为构建新型国际关系和人类命运共同体作出重要理论和实践探索。站在历史的新起点上,我们应该高举"上海精神"旗帜,在国际关系民主化历史潮流中把握前进方向,在人类共同发展宏大格局中推进自身发展,构建更加紧密的上海合作组织命运共同体,为世界持久和平和共同繁荣作出更大贡献,沿着构建人类命运共同体的人间正道,开启上海合作组织发展新征程!

2022年9月,习近平主席再次呼吁上合组织成员国通过加大相互支持、拓展安全合作、深化务实合作、加强人文交流及坚持多边主义推动构建更加紧密的上海合作组织命运共同体,共同创造亚欧大陆的美好未来。

中国与上海合作组织参加国共同构建人类命运共同体。2015年12月,习近平为《铭记历史 同护和平:纪念世界反法西斯战争胜利70周年》画册致辞时呼吁,中俄两国人民患难与共,中国人民将同俄罗斯人民一道,同护和平,共促发展,坚定不移捍卫用鲜血和生命写下的历史,为构建人类命运共同体、促进世界和平与发展作出更大贡献。他2018年3月电贺普京当选时指出,中俄全面战略协作伙伴关系处于历史最好水平,为构建相互尊重、公平正义、合作共赢的新型国际关系和人类命运共同体树立了典范。2014年5月,习近平对吉尔吉斯斯坦总统阿坦巴耶夫表示,中方愿同吉方密切在亚信、上海合作组织等框架内合作,树立命运共同体、利益共同体意识,倡导共同、综合、合作、可持续的亚洲安全观,共同促进地区和平、稳定、发展。2019年6月,习近平主席会见吉尔吉斯斯坦总统热恩

---

① 习近平:《弘扬"上海精神" 深化团结协作,构建更加紧密的命运共同体——在上海合作组织成员国元首理事会第二十次会议上的讲话》,人民网,2020年11月10日,http://cpc.people.com.cn/n1/2020/1110/c64094-31926133.html,访问日期:2021年8月9日。

别科夫时指出，中吉要坚持多边主义，共同反对保护主义、单边主义，为推动构建人类命运共同体作出积极贡献。2015年3月，习近平会见哈萨克斯坦时任总理马西莫夫时表示，中哈都处在发展振兴的关键阶段，产能合作将给两国加深利益融合带来新机遇，双方要扎实开局，充分发挥各自优势，培育新的合作增长点，打造中哈利益和命运共同体。要落实好共建丝绸之路经济带谅解备忘录，推进重大项目合作，深化产能合作，推进金融合作，加强丝绸之路经济带建设同哈方"光明之路"新经济政策对接，使二者相互促进。中哈关系经受住时间和国际风云变幻考验，从建立睦邻友好关系到发展全面战略伙伴关系，再到打造利益共同体和命运共同体，实现了跨越式发展，达到历史最高水平。2015年4月，习近平在巴基斯坦议会发表演讲时表示，构建中巴命运共同体，是中巴两国政府和人民从两国根本利益出发作出的战略抉择。习近平主席2015年4月在巴基斯坦《战斗报》和《每日新闻报》同时发表题为《中巴友谊万岁》的署名文章。文章指出："我们要加强战略协调，深化务实合作，携手共谋发展，将中巴命运共同体打造成为中国同周边国家构建命运共同体的典范。"习近平主席2015年7月10日会见巴基斯坦总理谢里夫时说，我们愿同巴方一道努力，充实中巴命运共同体内涵，为中国同周边国家建设命运共同体发挥示范作用。中巴经济走廊的建设为打造中巴命运共同体奠定了坚实基础。2015年5月，习近平在白俄罗斯《苏维埃白俄罗斯报》发表文章称，双方应该对接战略构想，打造利益和命运共同体，在共同圆梦的道路上奋力前行。2016年6月，习近平在乌兹别克斯坦《人民言论报》发表文章称，中乌是平等互利、安危与共、合作共赢的利益共同体和命运共同体。中国始终从战略高度和长远角度看待中乌关系。中乌加强全面合作顺应历史潮流，符合两国和两国人民根本利益。2022年1月，习近平就中塔建交30周年向塔吉克斯坦总统拉赫蒙致贺电称，建交30年来，中塔关系实现跨越式发展，达到历史最好水平。特别是近年来，两国率先构建发展共同体和安全共同体，树立了共建人类命运共同体的典范。塔吉克斯坦是最早同中方签署共建"一带一路"合作倡议的国家之一，双方率先建立发展共同体和安全共同体，是名副其实的铁杆朋友。2022年1月，习近平在中国同中亚五国建交30周年视频峰会上表示，中国愿同中亚国家乘势而上，并肩奋斗，携手构建更加紧密的中国-中亚命运共同体。让我们从六国人民共同福祉出发，赓续友谊，推进合作，共同谱写中国同中亚国家关系更加美好的明天，共同推动构建人类命运共同体。

二、人类命运共同体理念成为上海合作组织共识

在上合组织成员国的共同认知下，人类命运共同体理念成为上合组织成员国的共同理念。2017年上合组织成员国元首在阿斯塔纳发表宣言，一致强调共同"推动构建人类命运共同体"。[①] 2018年上合组织正式确立构建人类命运共同体理念，"推动建设相互尊重、公平正义、合作共赢的新型国际关系，确立构建人类命运共同体的共同理念"。[②] 2020年上合组织成员国元首理事会莫斯科宣言重申，"倡议推动建设相互尊重、公平正义、合作共赢的新型国际关系，形成构建人类命运共同体的共同理念具有重要现实意义"。[③] 2021年上合组织成员国元首《杜尚别宣言》和2022年《撒马尔罕宣言》还多次重申，遵循互信、互利、平等、协商、尊重多样文明、谋求共同发展的"上海精神"，着力将上合组织地区建设成和平、合作、可持续发展、繁荣、和谐的地区。成员国倡导在公认的国际法准则，多边主义，平等、共同、不可分割、综合、合作、可持续安全，反对冲突和对抗，以及全球和地区安全与稳定基础上构建多极化世界秩序，强调倡议推动构建相互尊重、公平正义、合作共赢的新型国际关系，形成构建人类命运共同体的共同理念具有重要现实意义。

人类命运共同体理念要求发展开放型世界经济，在开放中分享机会和利益、实现互利共赢；发展全球互联互通，让世界各国实现联动增长，走向共同繁荣；发展全球自由贸易和投资，在开放中推动贸易和投资自由化便利化，旗帜鲜明反对保护主义，推动经济全球化朝着更加开放、包容、普惠、平衡、共赢的方向发展。

[①] 《上海合作组织成员国元首阿斯塔纳宣言》，上海合作组织，2017年6月9日，http://chn.sectsco.org/documents/，访问日期：2021年8月16日。

[②] 《上海合作组织成员国元首理事会青岛宣言》，上海合作组织，2018年6月10日，http://chn.sectsco.org/documents/，访问日期：2021年8月19日。

[③] 《上海合作组织成员国元首理事会莫斯科宣言》，上海合作组织，2020年11月10日，http://chn.sectsco.org/documents/，访问日期：2021年8月22日。

第三节 "一带一路"是推动构建
人类命运共同体的实践平台

习近平多次强调,"我提出'一带一路'倡议,就是要实践人类命运共同体理念",[①] 共建"一带一路"正在成为我国参与全球开放合作、改善全球经济治理体系、促进全球共同发展繁荣、推动构建人类命运共同体的中国方案。以共建"一带一路"为实践平台推动构建人类命运共同体,这是从我国改革开放和长远发展出发提出来的,占据了国际道义制高点。共建"一带一路"不仅是经济合作,而且是完善全球发展模式和全球治理、推进经济全球化健康发展的重要途径。[②] 截至2023年1月,中国已经同149个国家和32个国际组织签署200余份共建"一带一路"合作文件。"一带一路"倡议提出以来,共建"一带一路"已成为有关各国实现共同发展的巨大合作平台。我们坚信,只要各方树立人类命运共同体理念,一起来规划,一起来实践,一点一滴坚持努力,日积月累不懈奋斗,构建人类命运共同体的目标就一定能够实现。

一、"一带一路"率先实现亚洲互联互通

中国农村改革的一条重要经验就是"要致富,先修路"。罗马帝国鼎盛时期,意大利成为欧洲乃至整个世界的政治、经济、文化中心,以罗马城为中心修建了四通八达的道路,促进了帝国内部和对外贸易与文化交流。于是就有了"条条大道通罗马"(All Roads Lead to Rome)的典故。2013年9月,习近平在阿斯塔纳呼吁共建丝绸之路经济带时着重强调了"五通",即政策沟通、道路联通、贸易畅通、货币流通、民心相通,后道

[①] 习近平:《携手建设更加美好的世界——在中国共产党与世界政党高层对话会上的主旨讲话》,人民网,2017年12月2日,http://cpc.people.com.cn/n1/2017/1202/c64094-29681332.html,访问日期:2021年8月9日。

[②] 赵超、安蓓:《习近平在推进"一带一路"建设工作5周年座谈会上强调 坚持对话协商共建共享合作共赢交流互鉴 推动共建"一带一路"走深走实造福人民 韩正主持》,中国政府网,2018年8月27日,http://www.gov.cn/xinwen/2018-08/27/content_5316913.htm,访问日期:2021年8月30日。

路联通调整为设施联通,货币流通调整为资金融通。习近平指出,要打通从太平洋到波罗的海的运输大通道,逐步形成连接东亚、西亚、南亚的交通运输网络。①

2014年11月,习近平主席在北京举行的"加强互联互通伙伴关系"东道主伙伴对话会上,进一步阐述了共同建设"一带一路"与互联互通的相互关系。"一带一路"与互联互通相融相近、相辅相成,他将"一带一路"比喻为亚洲腾飞的两只翅膀,而互联互通就是两只翅膀的血脉经络。习近平还对亚洲互联互通提出了五点建议。第一,以亚洲国家为重点方向,率先实现亚洲互联互通。第二,以经济走廊为依托,建立亚洲互联互通的基本框架。第三,以交通基础设施为突破,实现亚洲互联互通的早期收获,优先部署中国同邻国的铁路、公路项目。第四,以建设融资平台为抓手,打破亚洲互联互通的瓶颈。中国将出资400亿美元成立丝路基金。第五,以人文交流为纽带,夯实亚洲互联互通的社会根基。习近平进一步强调,我们要建设的互联互通,应该是基础设施、制度规章、人员交流三位一体,应该是政策沟通、设施联通、贸易畅通、资金融通、民心相通五大领域齐头并进。这是全方位、立体化、网络状的大联通,是生机勃勃、群策群力的开放系统。

可见,"一带一路"首先是一个横跨亚欧大陆的由铁路、公路、航空、海上运输、油气管道、输电线路和通信网络组成的综合性立体互联互通的交通网络。这个交通网络的重要性在于,一是将作为世界经济引擎的亚太地区与世界最大的经济体欧盟联系起来,给亚欧大陆带来新的发展空间和机会,并形成东亚、西亚和南亚经济辐射区。二是实现该地区国家之间的政策沟通、设施联通、贸易畅通、资金融通和民心相通,从而带动该地区的经济发展,实现该地区的社会经济繁荣、和平、和谐和稳定。三是发展与这些国家的资金流、物流、人流和信息流等方面的合作,激活新的经济增长点,促进中亚、西亚和南亚,乃至东盟地区的经济繁荣和发展。四是推进贸易投资便利化,深化经济技术合作,最终形成亚欧共同经济空间。

---

① 《习近平在哈萨克斯坦纳扎尔巴耶夫大学发表重要演讲 弘扬人民友谊 共同建设"丝绸之路经济带"》,《人民日报》2013年9月8日,第1版。

具体来说,"一带一路"贯穿亚欧非大陆,一头是活跃的东亚经济圈,一头是发达的欧洲经济圈,中间广大腹地国家经济发展潜力巨大。丝绸之路经济带重点联通中国经中亚、俄罗斯至欧洲(波罗的海)、中国经中亚、西亚至波斯湾、地中海,中国至东南亚、南亚、印度洋。21世纪海上丝绸之路重点方向是从中国沿海港口过南海到印度洋,延伸至欧洲;从中国沿海港口过南海到南太平洋。陆上依托国际大通道,以沿线中心城市为支撑,以重点经贸产业园区为合作平台,共同打造新亚欧大陆桥、中蒙俄、中国—中亚—西亚、中国—中南半岛等国际经济合作走廊;海上以重点港口为节点,共同建设通畅安全高效的运输大通道。中巴、孟中印缅两个经济走廊与推进"一带一路"建设关联紧密,要进一步推动合作,取得更大进展。[①] 21世纪海上丝绸之路立足中国东南部沿海地区,进一步向亚太地区开放。"一带一路"海上合作要以海洋为纽带增进共同福祉、发展共同利益,以共享蓝色空间、发展蓝色经济为主线,加强与21世纪海上丝绸之路沿线国战略对接,全方位推动各领域务实合作,共同建设通畅安全高效的海上大通道,共同推动建立海上合作平台,共同发展蓝色伙伴关系。要以中国沿海经济带为支撑,密切与沿线国的合作,连接中国—中南半岛经济走廊,经南海向西进入印度洋,衔接中巴、孟中印缅经济走廊,共同建设中国—印度洋—非洲—地中海蓝色经济通道;经南海向南进入太平洋,共建中国—大洋洲—南太平洋蓝色经济通道;积极推动共建经北冰洋连接欧洲的蓝色经济通道。[②]

"一带一路"合起来形成一个起于中国内陆和东南沿海,贯通中亚、西亚、东亚、南亚和东南亚与欧洲、非洲和亚太地区的亚欧非新的经济圈,其中绝大部分为新兴经济体和发展中国家。在全球经济一体化和国内经济发展进入"新常态"的现实情况下,中国提出并与相关国家共同实施"一带一路"建设,立足区域经济协调发展,构建全方位对外开放格局和国际

---

① 《推动共建丝绸之路经济带和21世纪海上丝绸之路的愿景与行动》,《人民日报》2015年3月29日,第4版。
② 国家发展和改革委员会、国家海洋局:《"一带一路"建设海上合作设想》,中国政府网,2017年6月20日,http://www.gov.cn/xinwen/2017-06/20/content_5203985.htm,访问日期:2021年8月7日。

合作新模式，以形成与其他共建国家和地区互利共赢的新局面。这一构想及其实施对中国来说，将成为发挥地缘政治优势，拓展多边跨境贸易、交流合作的重要平台，有利于扩大对外开放，促进欠发达的中部与西部地区的发展，维护新疆地区的稳定，有利于在全球资源配置上减少对南海与马六甲海峡运输线的依赖，有利于冲破美西方对中国的孤立，扩大与共建国家的经贸合作空间。这一构想及其实施适应了全球经济一体化的要求，有利于整合升级上海合作组织、欧亚经济联盟、中国-东盟（10+1）、中日韩自贸区以及《区域全面经济伙伴关系协定》等国际合作，在更大范围内促进区域经济合作与一体化的深化，进而促进政治合作与地区安全，甚至有可能使"一带一路"成为全球发展的新的一极。

2019年4月，习近平在第二次"一带一路"国际合作高峰论坛上进一步提出构建全球互联互通伙伴关系，实现共同发展繁荣。具体措施包括：在基础设施建设方面，构建以新亚欧大陆桥等经济走廊为引领，以中欧班列、陆海新通道等大通道和信息高速路为骨架，以铁路、港口、管网等为依托的互联互通网络；在建设资金方面，继续发挥共建"一带一路"专项贷款、丝路基金、各类专项投资基金的作用，发展丝路主题债券，支持多边开发融资合作中心有效运作，鼓励开展第三方市场合作；在促进贸易和投资自由化便利化方面，旗帜鲜明反对保护主义，推动经济全球化朝着更加开放、包容、普惠、平衡、共赢的方向发展，同更多国家商签高标准自由贸易协定，实现商品、资金、技术、人员自由流动；在创新发展和数字经济方面，共同把握数字化、网络化、智能化发展机遇，共同探索新技术、新业态、新模式，探寻新的增长动能和发展路径，建设数字丝绸之路、创新丝绸之路；从发展的视角，坚持可持续发展理念，致力于加强国际发展合作，为发展中国家营造更多发展机遇和空间。"一带一路"建设还积极架设起不同文明互学互鉴的桥梁，推动各国深入开展各领域人文合作。

二、推进"一带一路"建设的最高目标是构建人类命运共同体

2013年11月中共中央十八届三中全会通过的《中共中央关于全面深

化改革若干重大问题的决定》指出,"建立开发性金融机构,加快同周边国家和区域基础设施互联互通建设,推进丝绸之路经济带、海上丝绸之路建设,形成全方位开放新格局"。① 2015年3月国务院授权国家发展和改革委员会、外交部、商务部发布的《推动共建丝绸之路经济带和21世纪海上丝绸之路的愿景与行动》明确了共建"一带一路"的宗旨在于"全方位推进务实合作,打造政治互信、经济融合、文化包容的利益共同体、命运共同体和责任共同体"。② 习近平更是明确指出,"不断朝着人类命运共同体方向迈进",这是他提出"一带一路"倡议的初衷,也是希望通过这一倡议实现的最高目标。

1. "一带一路"建设的宗旨

"一带一路"建设虽然包含多重目标,但总的来说是要打造人类命运共同体。党的十八大以后,人类命运共同体理念得到更加广泛的应用和倡导,逐步成为中国政府大力倡导的处理国际问题的新理念、中国外交政策的重要内容,是新时代中国外交的总目标。2021年10月,习近平在中华人民共和国恢复联合国合法席位50周年纪念会议上呼吁,我们应该携手推动构建人类命运共同体,共同建设持久和平、普遍安全、共同繁荣、开放包容、清洁美丽的世界。中国所提倡的"新型大国关系"、合作共赢和"亲、诚、惠、容"的周边外交理念、"与邻为善,以邻为伴"发展邻国关系等,都已成为构建人类命运共同体的重要内容。构建人类命运共同体五个方面的内涵也是与中国国内统筹推进的经济建设、政治建设、文化建设、社会建设和生态文明建设的"五位一体"总体布局有着密切联系的。中国坚持把中国人民的利益与世界各国人民的共同利益结合起来,以更加积极的姿态参与国际事务,充分发挥负责任大国的作用,为人类社会贡献更多公共产品,与世界各国一道共同应对全球性挑战。

"一带一路"建设所要构建的人类命运共同体的核心要义是建设"和平之路、繁荣之路、开放之路、创新之路和文明之路",坚持分享、合作、

---

① 《中共中央关于全面深化改革若干重大问题的决定》,《人民日报》2013年11月16日,第1版。

② 《推动共建丝绸之路经济带和21世纪海上丝绸之路的愿景与行动》,《人民日报》2015年3月29日,第4版。

共赢和包容，在维护和追求本国安全和利益的同时，兼顾他国的合理关切，在谋求本国发展中推动各国共同发展。古代丝绸之路积淀了以和平合作、开放包容、互学互鉴、互利共赢为核心的丝路精神。这是人类文明的宝贵遗产。"一带一路"建设植根于丝绸之路的历史土壤，重点面向亚欧非大陆，同时向所有朋友开放。2017年5月，习近平在首次"一带一路"国际合作高峰论坛上提出，秉承以"和平合作、开放包容、互学互鉴、互利共赢"为核心的丝绸之路精神，我们要将"一带一路"建成和平之路，构建以合作共赢为核心的新型国际关系，打造对话不对抗、结伴不结盟的伙伴关系，营造共建共享的安全格局；将"一带一路"建成"繁荣之路"，实现经济大融合、发展大联动，创新投资和融资模式，着力推动陆、海、天、网四位一体的联通和六大经济走廊，促进政策、规则、标准三位一体的联通；将"一带一路"建成"开放之路"，打造开放型合作平台，维护和发展开放型世界经济，推动构建公正、合理、透明的国际经贸投资规则体系，促进生产要素有序流动、资源高效配置、市场深度融合，维护多边贸易体制，推动自由贸易区建设，建设开放、包容、普惠、平衡、共赢的经济全球化；将"一带一路"建成"创新之路"，坚持创新驱动发展，加强数字经济等前沿领域合作，推动大数据、云计算、智慧城市建设，连接成21世纪的数字丝绸之路，践行绿色发展新理念，加强生态环保合作；将"一带一路"建成"文明之路"，以文明交流超越文明隔阂、文明互鉴超越文明冲突、文明共存超越文明优越，推动各国相互理解、相互尊重、相互信任。[①]

2. 共建"一带一路"的总体目标

共建"一带一路"的总体目标，就是致力于维护全球自由贸易体系和开放型世界经济。共建"一带一路"旨在促进经济要素有序自由流动、资源高效配置和市场深度融合，推动共建国家实现经济政策协调，开展更大范围、更高水平、更深层次的区域合作，共同打造开放、包容、均衡、普惠的区域经济合作框架，努力实现区域基础设施更加完善，安全高效的陆海空通道网络基本形成，互联互通达到新水平；投资贸易便利化水平进一

[①] 习近平：《携手推进"一带一路"建设——在"一带一路"国际合作高峰论坛开幕式上的演讲》，中国共产党新闻网，2017年5月14日，http://cpc.people.com.cn/n1/2017/0514/c64094-29273979.html，访问日期：2021年8月5日。

步提升，高标准自由贸易区网络基本形成，经济联系更加紧密，政治互信更加深入；人文交流深入，不同文明互鉴共荣，各国人民相知相交、和平友好。需要特别强调的是，共建"一带一路"致力于亚欧非及附近海洋的互联互通，建立和加强共建国家互联互通伙伴关系，构建全方位、多层次、复合型的互联互通网络，实现共建国家多元、自主、平衡、可持续的发展。对中国来说，所要达到的目的是适应经济全球化新形势，推动对内对外开放相互促进、引进来和走出去更好结合，促进国际国内要素有序自由流动、资源高效配置、市场深度融合，加快培育参与和引领国际经济合作竞争新优势，以开放促改革。首先，放宽投资准入，建立自由贸易试验区，鼓励企业对外投资，加快同有关国家和地区商签投资协定；其次，加快自由贸易区建设，以周边为基础加快实施自由贸易区战略，形成面向全球的高标准自由贸易区网络；最后，扩大内陆沿边开放，形成横贯东中西、联结南北方对外经济走廊。由此，形成全方位开放新格局。

"一带一路"倡议是一个多重的目标体系，包括经济、外交、文化和安全等方面的具体目标。"一带一路"经济目标为实现互联互通，推进贸易和投资便利化，形成互利共赢、多元平衡、安全高效的开放型经济体系。其外交目标为增进共建国家政治互信和睦邻友好，形成更为开放、更为包容、更为信任、更为亲和的新的地缘政治经济关系。其文化目标为弘扬和传承丝绸之路友好合作精神，努力搭建促进中外文化交流的长效机制，密切共建国家在教育、文化、旅游、体育、卫生、科技等领域开展全方位的人文交流合作，让相互尊重、平等包容的理念深入人心，使你中有我、我中有你的命运共同体意识深深扎根，使共建国家广大民众成为"一带一路"倡议的坚定支持者、积极建设者和真正受益者，为共建国家的全面合作奠定坚实的文化基础和民意基础。其国家安全目标为除了传统的军事领域之外，还要在信息、灾害、食品、航道、环境保护、公共卫生、跨国犯罪、恐怖袭击等非传统安全领域开展国际合作，搭建地区安全合作新架构，提升提供国际公共产品和服务的能力，建立共建国家安全对话机制，构建安全合作新模式和新框架，建立共建国家安全合作的新方式与新机制，共同维护共建地区和平与发展的重任，保障共建各国持久安全，推动相关国家形成责任共同体，努力走出一条共建、共享、共赢的共建地区安全之路。

"一带一路"共建国家秉持构建人类命运共同体的精神理念，强调共商、共建、共享的平等互利方式，致力于共同发展和繁荣。"一带一路"构想为古老的亚欧大陆开创出新的生机与活力，将为这片广袤大地的振兴插上两只强劲的翅膀。

3. 共建"一带一路"倡议承载的主要合作内容和领域

共建"一带一路"倡议包含的内容极其丰富，它以古丝绸之路为文化象征，在相关国家统筹制定区域发展规划和发展战略的基础上，通过建立立体综合交通运输网络，以共建国家城市群和中心城市为支点，以经济、政治、社会、文化、生态等全方位合作为内容，以跨国贸易投资自由化和生产要素优化配置为动力，以货币自由兑换、政治高度互信、人民友好往来为保障，来推进亚欧大陆经济一体化和区域合作。[①]

习近平将"一带一路"的核心内容概括为"促进基础设施建设和互联互通，对接各国政策和发展战略，深化务实合作，促进协调联动发展，实现共同繁荣"。[②] 因此，共建"一带一路"倡议既包括传统意义上的经贸往来和人文交流，也包括区域合作，共同建设经济走廊、经济开发区，实现互联互通、跨国运输、金融合作等，希望通过多个层面的合作和沟通，让国际社会更好地分享中国发展的机遇，也为中国创造一个更好的发展环境。

2013年9月7日，习近平主席在哈萨克斯坦首都阿斯塔纳第一次阐述了丝绸之路经济带的内涵和如何建设丝绸之路经济带。建设丝绸之路经济带的目标是使亚欧各国经济联系更加紧密、相互合作更加深入、发展空间更加广阔。建设丝绸之路经济带的方式是用创新的合作模式，共同建设丝绸之路经济带，以点带面，从线到片，逐步形成区域大合作。丝绸之路经济建设的主要内容是五通，即政策沟通、设施联通、贸易畅通、资金融通和民心相通。

第一，加强政策沟通是"一带一路"建设的重要保障。加强政府间合

---

① 白永秀、王颂吉:《丝绸之路经济带的纵深背景与地缘战略》,《改革》2014年第3期,第64—73页。

② 习近平:《开辟合作新起点,谋求发展新动力——在"一带一路"国际合作高峰论坛圆桌会上的开幕辞》,《人民日报》2017年5月16日,第3版。

作，积极构建多层次政府间宏观政策沟通交流机制，深化利益融合，促进政治互信，达成合作新共识。共建国家可以就经济发展战略和对策进行充分交流对接，共同制定推进区域合作的规划和措施，协商解决合作中的问题，共同为务实合作及大型项目实施提供政策支持。

第二，基础设施互联互通是"一带一路"建设的优先领域。在尊重相关国家主权和安全关切的基础上，共建国家宜加强基础设施建设规划、技术标准体系的对接，共同推进国际骨干通道建设，逐步形成连接亚洲各次区域以及亚欧非之间的基础设施网络；强化基础设施绿色低碳化建设和运营管理，在建设中充分考虑气候变化影响；重点加强能源基础设施互联互通合作，共同维护输油、输气管道等运输通道安全，推进跨境电力与输电通道建设，积极开展区域电网升级改造合作；共同推进跨境光缆等通信干线网络建设，提高国际通信互联互通水平，畅通信息丝绸之路。

第三，投资贸易合作是"一带一路"建设的重点内容。共建国家宜着力研究解决投资贸易便利化问题，消除投资和贸易壁垒，构建区域内和各国良好的营商环境，积极同其他共建国家和地区共同商建自由贸易区，激发释放合作潜力；重点加强信息互换、监管互认、执法互助的海关合作，以及检验检疫、认证认可、标准计量、统计信息等方面的双多边合作，推动世界贸易组织《贸易便利化协定》生效和实施；改善边境口岸通关设施条件，降低通关成本，提升通关能力，降低非关税壁垒，共同提高技术性贸易措施透明度，提高贸易自由化便利化水平；拓宽贸易领域，优化贸易结构，创新贸易方式，发展跨境电子商务等新的商业业态，把投资和贸易有机结合起来，以投资带动贸易发展；加快投资便利化进程，消除投资壁垒，加强双边投资保护协定，保护投资者的合法权益；拓展相互投资领域，开展农林牧渔业、农机及农产品生产加工等领域深度合作，加大传统能源资源和新能源合作；推动新一代信息技术、生物、新能源、新材料等新兴产业领域的深入合作；优化产业链分工布局，推动上下游产业链和关联产业协同发展，鼓励建立研发、生产和营销体系，提升区域产业配套能力和综合竞争力；扩大服务业相互开放，推动区域服务业加快发展；探索投资合作新模式，鼓励合作建设境外经贸合作区、跨境经济合作区等各类产业园区，促进产业集群发展；在投资贸易中突出生态文明理念，加强生态环境、生物多样性和应对气候变化合作,共建"绿色丝绸之路"。

第四,资金融通是"一带一路"建设的重要支撑。共建国家宜深化金融合作,推进亚洲货币稳定体系、投融资体系和信用体系建设;扩大共建国家双边本币互换、结算的范围和规模;推动亚洲债券市场的开放和发展;共同推进亚洲基础设施投资银行、金砖国家开发银行筹建,有关各方应就建立上海合作组织融资机构开展磋商;加快丝路基金组建运营;深化中国-东盟银行联合体、上合组织银行联合体务实合作,以银团贷款、银行授信等方式开展多边金融合作。中国支持共建国家政府和信用等级较高的企业以及金融机构在中国境内发行人民币债券。符合条件的中国境内金融机构和企业可以在境外发行人民币债券和外币债券,鼓励在共建国家使用所筹资金。共建国家宜加强金融监管合作,推动签署双边监管合作谅解备忘录,逐步在区域内建立高效监管协调机制;完善风险应对和危机处置制度安排,构建区域性金融风险预警系统,形成应对跨境风险和危机处置的交流合作机制;加强征信管理部门、征信机构和评级机构之间的跨境交流与合作;充分发挥丝路基金以及各国主权基金作用,引导商业性股权投资基金和社会资金共同参与"一带一路"重点项目建设。

第五,民心相通是"一带一路"建设的社会根基。共建国家宜传承和弘扬丝绸之路友好合作精神,广泛开展文化交流、学术往来、人才交流合作、媒体合作、青年和妇女交往、志愿者服务等,为深化双多边合作奠定坚实的民意基础。重点扩大相互间留学生规模,开展合作办学,互办文化年、艺术节、电影节、电视周和图书展等活动,联合申请世界文化遗产;加强旅游合作,联合打造具有丝绸之路特色的国际精品旅游线路和旅游产品,提高共建各国游客签证便利化水平;积极开展体育交流活动;强化与周边国家在传染病疫情信息沟通、防治技术交流、专业人才培养等方面的合作,提高合作处理突发公共卫生事件的能力;加强科技合作,共建联合实验室(研究中心)、国际技术转移中心、海上合作中心;积极开拓和促进青年就业、创业培训等领域的务实合作;充分发挥政党、议会交往的桥梁作用,加强共建国家之间立法机构、主要党派和政治组织的友好往来;开展城市交流合作,互结友好城市;加强共建国家民间组织和文化传媒的国际交流合作。

4. 共建"一带一路"坚持的基本原则

"一带一路"建设涉及的国家众多，涉及的领域也非常广泛。"一带一路"建设不仅将促进国际经济要素有序自由流动、资源高效配置和市场深度融合，还将进行更大范围、更高水平、更深层次的区域合作，推动共建国家实现经济政策协调、国际合作以及全球治理新模式的探索。为此，2015年3月国务院授权国家发展和改革委员会、外交部、商务部联合发布的《推动共建丝绸之路经济带和21世纪海上丝绸之路的愿景与行动》确定了共建"一带一路"的五大原则。[①]

一是恪守联合国宪章的宗旨和原则，遵守和平共处五项原则。这是基于国际关系确定的原则。该原则要求在建设"一带一路"过程中，恪守国际法和公认的国际关系准则，尊重各国主权和领土完整、互不侵犯、互不干涉内政、和平共处、平等互利，弘扬民主、和睦、协作、共赢的精神。

二是坚持开放合作。这是基于国际合作理念确定的原则。中国倡导的"一带一路"建设，目的在于创造一个包容性的合作与发展平台，打破领土纠纷、政治制度和宗教文化差异等各种合作障碍，既欢迎任何有合作意愿的国家和国际组织、地区组织自愿平等地参与，也欢迎域外国家为本地区发展稳定发挥建设性作用，让共建成果惠及更广泛的区域。

三是坚持和谐包容。这是基于人类文明多样性确定的原则。文明多样性是人类社会的基本特征，也是人类文明进步的重要动力。"一带一路"建设应充分尊重人类文明的多样性，倡导文明宽容，尊重各国对发展道路和模式的选择，加强不同文明之间的对话和相互借鉴，促进不同文明求同存异、兼容并蓄、和平共处、共生共荣。

四是坚持市场运作。这是基于国际合作具体方式确定的原则。建设"一带一路"既要充分发挥政府的指导和协调作用，更要遵循市场规律和国际通行的规则，充分发挥市场在资源配置中的决定性作用和各类企业的主体作用，按照共建国家的实际需求，实现优势互补互用，共同开发，共同发展。

[①] 《推动共建丝绸之路经济带和21世纪海上丝绸之路的愿景与行动》，《人民日报》2015年3月29日，第4版。

五是坚持互利共赢。这是基于利益共享确定的原则。建设"一带一路"要兼顾各方利益和关切，寻求利益契合点和合作最大公约数，体现各方智慧和创意，各施所长，各尽所能，把各方优势和潜力充分发挥出来，最终形成互利共赢的利益共同体和共同繁荣发展的命运共同体。

2014年6月，习近平主席在中国–阿拉伯国家合作论坛部长级会议发表的《弘扬丝路精神，深化中阿合作》讲话中，将"一带一路"建设应坚持的原则集中归纳为共商、共建、共享。共商，就是集思广益，好事大家商量着办，使"一带一路"建设兼顾双方利益和关切，体现双方智慧和创意。共建，就是各施所长，各尽所能，把双方优势和潜能充分发挥出来，聚沙成塔，积水成渊，持之以恒加以推进。共享，就是让建设成果更多更公平惠及中阿人民，打造中阿利益共同体和命运共同体。①

三、共建"一带一路"的合作机制和开发机构

国务院授权发布的《推动共建丝绸之路经济带和21世纪海上丝绸之路的愿景与行动》强调，积极利用现有双多边合作机制，推动"一带一路"建设，促进区域合作蓬勃发展。首先，加强双边合作，开展多层次、多渠道沟通磋商，推动双边关系全面发展。推动签署合作备忘录或合作规划，建设一批双边合作示范。建立完善双边联合工作机制，研究推进"一带一路"建设的实施方案、行动路线图。充分发挥现有联委会、混委会、协委会、指导委员会、管理委员会等双边机制作用，协调推动合作项目实施。其次，强化多边合作机制作用，发挥上海合作组织、中国–东盟（10+1）、亚太经合组织（APEC）、亚欧会议（ASEM）、亚洲合作对话（ACD）、亚信会议（CICA）、中阿合作论坛、中国–海合会战略对话、大湄公河次区域（GMS）经济合作、中亚区域经济合作（CAREC）等现有多边合作机制作用，相关国家加强沟通，让更多国家和地区参与"一带一路"建设。最后，继续发挥沿线各国区域、次区域相关国际论坛、展会以及博鳌亚洲论坛、中国–东盟博览会、中国–亚欧博览会、欧亚经济论坛、中国国际

---

① 习近平：《弘扬丝路精神，深化中阿合作——在中阿合作论坛第六届部长级会议开幕式上的讲话》，《人民日报》2014年6月6日，第2版。

投资贸易洽谈会，以及中国–南亚博览会、中国–阿拉伯博览会、中国西部国际博览会、中国–俄罗斯博览会、前海合作论坛等平台的建设性作用。支持沿线国家地方、民间挖掘"一带一路"历史文化遗产，联合举办专项投资、贸易、文化交流活动，办好丝绸之路（敦煌）国际文化博览会、丝绸之路国际电影节和图书展。倡议建立"一带一路"国际合作高峰论坛等。

建立开放性金融机构。首先是亚洲基础设施投资银行（简称"亚投行"，AIIB）。2014年10月，亚投行首批21个意向创始成员国在北京签署筹建亚投行备忘录，2015年12月亚投行正式成立。它是一个政府间性质的亚洲区域多边开发机构，重点支持基础设施建设，成立宗旨是促进亚洲区域的建设互联互通化和经济一体化的进程，并且加强中国及其他亚洲国家和地区的合作，是首个由中国倡议设立的多边金融机构，总部设在北京，法定资本1,000亿美元。截至2020年年底，亚投行累计批准投资项目108个，贷款额超过220亿美元；截至2021年10月，亚投行有104个成员国。其次是金砖国家新开发银行（简称"新开发银行"，NDB）。2014年7月金砖国家领导人在巴西发表《福塔莱萨宣言》称，新开发银行法定资本为1,000亿美元，由5个创始成员平均出资，总部设在中国上海。2015年7月，新开发银行开业。截至2021年，新开发银行累计批准成员国约80个项目，贷款总额300亿美元，成员国达到9个（除金砖五国外2021年加入的有埃及、乌拉圭、孟加拉国和阿拉伯联合酋长国）。最后是丝路基金。2014年11月，习近平在"加强互联互通伙伴关系"东道主伙伴对话会上宣布，中国将出资400亿美元成立丝路基金，为"一带一路"沿线国家基础设施、资源开发、产业合作和金融合作等与互联互通有关的项目提供投融资支持。2017年习近平在"一带一路"国际合作高峰论坛上再次宣布，向丝路基金新增资金1,000亿元人民币，鼓励金融机构开展人民币海外基金业务，规模预计约3,000亿元人民币。中国国家开发银行、进出口银行将分别提供2,500亿元和1,300亿元等值人民币专项贷款，用于支持"一带一路"基础设施建设、产能、金融合作。中国还将同亚洲基础设施投资银行、金砖国家新开发银行、世界银行及其他多边开发机构合作支持"一带一路"项目，同有关各方共同制定"一带一路"融资指导原则。截至2020年年底，丝路基金已累计签约以股权投资为主的各类项目47个，承诺投资金额178

亿美元，覆盖了多个"一带一路"共建国家。

习近平还宣布，中国将在2020年前向参与"一带一路"建设的发展中国家和国际组织提供600亿元人民币援助，建设更多民生项目；向"一带一路"沿线发展中国家提供20亿元人民币紧急粮食援助，向南南合作援助基金增资10亿美元，在沿线国家实施100个"幸福家园"、100个"爱心助困"、100个"康复助医"等项目；向有关国际组织提供10亿美元落实一批惠及沿线国家的合作项目。

中国还成立"一带一路"财经发展研究中心、"一带一路"建设促进中心，同多边开发银行共同设立多边开发融资合作中心，同国际货币基金组织合作建立能力建设中心。

四、共建"一带一路"取得的积极成果

2019年4月，推进"一带一路"建设工作领导小组办公室发表《共建"一带一路"倡议：进展、贡献与展望》报告指出，"共建'一带一路'倡议以共商共建共享为原则，以和平合作、开放包容、互学互鉴、互利共赢的丝绸之路精神为指引，以政策沟通、设施联通、贸易畅通、资金融通、民心相通为重点，已经从理念转化为行动，从愿景转化为现实，从倡议转化为全球广受欢迎的公共产品"。[①]

第一，共建"一带一路"形成广泛的国际合作共识。首先，共建"一带一路"倡议载入了联合国、二十国集团、亚太经合组织等国际组织重要文件，如2015年《上海合作组织成员国元首乌法宣言》、2016年《二十国集团领导人杭州峰会公报》、2017年联合国安理会通过的第2344号决议、2018年中拉《关于"一带一路"倡议的特别声明》、中阿《合作共建"一带一路"行动宣言》和《关于构建更加紧密的中非命运共同体的北京宣言》等。其次，截至2022年3月，中国已经同149个国家和32个国际组织签署200余份共建"一带一路"合作文件。共建"一带一路"国家已由亚欧延伸至非洲、拉美、南太等区域。最后，共建"一带一路"专业领域对接合

---

① 推进"一带一路"建设工作领导小组办公室：《共建"一带一路"倡议：进展、贡献与展望》，中国一带一路网，2019年4月22日，https://www.yidaiyilu.gov.cn/zchj/qwfb/86697.htm，访问日期：2021年9月9日。

作有序推进。截至2019年4月，中国已与16个国家签署加强"数字丝绸之路"建设合作文件；已与49个国家和地区签署85份标准化合作协议；《阿斯塔纳"一带一路"税收合作倡议》延伸至111个国家和地区；中国与49个共建国家联合发布《关于进一步推进"一带一路"国家知识产权务实合作的联合声明》；发布《"一带一路"法治合作国际论坛共同主席声明》；中国组织召开"一带一路"法治合作国际论坛；18个国家联合宣布建立"一带一路"能源合作伙伴关系等。

第二，基础设施实现互联互通。以铁路、公路、航运、航空、管道、空间综合信息网络等为核心的全方位、多层次、复合型基础设施网络正在加快形成。首先，国际经济合作走廊和通道建设取得明显进展。新亚欧大陆桥、中蒙俄、中国—中亚—西亚、中国—中南半岛、中巴和孟中印缅六大国际经济合作走廊将亚洲经济圈与欧洲经济圈联系在一起，为建立和加强各国互联互通伙伴关系，构建高效畅通的亚欧大市场发挥了重要作用。中国西部—西欧国际公路（中国西部—哈萨克斯坦—俄罗斯—西欧）基本建成，中俄同江—下列宁斯阔耶界河铁路桥、黑河—布拉戈维申斯克（海兰泡）界河公路桥相继建成通车，昆（明）曼（谷）公路全线贯通，中老铁路开通，中泰铁路等项目稳步推进。其次，基础设施互联互通水平大幅提升。如中国、白俄罗斯、德国、哈萨克斯坦、蒙古国、波兰和俄罗斯等7国铁路公司签署了《关于深化中欧班列合作协议》，截至2022年7月，中欧班列已经联通亚欧大陆24个国家的196个城市，中欧班列历年累计开行超过5.7万列，运送货物530万标箱；巴基斯坦瓜达尔港、斯里兰卡汉班托塔港、希腊比雷埃夫斯港、阿联酋哈利法港等建设项目相继完工，中俄天然气管道东线已正式投产通气，西线也即将动工，中缅油气管道全线贯通。

第三，贸易投资自由化便利化程度提高，交易成本下降。2013年至2021年，我国与共建国家年度贸易额从1.04万亿美元，扩大到1.8万亿美元，增长了73%。贸易新业态快速发展，"丝路电商"成为新的亮点，跨境电商进出口保持高速增长，一批海外仓在共建国家建成投运。贸易通道建设稳步推进，截至2022年7月，中欧班列累计开行超过5.7万列，通达欧洲24个国家、196个城市，陆海新通道建设取得积极进展。辐射"一带一路"的自由贸易区网络加快建设，中国已经与13个共建国家签署7个自贸协定。

第四，国际多边金融机构以及各类商业银行不断探索创新投融资模式，积极拓宽多样化融资渠道，为共建"一带一路"提供稳定、透明、高质量的资金支持。丝路基金与欧洲投资基金共同投资的中欧共同投资基金于2018年7月开始实质性运作，投资规模为5亿欧元。中国财政部与阿根廷、俄罗斯、印度尼西亚、英国、新加坡等27国财政部核准了《"一带一路"融资指导原则》。上海证券交易所与哈萨克斯坦阿斯塔纳国际金融中心管理局共同投资建设阿斯塔纳国际交易所。截至2022年7月底，中国先后与20多个共建国家建立了双边本币互换安排，与10个共建国家建立了人民币清算安排，人民币国际支付、投资、交易、储备功能稳步提高，人民币跨境支付系统业务范围已覆盖近40个共建国家和地区。2013年至2021年，中国对共建国家直接投资累计1,613亿美元，共建国家在华投资设立企业3.2万家，实际累计投资712亿美元。截至2021年年底，我国企业在共建国家建设的境外经贸合作园区累计投资430.8亿美元，为当地创造了34.6万个就业岗位，较好发挥了载体和平台作用，促进了国际产能合作。

第五，推进项目建设，互联互通水平显著提高。2013年至2021年，我国在共建国家承包工程新签合同额累计约1.08万亿美元，完成营业额7,286亿美元，涵盖交通、电力等多个领域。一批重大合作项目建成和实施，中老铁路全线开通运营，匈塞铁路有序推进，比雷埃夫斯港运营良好。一批"小而美"的农业、医疗、减贫项目相继落地，给共建国家民众带来了实实在在的获得感。

第六，完善机制平台，交流合作效率显著提高。双边经贸机制不断健全，中国已推动建立了超过100个贸易畅通、投资合作、服务贸易、电子商务合作机制。以重大展会论坛为代表的开放平台蓬勃发展，截至2022年年底，中国成功举办了5届中国国际进口博览会，也成功举办了中国–东盟博览会、中国–亚欧博览会、中国–中东欧国家博览会、中国–非洲经贸博览会等展会论坛。

第七，形式多样、领域广泛的公共外交和文化交流，增进了相互理解和认同，为共建"一带一路"奠定了坚实的民意基础。首先，中国与共建国家互办艺术节、电影节、音乐节、文物展、图书展、文化年活动，签订文化遗产合作文件,中、哈、吉"丝绸之路:长安—天山廊道的路网"联合申遗成功。其次,中国设立"丝绸之路"中国政府奖学金项目,与24个共建国家签署高等教育学历学位互认协议。再次,中国与多个国家共同举办旅游年,创办丝绸之路旅游市场推广联盟、海上丝绸之路旅游推广联盟、"万里茶道"国际旅游联盟等旅游合作机制。又次,中国与蒙古国、阿富汗等国和世界卫生组织等国际组织和非政府组织相继签署了56个推动卫生健康合作的协议,在35个共建国家建立了中医药海外中心,建设了43个中医药国际合作基地。最后,中国向发展中共建国家提供20亿元人民币紧急粮食援助,向南南合作援助基金增资10亿美元;与6国开展了8个援外文物合作项目,与12国开展了15个联合考古项目。

第四节 中国加快实施自由贸易区战略

如果说共建"一带一路"中硬件基础设施互联互通是一个重要内容的话,软件基础设施的互联互通,也就是说制定统一规则实现法律、制度、技术标准等的合作,更加重要。中共十八届三中全会通过的《中共中央关于全面深化改革若干重大问题的决定》明确要求"加快自由贸易区建设"。坚持世界贸易体制规则,坚持双边、多边、区域次区域开放合作,扩大同各国各地区利益汇合点,以周边为基础加快实施自由贸易区战略。改革市场准入、海关监管、检验检疫等管理体制,加快环境保护、投资保护、政府采购、电子商务等新议题谈判,形成面向全球的高标准自由贸易区网络。2015年12月,国务院发布《关于加快实施自由贸易区战略的若干意见》强调,加快实施自由贸易区战略是我国新一轮对外开放的重要内容,是我国适应经济全球化新趋势的客观要求,是全面深化改革、构建开放型经济新体制的必然选择。自贸区建设就是实践人类命运共同体理念,积极参与全球经济治理,在经贸、投资方面制定统一规则的一种初步尝试。

一、以周边为基础加快实施自由贸易区战略

1. 自由贸易区战略的形成

多边贸易体制和区域贸易安排一直是驱动经济全球化向前发展的两个

轮子。中国坚持对外开放、参与经济全球化就是靠这两个轮子来推进的。中国紧抓20世纪末重新兴起的区域经济一体化浪潮，积极实施自由贸易区（FTA）战略。面对1997年亚洲金融危机的冲击，2000年11月，中国政府提出建立中国–东盟自贸区的设想。2002年11月，我国与东盟签署了《中国–东盟全面经济合作框架协议》，决定在2010年建成中国–东盟自贸区，并正式启动了自贸区建设的进程。此外，中国政府还提出一系列以周边国家为基础的自贸区构想，如10+3（中日韩与东盟自贸区）、中日韩自贸区、中韩自贸区等。2007年10月，党的十七大将建设自由贸易区上升为国家战略，要求实施自由贸易区战略，加强双边多边经贸合作。为适应区域经济一体化方兴未艾的经济全球化趋势，2012年党的十八大要求加快实施自由贸易区战略，要统筹双边、多边、区域次区域开放合作，加快实施自由贸易区战略，推动同周边国家互联互通。中共十八届三中全会对加快实施自由贸易区战略提出了进一步的要求和具体部署，要求"以周边为基础加快实施自由贸易区战略"，"形成面向全球的高标准自由贸易区网络"。[①] 2014年12月，中共中央政治局举行第十九次集体学习，分析加快实施自由贸易区战略面临的国内外环境，探讨我国加快实施这个战略的思路。明确加快实施自由贸易区战略，是适应经济全球化新趋势的客观要求，是全面深化改革、构建开放型经济新体制的必然选择，也是我国积极运筹对外关系、实现对外战略目标的重要手段。要求加快实施自由贸易区战略，发挥自由贸易区对贸易投资的促进作用，更好帮助我国企业开拓国际市场，为我国经济发展注入新动力，增添新活力，拓展新空间。习近平强调："加快实施自由贸易区战略，是我国积极参与国际经贸规则制定、争取全球经济治理制度性权力的重要平台，我们不能当旁观者、跟随者，而是要做参与者、引领者，善于通过自由贸易区建设增强我国国际竞争力，在国际规则制定中发出更多中国声音、注入更多中国元素，维护和拓展我国发展利益。"[②] 2015年12月，国务院发布《关于加快实施自由贸易区战略的若干意

[①] 《中共中央关于全面深化改革若干重大问题的决定》，《人民日报》2013年11月16日，第1版。

[②] 习近平：《加快实施自由贸易区战略，构建开放型经济新体制》，载《习近平谈治国理政》，第二卷，外文出版社，2017，第100页。

见》，标志着我国自贸区战略逐渐走向成熟。

2014年8月，中国与东盟自贸区升级版谈判启动，11月中韩自贸协定、中澳自贸协定实质性谈判相继结束，北京APEC会议决定启动和推进亚太自贸区（FTAAP）进程，中国的自贸区战略稳步推进。截至2022年8月，中国在建自贸区共31个，涉及46个国家和地区。已经签订和实施了21个自由贸易协定或紧密经贸关系协定（包括升级版），涉及近30个国家和地区，分别是区域全面经济伙伴关系，中国与毛里求斯、柬埔寨、马尔代夫、澳大利亚、瑞士、哥斯达黎加、新加坡及其升级版、智利及其升级版、东盟及其升级版、格鲁吉亚、韩国、冰岛、秘鲁、新西兰及其升级版自贸协定，中国和巴基斯坦第二阶段自贸协定及中国内地与港澳更紧密经贸关系安排。正在谈判的自贸区有10个，涉及16个国家和地区，分别是中国与海湾阿拉伯国家合作委员会（GCC），中日韩自贸协定，中国与斯里兰卡、以色列、挪威、摩尔多瓦、巴拿马、巴勒斯坦、韩国第二阶段、秘鲁升级版自贸协定。正在研究的自贸区有8个，分别是中国与哥伦比亚、斐济、尼泊尔、巴布亚新几内亚、加拿大、孟加拉国、蒙古国、瑞士升级版自贸区。2020年12月，中国国家主席习近平与德国总理默克尔、法国总统马克龙、欧洲理事会主席米歇尔、欧盟委员会主席冯德莱恩共同宣布如期完成中欧投资协定谈判，后于2021年5月20日被欧洲议会冻结。2021年9月，中国商务部部长王文涛向《全面与进步跨太平洋伙伴关系协定》保存方新西兰贸易与出口增长部长奥康纳提交了中国正式申请加入CPTPP的书面信函。同年11月，向《数字经济伙伴关系协定》（DEPA）保存方新西兰正式提出申请加入DEPA。通过上述签署和正在谈判的自贸协定，中国自贸区全球布局初步形成。

2. 自由贸易区战略的主要内容

在面临内部综合成本上升、传统竞争优势渐渐失去的挑战以及国际贸易格局重构的挑战和机遇情况下，中国有必要通过加快推进自贸区战略来突围破局。中国自由贸易区战略需要充分考虑区域整合的势头超过了竞争性开放的势头，在亚太地区应加速区域整合，推动亚太自贸区和区域全面经济合作伙伴关系的谈判和建设，整合亚太地区众多自贸机制安排，减少交易成本，便利投资与贸易，协调《区域全面经济伙伴关系协定》《全面与进步跨太平洋伙伴关系协定》与亚太自由贸易区三者关系。同时，必须提高合作水平，"形成面向全球的高标准自由贸易区网络"。① 在与自贸伙伴国合作内容方面，应不限于贸易自由化、便利化等传统领域，要向规制合作方向延伸。正如国务院发布《关于加快实施自由贸易区战略的若干意见》所强调的，加快实施自由贸易区战略是我国新一轮对外开放的重要内容，是我国适应经济全球化新趋势的客观要求，是全面深化改革、构建开放型经济新体制的必然选择。

（1）加快实施自由贸易区战略的指导思想和基本原则

我们要根据"四个全面"战略布局要求，坚持使市场在资源配置中起决定性作用和更好发挥政府作用，坚持统筹考虑和综合运用国际国内两个市场、两种资源，坚持与推进共建"一带一路"和国家对外战略紧密衔接，坚持把握开放主动和维护国家安全，逐步构筑起立足周边、辐射"一带一路"、面向全球的高标准自由贸易区网络。实施自由贸易区战略必须遵循以下四项基本原则：一是扩大开放，深化改革。加快实施更加主动的自由贸易区战略，通过自由贸易区扩大开放，提高开放水平和质量，深度参与国际规则制定，拓展开放型经济新空间，形成全方位开放新格局，开创高水平开放新局面，促进全面深化改革，更好地服务国内发展。二是全面参与，重点突破。全方位参与自由贸易区等各种区域贸易安排合作，重点加快与周边、"一带一路"共建以及产能合作重点国家、地区和区域经济集团商建自由贸易区。三是互利共赢，共同发展。树立正确义利观，兼顾各方利益和关切，考虑发展中经济体和最不发达经济体的实际情况，寻求利益契合点和合作公约数，努力构建互利共赢的自由贸易区网络，推动我国与世界各国、各地区共同发展。四是科学评估，防控风险。加强科学论证，做好风险评估，努力排除自由贸易区建设中的风险因素。同时，提高开放环境下的政府监管能力，建立健全并严格实施安全审查、反垄断和事中事后监管等方面的法律法规，确保国家安全。

---

① 《中共中央关于全面深化改革若干重大问题的决定》，《人民日报》2013年11月16日，第1版。

（2）加快实施自由贸易区战略的战略目标、任务和建设布局

我们要加快正在进行的自由贸易区谈判进程，在条件具备的情况下逐步提升已有自由贸易区的自由化水平，积极推动与我国周边大部分国家和地区建立自由贸易区，使我国与自由贸易伙伴的贸易额占我国对外贸易总额的比重达到或超过多数发达国家和新兴经济体水平；中长期，形成包括邻近国家和地区、涵盖"一带一路"共建国家以及辐射五大洲重要国家的全球自由贸易区网络，使我国大部分对外贸易、双向投资实现自由化和便利化。首先是加快构建周边自由贸易区。力争与所有毗邻国家和地区建立自由贸易区，不断深化经贸关系，构建合作共赢的周边大市场。其次是积极推进"一带一路"共建国家自由贸易区。结合周边自由贸易区建设和推进国际产能合作，积极同"一带一路"共建国家商建自由贸易区，形成"一带一路"大市场，将"一带一路"打造成畅通之路、商贸之路、开放之路，最终逐步形成全球自由贸易区网络。争取同大部分新兴经济体、发展中大国、主要区域经济集团和部分发达国家建立自由贸易区，构建金砖国家大市场、新兴经济体大市场和发展中国家大市场等。

（3）加快建设高水平自由贸易区的战略举措

第一，提高货物贸易开放水平。坚持进出口并重，通过自由贸易区改善与自由贸易伙伴双向市场准入，合理设计原产地规则，促进对自由贸易伙伴贸易的发展，推动构建更高效的全球和区域价值链。在确保经济安全、产业安全和考虑产业动态发展需要的前提下，稳步扩大货物贸易市场准入。同时，坚持与自由贸易伙伴共同削减关税和非关税壁垒，相互开放货物贸易市场，实现互利共赢。

第二，扩大服务业对外开放。通过自由贸易区等途径实施开放带动战略，充分发挥服务业和服务贸易对我国调整经济结构、转变经济发展方式和带动就业的促进作用。推进金融、教育、文化、医疗等服务业领域有序开放，放开育幼养老、建筑设计、会计审计、商贸物流、电子商务等服务业领域外资准入限制。

第三，加快发展对外文化贸易，创新对外文化贸易方式，推出更多体现中华优秀文化、展示当代中国形象、面向国际市场的文化产品和服务。讲好中国故事，传播好中国声音，阐释好中国特色，更好地推动中华文化

"走出去"。吸引外商投资于法律法规许可的文化产业领域，积极吸收借鉴国外优秀文化成果，切实维护国家文化安全。在与自由贸易伙伴协商一致的基础上，逐步推进以负面清单模式开展谈判，先行先试、大胆探索、与时俱进，积极扩大服务业开放，推进服务贸易便利化和自由化。

第四，放宽投资准入。大力推进投资市场开放和外资管理体制改革，进一步优化外商投资环境。加快自由贸易区投资领域谈判，有序推进以准入前国民待遇加负面清单模式开展谈判。在维护好我国作为投资东道国利益和监管权的前提下，为我国投资者"走出去"营造更好的市场准入和投资保护条件，实质性改善我国与自由贸易伙伴双向投资准入。在自由贸易区内积极稳妥推进人民币资本项目可兑换的各项试点，便利境内外主体跨境投融资。加强与自由贸易伙伴货币合作，促进贸易投资便利化。

第五，推进规则谈判。结合全面深化改革和全面依法治国的要求，在自由贸易区谈判中积极参与符合我国社会主义市场经济体制建设和经济社会稳定发展需要的规则议题。参照国际通行规则及其发展趋势，结合我国发展水平和治理能力，加快推进知识产权保护、环境保护、电子商务、竞争政策、政府采购等新议题谈判。在知识产权保护方面，通过自由贸易区建设，为我国企业"走出去"营造更加公平的知识产权保护环境，推动各方完善知识产权保护制度，加大知识产权保护和执法力度，增强企业和公众的知识产权保护意识，提升我国企业在知识产权保护领域的适应和应对能力。在环境保护方面，通过自由贸易区建设进一步加强环境保护立法和执法工作，借鉴国际经验探讨建立有关环境影响评价机制的可行性，促进贸易、投资与环境和谐发展。在电子商务方面，通过自由贸易区建设推动我国与自由贸易伙伴电子商务企业的合作，营造对彼此有利的电子商务规则环境。在竞争政策方面，发挥市场在资源配置中的决定性作用，通过自由贸易区建设进一步促进完善我国竞争政策法律环境，构建法治化、国际化的营商环境。在政府采购方面，条件成熟时与自由贸易伙伴在自由贸易区框架下开展政府采购市场开放谈判，推动政府采购市场互惠对等开放。

第六，提升贸易便利化水平。加强原产地管理，推进电子联网建设，加强与自由贸易伙伴原产地电子数据交换，积极探索在更大范围实施经核准出口商原产地自主声明制度。改革海关监管、检验检疫等管理体制，加强关检等领域合作，逐步实现国际贸易"单一窗口"受理。简化海关通关手续和环节，加速放行低风险货物，加强与自由贸易伙伴海关的协调与合作，推进实现"经认证经营者"互认，提升通关便利化水平。提高检验检疫效率，实行法检目录动态调整。加快推行检验检疫申报无纸化，完善检验检疫电子证书联网核查，加强与自由贸易伙伴电子证书数据交换。增强检验检疫标准和程序的透明度。

第七，推进规制合作。加强与自由贸易伙伴就各自监管体系的信息交换，加快推进在技术性贸易壁垒、卫生与植物卫生措施、具体行业部门监管标准和资格等方面的互认，促进在监管体系、程序、方法和标准方面适度融合，降低贸易成本，提高贸易效率。

第八，推动自然人移动便利化。配合我国"走出去"战略的实施，通过自由贸易区建设推动自然人移动便利化，为我国境外投资企业的人员出入境提供更多便利条件。

第九，加强经济技术合作。不断丰富自由贸易区建设内涵，适当纳入产业合作、发展合作、全球价值链等经济技术合作议题，推动我国与自由贸易伙伴的务实合作。

（4）加快实施自由贸易区战略的保障体系和支持机制

第一，深化自由贸易试验区试点。自2013年8月在上海开始自由贸易试验区以来，截至2021年12月，我国已在全国21个省（自治区、直辖市）设立了自由贸易试验区。这是我国主动适应经济发展新趋势和国际经贸规则新变化、以开放促改革促发展的试验田。可把对外自由贸易区谈判中具有共性的难点、焦点问题，在自由贸易试验区内先行先试，通过在局部地区进行压力测试，积累防控和化解风险的经验，探索最佳开放模式，为对外谈判提供实践依据。第二，完善外商投资法律法规。改革外商投资管理体制，实行准入前国民待遇加负面清单的管理模式，完善外商投资国家安全审查制度，保持外资政策稳定、透明、可预期。2019年中国发布《中华人民共和国外商投资法》和《中华人民共和国外商投资法实施条例》，2020年1月1日起生效。外商投资法及其实施条例的发布对我国进一步扩大对外开放、完善外商投资法律法规具有重要意义。第三，完善事中事后监管的基础性制度。按照全面依法治国的要求，以转变政府职能为核心，在简政放权的同时，加强事中事后监管，通过推进建立社会信用体系、信息共享和综合执法制度、企业年度报告公示和经营异常名录制度、社会力量参与市场监督制度、外商投资信息报告制度、外商投资信息公示平台、境外追偿保障机制等，加强对市场主体"宽进"以后的过程监督和后续管理。第四，继续做好贸易救济工作。在扩大产业开放的同时，有效运用世贸组织和自由贸易协定的合法权利，依法开展贸易救济调查，加大对外交涉力度，维护国内产业企业合法权益。强化中央、地方、行业协会商会、企业四体联动的贸易摩擦综合应对机制，指导企业做好贸易摩擦预警、咨询、对话、磋商、诉讼等工作。第五，研究建立贸易调整援助机制。在减少政策扭曲、规范产业支持政策的基础上，借鉴有关国家实践经验，研究建立符合世贸组织规则和我国国情的贸易调整援助机制，对因关税减让而受到冲击的产业、企业和个人提供援助，提升其竞争力，促进产业调整。在完善支持机制方面，完善自由贸易区谈判第三方评估制度；加强已生效自由贸易协定实施工作；加强对自由贸易区建设的人才支持。

加快实施自由贸易区战略的意义在于，通过自由贸易区可不断增加我国经济发展所需要的各种战略资源；规避我国多边框架协议困难，努力强化我国的新兴产品发展市场；营造稳定的市场环境，不断提升我国服务业和制造业企业的核心竞争力；扩大我国对外投资的区域范围，提高国内企业的经营管理水平；为日后的货币联盟、政治合作等方面打下坚实的基础；不断提高我国在世界各国中经济政治等诸多方面的影响力。

二、设立自由贸易试验区

自由贸易试验区（Free Trade Zone，FTZ）是在主权国家或地区的关境以外划出特定的区域，准许外国商品豁免关税自由进出。区内贸易和投资等方面实行比世贸组织有关规定更加优惠的贸易安排。它实际上属于自由港政策的关税隔离区。早在1990年，中国就在上海设立了第一个海关特殊监管区，即外高桥保税区。2003年经国务院批准在外高桥设立保税物流园区。2010年浦东机场综合保税区正式启动运行。

2013年3月，国务院总理李克强在上海调研期间考察了位于浦东的外高桥保税区，并鼓励上海积极探索，在现有综合保税区基础上，研究如何试点先行在28平方公里内建立一个自由贸易试验区。同年8月，国务院正式批准设立中国（上海）自由贸易试验区（简称"上海自由贸易试验区"）。建设上海自由贸易试验区，是顺应全球经贸发展新趋势，实行更加积极主动开放战略的一项重大举措。其主要任务是探索我国对外开放的新路径和新模式，推动加快转变政府职能和行政体制改革，促进转变经济增长方式和优化经济结构，实现以开放促发展、促改革、促创新，形成可复制、可推广的经验，服务全国的发展。《国务院关于印发中国（上海）自由贸易试验区总体方案的通知》强调，要探索建立投资准入前国民待遇和负面清单管理模式，深化行政审批制度改革，加快转变政府职能，全面提升事中、事后监管水平。要扩大服务业开放、推进金融领域开放创新，建设具有国际水准的投资贸易便利、监管高效便捷、法制环境规范的自由贸易试验区，使之成为推进改革和提高开放型经济水平的"试验田"，形成可复制、可推广的经验，发挥示范带动、服务全国的积极作用，促进各地区共同发展。设立自由贸易试验区的总体站位，就是进一步解放思想，坚持先行先试，以开放促改革、促发展，率先建立符合国际化和法治化要求的跨境投资和贸易规则体系，使试验区成为我国进一步融入经济全球化的重要载体，打造中国经济升级版，为实现中华民族伟大复兴的中国梦作出贡献。总体目标是加快转变政府职能，积极推进服务业扩大开放和外商投资管理体制改革，大力发展总部经济和新型贸易业态，加快探索资本项目可兑换和金融服务业全面开放，探索建立货物状态分类监管模式，努力形成促进投资和创新的政策支持体系，着力培育国际化和法治化的营商环境，力争建设成为具有国际水准的投资贸易便利、货币兑换自由、监管高效便捷、法制环境规范的自由贸易试验区，为我国扩大开放和深化改革探索新思路和新途径，更好地为全国服务。试验区的范围涵盖上海外高桥保税区、上海外高桥保税物流园区、洋山保税港区和上海浦东机场综合保税区等4个海关特殊监管区域，形成与上海国际经济、金融、贸易、航运中心建设的联动机制。2014年12月，上海自由贸易区试验区形成了第一批可复制的经验，全国人大常务委员会授权国务院扩展上海自由贸易试验区，新增金桥出口加工区、张江高科技园区和陆家嘴金融贸易区三个区域。2015年1月，国务院对上海自由贸易试验区可复制改革试点经验在全国范围内的推广工作进行了全面部署。同年4月，国务院印发《进一步深化中国（上海）自由贸易试验区改革开放方案》，提出了25项主要任务和措施。2019年国务院批准增加临港新片区。

为了进一步形成更多可复制可推广的改革开放的经验，促进地方深化改革开放，国务院在全国设立了更多的自由贸易试验区。2015年4月，国务院分别印发《关于中国（广东）自由贸易试验区总体方案的通知》《关于中国（天津）自由贸易试验区总体方案的通知》《关于中国（福建）自由贸易试验区总体方案的通知》，批准广东、天津和福建3省市设立自由贸易试验区。2017年3月，国务院分别印发《关于中国（辽宁）自由贸易试验区总体方案的通知》《关于中国（浙江）自由贸易试验区总体方案的通知》《关于中国（河南）自由贸易试验区总体方案的通知》《关于中国（湖北）自由贸易试验区总体方案的通知》《关于中国（重庆）自由贸易试验区总体方案的通知》《关于中国（四川）自由贸易试验区总体方案的通知》《关于中国（陕西）自由贸易试验区总体方案的通知》，批准辽宁、浙江、河南、湖北、重庆、四川、陕西7省市设立自由贸易试验区。2018年10月，《国务院关于同意设立中国（海南）自由贸易试验区的批复》规定，中国（海南）自由贸易试验区实施范围为海南岛全岛。根据党的十九大关于"赋予自由贸易试验区更大改革自主权，探索建设自由贸易港"的精神，同年11月在全面总结自由贸易试验区改革试点经验复制推广工作的基础上，国务院印发《关于支持自由贸易试验区深化改革创新若干措施的通知》指出："建设自由贸易试验区是党中央、国务院在新形势下全面深化改革和扩大开放的战略举措。"[①]该通知在营造优良投资环境、提升贸易便利化水平、推动金融创新服务实体经济和推进人力资源领域先行先试等方面提出了53项政策措施并指定了负责落实的相关行政机构。2019年8月，国务院印发《关于同意新设6个自由贸易试验区的批复》，同意设立中国（山东）自由贸易试验区、中国（江苏）自由贸易试验区、中国（广西）自由贸易试验区、中国（河北）自由贸易试验区、中国（云南）自由贸易试验区、中国

---

① 《国务院关于支持自由贸易试验区深化改革创新若干措施的通知》，中国政府网，2018年11月23日，http://www.gov.cn/zhengce/content/2018-11/23/content_5342665.htm，访问日期：2021年9月7日。

（黑龙江）自由贸易试验区。2020年9月，国务院发布《关于印发北京、湖南、安徽自由贸易试验区总体方案及浙江自由贸易试验区扩展区域方案的通知》，批准设立中国（北京）自由贸易试验区、中国（湖南）自由贸易试验区、中国（安徽）自由贸易试验区和中国（浙江）自由贸易试验区扩展区域。至此，中国在21个省（自治区、直辖市）设立了自由贸易试验区，中国自由贸易试验区的建设布局逐步完善，形成了覆盖东西南北中的改革开放创新格局，在投资贸易自由化便利化、金融服务实体经济、政府职能转变等领域进行了大胆探索，取得了显著成效。2021年，21家自由贸易试验区实际使用外资2,130亿元，实现进出口总额6.8万亿元，用不到4‰的国土面积实现了占全国18.5%的外商投资和17.3%的进出口。2021年7月，中央全面深化改革委员会第二十次会议，审议通过了《关于推进自由贸易试验区贸易投资便利化改革创新的若干措施》。该措施强调，"建设自由贸易试验区是以习近平同志为核心的党中央在新时代推进改革开放的重要战略举措"，[①]对加快对外开放高地建设，推动加快构建以国内大循环为主体、国内国际双循环相互促进的新发展格局具有里程碑意义。具体措施包括加大对港澳投资开放力度、放开国际登记船舶法定检验、开展进口贸易创新、释放新型贸易方式潜力、推进"两头在外"保税维修业务、提升医药产品进口便利度、推进开放通道建设、加快推进多式联运"一单制"、探索赋予多式联运单证物权凭证功能、进一步丰富商品期货品种、加快引入境外交易者参与期货交易、完善期货保税交割监管政策、创新账户体系管理、开展融资租赁公司外债便利化试点、开展知识产权证券化试点、开展网络游戏属地管理试点、提升航运管理服务效率、提高土地资源配置效率、完善仲裁司法审查等19项重大措施。

自由贸易试验区建设的核心是制度创新，要进行投资管理制度、贸易监管制度、金融创新制度和事中事后监管制度方面的改革试验。要把自由贸易试验区建设作为区域协同发展的新平台、改革开放的新高地、创新发展的新动力；要建立健全与国际通行规则相衔接、与市场经济要求相适应

---

① 《国务院印发关于推进自由贸易试验区贸易投资便利化改革创新若干措施的通知》，中国政府网，2021年9月3日，http://www.gov.cn/zhengce/content/2021-09/03/content_5635110.htm，访问日期：2021年9月10日。

的体制与机制，不断优化投资和发展环境，吸引和聚集更多企业、项目与产业；要深化行政审批制度改革，全面梳理清楚政府职权，并且明晰权责主体，确保权力清单真实准确完整。这些也正是我国全面深化经济体制改革的要求和任务。具体来说，自贸区试验与改革的内容包括以准入前国民待遇和负面清单为核心的外商投资管理体制改革，以货物状态分类监管为核心的贸易监管体制改革，开放金融、航运、商贸、文化服务以及社会服务等服务贸易领域，创新金融监管新机制，加快探索资本项目可兑换和金融服务业全面开放，推进政府职能转变，实现政府管理由注重事前审批转为注重事中、事后监管，等等。这些改革有利于简政放权，用政府的减法换取市场的加法，重新界定政府的职责边界，给市场更大的自由发挥空间，激发市场的创新创造活力，最终打造一个国际化、市场化、法治化的营商环境，解决我们现行体制存在的一系列问题。

从未来发展趋势看，中国可将自由贸易试验区和以周边为基础形成的自由贸易区结合起来，加快构建面向亚欧的自由贸易区网络，促进双边/多边FTA或双边投资协定（BIT）谈判，落实推动多/双边直接投资政策，并可以在此基础上构建辐射"一带一路"的自贸区，推动形成除大西洋贸易区域和太平洋贸易区域之外，新的以亚欧为核心的全球第三大贸易区域。从地缘上看，亚欧大陆面积将近5,000万平方公里，分别占亚洲和欧洲面积的85%和95%，覆盖总人口46亿，超过世界人口60%。随着"一带一路"倡议的落实和亚投行的设立，亚欧大陆有可能成为世界上跨度最长的经济大走廊。从经济发展趋势来看，"一带一路"共建国家大都是发展中国家，经济增长潜力巨大，对跨境贸易的依赖程度较高。2000年各国平均外贸依存度为32.6%，2010年提高到33.9%，2012年达到34.5%，远高于同期全球平均水平24.3%。据世界银行数据，1990年至2013年，"一带一路"相关65个国家贸易、跨境直接投资年均增长速度分别达13.1%和16.5%，均高于全球7.8%和9.7%的年均增长速度。2010—2013年，"一带一路"相关国家对外贸易、外资净流入年均增长速度分别达13.9%和6.2%，分别比全球平均水平高出4.6个百分点和3.4个百分点。2015年，有专家预计下一个10年，"一带一路"相关国家出口规模在全球占比有望提升至1/3左右，"一带一路"国家将成为中国的主要贸易和投资伙伴。历史上,亚欧大陆曾经是世界的中心,古丝绸之路将中国海岸与西班牙海岸连接在一起。地理大发现开启了以西方为中心的全球化时代,西方很快发展成为世界的中心。从20世纪60年代到80年代,日本、"亚洲四小龙"和东盟、东亚一些国家和地区大力发展外向型经济,实现了经济腾飞。但随着劳动力成本上升和各国的自然资源禀赋比较优势的变化,一些劳动和资本密集型产业将由东向西转移,带动亚欧大陆中部国家产业转型与升级,构建新的供应链、产业链和价值链体系。"一带一路"倡议将成为全球范围内最大的商业机会和世界经济增长的新引擎之一。自由贸易区则是推进"一带一路"倡议的一个平台。在原有自由贸易区的基础上构建辐射"一带一路"的自由贸易区,不仅具有可行性,而且将对促进亚欧经济一体化和共建国家经济的发展与转型产生重要的影响。

三、进一步深化对外开放的政策

面对2018年3月美国对中国发起的贸易摩擦,中国以前所未有的勇气和决心进一步深化、扩大改革开放。同年4月,习近平在博鳌亚洲论坛发表题为《开放共创繁荣 创新引领未来》的主旨演讲。他总结了改革开放40年来中国取得的光辉成就,指出,40年来,中国人民立足国情、放眼世界,解放思想、实事求是,勇于自我革命、自我革新,坚持社会主义市场经济改革方向,以对外开放为基本国策,打开国门搞建设,实现了从封闭半封闭到全方位开放的伟大转折,成功开辟出一条中国特色社会主义道路。按照可比价格计算,中国国内生产总值年均增长约9.5%;以美元计算,中国对外贸易额年均增长14.5%;现行联合国标准下的7亿多贫困人口成功脱贫。"中国已经成为世界第二大经济体、第一大工业国、第一大货物贸易国、第一大外汇储备国。"[①] 中国连续多年对世界经济增长贡献率超过30%,成为世界经济增长的主要稳定器和动力源。"改革开放这场中国的第二次革命,不仅深刻改变了中国,也深刻影响了世界!"如今,"中国特色社会主义进入了新时代",习近平豪迈地向世界宣告,中国人民将继续

---

① 习近平:《开放共创繁荣 创新引领未来——在博鳌亚洲论坛2018年年会开幕式上的主旨演讲》,人民网,2018年4月10日,http://cpc.people.com.cn/n1/2018/0410/c64094-29917187.html,访问日期:2021年9月14日。

"坚定不移全面深化改革"，"将改革进行到底"，"中国开放的大门不会关闭，只会越开越大！"。习近平还宣布了四项重大对外开放举措：第一，大幅度放宽市场准入。在服务业特别是金融业方面，继续放宽银行、证券、保险行业外资股比限制，同时要加大开放力度，加快保险行业开放进程，放宽外资金融机构设立限制，扩大外资金融机构在华业务范围，拓宽中外金融市场合作领域。在制造业方面，汽车、船舶、飞机等行业已经具备开放基础，要放宽外资股比限制特别是汽车行业外资限制。第二，创造更有吸引力的投资环境。过去，中国吸引外资主要靠优惠政策，现在要更多靠改善投资环境。加强同国际经贸规则对接，增强透明度，强化产权保护，坚持依法办事，鼓励竞争、反对垄断。中国组建了国家市场监督管理总局等新机构，对现有政府机构作出大幅度调整，坚决破除制约使市场在资源配置中起决定性作用、更好发挥政府作用的体制机制弊端。完成修订外商投资负面清单工作，全面落实准入前国民待遇加负面清单管理制度。第三，加强知识产权保护。这是完善产权保护制度最重要的内容，也是提高中国经济竞争力的重要措施。重新组建国家知识产权局，完善执法力量，加大执法力度，把违法成本显著提上去，把法律威慑作用充分发挥出来。鼓励中外企业开展正常技术交流合作，保护在华外资企业合法知识产权。第四，主动扩大进口。内需是中国经济发展的基本动力，也是满足人民日益增长的美好生活需要的必然要求。中国不以追求贸易顺差为目标，真诚希望扩大进口，促进经常项目收支平衡。中国将降低汽车进口关税，同时降低部分其他产品进口关税，努力增加人民群众需求比较集中的特色优势产品进口，加快加入世界贸易组织《政府采购协定》进程。中国从2018年开始在上海举办中国国际进口博览会，截至2022年已连续成功举办5届。进博会成为我国构建新发展格局的窗口、推动高水平开放的平台、全球共享的国际公共产品，累计意向成交金额达3,458亿美元。

四、中国深化对外开放的法律保障——《中华人民共和国外商投资法》

《中华人民共和国外商投资法》（以下简称《外商投资法》）2019年3月通过，并于2020年1月1日起施行。《外商投资法》的施行为中国对外开放的上述四大举措提供了法律保障，同时施行的还有《中华人民共和国外商投资法实施条例》等若干配套法规、规章和司法解释。该法取代原有的《中外合资经营企业法》《中外合作经营企业法》和《外资企业法》（简称"外资三法"），是中国推进新一轮高水平对外开放的标志性重大举措。

《外商投资法》构建了统一的外商投资行为法。"外资三法"并立，各自为政，造成法律实施与适用的烦琐化和碎片化，"外资三法"也与《公司法》《合伙企业法》等商事组织法存在重复乃至冲突。《外商投资法》的制定使这一局面有了根本改观，它将三法合一，使得外商投资领域有了统一的"基本法"；另一方面《外商投资法》明确规定，外商投资企业的组织形式、组织机构，适用《公司法》《合伙企业法》等法律的规定，从以企业组织为着眼点转向以投资行为为着眼点，由企业组织法转型为投资行为法。

《外商投资法》确立了准入前国民待遇原则。《外商投资法》第4条规定，国家对外商投资实行准入前国民待遇加负面清单管理制度。所谓准入前国民待遇，是指在投资准入阶段给予外国投资者及其投资不低于本国投资者及其投资的待遇；所谓负面清单，是指国家规定在特定领域对外商投资实施的准入特别管理措施。国家对负面清单之外的外商投资，给予国民待遇。从而，在法律层面确立了准入前国民待遇这一彻底的外商待遇标准，取消了"外资三法"以行政审批为基本原则和主要手段的做法。另外，"准入前国民待遇"并非仅限于"准入前"。中国对外商投资的国民待遇是从准入后向准入前（或者更准确地说是准入阶段）延伸。这里所说的准入前国民待遇，实际上是指在包含准入阶段和准入后的运营阶段在内的整个投资阶段实行国民待遇。"国家对负面清单之外的外商投资，给予国民待遇"的表述也说明了这一点。[1]

《外商投资法》突显了对外商投资的促进和保护。《外商投资法》第1条就开宗明义地指出，为了进一步扩大对外开放，积极促进外商投资，保护外商投资合法权益，规范外商投资管理，推动形成全面开放新格局，促

---

[1] 《中华人民共和国外商投资法》，中国人大网，2019年3月15日，http://www.npc.gov.cn/npc/c30834/201903/121916e4943f416b8b0ea12e0714d683.shtml，访问日期：2021年9月13日。

进社会主义市场经济健康发展，制定本法。《外商投资法》取消了"外资三法"使用的"允许"和"批准"等表述，将外商投资促进与保护提升到了前所未有的新高度。《外商投资法》的具体条款也体现出对外商投资更强的保护力度和更高的保护水平。

《外商投资法》丰富和拓展了外商投资的内涵和外延。"外资三法"并没有对"外商投资"这一核心概念进行界定，从相关规定看，其对外商投资的理解仅限于新设投资，没有涉及跨国并购等外商投资行为。《外商投资法》对此给予了明确界定："本法所称外商投资，是指外国的自然人、企业或者其他组织（以下称外国投资者）直接或者间接在中国境内进行的投资活动，包括下列情形：（一）外国投资者单独或者与其他投资者共同在中国境内设立外商投资企业；（二）外国投资者取得中国境内企业的股份、股权、财产份额或者其他类似权益；（三）外国投资者单独或者与其他投资者共同在中国境内投资新建项目；（四）法律、行政法规或者国务院规定的其他方式的投资。"这一定义包括了新设投资、跨国并购和不设立境内实体的项目投资等现有外商投资形式，以及未来可能的其他外商投资形式，从而丰富和拓展了外商投资的内涵和外延。

第五节　中国统一大市场建设与国内区域经济一体化

以开放促改革、以改革促发展，允许一部分人和一部分地区先富起来，并最终实现共同富裕，一直是中国的成功经验和基本逻辑。1984年中共十二届三中全会通过的《中共中央关于经济体制改革的决定》强调，"只有允许和鼓励一部分地区、一部分企业和一部分人依靠勤奋劳动先富起来，才能对大多数人产生强烈的吸引和鼓舞作用，并带动越来越多的人一浪接一浪地走向富裕"。[①] 一方面针对不同地区给予不同的政策，另一方面对改革开放先锋地区、试点地区鼓励先试先行，实现跨越式发展。

---

① 《中共中央关于经济体制改革的决定》，中国政府网，2008年6月26日，http://www.gov.cn/test/2008-06/26/content_1028140.htm，访问日期：2021年9月9日。

一、中国地区经济差距与市场分割

1980年5月，中共中央确定在深圳、珠海、汕头和厦门各划出一定范围的区域，试办经济特区。1988年海南岛成为我国最大的经济特区。1984年中国开放沿海14个大中港口城市。1990年开发开放浦东，把上海建设成为国际金融、贸易、经济中心。1985年将长江三角洲、珠江三角洲和闽南三角区划为沿海经济开放区。1988年开放辽东半岛和山东半岛，形成环渤海开放区。1992年开放沿长江5个城市、17个内陆省会城市以及14个内陆沿边城市。由此，中国对外开放由南到北、由东到西层层推进，基本上形成了"经济特区—沿海开放城市—沿海经济开放区—沿江和内陆开放城市—沿边开放城市"这样一个宽领域、多层次、有重点、点线面结合的全方位对外开放格局。在这些开放地区实行特殊的和优惠的经济政策，进行试点和试验，并将成功的经验向全国推广。得益于区位优势和对外开放政策优势，我国东部沿海地区经济率先快速地发展起来，形成了珠江三角洲、长江三角洲和环渤海湾地区三个经济圈，成为中国乃至世界的经济增长高地。中国东部沿海得益于政策和优越的地理位置，始终走在开放的前面，与美、日、韩、澳、东盟国家在经贸等领域的合作越来越成熟，上海、广州、深圳、天津等城市的人均国内生产总值相继达到发达国家和地区的标准。

1. 区域经济发展失衡

在计划经济时期，中国区域经济发展差距并不明显。但是，随着改革开放从东部和南部开始并向西部逐步推进，由于经济发展基础、要素禀赋、制度设计和国家对东部和南部沿海地区的政策倾斜，中国东西部地区经济发展水平逐渐拉大。根据1978年中共十一届三中全会提出的优先促进沿海地区发展的思路，中国20世纪80年代初先后设立了深圳、珠海、厦门、汕头4个经济特区，实行特殊的经济政策，探索经济体制、管理体制、流通体制、价格体制等方面的改革。依靠政策优势和区位优势，东部地区实现了率先发展，经济特区成为这一阶段东部地区发展的增长极，而东部地区在发展速度上成为全国的"龙头"，在经济规模上也逐渐超过了全国的一半。1978年东部地区总产值占全国国内生产总值的比重为50.2%，中、西部地区分别只有29%、20.8%。到1992年，东部地区总产值占全国国内生产总值的比例进一步上升为54.3%，而中、西部地区所占比例分别下滑至26.2%和19.5%。进入20世纪90年代，邓小平视察南方讲话和中国社会主义市场经济模式的确立，使东部地区率先开展了全面的体制机制改革，人才、资金等要素进一步向东部地区转移，带动了东部地区经济的高速发展。与此同时，由于要素流出及体制机制改革的滞后，中西部地区发展动力不足，使得地区间经济发展不平衡进一步加剧。数据显示，这一时期东部地区经济增长速度远高于全国平均水平，最高达到18%。2000年东部地区总产值为5.4万亿元，而西部仅为1.7万亿元，相差3倍。西部最发达的四川省地区总产值仅相当于东部最发达的广东省的36.6%，而西部最落后的西藏自治区地区总产值仅相当于东部最发达的广东的1.1%，如图2.1和图2.2所示。到2002年，东部地区总产值占国内生产总值的比重达到58.9%，而中、西部地区总产值在全国的占比呈现加速下降趋势，分别下降到23.7%和17.4%。

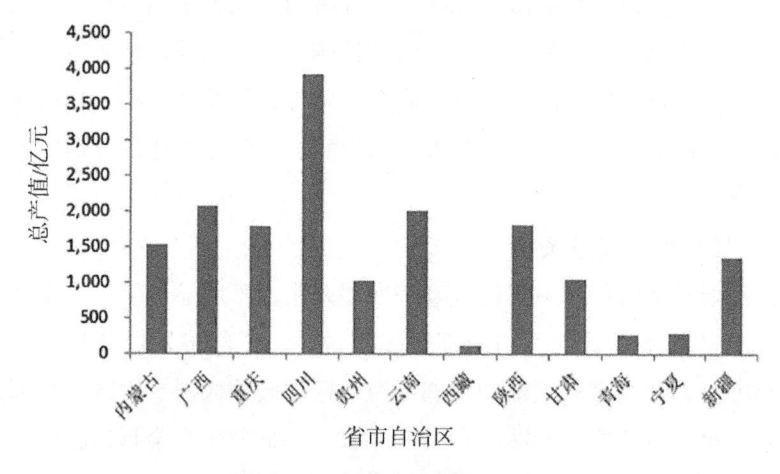

图2.1　2000年西部地区总产值

资料来源：国家统计局数据库，http://data.stats.gov.cn/easyquery.htm?cn=E0103，访问日期：2022年10月9日。

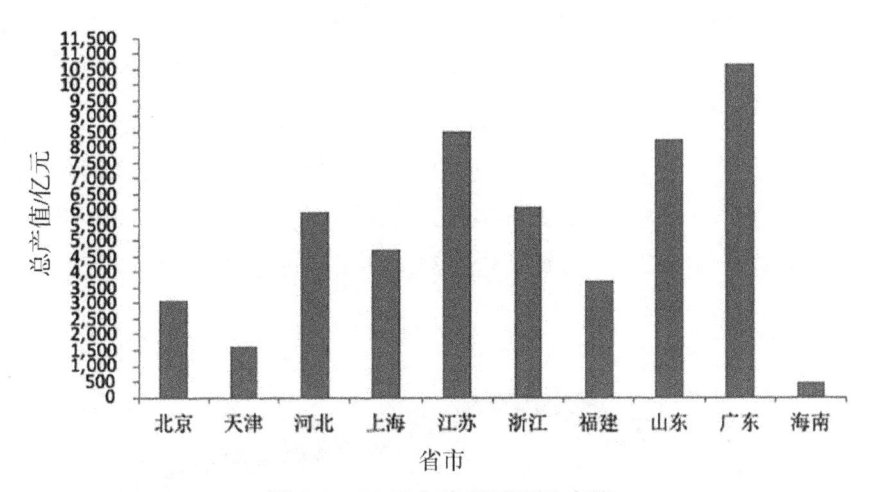

图2.2　2000年东部地区总产值

资料来源：国家统计局数据库，http://data.stats.gov.cn/easyquery.htm?cn=E0103，访问日期：2022年10月9日。

世纪之交，国家注意到了区域经济发展差距的迅速扩大，开始注重协调发展，先后提出西部大开发战略、振兴东北地区等老工业基地战略、促进中部地区崛起战略等，以促进中西部地区和东北地区快速发展。2005年国务院发展研究中心发布的《地区协调发展的战略和政策》报告将中国区分为东部、中部、西部、东北部四大板块，①标志着中国区域发展战略从非均衡发展向协调发展转变。截至2017年，西部大开发累计新开工重点工程317项，投资总规模超过6.8万亿元。这些项目大大改善了西部地区的基础设施条件，带动了该地区特色优势产业的发展，西部地区综合实力显著增强。自2007年起，西部地区主要经济指标增速持续超过东部地区和全国平均水平，基本扭转了与其他地区发展差距不断扩大的势头，并成为我国经济增长潜力最大的区域，如图2.3和图2.4所示。2013年西部地区经济增长速度继续保持全国领先，实现地区生产总值126,002.8亿元，比上年增

---

① 东部地区有10个省（直辖市），包括北京、天津、河北、上海、江苏、浙江、福建、山东、广东和海南。中部地区有6个省，包括山西、安徽、江西、河南、湖北和湖南。西部地区有12个省（自治区、直辖市），包括内蒙古、广西、重庆、四川、贵州、云南、西藏、陕西、甘肃、青海、宁夏和新疆。东北地区有3个省，包括辽宁、吉林和黑龙江。

长10.7%,分别比东部地区、中部地区快1.68%和1.26%,比全国平均水平高出1.24%,经济增速连续7年在全国保持领先。中部地区总产值占全国国内生产总值的比重从2003年的18.5%上升至2018年的21.1%,西部地区的比重也回升到了20%以上,对中国经济增长的贡献率为22.37%。在经济总量稳步增长的同时,西部地区人均总产值进一步提高。2013年西部地区人均总产值(按现价计算)达到34,437元,同比增长9.2%。[①]

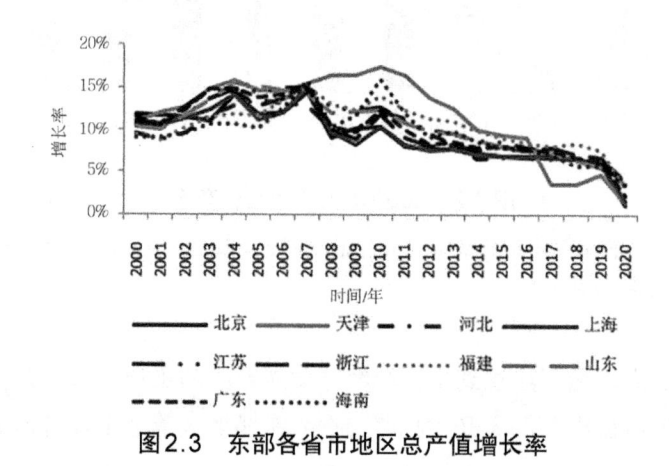

图2.3 东部各省市地区总产值增长率

资料来源:国家统计局数据库,http://data.stats.gov.cn/easyquery.htm?cn=E0103,访问日期:2022年9月21日。

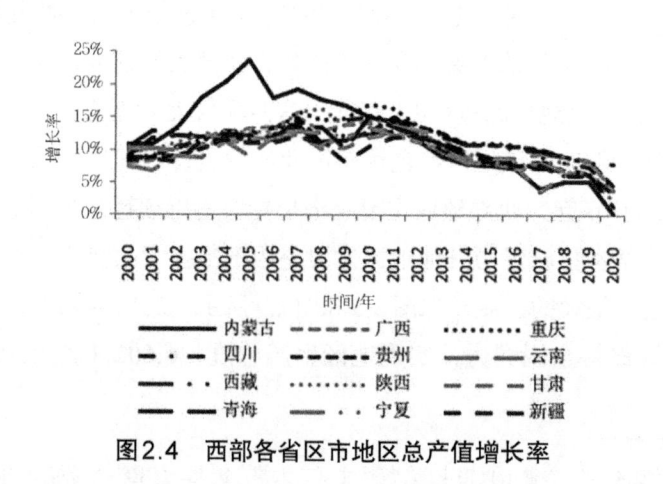

图2.4 西部各省区市地区总产值增长率

① 中华人民共和国国家统计局《中国统计年鉴2014》,中国统计出版社,2014,第93—107页。

资料来源：国家统计局数据库，http://data.stats.gov.cn/easyquery.htm?cn=E0103，访问日期：2022 年 9 月 21 日。

西部大开发以来，西部地区经济社会发展虽然取得了长足进步，但由于受特殊条件和自我发展能力不强等限制，西部地区经济落后，经济结构不合理，交通基础设施落后，水资源短缺和生态环境脆弱等状况没有得到根本性的改变。经济发展和民生水平、基本公共服务能力都与东部地区存在非常大的差距。特别是与东部地区相比，西部地区自我发展能力不强、贫困面广量大、基本公共服务能力薄弱的问题仍然非常突出，民生发展水平仍然比较低，两者的绝对差距仍在扩大。西部地区总面积占全国的 71%，而总人口仅为 26.9%，2013 年创造的总产值也仅为全国的 22.3%，不足东部地区的一半，西藏与广东的差距与 2000 年相比仅缩小了 0.2%，四川仍然不到广东的一半，如图 2.5 和图 2.6 所示。2013 年西部地区人均国内生产总值仅为东部地区的 52.8% 和全国平均值的 84.9%，最高值的 35%，仅有一个省的总产值高于全国平均值。西部地区人均总产值最低的贵州和甘肃只有 2.3 万元，而东部地区最高的北京和上海超过 9 万元，天津甚至接近 10 万元。二者相差 4 倍多。西部地区仍然是我国区域发展的"短板"，是全面建设小康社会的难点和重点，必须从全局和战略高度认识西部地区。"一带一路"倡议的提出，就是要在充分发挥国内各地区比较优势的基础上，实行更加积极主动的开放战略。西部地区的发展、繁荣和稳定，事关各族人民群众的福祉，事关我国改革开放和全面建成小康社会目标建设全局，事关民族团结、边疆稳定和国家长治久安，事关中华民族伟大复兴。为此必须从全局和战略高度出发，认识西部地区对于我国改革开放和社会主义现代化建设全局，对于国家长治久安和中华民族伟大复兴的重要性，通过加快对外开放的步伐来促进西部地区的繁荣、发展和稳定。"一带一路"倡议的提出，就是在充分发挥国内各地区比较优势的基础上，实行更加积极主动的开放战略，进一步促进西部地区的开放和经济社会的发展。

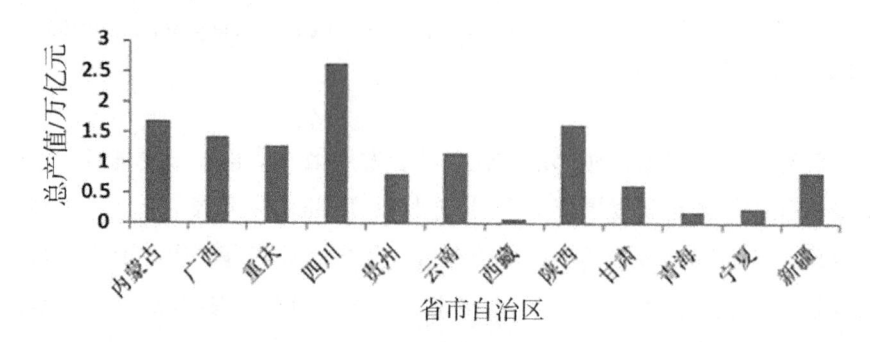

图2.5　2013年西部地区总产值

资料来源：国家统计局数据库，http://data.stats.gov.cn/easyquery.htm?cn=E0103，访问日期：2022年6月9日。

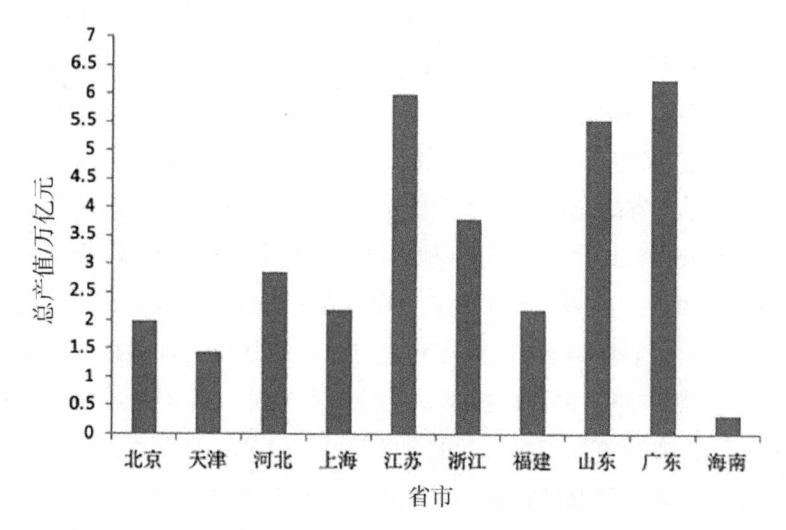

图2.6　2013年东部地区总产值

资料来源：国家统计局数据库，http://data.stats.gov.cn/easyquery.htm?cn=E0103，访问日期：2022年6月9日。

与此同时，由于沿海地区率先实行改革开放，5个经济特区、14个沿海港口城市中有9个位于东南沿海地区，这些地区引领了东部和南方地区的发展，从而使得中国南北差距持续扩大。1978—1995年，南方地区总产值占全国国内生产总值的比重从53.7%上升到58.6%。1978年南北方地区人均总产值分别为339.4元和399.6元，1993年南方地区人均总产值首次超过北方地区，分别为2,921.7元和2,913.0元。① 1996—2013年，随着市场经济体制改革全面推广，西部大开发战略、振兴东北地区等老工业基地战略等的实施，南北差距保持了稳中微降。南方地区总产值占国内生产总值的比重从58.2%下降到57.4%，南北方地区人均国内生产总值差距逐渐缩小，2005年北方地区人均国内生产总值再次超过南方，到2013年，南北方地区人均总产值分别为45,725元和47,107元。2014—2018年，南北方地区总产值占国内生产总值比重出现急剧扩大的态势。2016年南方地区的比例首次超过60%，2018年达到61.5%。2014年南北方地区人均总产值差别还不大，到2018年二者之比就高达1.136∶1。

2. 国内市场分割

随着中国特色社会主义市场经济体制的建设，中国经济市场化程度不断提高，社会主义市场经济体系初步建立，中国形成了供给规模庞大、层次丰富、体系完备的国内大市场。然而，由于一系列制度性、技术性、自然性因素的综合影响，中国经济发展中的市场分割和"诸侯经济"等现象比较严重。1994年的分税制改革在提升地方发展经济和增加财政收入的积极性的同时，也导致地方政府倾向于运用行政手段进行地方保护，以此来增加地方财政收入，从而造成地方保护和市场分割等一系列问题，严重影响了产品和要素的跨省区自由流动，阻碍了资源在不同省区的有效配置和市场决定性作用的发挥。地方保护主要表现为以下问题。

第一，商品市场分割，即地方政府运用行政手段影响商品市场公平竞争，例如出台地方政策限制外地进入本地市场商品的种类和数量，变相要求消费者购买本地商品，通过不正当行政性收费和技术检查等措施削弱外地商品的竞争优势。商品市场分割虽然短期内可以促进本地重点产业的发展，但是长期则会损害本地企业创新能力的提升，而且会对国内统一商品市场的形成带来不利影响，严重影响生产效率和消费者福利的提升，阻碍商品市场公平竞争和资源有效配置。目前中国商品市场分割现象虽然有所

---

① 按照传统的地理划分法，南方地区包括江苏、浙江、上海、安徽、湖北、湖南、江西、四川、重庆、贵州、云南、广西、福建、广东、海南、西藏16省（自治区、直辖市），北方地区包括黑龙江、吉林、辽宁、河北、北京、天津、内蒙古、新疆、甘肃、宁夏、山西、陕西、青海、山东、河南15省（自治区、直辖市）。

改善，但东部、中部、西部地区在市场一体化进程方面仍存在明显差距，中西部地区商品市场分割现象仍然比较严重。

第二，要素市场分割，是指受到政府干预或自然禀赋等因素的影响，资本、劳动等生产要素在区域内部或者区域间无法正常流动。我国要素市场分割现象与商品市场分割相比更为严重。要素市场分割分为劳动力市场分割、资本市场分割和技术市场分割。劳动力市场被分割为城镇劳动力市场、外来务工劳动力市场、农村劳动力市场。此外，劳动关系还受到行政体制和行政关系的影响，体制内外人才交流渠道不畅，高技术人才流动受到限制。资本市场分割，主要表现为跨区域金融准入门槛高带来的资本流动限制和高昂融资成本、信贷资源集中在少数大型国有企业、中小企业融资困难、分散的证券市场影响资本的跨省流动。技术市场分割主要表现为产、学、研相脱节，科技成果无法共享，研究体系运转效率低下，造成大量的重复研究和资源浪费。同时，技术成果也存在严重的部门分割和区域分割的现象，这造成研究成果分散以及技术扩散速度缓慢，阻碍创新能力的提升。

数字时代，互联网平台成为重要的交易市场。它打破了传统市场的地理和行政边界，在商品信息检索和交易达成上具有无可伦比的效率优势，能够降低交易成本并提升市场绩效。然而现实中，由于数字经济作为新兴的市场平台，保护公平竞争和消费者权益的法律法规和监管制度尚不健全，垄断和滥用大数据的现象频发。

国内市场分割的现象是多重因素综合影响的结果，有制度性因素、技术性因素和自然性因素。其中，技术性因素包括劳动者素质、技术水平等。技术水平差异造成市场分割。自然性因素包括空间距离、气候和地理地貌特征等物理因素，以及方言多样性等社会文化因素。自然性因素差异形成自然分割的市场。随着交通基础设施的完善，城镇化水平的提高，技术性和自然性因素对市场分割的影响趋于减弱，而制度性因素上升为造成国内市场分割的主要因素。中央与地方之间财政权和税收权、投融资权和企业管辖权的分配形成了二者之间的分权模式，此种分权模式一方面提升了地方发展经济和增加财政收入的积极性，另一方面也在一定程度上激励了地方政府对市场的分割。在行政分权模式下，地方具有较强的区域经济调控职能。为了吸引投资促进区域经济发展，它可以通过税收优惠、税收减免等方式降低本地区实际税率，造成区域间的实际税率差异。税收竞争带来了市场分割。地方国有企业是地方财政的重要财源，地方政府具有对其进行地方保护的动机，这会弱化市场竞争，加剧市场分割。此外，由于上级对地方政府官员的考核制度和晋升激励机制与其所辖区域的经济发展成果直接挂钩，地方政府官员为了能够满足考核基本要求并谋求更大的晋升空间，承担了巨大的推动区域经济发展的压力，其中总产值增长率是干部评价体系中最为重要的考核指标和晋升依据，这诱使地方官员表现出冲动型投资与非合理的市场干预行为。长此以往，市场资源配置扭曲，经济发展质量便会下降。本地产业保护政策严重阻碍资源和要素自由流动，造成市场分割。生产要素的流动受自身发展变化规律以及市场规律的影响，但是，制度性因素的阻碍作用不容忽视。例如，受户籍制度、社会保障制度、组织人事关系以及社会信任等因素的影响，劳动力市场分割为条块，阻碍了人才流动，增加了劳动力市场的搜寻和匹配成本，扭曲了人力资源的合理配置。资本市场管制、利率非市场化、金融市场准入限制等导致的资本市场分割现象，阻碍了资本要素的自由流动，导致资源错配、资本使用效率降低以及企业融资难、融资成本高等问题。技术市场分割包括区域和部门间的技术分割以及产学研的脱节、科技成果转化不畅、技术市场间相互封锁现象严重。技术流动的制度性障碍在于缺乏完备的国家创新体制，以及科技创新激励机制、科研成果转化机制、创新成果保护机制亟待完善。技术市场的分割影响技术的渗透和外溢，不利于技术创新要素的跨部门、跨区域流动，进而导致创新能力和创新动力降低，扭曲产业技术效率，阻碍技术进步和产业升级。

与中国加快实施自由贸易区战略提出的战略目标、任务和建设布局相比，与依托毗邻国家和地区自贸区构建合作共赢的周边大市场，依托"一带一路"共建国家自贸区形成"一带一路"大市场，与新兴经济体、发展中大国、主要区域经济集团和部分发达国家建立自由贸易区，构建金砖国家大市场、新兴经济体大市场和发展中国家大市场相比，中国内地这种严重分割的市场显然满足不了需求。中国必须通过区域经济一体化打破市场的地域分割，消除阻碍商品、资本、劳动力、技术和服务自由流动的地方法规，形成全国统一大市场。

二、实施区域协调发展战略

针对前述中国区域发展差距依然较大，区域分化现象逐渐显现，无序开发与恶性竞争仍然存在，区域发展不平衡不充分问题依然比较突出，区域发展机制还不完善，难以适应新时代实施区域协调发展战略需要等问题，国家将"一带一路"建设、长江经济带发展、粤港澳大湾区建设、成渝城市群、长三角一体化和京津冀协同发展等区域经济开发项目作为实现国内区域经济协调发展的重要抓手，全面落实区域协调发展战略各项任务，促进区域协调发展向更高水平和更高质量迈进。2018年11月，中共中央和国务院发布《关于建立更加有效的区域协调发展新机制的意见》指出，"实施区域协调发展战略是新时代国家重大战略之一"。[①]

中共中央和国务院《关于建立更加有效的区域协调发展新机制的意见》明确，立足发挥各地区比较优势和缩小区域发展差距，围绕努力实现基本公共服务均等化、基础设施通达程度比较均衡、人民基本生活保障水平大体相当的目标，深化改革开放，坚决破除地区之间利益藩篱和政策壁垒，加快形成统筹有力、竞争有序、绿色协调、共享共赢的区域协调发展新机制，促进区域协调发展。实施区域协调发展战略坚持市场主导与政府引导相结合，中央统筹与地方负责相结合，区别对待与公平竞争相结合，继承完善与改革创新相结合，目标导向与问题导向相结合。总体目标是，到2020年，建立与全面建成小康社会相适应的区域协调发展新机制，在建立区域战略统筹机制、基本公共服务均等化机制、区域政策调控机制、区域发展保障机制等方面取得突破，在完善市场一体化发展机制、深化区域合作机制、优化区域互助机制、健全区际利益补偿机制等方面取得新进展，区域协调发展新机制在有效遏制区域分化、规范区域开发秩序、推动区域一体化发展中发挥积极作用；到2035年，建立与基本实现现代化相适应的区域协调发展新机制，实现区域政策与财政、货币等政策有效协调配

---

① 《中共中央 国务院关于建立更加有效的区域协调发展新机制的意见》，中国政府网，2018年11月29日，http://www.gov.cn/zhengce/2018-11/29/content_5344537.htm，访问日期：2021年9月16日。

合，区域协调发展新机制在显著缩小区域发展差距和实现基本公共服务均等化、基础设施通达程度比较均衡、人民基本生活保障水平大体相当中发挥重要作用，为建设现代化经济体系和满足人民日益增长的美好生活需要提供重要支撑；到本世纪中叶，建立与全面建成社会主义现代化强国相适应的区域协调发展新机制，区域协调发展新机制在完善区域治理体系、提升区域治理能力、实现全体人民共同富裕等方面更加有效，为把我国建成社会主义现代化强国提供有力保障。

在建立区域战略统筹机制方面，首先推动国家重大区域战略融合发展。以"一带一路"建设、京津冀协同发展、长江经济带发展、粤港澳大湾区建设等重大战略为引领，以西部、东北、中部、东部四大板块为基础，促进区域间相互融通补充。其次，统筹发达地区和欠发达地区发展。推动东部沿海等发达地区改革创新、新旧动能转换和区域一体化发展，支持中西部条件较好地区加快发展，鼓励国家级新区、自由贸易试验区、国家级开发区等各类平台大胆创新，在推动区域高质量发展方面发挥引领作用。最后，推动陆海统筹发展。加强海洋经济发展顶层设计，完善规划体系和管理机制，研究制定陆海统筹政策措施，推动建设一批海洋经济示范区。

在健全市场一体化发展机制方面，重要的是促进城乡区域间要素自由流动。实施全国统一的市场准入负面清单制度，消除歧视性、隐蔽性的区域市场准入限制。深入实施公平竞争审查制度，消除区域市场壁垒，打破行政性垄断，清理和废除妨碍统一市场和公平竞争的各种规定和做法。全面放宽城市落户条件，完善配套政策，打破阻碍劳动力在城乡、区域间流动的不合理壁垒，促进人力资源优化配置。推动区域市场一体化建设。按照建设统一、开放、竞争、有序的市场体系要求，推动京津冀、长江经济带、粤港澳等区域市场建设，加快探索建立规划制度统一、发展模式共推、治理方式一致、区域市场联动的区域市场一体化发展新机制，促进形成全国统一大市场。完善区域交易平台和制度。建立健全用水权、排污权、碳排放权、用能权初始分配与交易制度，培育发展各类产权交易平台。

在深化区域合作机制方面，推动区域合作互动。深化京津冀地区、长江经济带、粤港澳大湾区等合作，提升合作层次和水平。促进流域上下游合作发展。加快推进长江经济带、珠江-西江经济带、淮河生态经济带、汉江生态经济带等重点流域经济带上下游间合作发展。建立健全上下游毗邻省市规划对接机制，协调解决地区间合作发展重大问题。加强省际交界地区合作。支持晋陕豫黄河金三角、粤桂、湘赣、川渝等省际交界地区合作发展，探索建立统一规划、统一管理、合作共建、利益共享的合作新机制。积极开展国际区域合作。以"一带一路"建设为重点，实行更加积极主动的开放战略，推动构建互利共赢的国际区域合作新机制。充分发挥"一带一路"国际合作高峰论坛、上海合作组织、中非合作论坛、中俄东北-远东合作、长江-伏尔加河合作、中国-东盟合作、东盟与中日韩合作、中日韩合作、澜沧江-湄公河合作、图们江地区开发合作等国际区域合作机制作用，加强区域、次区域合作。

在优化区域互助机制方面，深入实施东西部扶贫协作。加大东西部扶贫协作力度，推动形成专项扶贫、行业扶贫、社会扶贫等多方力量多种举措有机结合互为支撑的"三位一体"大扶贫格局。深入开展对口支援。深化全方位、精准对口支援，推动新疆、西藏和青海、四川、云南、甘肃四省藏区经济社会持续健康发展，促进民族交往交流交融，筑牢社会稳定和长治久安基础。创新开展对口协作（合作）。面向经济转型升级困难地区，组织开展对口协作（合作），构建政府、企业和相关研究机构等社会力量广泛参与的对口协作（合作）体系。

在健全区际利益补偿机制方面，完善多元化横向生态补偿机制。贯彻绿水青山就是金山银山的重要理念和山水林田湖草是生命共同体的系统思想，按照区际公平、权责对等、试点先行、分步推进的原则，不断完善横向生态补偿机制。建立粮食主产区与主销区之间利益补偿机制。研究制定粮食主产区与主销区开展产销合作的具体办法，鼓励粮食主销区通过在主产区建设加工园区、建立优质商品粮基地和建立产销区储备合作机制以及提供资金、人才、技术服务支持等方式开展产销协作。健全资源输出地与输入地之间利益补偿机制。围绕煤炭、石油、天然气、水能、风能、太阳能以及其他矿产等重要资源，坚持市场导向和政府调控相结合，加快完善有利于资源集约节约利用和可持续发展的资源价格形成机制，确保资源价格能够涵盖开采成本以及生态修复和环境治理等成本。

在完善基本公共服务均等化机制方面，提升基本公共服务保障能力。在基本公共服务领域，深入推进财政事权和支出责任划分改革，逐步建立起权责清晰、财力协调、标准合理、保障有力的基本公共服务制度体系和保障机制。提高基本公共服务统筹层次。完善企业职工基本养老保险基金中央调剂制度，尽快实现养老保险全国统筹。完善基本医疗保险制度，巩固完善义务教育管理体制。推动城乡区域间基本公共服务衔接。加快建立医疗卫生、劳动就业等基本公共服务跨城乡跨区域流转衔接制度，研究制定跨省转移接续具体办法和配套措施，强化跨区域基本公共服务统筹合作。

在创新区域政策调控机制方面，实行差别化的区域政策。充分考虑区域特点，发挥区域比较优势，提高财政、产业、土地、环保、人才等政策的精准性和有效性，因地制宜培育和激发区域发展动能。建立区域均衡的财政转移支付制度。根据地区间财力差异状况，调整完善中央对地方一般性转移支付办法，加大均衡性转移支付力度，在充分考虑地区间支出成本因素、切实增强中西部地区自我发展能力的基础上，将常住人口人均财政支出差异控制在合理区间。建立健全区域政策与其他宏观调控政策联动机制。加强区域政策与财政、货币、投资等政策的协调配合，优化政策工具组合，推动宏观调控政策精准落地。

在健全区域发展保障机制方面，规范区域规划编制管理。加强区域规划编制前期研究，完善区域规划编制、审批和实施工作程序，实行区域规划编制审批计划管理制度，进一步健全区域规划实施机制，加强中期评估和后评估，形成科学合理、管理严格、指导有力的区域规划体系。建立区域发展监测评估预警体系。围绕缩小区域发展差距、区域一体化、资源环境协调等重点领域，建立区域协调发展评价指标体系，科学客观评价区域发展的协调性，为区域政策制定和调整提供参考。建立健全区域协调发展法律法规体系。

三、建设全国统一大市场

2022年3月，中共中央和国务院发布《关于加快建设全国统一大市场的意见》,强调"建设全国统一大市场是构建新发展格局的基础支撑和内在要求",①充分发挥法治的引领、规范、保障作用,加快建立全国统一的市场制度规则,打破地方保护和市场分割,打通制约经济循环的关键堵点,促进商品要素资源在更大范围内畅通流动,加快建设高效规范、公平竞争、充分开放的全国统一大市场,全面推动我国市场由大到强转变。工作原则有四条。一是立足内需,畅通循环。以高质量供给创造和引领需求,使生产、分配、流通、消费各环节更加畅通,提高市场运行效率,进一步巩固和扩展市场资源优势,使建设超大规模的国内市场成为一个可持续的历史过程。二是立破并举,完善制度。从制度建设着眼,明确阶段性目标要求,压茬推进统一市场建设,同时坚持问题导向,着力解决突出矛盾和问题,加快清理废除妨碍统一市场和公平竞争的各种规定和做法,破除各种封闭小市场、自我小循环。三是有效市场,有为政府。坚持市场化、法治化原则,充分发挥市场在资源配置中的决定性作用,更好发挥政府作用,强化竞争政策基础地位,加快转变政府职能,用足用好超大规模市场优势,让需求更好地引领优化供给,让供给更好地服务扩大需求,以统一大市场集聚资源、推动增长、激励创新、优化分工、促进竞争。四是系统协同,稳妥推进。不断提高政策的统一性、规则的一致性、执行的协同性,科学把握市场规模、结构、组织、空间、环境和机制建设的步骤与进度,坚持放管结合、放管并重,提升政府监管效能,增强在开放环境中动态维护市场稳定、经济安全的能力,有序扩大统一大市场的影响力和辐射力。

建设全国统一大市场的主要目标有五个。其一,持续推动国内市场高效畅通和规模拓展。发挥市场促进竞争、深化分工等优势,进一步打通市场效率提升、劳动生产率提高、居民收入增加、市场主体壮大、供给质量提升、需求优化升级之间的通道,努力形成供需互促、产销并进、畅通高效的国内大循环,扩大市场规模容量,不断培育发展强大国内市场,保持和增强对全球企业、资源的强大吸引力。其二,加快营造稳定公平透明

---

① 《中共中央 国务院关于加快建设全国统一大市场的意见》,《人民日报》2022年4月11日,第1版。

可预期的营商环境。以市场主体需求为导向，力行简政之道，坚持依法行政，公平公正监管，持续优化服务，加快打造市场化法治化国际化营商环境。充分发挥各地区比较优势，因地制宜为各类市场主体投资兴业营造良好生态。其三，进一步降低市场交易成本。发挥市场的规模效应和集聚效应，加强和改进反垄断反不正当竞争执法司法，破除妨碍各种生产要素市场化配置和商品服务流通的体制机制障碍，降低制度性交易成本。促进现代流通体系建设，降低全社会流通成本。其四，促进科技创新和产业升级。发挥超大规模市场具有丰富应用场景和放大创新收益的优势，通过市场需求引导创新资源有效配置，促进创新要素有序流动和合理配置，完善促进自主创新成果市场化应用的体制机制，支撑科技创新和新兴产业发展。其五，培育参与国际竞争合作新优势。以国内大循环和统一大市场为支撑，有效利用全球要素和市场资源，使国内市场与国际市场更好联通。推动制度型开放，增强在全球产业链供应链创新链中的影响力，提升在国际经济治理中的话语权。

强化市场基础制度规则统一的主要措施有四条。其一，完善统一的产权保护制度，完善依法平等保护各种所有制经济产权的制度体系，健全统一规范的涉产权纠纷案件执法司法体系。其二，实行统一的市场准入制度。严格落实"全国一张清单"管理模式，严禁各地区各部门自行发布具有市场准入性质的负面清单，维护市场准入负面清单制度的统一性、严肃性、权威性。研究完善市场准入效能评估指标，稳步开展市场准入效能评估。其三，维护统一的公平竞争制度。坚持对各类市场主体一视同仁、平等对待。健全公平竞争制度框架和政策实施机制，建立公平竞争政策与产业政策协调保障机制，优化完善产业政策实施方式。健全反垄断法律规则体系，加快推动修改反垄断法、反不正当竞争法，完善公平竞争审查制度。其四，健全统一的社会信用制度。编制出台全国公共信用信息基础目录，完善信用信息标准，建立公共信用信息同金融信息共享整合机制，形成覆盖全部信用主体、所有信用信息类别、全国所有区域的信用信息网络。建立健全以信用为基础的新型监管机制，健全守信激励和失信惩戒机制。

推进市场设施高标准联通的主要措施有三条。其一，建设现代流通网络。推动国家物流枢纽网络建设，大力发展多式联运，大力发展第三方物流，加强应急物流体系建设，完善国家综合立体交通网。其二，完善市场信息交互渠道。统一产权交易信息发布机制，优化行业公告公示等重要信息发布渠道，优化市场主体信息公示，推进同类型及同目的信息认证平台统一接口建设。其三，推动交易平台优化升级。深化公共资源交易平台整合共享，落实和完善"管办分离"制度，加快推动商品市场数字化改造和智能化升级，加快推进大宗商品期现货市场建设，鼓励交易平台与金融机构、中介机构合作，依法发展涵盖产权界定、价格评估、担保、保险等业务的综合服务体系。

打造统一的要素和资源市场的主要措施有五条。其一，健全城乡统一的土地和劳动力市场。实行统一规划，强化统一管理，完善全国统一的建设用地使用权转让、出租、抵押二级市场，健全统一规范的人力资源市场体系，促进劳动力、人才跨地区顺畅流动。其二，加快发展统一的资本市场。统一动产和权利担保登记，依法发展动产融资；强化重要金融基础设施建设与统筹监管；推动债券市场基础设施互联互通，实现债券市场要素自由流动；发展供应链金融；加大对资本市场的监督力度；坚持金融服务实体经济，防止脱实向虚；为资本设置"红绿灯"，防止资本无序扩张。其三，加快培育统一的技术和数据市场。建立健全全国性技术交易市场，完善科技资源共享服务体系，加快培育数据要素市场。其四，建设全国统一的能源市场。健全油气期货产品体系，规范油气交易中心建设，优化交易场所、交割库等重点基础设施布局；推动油气管网设施互联互通并向各类市场主体公平开放；稳妥推进天然气市场化改革，加快建立统一的天然气能量计量计价体系；健全多层次统一电力市场体系，研究推动适时组建全国电力交易中心；进一步发挥全国煤炭交易中心作用，推动完善全国统一的煤炭交易市场。其五，培育发展全国统一的生态环境市场。依托公共资源交易平台，建设全国统一的碳排放权、用水权交易市场；推进排污权、用能权市场化交易；推动绿色产品认证与标识体系建设，促进绿色生产和绿色消费。

推进商品和服务市场高水平统一的主要措施有三条。其一，健全商品质量体系。建立健全质量分级制度，深化质量认证制度改革，推动重点领域主要消费品质量标准与国际接轨，进一步巩固拓展中国品牌日活动等品牌发展交流平台，提高中国品牌影响力和认知度。其二，完善标准和计量体系，优化政府颁布标准与市场自主制定标准结构，强化标准验证、实施、监督，健全现代流通、大数据、人工智能、区块链、第五代移动通信（5G）、物联网、储能等领域标准体系，推动制定智能社会治理相关标准，推动统一智能家居、安防等领域标准，加快制定面部识别、指静脉、虹膜等智能化识别系统的全国统一标准和安全规范，促进内外资企业公平参与我国标准化工作，提高标准制定修订的透明度和开放度。其三，全面提升消费服务质量。强化消费者权益保护，加快完善并严格执行缺陷产品召回制度，优化消费纠纷解决流程与反馈机制，建立完善消费投诉信息公示制度，完善服务市场预付式消费管理办法。

推进市场监管公平统一的主要措施有三条。其一，健全统一市场监管规则。加强市场监管行政立法工作，对互联网医疗、线上教育培训、在线娱乐等新业态，推进线上线下一体化监管。加强对工程建设领域统一公正监管。强化重要工业产品风险监测和监督抽查。其二，强化统一市场监管执法。推进维护统一市场综合执法能力建设，建立综合监管部门和行业监管部门联动的工作机制。其三，全面提升市场监管能力，加强各类监管的衔接配合，加快推进智慧监管，建立健全跨行政区域网络监管协作机制。

进一步规范不当市场竞争和市场干预行为的主要措施有五条。其一，着力强化反垄断。完善垄断行为认定法律规则，破除平台企业数据垄断等问题，稳步推进自然垄断行业改革，加强对创新型中小企业原始创新和知识产权的保护。其二，依法查处不正当竞争行为。加强全链条竞争监管执法，加强对平台经济、共享经济等新业态领域不正当竞争行为的规制，健全跨部门跨行政区域的反不正当竞争执法信息共享、协作联动机制，构建跨行政区域的反不正当竞争案件移送、执法协助、联合执法机制。其三，破除地方保护和区域壁垒。力戒贪大求洋、低层次重复和过度同质竞争，不搞"小而全"的自我小循环，更不能以"内循环"的名义搞地区封锁；清理废除各地区含有地方保护、市场分割、指定交易等妨碍统一市场和公平竞争的政策，加强地区间产业转移项目协调合作。其四，清理废除妨碍依法平等准入和退出的规定做法。其五，持续清理招标采购领域违反统一市场建设的规定和做法。

《中共中央　国务院关于加快建设全国统一大市场的意见》还要求，结合区域重大战略、区域协调发展战略实施，鼓励京津冀、长三角、粤港澳大湾区以及成渝地区双城经济圈、长江中游城市群等区域，在维护全国统一大市场前提下，优先开展区域市场一体化建设工作，建立健全区域合作机制，积极总结并复制推广典型经验和做法。

第三章　上海合作组织：共建"一带一路"重要平台

上合组织是推进"一带一路"建设的重要平台，上合组织几乎所有参加国都是共建"一带一路"的重要伙伴。2013年李克强第一次明确各成员国都在丝绸之路经济带上。2014年习近平呼吁上合组织成员国、观察员国、对话伙伴国积极参与丝绸之路经济带建设。2015年上合组织《乌法宣言》第一次表示"支持中华人民共和国关于建设丝绸之路经济带的倡议"。[①] 同年12月，李克强呼吁将上合组织打造成丝绸之路经济带建设的安全合作平台、产能合作平台、互联互通合作平台、金融合作平台、区域贸易合作平台、社会民生合作平台。上合组织政府首脑发表《关于区域经济合作的声明》，认为该倡议契合上合组织发展目标。"一带一路"倡议提出后得到上合组织成员国、观察员国和对话伙伴国的积极响应，它们纷纷与中国签署共建"一带一路"合作文件，积极谋求与"一带一路"实现战略对接。2015年中俄签署的《关于丝绸之路经济带建设和欧亚经济联盟建设对接合作的联合声明》，明确强调了上合组织在实现两大项目战略对接合作中的平台作用。同年12月《中俄总理第二十次定期会晤联合公报》明确指出，双方认为上海合作组织是实现丝绸之路经济带建设与欧亚经济联盟建设对接的最有效平台。2017年习近平主席表示，中方和有关各方正积极推动"一带一路"建设同欧亚经济联盟建设等区域合作倡议以及哈萨克斯坦"光明之路"等各国发展战略对接，"上海合作组织可以为此发挥重要平台作用"。[②]

[①] 《上海合作组织成员国元首乌法宣言》，上海合作组织，2015年7月10日，http://chn.sectsco.org/documents/，访问日期：2021年9月11日。

[②] 习近平：《团结协作 开放包容 建设安全稳定、发展繁荣的共同家园——在上海合作组织成员国元首理事会第十七次会议上的讲话》，新华网，2017年6月10日，http://www.xinhuanet.com/politics/2017-06/10/c_1121118817.htm，访问日期：2021年3月20日。

第一节　上合组织是共建丝绸之路经济带的重要平台

上海合作组织是推进丝绸之路经济带建设的重要平台。2015年3月，中国国务院授权国家发改委、外交部和商务部共同发布了《推动共建丝绸之路经济带和21世纪海上丝绸之路的愿景与行动》，要求积极利用现有双多边合作机制，发挥上海合作组织等现有多边合作机制作用，和相关国家加强沟通，让更多国家和地区参与"一带一路"。

一、上海合作组织支持丝绸之路经济带建设

2013年9月，习近平在上合组织元首峰会前夕在哈萨克斯坦首都阿斯塔纳第一次提出了共建"丝绸之路经济带"的重大倡议。他在随后举行的上合组织比什凯克峰会上第一次将丝绸之路经济带与上合组织发展联系起来，认为上海合作组织6个成员国和5个观察员国都位于古丝绸之路沿线。上海合作组织成员国和观察员国有责任把丝绸之路精神传承下去，发扬光大。同年11月，李克强在上合组织成员国政府首脑塔什干会议上第一次明确各成员国都在丝绸之路经济带上，希望各方积极参与新亚欧大陆桥建设，进一步畅通从东到西的大通道。

2014年9月，习近平在上合组织元首杜尚别峰会上呼吁上合组织成员国参与丝绸之路经济带建设，欢迎上合组织成员国、观察员国、对话伙伴国积极参与，共商大计、共建项目、共享收益，共同创新区域合作和南南合作模式，促进上海合作组织地区互联互通和新型工业化进程。同年12月，李克强在上合组织成员国政府首脑阿斯塔纳会议上指出，中方提出的丝绸之路经济带与上合组织有关国家的发展战略是相衔接的。中方愿同各方加强磋商与合作，共同促进产业转型升级。此次会议发表的联合公报第一次"对中华人民共和国关于建设'丝绸之路经济带'的倡议表示欢迎"，并且认为上合组织成员国就此进行协商与合作具有重要意义。[①]

[①]《上海合作组织成员国政府首脑（总理）理事会第十三次会议联合公报》，《人民日报》2014年12月16日，第2版。

2015年7月，习近平主席在上合组织元首乌法峰会上再次表示，中方希望丝绸之路经济带建设与上合组织各国发展规划相辅相成，将同有关国家一道，实施好丝绸之路经济带与欧亚经济联盟对接，促进欧亚地区平衡发展。此次会议发表的上合组织《乌法宣言》和《新闻公报》第一次表示"支持中华人民共和国关于建设丝绸之路经济带的倡议"，[①] 同年12月，李克强在上合组织政府首脑郑州会议上第一次将上合组织的经济合作与丝绸之路经济带建设联系起来。他表示，这次会议主要议题是在建设丝绸之路经济带等倡议背景下制定各领域合作新举措，中方愿推动丝绸之路经济带建设同上合组织各国发展战略及欧亚经济联盟等机制对接，促进地区开放、包容、共享发展，并建议将上合组织打造成丝绸之路经济带建设的安全合作平台、产能合作平台、互联互通合作平台、金融合作平台、区域贸易合作平台、社会民生合作平台。此次会议发表的联合公报不仅"重申支持中华人民共和国关于建设丝绸之路经济带的倡议"，并且"相信上合组织成员国与观察员国和对话伙伴在实施丝绸之路经济带倡议等框架下通力协作，将促进经济持续发展，维护地区和平稳定"。[②] 也就是说，上合组织第一次将成员国的经济合作纳入了丝绸之路经济带建设框架。会议通过的《关于区域经济合作的联合声明》不但表示"支持中国关于建设丝绸之路经济带的倡议"，而且第一次"认为该倡议契合上合组织发展目标"。各国政府一致认为利用上合组织现有成果和相关经济合作机制十分重要，成员国将以基础设施建设、产能投资为优先方向，扩大双、多边经贸合作，共同促进本地区工业化和现代化进程，最终实现推动上合组织成员国社会经济持续发展，提高成员国人民福祉的目标。

二、"一带一路"建设契合上合组织发展目标

2015年3月，国务院授权国家发改委、外交部和商务部共同发布的《推动共建丝绸之路经济带和21世纪海上丝绸之路的愿景与行动》标志着

[①]《上海合作组织成员国元首乌法宣言》，《人民日报》2015年7月11日，第3版；《上海合作组织成员国元首理事会会议新闻公报》，《人民日报》2015年7月11日，第2版。

[②]《上海合作组织成员国政府首脑（总理）理事会第十四次会议联合公报》，《人民日报》2015年12月16日，第3版。

丝绸之路经济带倡议从概念走向内容丰富的构想。该文件确定的丝绸之路经济带建设的宗旨、目标、原则、内容和框架思路与上合组织相关文件所确定的宗旨、目标、原则和内容是基本一致的。

1. "一带一路"符合上合组织的宗旨

2002年通过的《上海合作组织宪章》关于本组织的基本宗旨提出了开展经贸、能源、交通、金融信贷等领域的有效区域合作，促进地区经济、社会、文化的全面均衡发展的任务。2003年通过的《上海合作组织成员国多边经贸合作纲要》明确表示，支持和鼓励上海合作组织成员国经贸合作，发展互利经济联系，使各国经济重点领域生产和投资合作取得进展，并在此基础上增加相互贸易额，以提高居民生活水平。而"'一带一路'的互联互通项目将推动沿线各国发展战略的对接与耦合，发掘区域内市场的潜力，促进投资和消费，创造需求和就业，增进沿线各国人民的人文交流与文明互鉴，让各国人民相逢相知、互信互敬，共享和谐、安宁、富裕的生活"。[①]

2. "一带一路"的目标契合上合组织发展目标

《上海合作组织宪章》关于本组织框架内合作的基本方向规定，支持和鼓励各种形式的区域经济合作，推动贸易和投资便利化，以逐步实现商品、资本、服务和技术的自由流动。共建"一带一路"的目标，同样是"促进经济要素有序自由流动、资源高效配置和市场深度融合，推动沿线各国实现经济政策协调，开展更大范围、更高水平、更深层次的区域合作，共同打造开放、包容、均衡、普惠的区域经济合作架构"。

3. "一带一路"建设和上合组织均致力于基础设施互联互通建设

2012年通过的《上海合作组织成员国元首关于构建持久和平、共同繁荣地区的宣言》就已经关注连接亚欧的交通基础设施建设，认为应继续促进各成员国边境地区及毗邻地区合作，加强互联互通，共享经济发展成果。重视发展连接亚欧的交通基础设施，建立相应的国际交通走廊，提高各种交通运输方式的联运效果。"一带一路"明确要"致力于亚欧非大陆及

[①]《推动共建丝绸之路经济带和21世纪海上丝绸之路的愿景与行动》，《人民日报》2015年3月29日，第4版。

附近海洋的互联互通，建立和加强沿线各国互联互通伙伴关系，构建全方位、多层次、复合型的互联互通网络，实现沿线各国多元、自主、平衡、可持续的发展"。

4."一带一路"的基本原则与上合组织基本原则是完全一致的

《上海合作组织宪章》规定成员国坚持的基本原则是"相互尊重国家主权、独立、领土完整及国家边界不可破坏，互不侵犯，不干涉内政……在相互理解和尊重每一个成员国意见的基础上寻求共识；在利益一致的领域逐步采取联合行动；和平解决成员国之间分歧"，[1]并逐渐形成了著名的"上海精神"，即"互信、互利、平等、协商、尊重多样文明、谋求共同发展"。《上海合作组织成员国多边经贸合作纲要》规定的经贸合作原则是在完全平等、市场关系、相互尊重、互利、非歧视和开放性、循序渐进、通过相互协商建设性解决出现的问题以及兼顾各国利益的原则基础上发展和扩大合作。[2]共建"一带一路"遵守和平共处五项原则，即尊重各国主权和领土完整、互不侵犯、互不干涉内政、和平共处、平等互利，坚持开放合作，和谐包容，求同存异，共生共荣；坚持市场运作，遵循市场规律和国际通行规则；兼顾各方利益和关切，寻求利益契合点，坚持互利共赢。

5. 丝绸之路经济带核心区在地域上与上合组织成员国相重合

丝绸之路经济带重点畅通中国经中亚、俄罗斯至欧洲（波罗的海）；中国经中亚、西亚至波斯湾、地中海；中国至东南亚、南亚、印度洋。陆上依托国际大通道，以共建国家中心城市为支撑，以重点经贸产业园区为合作平台，共同打造新亚欧大陆桥、中蒙俄、中国—中亚—西亚、中国—中南半岛等国际经济合作走廊。中巴、孟中印缅两个经济走廊与推进"一带一路"建设关联紧密。俄罗斯以及中亚地区的哈萨克斯坦、乌兹别克斯坦、吉尔吉斯斯坦和塔吉克斯坦都是上合组织的成员国，蒙古国是观察员国；西亚的土耳其、亚美尼亚和阿塞拜疆是上合组织的对话伙伴国，阿富汗是观察员国；西亚的伊朗、南亚的印度和巴基斯坦已经正式成为上合组

---

[1] 《上海合作组织宪章》，上海合作组织，http://www.sectsco.org/CN11/show.asp?id=162，访问日期：2021年9月26日。

[2] 《上海合作组织成员国多边经贸合作纲要》，载须同凯：《上海合作组织区域经济合作》，人民出版社，2010，第244页。

织成员国，斯里兰卡和尼泊尔以及中南半岛的柬埔寨已经成为对话伙伴国；欧洲的白俄罗斯也是上合组织的观察员国。欧亚经济联盟与上合组织成员国相互交叉，见图3.1。

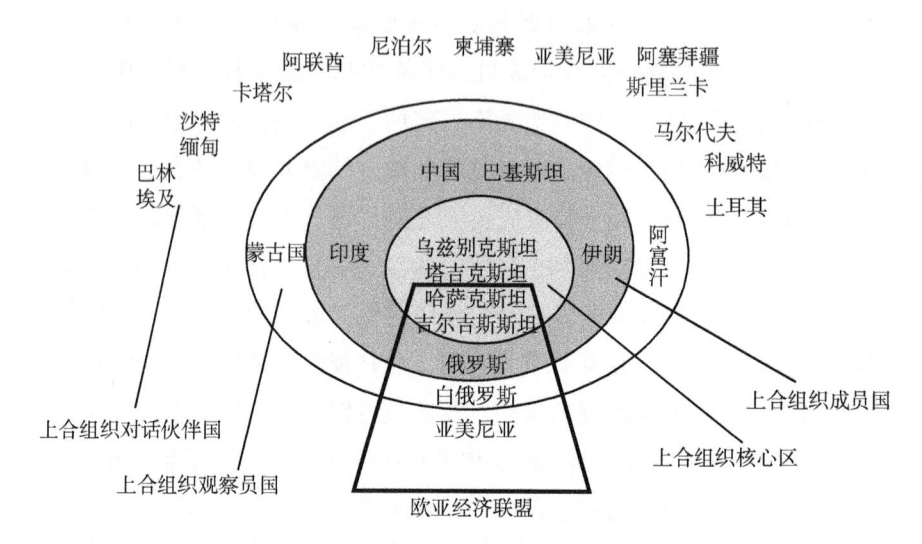

图3.1 上合组织与欧亚经济联盟交叉关系

资料来源：作者自制。

6. "一带一路"合作的重点与上合组织经济合作内容相吻合

《推动共建丝绸之路经济带和21世纪海上丝绸之路的愿景与行动》强调，"加强政策沟通是'一带一路'建设的重要保障……基础设施互联互通是'一带一路'建设的优先领域……投资贸易合作是'一带一路'建设的重点内容……资金融通是'一带一路'建设的重要支撑……民心相通是'一带一路'建设的社会根基"，并强调了重点合作领域如交通和通信基础设施、能源、贸易和投资及其便利化乃至自贸区、农业、金融、环保、产业园区、人文领域等。① 上合组织早在2001年就通过了《上海合作组织成员国政府间关于区域经济合作的基本目标和方向及启动贸易和投资便利化进程的备忘录》，明确了区域经济合作的目标是"发挥成员国经济的互补性以促进其经济的共同发展；扩大贸易和投资规模；促进经营主体间的合作

---

① 《推动共建丝绸之路经济带和21世纪海上丝绸之路的愿景与行动》，《人民日报》2015年3月29日，第4版。

生产和经贸活动的发展；改善贸易和投资环境，为逐步实现商品、资本、服务和技术的自由流动创造条件；协调各国对外经济活动方面的法律；发展服务贸易领域的合作；有效利用在交通和通信领域的现有基础设施，进一步开发过境运输潜力；建立和发展实施区域经济合作的机制；保障合理利用自然资源，实施共同的生态规划和项目"，并强调了合作的重点领域为"能源、交通、电信、农业、旅游、银行信贷、水利和环保等"。[1]《上海合作组织宪章》也强调要"扩大在科技、教育、卫生、文化、体育及旅游领域的相互协作"。[2]

7. "一带一路"建设与上合组织经济合作相融合

2015年通过的《上合组织政府首脑关于区域经济合作的联合声明》第一次将上合组织成员国经济合作纳入丝绸之路经济带建设，表示将加强区域经济合作。在加强上合组织框架内的区域经济合作方面，将率先发展互联互通的交通基础设施建设，加强交通领域多边合作，建立国际运输走廊，遴选并实施对各方都有利的能够发挥过境运输潜力的共同基础设施项目，如采用先进交通技术，发展高铁，建立多式联运物流中心。加快落实2014年9月在杜尚别签署的《上合组织成员国政府间国际道路运输便利化协定》，尽快就国际道路运输过程中实施签证、边防、海关、交通、动植物检验检疫等各方面便利化开展谈判并制定详细规则。在创新贸易投资模式方面，通过贸易结构多元化和加强相互投资，提升商品和服务贸易的规模和质量。上合组织加强电子商务合作。为此上合组织在改善本地区投资环境的前提下，加强企业交流，共同利用先进技术促进产能合作，创造新的就业岗位，在条件成熟的成员国建立产业园区和经济合作区。在金融领域，上合组织建立项目融资保障机制，推动上合组织框架内金融合作，发挥金融投资机制，为本地区经济合作项目提供融资支持。上合组织开展本币互换，保障市场稳定，共同防范和应对区域性金融风险。上合组织加强信息技术、医疗、教育、电子商务、能源利用等高技术领域合作，促进贸

---

[1]《上海合作组织成员国政府间关于区域经济合作的基本目标和方向及启动贸易和投资便利化进程的备忘录》，载须同凯：《上海合作组织区域经济合作》，人民出版社，2010，第238页。

[2]《上海合作组织宪章》，上海合作组织，2002年6月7日，http://www.sectsco.org/CN11/show.asp?id=162，访问日期：2021年9月26日。

易、投资和科学研究紧密联系，有效保护知识产权。这一声明将有力推动上合组织成员国与"一带一路"倡议加强合作，并助力上合组织自贸区的建立。

三、上合组织自贸区建设应尽快提上议事日程

根据《上海合作组织成立宣言》的规定和原则，2001年9月上合组织成员国政府签署了《上海合作组织成员国政府间关于区域经济合作的基本目标和方向及启动贸易和投资便利化进程的备忘录》，其设定的区域经济合作的基本目标包括改善贸易和投资环境，为逐步实现商品、资本、服务和技术的自由流动创造相应条件，扩大贸易和投资规模，发展服务贸易，建立和发展实施区域经济合作的机制，促进成员国经济共同发展。《上海合作组织宪章》也支持和鼓励各种形式的区域经济合作，推动贸易和投资便利化，以逐步实现商品、资本、服务和技术的自由流通。2003年签署的《上海合作组织多边经贸合作纲要》明确规定了合作优先领域、主要任务和实施机制，标志着上合组织区域经济合作步入实质性阶段。2014年与2001年相比，上合组织对外贸易总额从6,897.8亿美元增加到52,698.7亿美元，中国和俄罗斯与上合组织成员国贸易额分别从100多亿美元上升到超过1,000亿美元。

为了扩大上合组织成员国之间的经济合作，中方多次提出上合组织自贸区倡议。2003年9月，中国国务院总理温家宝在上合组织政府首脑北京峰会上提出到2020年建成自贸区的倡议，该倡议被写入了上合组织经贸合作长期发展规划。由于成员国经济发展水平和阶段不一致，经济结构差异很大，自贸区倡议没有得到主要成员国的同意。

全球金融危机以来，世界经济发展的区域经济一体化趋势进一步加强。美国曾经针对中国和俄罗斯的崛起打造两个"经济北约"：吸收东盟和其他亚太地区国家参加的跨太平洋伙伴关系协定（TPP）和吸收欧洲国家参加的跨大西洋贸易与投资伙伴关系协定（TTIP）。这是两个更高程度的自贸区。[①] 面对这种形势，中共十八届三中全会通过的《中共中央关于

---

① 特朗普时期美国先后退出了这两个经济一体化进程。

全面深化改革若干重大问题的决定》明确要求，以周边为基础加快实施自由贸易区战略……形成面向全球的高标准自由贸易区网络。为此，自2013年起至今，中央政府先后批准了21个省（自治区、直辖市）设立自由贸易试验区和自由贸易港。伴随2014年中国与东盟自贸区升级版谈判启动，中韩、中澳自贸协定谈判相继结束，北京亚太经合组织工商领导人峰会决定启动和推进亚太自贸区（FTAAP）进程。截至2022年年底，中国已经与东盟、韩国、澳大利亚等21个国家和国际经济一体化组织签署了自由贸易协定（包括升级版），正在商建的自贸区有10个，正在研究的自贸区有8个。2020年中国参加的《区域全面经济合作伙伴关系协定》正式生效，2021年中国正式提交加入《全面与进步跨太平洋伙伴关系协定》（CPTPP）和《数字经济伙伴关系协定》（DEPA）。中国自贸区全球布局初步形成。

2012年俄罗斯开始将重心向亚太地区转移。2014年因为乌克兰危机俄罗斯与北约的关系剑拔弩张，西方对俄罗斯采取制裁措施，加剧了俄罗斯国内经济的衰退。2022年俄罗斯对乌克兰发动特别军事行动，西方对俄罗斯采取史无前例的致命性制裁，促使俄罗斯对外经济合作方向转向"大欧亚"，包括中国在内的经济活力充沛的亚太地区成为俄罗斯与西方对峙赖以依靠的大后方。2015年5月，俄罗斯主导的欧亚经济联盟与东盟成员国越南签署自由贸易协定，2018年与伊朗签署临时自贸区协定，与中国签署经贸合作协定，2019年与新加坡签署全面经济合作框架协议和自由贸易协定，与塞尔维亚签署自由贸易协定。欧亚经济联盟确定的对外政策优先方向是加强与独联体、欧盟、上合组织、东盟、亚太经合组织以及亚欧地区主要区域经济联合体和大型国家经济体的合作，并以此作为实现"大欧亚伙伴关系"思想的基础。俄罗斯继续致力于与东盟成员国和其他国家加强相互合作的制度建设，与印尼、蒙古国、埃及、以色列、印度和伊朗签署关于自由贸易谈判的备忘录。[①] 2022年5月，在集体安全条约组织（简称"集安组织"）峰会上，俄罗斯总统普京为20多年谈判未果的中吉乌铁路建

---

① 《В ЕАЭС утвердили основные направления международной деятельности на 2022 год》（10 декабря 2021 г.）[сайт]. URL: https://eec.eaeunion.org/news/v-eaes-utverdili-osnovnye-napravleniya-mezhdunarodnoj-deyatelnosti-na-2022-god/?ysclid=lbejemcd1e985490861. (дата обращения: 27.09.2021)

设开了绿灯。俄罗斯和中亚等上合组织成员国已经意识到区域经济一体化发展的重要性和紧迫性。普京认为欧亚经济联盟必须思考与上合组织、东盟和金砖国家签署更加广泛的贸易和投资协定,在消除关税和非关税壁垒方面有所突破,他还认为有必要建立亚欧大陆共同增长点的促进和开发机构,如欧亚出口中心和贸易中心、欧亚再保险公司、跨境经济区甚至超国家权力机构。[①] 同时,由于俄罗斯卢布、哈萨克斯坦坚戈和乌兹别克斯坦苏姆大幅贬值,中亚国家经济发展动力不足,下行压力加大,俄罗斯和中亚国家在上合组织自贸区问题上的态度或许会有所缓和。

早在2015年5月中俄两国元首签署的《关于丝绸之路经济带建设和欧亚经济联盟建设对接合作的联合声明》中就自贸区建设已经达成共识。联合声明表示,将"研究推动建立中国与欧亚经济联盟自贸区这一长期目标"。哈萨克斯坦首任总统纳扎尔巴耶夫也曾建议将自贸区建设纳入2015年12月上合组织政府首脑郑州会议日程。哈萨克斯坦总理马西莫夫在大会发言时也提到了上合组织自贸区问题。在此背景下,李克强总理认为扩大贸易规模、推进贸易投资便利化,是深化区域合作的重要内容。上海合作组织成员国国内生产总值总量接近13万亿美元,但贸易规模却相对较小,有很大潜力可挖。他敦促各成员国商务部长深入研究在世界贸易组织框架下,采取有效措施,促进本地区贸易、投资自由化、便利化,并提出可行性方案。

四、上合组织安全合作为"一带一路"保驾护航

安全合作历来就是上合组织合作的重要内容。2001年6月上合组织成员国在通过《上海合作组织成立宣言》的同时,签署了《打击恐怖主义、分裂主义和极端主义上海公约》。《上海合作组织宪章》明确指出,"本组织框架内合作的基本方向是:维护地区和平,加强地区安全与信任……研究并采取措施,共同打击恐怖主义、分裂主义和极端主义,打击非法贩卖毒

[①] Первый Евразийский экономический форум (26 мая 2022 г.) [сайт]. URL:http://www.kremlin.ru/events/president/news/68484. (дата обращения: 29.09.2021)

品、武器和其他跨国犯罪活动，以及非法移民"。①经过20多年的发展，成员国在安全合作领域签署了300多份重要文件，举行了10多次反恐演习，在打击"三股势力"、禁毒、边防、大型国际活动安保、网络安全以及涉恐融资等领域建立了多边合作机制，取得了丰硕成果，上合组织成为本地区和平和安全的稳定器。由于阿富汗问题久拖不决，恐怖主义、宗教极端势力等难以消除，并存在向中亚、俄罗斯和中国新疆渗透和蔓延的可能性，上合组织成员国国家安全面临严重威胁，反恐形势日益严峻。为消灭中东地区的恐怖主义，上合组织成员国将进一步共同努力，一致行动，与俄罗斯、沙特主导的不同国际反恐联盟开展合作，加强对恐怖主义势力的打击力度，帮助阿富汗重建。只有这样才能保障"一带一路"的安全，保障上合组织提出的"维护和加强地区和平、安全与稳定"，"促进地区经济、社会、文化的全面均衡发展，不断提高各成员国人民的生活水平，改善生活条件"这一基本宗旨的实现。

第二节　中蒙俄经济走廊与"冰上丝绸之路"

自全球金融危机爆发以来，虽然世界经济在各国的强烈刺激下短期内出现了复苏，但是除了美国在2012年触底反弹持续上升之外，欧盟增长乏力，日本动力不足，而包括中国在内的作为世界经济火车头的亚太新兴经济体增速持续下滑，特别是俄罗斯和巴西出现负增长。为了摆脱全球性经济萧条的影响，美国奥巴马政府分别与太平洋国家和欧洲国家启动跨太平洋伙伴关系和跨大西洋贸易和投资伙伴关系谈判；亚洲国家除了启动区域全面经济伙伴关系谈判之外，发起了庞大的基础设施投资倡议，如中国推动的"一带一路"倡议，为之提供融资支持的丝绸之路基金、亚洲基础设施投资银行等，以及"亚洲基础设施无缝衔接"计划、"大湄公河次区域开发计划"、印度"新德里—孟买交通走廊"计划等。亚洲率先掀起了新一轮交通基础设施建设热潮，以期实现经济增长。在这一背景下，俄罗斯

---

① 《上海合作组织宪章》，上海合作组织，2002年6月7日，http://www.sectsco.org/CN11/show.asp?id=162，访问日期：2021年10月1日。

也提出了开发沿西伯利亚大铁路、东向石油天然气管道为主干的"跨欧亚发展带"（Транс-Евразийский пояс RAZVITIE，ТЕПР）和"北方海航道"（Северный морской путь，СМП）的构想。

一、"跨欧亚发展带"构想

21世纪初，俄罗斯科学院社会政治研究所牵头研究建设综合（多式联运）基础交通干线的构想。计划将太平洋沿岸与白俄罗斯西部边界联系起来，并使之成为东南亚经济圈和西欧经济圈之间的桥梁，最终穿过白令海峡与美洲联系起来。该项目依据现有的西伯利亚大铁路、能源运输管道、电信线路等基础设施，将西伯利亚大铁路改造成高速铁路。沿这一干线还将建设高速公路，以及陆、海、河、空等各种运输换装枢纽。俄罗斯希望这一工程成为新的经济增长点，将其沿线所有地区纳入国民经济统一体，并带动西伯利亚和远东地区的开发。沿线地带将成为俄罗斯创新产业和新兴城市的发展带。

2012年11月，俄罗斯铁路公司总裁В.亚库宁主持的世界"文明对话"公众论坛与意大利博科尼大学国际政治研究所（ISPI）在米兰举行了"跨欧亚发展带：合作的新尺度"研讨会，意在探讨利用欧洲资源加强俄罗斯基础设施建设的合作途径，以实现亚欧大陆的再工业化，试图以启动"跨欧亚发展带"这一宏大项目来寻求引导世界经济摆脱全球萧条的"发动机"。"跨欧亚发展带"就是铁路、公路、能源管道、水路、信息线路等多式联运的交通基础设施，相伴而生的是新的科技中心和拥有更多新的就业岗位的城市群。[①]它是新商品、新服务和新技术生产和消费的新平台，将欧洲经济体、俄罗斯和亚洲国家联系起来。

2013年，莫斯科国立大学校长В.萨多夫尼奇、俄罗斯科学院社会政治研究所所长Г.奥希波夫和俄罗斯铁路公司总裁В.亚库宁共同发表《互联互通的欧亚基础设施体系是国家发展的优先方向》的报告。报告指出，这一宏大项目就是要在俄罗斯领土上建设多式联运交通网络，将远东与西欧联

[①] Байдаков М., Бассанини Ф., Громыко Ю. и др., Трансевразийский пояс Razvitie. Москва: Праксис, 2012 г. с.252.

系起来，要求整合各种交通（铁路、公路、航空、河运和海运）为统一网络。这一交通体系的核心是高速铁路（4.7万公里）和高速公路体系（12万公里），沿途建设电信线路（2.3万公里光纤）。这一交通体系建成后，可以借亚欧高速运输线路将俄罗斯东西部边界上的海路和陆路节点联系起来，在交通节点布局物流中心，在俄罗斯亚洲部分建设现代信息空间，并且实现欧洲—亚洲和欧洲—美洲的信息转运，甚至有可能与美国联系起来。这一交通体系沿线将会形成以创新技术产业为主的经济区，即发展走廊。其目标是将所有运输体系纳入俄罗斯的交通网，使物流进入与能源流、信息流、知识流和技术流互动的体系。[①]

2014年3月，В.亚库宁在俄罗斯科学院主席团会议上发表《亚欧大陆团结发展的互联互通项目》报告，全面阐述"跨欧亚发展带"构想。100多位院士对其构想表示支持。此构想的真正意义在于整合交通、能源、通信，保障在西伯利亚大铁路和贝阿大铁路沿线以及沿交通和能源走廊200—300公里的宽度形成新的产业部门与以科学技术和设计为核心的城市，在西伯利亚和远东地区形成以高新技术产业和社会文化为核心的集聚区。В.亚库宁为"跨欧亚发展带"赋予了全新的地缘经济、地缘政治和地缘文化含义。其基本要素就是互联互通的基础设施体系，它是形成新技术成分和国家现代化的基础。这不仅需要削减各国之间现有产品交换的关税壁垒，更重要的是启动开发全新商品、服务和技术的新型工业化。他认为必须改变俄罗斯经济的部门性质，从单一部门的项目转向跨部门项目，从单纯建设基础设施的项目转向利用基础设施的项目。"跨欧亚发展带"的实施将形成庞大的国内需求。仅铁路运输就为19个部门提供服务，更不要说整个互连互通基础设施了。铁路的发展将带动重型机械制造业、机车、电力设备的加速发展，还将带动新材料、通信手段等的发展。

"跨欧亚发展带"要实现的目标首先是社会经济发展目标，该构想实施后将形成10—15个新的产业部门，创造战略性就业岗位，它们的落地将会增加地方人口。其次，改变基础设施的部门间割据，实现互联互通，形

[①] Садовничий В., Осипов Г., Якунин В., Интегральная евразийская инфраструктурная система как приоритет национального развития страны. Москва: ИСПИ РАН, 2013. с.10.

成统一的多元基础设施。再次,"跨欧亚发展带"本身需要依靠吸引能够在俄罗斯领土投资大项目的外资企业及政府机构。最后,为了形成社会财富的世界生产中心,长期发展投资的优先方面是保障来去自由。[①]

二、"北方海航道"开发

"北方海航道"从新地岛喀拉海峡到白令海的普罗维杰尼亚湾,全长5,600公里。是俄罗斯欧洲地区和远东之间最北的海上航线,跨越北冰洋和太平洋,也是连接欧洲和亚洲、整个东南亚地区和北美西部最短的航线。1878—1879年瑞典国王奥斯卡二世出资,A.诺尔登绍尔德考察队乘驳船实现了历史上第一次全线考察。1919年4月,苏俄政府成立北方海航道委员会。1935年"万彩机"号和"星火"号两艘木材运输船从7月8日到10月9日完成了从列宁格勒(圣彼得堡)到符拉迪沃斯托克(海参崴)的航行,行程14,000公里。这是北方海航道历史上第一次全程货物运输。卫国战争期间,北方海航道成为苏联北方重要的运输线,太平洋舰队经北方海航道经常出没在巴伦支海,运输大量军事和经济物资。苏联对北极和北方海航道利用各种手段(包括破冰船、客船和战舰、潜艇、航空和漂流北极站等)进行了积极的研究和开发。科学技术的发展,特别是核动力破冰船的使用以及诺里尔斯克联合公司的发展,使摩尔曼斯克—杜金卡航线具备了全年通航的可行性和必要性。20世纪70—80年代北方海航道进入繁忙期,年运输货物500万—600万吨。苏联解体后,这一航线几近中断。只有诺里尔斯克镍业公司、天然气工业公司、卢克石油公司、俄罗斯石油公司、俄罗斯大陆架公司等大型企业因业务需要,以及北冰洋沿岸地区如克拉斯诺亚尔斯克边疆区、萨哈(雅库特)共和国和楚科奇自治区各自为政,部分地和零散地开发和利用了北方海航道。苏联时期出于国防目的,北方海航道没有对外开放。苏联解体后,1991年这一航线开始向国际船舶运输业开放。但直到15年后随着北极冰盖融化,这一运输线路才引起外国公司的兴趣。2009年两艘德国商船完成了这一航线从亚洲到欧洲的航行。2010

---

① Якунин В., Интегральный проект солидарного развития на Евро-Азиатском континенте (научно-практическая концепция). Представленный доклад на заседание Президиума РАН, Москва, 11 марта 2014 г. cc.21-22.

年诺里尔斯克镍业公司"曼彻各尔斯克"号货船从俄罗斯摩尔曼斯克经杜金卡和韩国釜山到达中国上海,第一次完成了该航线的出口航行。2011年选择这一航线的已经有34艘船。2012年通过的《北方海航道法》第一次明确了北方海航道的水域。俄联邦政府在2014年批准的《2020年前俄联邦北极区社会经济发展国家纲要》规定了北方海航道船舶航行导航和水文地理保障以及发展大型港口(其中包括阿尔汉格尔斯克和摩尔曼斯克)的具体措施,计划到2020年北方海航道年运输货物达到6,370万吨。2015年批准《北方海航道发展综合方案(2015—2030年)》,目的是保障北极地区航海安全、船舶和军舰航行、俄联邦主体北向运输,以及保护海洋环境不受污染,提高碳氢原料从北冰洋沿岸、俄罗斯北极大陆架产地运输的可靠性。该方案规定了船舶沿北方海航道航行的水流、水文、导航保障、搜救保障、港口发展,以及该航线的国防安全保障、海洋机械的研制和海洋系统的建立。亚马尔液化天然气项目于2017年投入运营,全部建成后年产液化天然气可达到1,650万吨,将沿北方海航道运往亚洲和欧洲。2019年批准《2035年前北方海航道基础设施建设计划》,根据该计划政府2024年前将投入7,350亿卢布,其中财政预算2,736亿卢布,预算外资金4,614亿卢布(由俄天然气工业公司Газпром、俄石油公司Роснефть、诺瓦泰克Новатэк、俄原子能公司Росатом等筹措)。2022年俄罗斯总理米舒斯京批准了《2035年前北方海航道开发计划》,计划在货物基地、交通基础设施、货船和破冰船、航行安全以及航行管理与开发等方面开工150个建设项目,投资总额将达到17,905亿卢布。预期2024年实现全年通航,货运规模将达到8,000万吨,2030年将达到1.5亿吨,2035年将达到2.2亿吨。[①]

随着北极海冰快速融化,适宜航行日期增加,北方海航道全年通航可能性日益增大,开发前景日趋明朗,商业价值为世界关注。俄罗斯还启动了以北方海路为主轴的北极发展战略。2008年9月,俄罗斯时任总统梅德韦杰夫签署《2020年前后俄罗斯联邦北极地区国家政策基础》,强调在北极地区利用北方海航道是俄联邦国家统一交通体系的重要组成部分,俄罗

---

① Задера С., Тихонов С., Мишустин утвердил программу развития Северного морского пути с финансированием в 1790,5 млрд рублей (8 августа 2022 г.) [сайт]. URL: https://rg.ru/2022/08/08/sudohodnost-biudzheta.html. (дата обращения: 05.10.2021)

斯在北极地区国家政策的战略方向之一就是促进组织和有效利用跨越北极的运输和空中航线，以及有效利用北方海航道在俄罗斯司法管辖下和俄联邦相应国际条约框架内的国际航运。2013年2月，俄罗斯总统普京签署了《2020年前俄联邦北极区发展及国家安全保障战略》，在改造和发展北极交通设施体系方面规定了一系列具体措施，其中包括发展包括北方海航道在内的统一的北极交通体系，将北方海航道作为全年通航的国家海上运输干线，布局纵向河运和铁路运输以及机场网络；依靠国家支持建造破冰、搜救和辅助船舶以及发展岸上基础设施，来重构和增加北方海航道货物运输的规模；改造北极地区北方海航道沿线港口和机场设施，建设新的港口生产综合体。计划2020年前主要发展北方海航道基础设施和建设船队。①2014年俄罗斯首次开始在北极大陆架开采石油，发布《俄联邦北极区陆地领土》总统令，规定了俄罗斯北极陆地领土范围。同时还颁发了《2020年前俄联邦北极区社会经济发展国家纲要》，经2017年修改和补充延长到2025年。2020年相继发布新版《2035年前俄罗斯联邦北极国家基本政策》和《2035年前俄罗斯联邦北极地区发展和国家安全保障战略》。这些政策文件明确规定了俄罗斯北极地区核心利益，指出了在北极地区面临的主要安全威胁和挑战，明确了俄罗斯北极国家政策的目标以及落实国家政策的基本方针和主要任务及政策措施。

三、俄罗斯"跨欧亚发展带"项目的提出

2016年8月，俄联邦安全委员会向副总理A.德沃尔科维奇提交了安全委员会委员、莫斯科经济学院（莫斯科国立大学）院长、俄罗斯科学院院士A.涅基别洛夫《关于建设空间交通物流走廊体系的建议》。他建议从俄罗斯自身利益和安全出发，整合西伯利亚大铁路、贝阿大铁路和北方海航道，将欧洲与亚太地区连接起来。这一庞大基础设施项目被称作"统一的

---

① Правительство РФ: Стратегия развития Арктической зоны Российской Федерации и обеспечения национальной безопасности на период до 2020 года (20 феврфля 2013 г.) [сайт]. URL: http://goverment.ru/media/files/2RpSA3sctEIhAGn4RN9dHrtzk0A3wZm8.pdf. (дата обращения: 03.10.2021); Правительство утвердило план мероприятий по реализации Стратегии развития Арктической зоны и Основ госполитики в Арктике (19 апреля 2021 г.) [сайт]. URL: http://government.ru/docs/42000/. (дата обрнащения: 16.10.2021)

欧亚"（Единная Евразия），试图借助西伯利亚、远东和北极地区的深度开发，使俄罗斯社会经济提高到一个新的水平。

2016年12月，俄罗斯联邦委员会主席В.马特维延科主持学者和官员共同参加的会议，接受了莫斯科国立大学校长В.萨多夫尼奇院士、莫斯科国立大学经济学院院长А.涅基别洛夫院士、俄罗斯科学院社会政治研究所所长Г.奥希波夫院士和经济研究所И.斯塔利科夫教授等共同设计的国家方案《在俄罗斯境内建设连接亚太和欧盟的立体交通物流走廊》（代号：统一的欧亚——"跨欧亚发展带"）。该项目旨在通过建设欧洲和亚洲之间以西伯利亚大铁路、贝阿大铁路为基础的高铁干线和北方海航道以及乌拉尔、西伯利亚、远东和北极地区战略性交通枢纽网络为支撑的立体交通物流走廊，通过水上运输、铁路和公路运输、创新型无机场大吨位远距离运输工具、多式联运区间枢纽网络、小型或无机场航空快速起降平台，以及能源和信息通信系统，相互之间联结成统一的交通物流基础设施，为深度综合开发西伯利亚、远东和北极地区创造条件。[①]以АТЛАНТ型货运飞艇（新型空气静力运输飞行器）保障北方海航道和西伯利亚大铁路之间的物流。这种飞艇载重量可达16—170吨，飞行速度为每小时140公里，飞行距离2,000—5,000公里，运输成本只有每吨公里7—25卢布。

该项目所要达到的目标是在地缘政治方面对接俄罗斯国家安全战略，积极落实国家在加强与东亚和西欧国家合作的对外政策等问题上形成新的认识，提高俄罗斯在21世纪全球经济分工中的地位，巩固国家的政治法律和社会经济基础；在地缘经济方面依靠现代交通物流基础设施、能源和居民生活保障体系，摆脱原料模式的经济多元化，努力消除地区间社会经济发展差距，增加就业岗位，深度综合开发西伯利亚、远东和北极地区；在科学技术发展方面，将俄罗斯科技实力提高到新的水平，研究和设计现代交通线路、基础设施、运输工具和物流自动化手段。该项目旨在使该地区得到大规模开发，形成高技术产业，鼓励劳动力流动和旅游，通过创造

[①] Садовничий В., Осипов Г., Национальный проект «Создание пространственных транспортно-логистических коридоров на территории Российской Федерации, соединяющих Азиатско-Тихоокеанский регион и Европейский союз» (Шифр «Единная Евразия – ТЕПР». Москва: Официальное издание, 2016. с.2.

700万个就业岗位促使该地区人口增加。

这一工程计划分三阶段实施。2018年前做好充分准备，协调国内基础和应用科学力量、国有和私营企业以及社会组织，组织参与者、财团和国际合作伙伴，确定本项目的法律、经济、财政、科技等其他基础和任务。2018—2025年完成交通物流基础设施、能源体系以及西伯利亚、远东和北极地区生活保障系统建筑的基础性科学技术规章的制定，制定"路线图"和基础性建筑设计，以及高新技术产业发展方向。根据本方案设定的目标对地区和全国社会经济发展进行战略规划。建设高速铁路及其基础设施，建设和开发交通物流设施以及北方海航道所需要的基础设施，建设破冰船队，在西伯利亚、远东和北极地区水、空运输线路上改造并建设新的多式联运基础设施，组建联邦级多式联运物流运营公司。2025—2035年及以后完成以高速铁路和北方海航道及其相互之间交通物流和能源基础设施为基础的立体交通物流走廊建设，并在此基础上基本形成高新技术产业和农业综合体，将其产品推向国内和国际市场。发展和完善西伯利亚、远东和北极地区社会经济和居民日常生活基础设施，为开展国内和国际旅游创造条件。就俄罗斯进一步融入全球经济采取一系列措施。吸引外资参与项目建设。俄罗斯认为这一项目从地缘政治角度来说是最安全的，新的互利合作伙伴关系有着更加坚实的基础，并能够突破西方制裁。

据初步计算，这一方案完成第一和第二阶段的任务需要3,100亿—3,200亿美元的投资，其中高铁项目约需2,700亿—2,800亿美元。据俄罗斯科学院中央经济数学研究所初步计算，第一和第二阶段高铁及其他附属项目投入运营后的投资回收期估计为12—15年。这一方案的实施可以创造2,000万个新的就业岗位，其中建设高铁及其沿线经济发展带可以创造700万个新就业岗位。

四、中国"一带一路"倡议与俄罗斯"跨欧亚发展带"方案合作

中国"一带一路"倡议与俄罗斯"跨欧亚发展带"构想相比，最大的区别在于，中国"一带一路"倡议穿越亚、欧、非三大洲及相关海域，以与几十个国家之间的经济合作为主线，以贸易和投资规则的确立和基础设

施互联互通为根本,来实现该地区的经济一体化发展;而俄罗斯"跨欧亚发展带"主要还是以其境内交通基础设施建设为主,并延伸到西欧和亚太地区。对中国来说,要落实"一带一路"倡议,最主要的是与相关国家战略实现合作。

2013年9月,习近平主席在哈萨克斯坦发出共建丝绸之路经济带倡议之后,在是否参与丝绸之路经济带问题上俄罗斯曾犹豫过。最终俄罗斯认为,"对中国的邻国特别是俄罗斯、中亚国家来说,需要清楚的一点就是在可预见的将来中国的影响力上升是不可避免的……应该利用它来实现自己的发展利益"。[1] "俄罗斯的主要目标是让丝绸之路经济带成为巩固和完善欧亚经济联盟的工具,避免相互之间的竞争,从长期来看就是用丝绸之路经济带的资源奠定'大欧亚'经济政治共同体形成的基础。"[2] 为此,俄罗斯在2015年5月提出了欧亚经济联盟建设与丝绸之路经济带建设实现对接的建议。

1. 中蒙俄经济走廊:丝绸之路经济带与"跨欧亚发展带"和"草原之路"合作

2014年2月,习近平主席在索契出席冬奥会开幕式并会见普京时正式邀请俄罗斯参与中国"一带一路"倡议建设,普京则积极回应以跨欧亚大铁路对接"一带一路"。[3] 2014年3月,笔者应邀出席俄罗斯科学院主席团会议,并就丝绸之路经济带对接"跨欧亚发展带"进行大会发言。2016年12月,笔者应邀出席俄罗斯联邦委员会主席B.马特维延科主持的欧亚一体化会议,并在会议上发表了关于丝绸之路经济带对接欧亚经济联盟的演讲。马特维延科在讲话中强调,"必须建设现代化的基础设施网络,将欧亚经济联盟的东西和南北边界连接起来,并使欧亚经济联盟的交通体系与中

---

[1] Лукин А., Лузянин С., Ли Синь и др., Китайчкий глобальный проект для Евразии: поставка задачи (аналитический доклад). Москва: Научный эксперт, 2016. c.51.

[2] Бордачев Т., «Новое евразийство: как сделать сопряжение работающим» // Россия в глобальной политике, №5.2015 г. c.196.

[3] 《习近平会见俄罗斯总统普京》,《人民日报》2014年2月7日,第1版。

国的丝绸之路经济带连接起来"。①

2014年8月和9月，中国国家主席习近平和俄罗斯总统普京相继访问蒙古国，蒙古国总统额勒贝格道尔吉建议蒙古国"草原之路"分别对接"丝绸之路经济带"和跨欧亚大铁路。习近平在杜尚别出席中俄蒙三国元首会晤时提出，中方提出的共建丝绸之路经济带倡议，获得俄方和蒙方积极响应。我们可以把丝绸之路经济带同俄罗斯跨欧亚大铁路、蒙古国"草原之路"倡议进行对接，打造中蒙俄经济走廊。这一提议得到俄蒙两国的支持。2015年和2016年三国元首相继批准了《中俄蒙发展三方合作中期路线图》和为期5年的《建设中蒙俄经济走廊规划纲要》。其宗旨在于促进地区经济一体化，促进各自发展战略合作，并为基础设施互联互通、贸易投资稳步发展、经济政策协作和人文交流奠定坚实基础，并借此建设和拓展互利共赢的经济发展空间、发挥三方潜力和优势、促进共同繁荣、提升在国际市场上的联合竞争力。规划的合作领域包括：加快交通基础设施建设、国际运输通道和跨境运输组织合作，促进互联互通；加强三方口岸软、硬件能力建设，推动基础设施翻新和改造，创新完善海关、检验检疫业务及货物监管机制和模式，共同推动提升口岸通行过货能力；加强产能与投资合作，在能源矿产资源、高技术、制造业和农林牧等领域共同打造产能与投资合作集聚区，实现产业协同发展，形成紧密相连的区域生产网络；在深化经贸合作方面，发展边境贸易，优化商品贸易结构，扩大服务贸易量，拓展经贸合作领域，提升经贸合作水平；拓展人文交流合作方面，重点深化教育、科技、文化、旅游、卫生、知识产权等方面合作，促进人员往来便利化，扩大民间往来和交流；加强生态环保合作；推动地方及边境地区合作，建设一批地方开放合作平台。② 2022年9月，中蒙俄三国元首在撒马尔罕举行第6次会晤，确认《建设中蒙俄经济走廊规划纲要》延期5年，正式启动中蒙俄经济走廊中线铁路升级改造和发展可行性研究，商定积极推进中

---

① Интеграционного клуба при Председателе Совета Федерации: Ежегодный докладза 2016 год «Евразийская интеграция: современные вызовы и новые горизонты». Москва: Издание Совета Федерации. 2017. с.32.

② 《建设中蒙俄经济走廊规划纲要》，中华人民共和国国务院新闻办公室，2016年6月23日，http://www.scio.gov.cn/ztk/wh/slxy/htws/Document/1491208/1491208.htm，访问日期：2021年10月22日。

俄天然气管道过境蒙古国铺设项目。

中蒙俄经济走廊作为"一带一路"的重要组成部分,切实实现了中国东北振兴与俄罗斯远东开发两大战略合作,带动着整个东北亚区域经济一体化发展。为了实现两国毗邻地区开发战略的合作,早在2009年,中俄两国元首就签署了《中国东北地区与俄罗斯联邦远东及东西伯利亚地区合作规划纲要》。2013年习近平主席访问俄罗斯期间与普京总统共同签署的《中俄联合声明》强调,充分发挥中俄地方领导人定期会晤的作用,加大《中国东北地区与俄罗斯远东及东西伯利亚地区合作规划纲要》的实施力度,扩大地区合作范围,提高地方合作效率。俄罗斯开发西伯利亚和远东战略与中国振兴东北战略相互合作,一方面将会充实和促进亚太地区的经济合作,推动东北亚安全合作,使该地区国际力量更加均衡化,地区合作机制得到优化和整合;另一方面还将拓展中俄合作的领域,促进合作模式的转型。为此,2015年9月召开了俄罗斯远东地区和中国东北地区地方合作理事会第一次会议,2016年在举行第二次会议时双方商定将理事会转型为政府间委员会。

经国务院授权,2015年3月发布的《推进共建丝绸之路经济带和21世纪海上丝绸之路的愿景与行动》在中蒙俄经济走廊建设方面指出,发挥内蒙古联通俄蒙的区位优势,完善黑龙江对俄铁路通道和区域铁路网,以及黑龙江、吉林、辽宁与俄远东地区陆海联运合作,推进构建北京—莫斯科欧亚高速运输走廊,建设向北开放的重要窗口。打造中蒙俄经济走廊,首先需要加强国际交通基础设施建设,实现中俄蒙互联互通。

2016年12月,俄罗斯政府批准了《"滨海1号"和"滨海2号"国际交通走廊发展构想》,其目的在于加强相关国家之间的国际经济合作,将俄罗斯融入亚太经济体,促进俄罗斯相关地区特别是远东和贝加尔地区的社会经济发展;其任务是通过开发、更新和改造基础设施,提高其通过能力,优化货物运输布局,建设现代物流中心,消除行政障碍来提高运输效率,降低风险和运输成本,保证运输货物的完整性和按时交货。根据联合国开发署"大图们江倡议"中、蒙、俄、韩四国政府间合作机制交通委员会会议,规划中的"滨海1号"跨境交通走廊西起哈尔滨,经牡丹江、中俄边境绥芬河/波格拉尼奇内或绥芬河/格罗杰科沃或杜宁/波尔塔夫卡、乌苏里斯克到符拉迪沃斯托克（海参崴）或东方或纳霍德卡港，再进入海上航线。"滨海2号"跨境交通走廊西起长春，经吉林、珲春/克拉斯基诺或珲春/马哈林诺（卡梅绍瓦亚）到扎鲁比诺港，再进入海上航线。主要物流包括俄罗斯国内到滨海边疆区港口之间、中国和俄罗斯之间陆路货物运输，中国东北与其他国家进出口物流，经过中国到中亚的过境物流，中国向亚太及其他国家出口的货物向没有出海口的中亚国家的再出口，中国国内东北省份与中部和南部各省份之间的货物运输。到2030年接入"滨海1号"和"滨海2号"交通走廊的货物运输规模将达到每年4,500万吨。① 2022年6月，在俄罗斯对乌克兰采取特别军事行动和西方前所未有的对俄制裁背景下，俄罗斯总统普京在主持道路建设发展会议时部署了"东进"和"南下"的物流运输方向，批准了俄联邦公路建设五年计划（2023—2027年）。其中"南下"方向的主要任务是加快南部地区如亚速海、黑海、里海口岸改造，以及港口和铁路、航空运输建设；"东进"方面最大的工程是建设连接圣彼得堡、莫斯科、下诺夫哥罗德、喀山的高速公路，向南经哈萨克斯坦接入"双西公路"（欧洲西部—中国西部），向东继续延伸到叶卡捷琳堡、秋明、车里雅宾斯克、鄂木斯克、新西伯利亚、伊尔库茨克、乌兰乌德、赤塔，向南接入蒙古国和中国。②

对中国来说，主要是发挥三条大通道的作用。一是中国华北京津冀—二连浩特—蒙古国乌兰巴托—俄罗斯乌兰乌德。蒙古国境内已经规划"草原之路"并与中俄两国进行合作，进行铁路电气化改造，修建高速公路，铺设石油和天然气管道，架设高压输电线路。俄罗斯境内也在对西伯利亚大铁路和贝阿大铁路进行现代化改造。二是俄罗斯赤塔—中国满洲里—哈尔滨—绥芬河—俄罗斯符拉迪沃斯托克（海参崴）。这一通道将黑龙江省与欧洲联系起来，同时黑龙江省也在太平洋确立了出海口。《黑龙江和内蒙古东北部沿边开发开放规划》和《中国东北地区面向东北亚区域开放规划

---

① Об утверждении Концепции развития международных транспортных коридоров «Приморье-1» и «Приморье-2» (30 декабря 2016 г.) [сайт]. URL: http://www.government.ru/news/25953/. (дата обращения: 10.10.2021)

② Совещание по развитию дорожного строительства (2 июня 2022 г.) [сайт]. URL: http://www.kremlin.ru/events/president/news/68558. (дата обращения: 14.10.2021)

纲要》已将这条通道建设作为重要战略之一。现已开通津满欧、苏满欧、粤满欧、沈满欧等中俄欧铁路国际货物班列，并基本实现常态化运营。三是蒙古国乌兰巴托—乔巴山—霍特—中国阿尔山—白城—长春—珲春—俄罗斯扎鲁比诺港。早在2009年8月国务院就批复了《中国图们江区域合作开发规划纲要——以长吉图为开发开放先导区》，①对中、蒙、俄、朝国际合作及这条中俄蒙国际大通道作出了详细规划。根据吉林省政府发布的《关于国务院近期支持东北振兴若干重大政策举措的落实意见》，吉林省将积极开辟珲春—俄罗斯扎鲁比诺港—日本新潟、珲春—扎鲁比诺港—韩国釜山陆海联运航线，加快推进中蒙"两山"铁路前期工作。2013年8月，中国珲春—俄罗斯马哈林诺国际联运铁路列车重启。2015年5月，中国吉林珲春—俄罗斯马哈林诺—扎鲁比诺—韩国釜山国际陆海联运航线开通。

2015年《中俄总理第二十次定期会晤联合公报》在交通基础设施互联互通合作方面，计划在使用俄罗斯远东港口等交通运输基础设施发展中俄过境运输及陆海联运方面加强合作；继续合作建设同江—下列宁斯阔耶跨境铁路桥；继续开展滨海通道1号和滨海通道2号过境运输，落实黑河—布拉戈维申斯克（海兰泡）跨境索道和大桥的建设计划。2016年《中俄总理第二十一次定期会晤联合公报》强调要推动落实《建设中蒙俄经济走廊规划纲要》。2019年12月，中俄天然气管道东线北段投入运营，南段于2022年12月穿越长江隧道贯通。2022年4月和6月，跨黑龙江同江—下列宁斯阔耶铁路大桥和黑河—布拉戈维申斯克（海兰泡）公路大桥正式通车。

2. "冰上丝绸之路"：中俄北极合作与北方海航道开发

2014年乌克兰危机和随之而来的美欧制裁、国际油价暴跌等因素打乱了普京的北极战略部署。美欧企业中断与俄罗斯在北极区已经开展的和将要开展的合作项目，停止向俄罗斯提供用于深海、北极资源开发的技术、设备和资金等。在西方不断加大对俄罗斯经济制裁的情况下，俄罗斯开始转向经济发展迅速的亚太地区，中国自然成为其选择的主要对象之一。俄罗斯主动要求与中国的"一带一路"倡议合作，希望中国能参与俄罗斯北

---

① 《中国图们江区域合作开发规划纲要》，中国网，2009年11月17日，http://www.china.com.cn/news/txt/2009-11/17/content_18902483.htm，访问日期：2021年10月28日。

方海路基础设施建设，参与亚马尔地区能源基地建设，参股进行北极能源开采等活动。

中俄北极合作开始进入务实阶段。2013年中国石油天然气集团公司入股俄罗斯北极地区的"亚马尔液化气"项目。该项目是目前全球最大的天然气勘探开发、液化、运输、销售一体化项目，是俄罗斯北极发展战略成败的关键性项目。2015年12月，丝路基金从俄方股东诺瓦泰克公司购买9.9%股权，成为继诺瓦泰克公司（50.1%股权）、法国道达尔公司（20%股权）和中石油（20%股权）之后的第四个股权持有者。该项目表明中俄北极经济合作开始起步。2015年两国总理联合公报中首次提到将北方海航道的开发利用列入今后的主要工作之中，表示要加强北方海航道开发利用合作，开展北极航运研究。中俄北极合作进入实际运作阶段，为两国在俄北极地区开展合作奠定了基础。

现在中俄北极经济合作刚刚起步，中国有能力参与的项目主要还是集中在港口、工业设施、道路等基础设施建设领域。西方的制裁和技术、资本的撤离迫使俄罗斯加快自主技术和设备的研发和创新，为中俄两国在极地高新技术和创新领域提供了广泛的合作空间。2014年，俄罗斯运用本国技术在伯朝拉海域建立起全球首座抗冰石油钻井平台"普里拉兹诺姆"。俄罗斯虽然在大陆架油气开发领域技术和设备不及一些国际能源大集团，但是抗冰石油钻井平台的建成表明俄罗斯在北极大陆架油气资源开发领域具备一定的技术和能力。另外，俄罗斯在极地环境下的陆地开采技术先进，经验丰富，有些技术甚至是独一无二的。2017年6月，国家发改委、海洋局共同发布《"一带一路"建设海上合作设想》，提出积极推动共建经北冰洋连接欧洲的蓝色经济通道。2021年中俄总理定期会晤联合公报表示，"支持编制中俄在俄罗斯北极地区合作发展路线图"。[①] 中俄北极合作将为"21世纪海上丝绸之路"打开通向北冰洋的通道，中国与俄罗斯"北方海航道"开发计划相互合作将打通整个亚欧大陆的海上环绕通道。

---

① 《中俄总理第二十六次定期会晤联合公报》，中国政府网，2021年12月1日，http://www.gov.cn/xinwen/2021-12/01/content_5655155.htm，访问日期：2022年10月3日。

3. "丝绸之路经济带"与欧亚经济联盟框架的基础设施互联互通合作

2015年5月，中俄两国元首签署《关于丝绸之路经济带建设与欧亚经济联盟建设对接合作的联合声明》。2016年，笔者在《丝绸之路经济带对接欧亚经济联盟：共建欧亚共同经济空间》报告中提出对接"路线图"设想。[①] 该设想将基础设施对接划分为硬件基础设施对接和软件基础设施对接，主张两方面对接齐头并进。软件基础设施对接，指实现相关国家之间或中国与欧亚经济联盟之间贸易和投资规则、技术标准、规章制度以及法律法规的相互适应与统一；硬件基础设施对接，指交通等基础设施互联互通，其中包括产能合作与直接投资合作。

2015年和2016年中俄总理定期会晤联合公报都强调了"一带一路"建设与欧亚经济联盟建设对接合作框架下推动交通、跨境基础设施、物流等领域的项目合作。2015年欧亚经济联盟成员国领导人责成欧亚经济委员会组织在"丝绸之路经济带"与欧亚经济联盟对接框架下确定优先项目，制定与中国进一步合作的"路线图"。为此专门成立了工作组，研究共同建设的交通和基础设施项目。经过对各国交通部门提供的信息进行分析和采用协商一致的标准进行筛选，形成了初步的项目清单。2016年年底，在交通部长会议上确定并通过了这一项目清单。该清单囊括了40多个项目，主要是大型基础设施和跨国交通走廊，包括改造现有道路，修建新的道路，建设交通物流中心和交通枢纽等。亚美尼亚主张建设亚美尼亚—伊朗铁路，借伊朗进入哈萨克斯坦、中国市场；俄罗斯提出修建从圣彼得堡到哈萨克斯坦边境的公路，这是欧洲西部—中国西部交通走廊的一部分；俄罗斯最感兴趣的就是西伯利亚大铁路和贝阿大铁路的现代化改造；白俄罗斯计划建设从波兰边境的布列斯特经明斯克、奥尔沙到俄罗斯边境的高铁，这是规划中的柏林—北京项目的一部分；哈萨克斯坦计划改造一些公路和铁路以及6个交通物流中心；吉尔吉斯斯坦要求建设3个物流中心和几个铁路项目，其中包括中吉乌铁路。联合交通物流公司也被写入了谈判框

---

① 李新等：上海国际问题研究院系列课题报告《丝绸之路经济带对接欧亚经济联盟：共建欧亚共同经济空间》，2016年7月，第54—63页。

架，该公司是由俄罗斯、白俄罗斯和哈萨克斯坦铁路部门共同组建的负责欧亚跨境运输的运营商。这些项目投资总额超过500亿美元。①

五、推进中蒙俄经济走廊建设面临的问题

第一，中蒙俄贸易方式随中俄、中蒙经贸合作的不断加深面临创新的挑战。中国和俄罗斯、蒙古国之间的贸易30多年来"原材料换消费品"的贸易模式并没有得到实质性的改善，商品贸易规模不大，种类单一。这种不对称的经贸关系会成为制约相互之间经贸合作继续发展的瓶颈。第二，俄罗斯、蒙古国对中国崛起的担忧影响到双边合作的长期运行。第三，东北亚地区存在反法西斯战争的一系列历史遗留问题。由于俄日之间关于南千岛群岛（日本称"北方四岛"）领土争端至今没有签署和平协议。朝鲜半岛上朝韩仍然处于军事对峙状态。日韩之间也存在着对马、独岛（日本称"竹岛"）等领土争议。由于钓鱼岛问题、日本军国主义复活以及日本当局否认或美化侵略历史问题，中日关系趋于恶化。中日韩自贸区谈判正是在这种背景下艰难启动的，而且进展缓慢。第四，俄罗斯和蒙古国政策环境制约着经济合作的继续扩大。相比较而言，中国的投资环境虽然也存在一些问题，但总体上比俄罗斯和蒙古国要好，经过40多年改革开放，中国在吸引外资方面积累了很多经验。俄罗斯投资环境存在一些问题，影响了中国企业的投资热情。蒙古国多党制轮流执政，不可避免造成政党之间的意见分歧，甚至出现政局不稳的局面。三方的经济合作任重道远。第五，经济发展水平和经济结构差距大以及经济体制各不相同。据世界银行资料，2021年中国经济规模达到17.73万亿美元，占世界第二位，是俄罗斯的约10倍（1.78万亿美元），但两国人均国内生产总值旗鼓相当，分别为12,556.3美元和12,172.8美元。而蒙古国经济总量只有151亿美元，人均4,534.9美元。②如此悬殊的经济规模和不同的发展阶段，导致各国经济政策、产业结构政策不能相互衔接。第六，在中蒙俄经济走廊建设问题上

---

① Интеграционного клуба при Председателе Совета Федерации: Ежегодный докладза 2016 год «Евразийская интеграция: современные вызовы и новые горизонты». Москва: Издание Совета Федерации. 2017. cc.82-83.

② 世界银行数据库，http://data.worldbank.org.cn/country，访问日期：2021年10月26日。

中国存在强劲竞争对手。目前,中日韩在与俄罗斯远东地区的商品贸易中呈现三分天下的局面,中国略微占据优势。然而在向俄远东地区出口的商品结构上,中国以消费品为主,附加值低,而日韩则以投资品为主,附加值高,且具有技术方面的优势。2018年8月,韩国总统文在寅提议构建"东亚铁路共同体",涵盖韩国、朝鲜、中国、日本、俄罗斯、蒙古国、美国等。该"共同体"不仅着眼于经济和安保合作,还将进而发展为东亚能源、经济共同体,最终发展为东北亚多边和平安全机制。文在寅的"新经济构想"提出贯穿朝鲜半岛的三大经济纽带,且三大经济纽带与中国、俄罗斯等国家进行连接,并促使韩、朝、中、俄四方共同受益。[①]

第三节 丝绸之路经济带与中亚经济战略对接合作

苏联解体后,作为权力真空地带的中亚地区的地缘政治地位陡然上升。按照麦金德著名的陆权理论,谁控制了亚欧大陆的中心位置,谁就控制了整个世界。而中亚五国正好处于这个心脏地带。虽然这个理论看起来有些偏颇,但也说明了中亚由于特殊的地理位置,在世界政治版图上占有重要地位。对美西方来说,在中亚占有主导权,一方面可以进一步挤压俄罗斯的生存空间,另一方面可以向西压制中国,第三方面还可以牵制伊斯兰国家如伊朗等,可谓是一石三鸟。而俄罗斯则一直视中亚为自己的后花园,它不想看到自己的后花园失火。同时中亚西南边缘的伊斯兰国家对新独立的中亚五国发展也有着自己的兴趣。中国也希望增加自己在中亚的影响力。这使中亚成为全球地缘政治的中心之一。从地缘经济来看,与中亚相邻的里海地区探明石油储量为150亿—400亿桶,天然气储量为6.7万亿—9.2万亿立方米,占世界储量的4%和6%。俄罗斯、伊朗、美国等在该地区展开了多层次的博弈。此外,中亚各国致力于市场经济改革和产业调整,并积极寻求区域经济一体化。该地区一体化组织有独联体(СНГ)、中亚经济共同体(ЦАЭС)及中亚合作组织(ЦАС)、欧亚经济共同体

[①] 权小星:《文在寅倡议"东亚铁路共同体",推进东亚经济合作》,第1财经,2018年8月15日,https://www.yicai.com/news/100011561.html,访问日期:2021年10月30日。

（ЕврАзЭС）、俄白哈关税同盟（ТС）、欧亚经济联盟（ЕАЭС）、经济合作组织（ОЭС）、亚信会议（СВМДА）等。这些组织也成为域外国家积极参与中亚经济发展的重要平台。

一、中亚社会经济形势及其与中国经贸关系

1. 中亚经济形势

中亚五国面积总和约为400万平方公里，截至2022年年底总人口约8,000万。其共同特点是拥有丰富的土地资源、矿产资源和水利资源，具有一定的物质、技术基础，曾经是苏联重要的能源、动力、冶金和农牧业基地，许多矿物和农业产品产量在苏联名列前茅。在苏联的产业分工中，中亚以有色冶金、煤炭、石油、钢铁、化工、粮食种植和畜牧业等专业化方向发展为主，而重工业尤其是采矿业强大，加工业较为薄弱。中亚五国从苏联继承下来的经济结构使其经济有严重的外部依赖性。中亚五国城市化水平较低，土库曼斯坦和乌兹别克斯坦、塔吉克斯坦和吉尔吉斯斯坦农村人口分别接近和超过60%，特别是塔吉克斯坦高达68%。从不同经济部门对国内生产总值的贡献来看，乌兹别克斯坦、吉尔吉斯斯坦和塔吉克斯坦的农业部门贡献率分别接近或超过30%，工业部门贡献率只有15%—25%。

中亚国家从1996年开始摆脱经济衰退局面，哈萨克斯坦和塔吉克斯坦开始出现1.7%—5.3%的微弱增长，2000—2008年期间年均增长率分别高达10.7%和8.8%，2007—2010年乌兹别克斯坦增长率也达到8.8%。[1] 据世界银行资料，截至2021年土库曼斯坦和哈萨克斯坦人均国内生产总值已经接近和超过1万美元，两国已跻身中高等收入国家；乌兹别克斯坦人均国内生产总值接近2,000美元，吉尔吉斯斯坦和塔吉克斯坦接近1,000美元，同属中低等收入国家。中亚国家工业化水平依然很低。哈萨克斯坦工业和农业劳动力就业比重分别为12.8%和18.9%，塔吉克斯坦分别为4.2%和65.5%，吉尔吉斯斯坦分别为14.1%和26.7%。乌兹别克斯坦农村人口仍

---

[1] Межгосударственный статистический комитет СНГ: «20 лет Содружеству Независимых государств (1991 - 2010)». Москва: Издание Роскомстата, 2011, с.3.

然高达64%。只有哈萨克斯坦和乌兹别克斯坦工业对国内生产总值的贡献率超过农业，哈工农业对国内生产总值贡献率分别为26.6%和4.2%，乌工农业对国内生产总值贡献率分别为33.7%和18.8%。吉尔吉斯斯坦工农业对国内生产总值贡献率分别为14.1%和26.7%，塔吉克斯坦工农业对国内生产总值贡献率分别为12%和23.5%。

后金融危机时期，受国际经济形势变动的影响，特别是国际能源价格走低、俄罗斯经济衰退和乌克兰危机等因素影响，中亚国家资源原料型经济不同程度地出现下滑趋势（见表3.1），从危机前的平均增速9.2%（2007年）降至2008—2014年的6.9%。受乌克兰危机影响，2015年中亚五国经济平均增速只有4.9%。2016年以后到2020年的平均增速进一步下滑至4.3%。2021年中亚国家经济总量达到3,470亿美元，近20年来年均增长6.2%；累计吸收外资2,110亿美元，近20年来增加了16倍；2021年进出口总额为1,655亿美元，20年增加了5倍。[①]

表3.1　近年中亚国家国内生产总值增长率变化趋势

国家	2007	2008	2009	2010	2011	2012	2013	2014	2015	2016	2017	2018	2019	2020	2021
哈萨克斯坦	8.9%	3.3%	1.2%	7.3%	7.4%	4.8%	6.0%	4.2%	1.2%	1.1%	4.1%	4.1%	4.5%	-2.5%	4.3%
乌兹别克斯坦	9.5%	9.0%	8.1%	7.1%	7.5%	7.1%	7.3%	6.9%	7.2%	5.9%	4.4%	5.4%	5.7%	1.9%	7.4%
吉尔吉斯斯坦	8.5%	8.4%	2.9%	-0.5%	6.0%	-0.1%	10.9%	4.0%	3.9%	4.3%	4.7%	3.8%	4.6%	-8.4%	3.6%
塔吉克斯坦	8.0%	7.9%	3.9%	6.5%	7.4%	7.5%	7.4%	6.7%	6.0%	6.9%	7.1%	7.6%	7.4%	4.4%	9.2%
土库曼斯坦	11.1%	14.7%	6.1%	9.2%	14.7%	11.1%	10.2%	10.3%	6.5%	6.2%	6.5%	6.2%	6.3%	5.9%	6.2%

资料来源：独联体跨国统计委员会，http://www.cisstat.com，访问日期：2022年11月18日。

2. 中国与中亚国家经济合作

独立后的中亚国家寻求对外经济多元化，对后苏联空间国家贸易依存度逐渐降低。吉尔吉斯斯坦和塔吉克斯坦从20世纪90年代中期的70%降低到2020年的不足50%。哈萨克斯坦和乌兹别克斯坦则下降到了30%。与

---

① Евразийский банк развития: «Экономика Центральной Азии: новый взгляд» (10 ноября 2022 г.)[сайт]. URL: https://eabr.org/analytics/special-reports/ekonomika-tsentralnoy-azii-novyy-vzglyad/?ysclid=lbioozygwb2384998，访问日期：2022年11月17日。

之相反，中亚国家与中国的经贸合作稳步推进。如表3.2所示，20世纪90年代中国与中亚国家的经济合作发展迟缓。进入21世纪，中国加入WTO并与哈、乌、吉、塔、俄建立上海合作组织，中国和中亚国家加快经济合作，中亚国家已经渡过转型难关。由于国际原料和能源市场日趋繁荣，该地区经济呈高速增长趋势。这也促使中国与中亚国家经济合作迅猛发展。2010年中国与中亚国家贸易规模突破300亿美元，2018年突破400亿美元，2021年突破500亿美元。增长幅度最大的是土库曼斯坦，达到2001年的200倍。土库曼斯坦与中国联系最紧密，对中国的出口几乎只有天然气，2009年土库曼斯坦—乌兹别克斯坦—哈萨克斯坦—中国天然气管道投入运营。中国与乌兹别克斯坦和塔吉克斯坦的贸易扩大了100倍，与吉尔吉斯斯坦贸易扩大了23倍，与哈萨克斯坦贸易扩大了15倍。2022年1月，习近平在中国–中亚元首视频峰会上宣布向中亚国家提供5亿美元的无偿援助，并力争到2030年将中国与中亚国家的贸易额提升到700亿美元。

表3.2 中国与中亚国家贸易规模变动情况

单位：亿美元

国家	1992	2000	2010	2015	2016	2017	2018	2019	2020	2021
哈萨克斯坦	3.7	15.6	204.1	142.9	130.98	179.4	198.8	220.0	215.1	252.5
乌兹别克斯坦	0.48	0.52	24.8	34.96	36.1	42.2	62.7	72.1	66.2	80.4
土库曼斯坦	0.045	0.16	15.7	86.4	59.0	69.4	84.4	91.2	65.1	73.6
吉尔吉斯斯坦	0.36	1.8	42.0	43.4	56.8	54.2	56.1	63.5	29.0	75.5
塔吉克斯坦	0.028	0.17	14.3	18.5	17.6	13.5	15.1	16.7	10.6	18.6
合计	4.6	18.3	300.9	326.2	300.5	358.7	417.1	463.5	386	500.6

资料来源：国家统计局数据库，http://data.stats.gov.cn/easyquery.htm?cn=C01，访问日期：2022年9月20日。

近20年来，中亚与中国的贸易规模扩大了24倍，大大超过与俄罗斯的贸易增速，中国即将超过俄罗斯成为中亚国家的主要贸易伙伴。2020年俄罗斯在中亚国家对外贸易中的占比下降到21.6%，而中国的占比则上升到20.4%，见表3.3。中亚国家位于中国和俄罗斯之间运输走廊的交汇点上，这使得中亚在货物运输和融入跨境产业链方面具有巨大的发展过境运输潜力。中亚国家的主要贸易伙伴还有土耳其（见表3.3）、欧盟成员国（哈萨克斯坦向其出口石油）。

表3.3 2020年中亚国家主要贸易伙伴在中亚国家对外贸易中的占比

国家和地区	中亚国家	哈萨克斯坦	吉尔吉斯斯坦	塔吉克斯坦	土库曼斯坦	乌兹别克斯坦
俄罗斯	21.6%	23.9%	31.6%	22.5%	6.7%	18.6%
中国	20.4%	17.9%	21.1%	14.0%	51.0%	17.5%
土耳其	6.0%	4.0%	5.7%	6.5%	13.1%	8.7%
中亚国家	9.9%	6.2%	21.2%	28.0%	8.5%	13.9%

资料来源：根据国际贸易中心Trade Map计算得出，https://www.trademap.org/Index.aspx。

中亚国家在世界银行发布的营商指数的排名大幅上升。在2020年的排名中，哈萨克斯坦在190个国家中排名第25位，15年中提升了57个位次。乌兹别克斯坦提升了82个位次（居第69位），吉尔吉斯斯坦和塔吉克斯坦提升了24个位次（分别位居第80位和第106位）。[①] 随之而来的便是外商直接投资大幅增加。2021年中亚国家累计吸收外商直接投资2,114亿美元，其中哈萨克斯坦占1,519亿美元。哈萨克斯坦近30年吸引外资3,700亿美元，主要投资国是荷兰（1,010亿美元）、美国（462亿美元）、瑞士（285亿美元）。中国对中亚国家的投资是俄罗斯的2倍。欧亚开发银行估计，截至2020年年底，中国对中亚的直接投资规模接近400亿美元。其中对哈萨克斯坦投资214亿美元，对乌兹别克斯坦投资100亿美元，对吉尔吉斯斯坦投资46亿美元，对塔吉克斯坦投资30多亿美元。而中国的统计数字显示（见表3.4和表3.5），截至2021年中国对中亚国家的直接投资存量为137.4亿美元。中国在中亚参与和全额投资的企业数量有7,700家。其中哈萨克斯坦约有3,500家，乌兹别克斯坦约有2,000家。据俄罗斯央行数据，截至2022年1月1日，俄罗斯在中亚的累计直接投资为490亿美元。根据欧亚开发银行的数据，俄罗斯在中亚的累计直接投资规模为217亿美元，

---

① World Bank Group, "Doing Business 2020: Comparing Business Reculation in 195 Economies," Washington, World Bank Group, 2020, p.4.

其中对哈萨克斯坦投资111亿美元,对乌兹别克斯坦投资89亿美元,对吉尔吉斯斯坦投资9亿美元,对塔吉克斯坦投资6亿美元。俄罗斯在中亚的合资和独资企业超过1万家。

表3.4 中国对中亚直接投资流量

单位:万美元

国家	2013	2014	2015	2016	2017	2018	2019	2020	2021
哈萨克斯坦	81,149	−4,007	−251,027	48,770	207,047	11,835	78,649	−11,529	82,224
乌兹别克斯坦	4,417	18,059	12,789	17,887	−7,575	9,901	−44,583	−3,677	36,903
土库曼斯坦	−3,243	19,515	−31,457	−2,376	4,672	−3,830	−9,315	21,104	−1,760
吉尔吉斯斯坦	20,339	10,783	15,155	15,874	12,370	10,016	21,566	25,246	7,643
塔吉克斯坦	7,233	10,720	21,931	27,241	9,501	38,824	6,961	−26,402	23,743
合计	109,895	55,070	−463.203	107,396	226,015	66,746	53,278	4,742	148,753

资料来源:中国商务部、国家统计局、国家外汇管理局编《2021年度中国对外直接投资统计公报》,中国商务出版社,2022,第49—50页。

表3.5 中国对中亚直接投资存量

单位:万美元

国家	2013	2014	2015	2016	2017	2018	2019	2020	2021
哈萨克斯坦	695,669	754,107	509,546	543,227	756,145	743,108	725,413	586,937	748,743
乌兹别克斯坦	19,782	39,209	88,204	105,771	94,607	368,988	324,621	326,464	280,772
土库曼斯坦	25,323	44,760	13,304	24,908	34,272	31,193	22,656	33,647	29,417
吉尔吉斯斯坦	88,582	98,419	107,059	123,782	129,938	139,308	155,003	176,733	153,142
塔吉克斯坦	59,941	72,896	90,909	116,703	161,609	194,483	194,608	156,801	162,722
合计	889,297	1,009,391	809,022	914,391	1,176,571	1,477,080	1,422,301	1,280,582	1,374,796

资料来源:中国商务部、国家统计局、国家外汇管理局编《2021年度中国对外直接投资统计公报》,第55—56页。

2022年1月,中国-中亚国家元首峰会发表的《中国同中亚五国领导人关于建交30周年的联合声明》指出,"各方积极推进共建'一带一路'倡议同本国发展战略对接,开展高效合作,成功建成中哈原油管道、中国-中亚天然气管道、中吉乌公路、中乌鹏盛工业园、中塔乌公路等一大批互利共赢的合作项目,广泛惠及地区各国人民"。①六国共同宣布,中国同中亚五国关系进入新时代,在兼顾彼此利益的基础上继续合力构建内涵丰富、成果丰硕、友谊持久的战略伙伴关系,打造中国–中亚命运共同体。在务实合作方面,深化共建"一带一路"倡议同中亚五国发展战略对接,提升贸易和投资便利化水平,扩大相互投资和贸易规模,深化产能、能源、农业、数字经济等领域合作;构建全方位、复合型、绿色环保、可持续的交通基础设施体系,维护产业链供应链稳定畅通,巩固中亚作为亚欧大陆交通枢纽的重要地位;积极推动中国——中亚铁路集装箱运输;加强电子商务合作,发展"丝路电商";加快数字基础设施联通,扩大数字经济、创新和绿色技术领域合作。中国外交部副部长乐玉成表示,中国与中亚国家建交30年来,双边合作取得一系列历史性、标志性、突破性的成就,创造了多项第一。中亚地区是中国周边首个战略伙伴集群,六国在构建人类命运共同体方面走在国际社会"第一方阵"。在2022年1月中国–中亚国家领导人峰会上,中亚国家元首都高度评价中国的发展成就,赞赏中国为地区和世界和平发展所作的贡献,支持中方近年来提出的一系列重大合作倡议。中国是中亚第一大贸易伙伴,双边贸易额比建交初期增长上百倍。中亚地区是"一带一路"的首倡之地和西向首发站。近10年来,共建"一带一路"合作在中亚开花结果。途经中亚的中欧班列累计开行逾2.5万列,占中欧班列累计开行数一半以上。被称作"中亚第一长隧"的乌兹别克斯坦安格连—帕普铁路隧道彻底改变了上千万人的出行方式。当地居民称赞道,"中国建设者用900天奋战成就火车900秒穿行大山的奇迹"。中亚地区成为中国最便捷、最安全的境外能源供应地,中国——中亚天然气管道全长近1万公里,是世界上最长的天然气管道,累计对华输气超3,800亿立方米,惠及5亿人口。中哈原油管道是中国陆路进口原油的第一条跨境大动脉,累计对华输油超1.5亿吨;中哈霍尔果斯国际边境合作中心与中哈连云港物流合作基地成功建成,这两个"首创"打开了中亚国家通向太平洋的大门。

---

① 《中国同中亚五国领导人关于建交30周年的联合声明》,《人民日报》2022年1月26日,第2版。

二、中亚国家积极参与"一带一路"建设

中亚是中国倡议的"丝绸之路经济带"建设的核心区域。2013年9月，习近平主席在哈萨克斯坦第一次发出了与中亚国家共建"丝绸之路经济带"的倡议。根据《推动共建丝绸之路经济带和21世纪海上丝绸之路的愿景与行动》，"一带一路"贯穿亚欧非大陆，一头是活跃的东亚经济圈，一头是发达的欧洲经济圈，中间广大腹地国家经济发展潜力巨大。这里所说的"中间广大腹地国家"主要就是指中亚国家。"丝绸之路经济带"重点畅通中国经中亚、俄罗斯至欧洲（波罗的海）；中国经中亚、西亚至波斯湾、地中海。共同打造新亚欧大陆桥、中蒙俄、中国—中亚—西亚等国际经济走廊是其重要内容。具体来说，"丝绸之路经济带"从新疆出境之后在中亚将形成三条交通走廊，第一条经哈萨克斯坦、俄罗斯抵达波罗的海，再经白俄罗斯、波兰进入欧洲，即新亚欧大陆桥；第二条经哈萨克斯坦（或经吉尔吉斯斯坦、乌兹别克斯坦）、土库曼斯坦、里海，穿过高加索地区的阿塞拜疆和格鲁吉亚、黑海，经乌克兰、罗马尼亚等国进入欧洲；第三条经哈萨克斯坦（或经吉尔吉斯斯坦）、乌兹别克斯坦、土库曼斯坦、伊朗、土耳其进入地中海，或从伊朗进入波斯湾。中巴经济走廊建成之后可以直接进入伊朗和沙特等阿拉伯国家，此即为中国—中亚—西亚经济走廊。由此可见，中亚将成为"丝绸之路经济带"的物流、客流、信息流的集散中心。

为了摆脱国内经济困局，中亚国家积极谋求与中国提出的"丝绸之路经济带"合作。2014年哈萨克斯坦首任总统纳扎尔巴耶夫表示，哈方积极支持和参与"丝绸之路经济带"建设。中哈签署了包括共建"丝绸之路经济带"在内的一系列合作文件。2015年3月，双方签署了《加强产能与投资合作备忘录》等价值236亿美元的30多份合作文件，成为"一带一路"框架下产能合作的范本。2015年9月，纳扎尔巴耶夫再次表示，哈方积极推动中方"丝绸之路经济带"建设同哈"光明之路"新经济政策对接。两国发表联合宣言称，"双方强调，中国'丝绸之路经济带'倡议和哈萨克斯坦'光明之路'新经济政策相辅相成，有利于深化两国全面合作。双方将以此为契机进一步加强产能与投资合作。双方将本着开放精神和协商、协

作、互利原则,共同就'丝绸之路经济带'倡议和'光明之路'新经济政策进行对接开展合作"。①2022年9月,中哈签署的《建交30周年联合声明》称,两国是首批签署共建"一带一路"双边合作文件并深入开展共建"一带一路"合作的国家。两国合作铺设中国同周边国家第一条陆上跨境油气管道。双方率先开展国际产能与投资合作,在国际社会打造全新合作模式。共建"丝绸之路经济带"于2013年在哈萨克斯坦首都阿斯塔纳提出,哈是中国共建"一带一路"合作重要伙伴。中哈连云港物流合作基地、霍尔果斯—东大门无水港、里海沿岸阿克套港、哈萨克斯坦—土库曼斯坦—伊朗新铁路走廊、中国西部—欧洲西部国际运输走廊等基础设施大项目已投入运营。双方愿继续积极推动"一带一路"倡议同哈萨克斯坦"光明之路"新经济政策对接,支持继续共同落实建设"绿色通道""数字丝绸之路"等倡议,深化中欧班列和跨里海国际运输走廊务实合作;继续推进《中哈政府间产能与投资合作规划》草案商谈工作,推动中哈产能与投资合作高质量发展。

2014年5月,乌兹别克斯坦首任总统卡里莫夫表示,乌方愿积极参与建设"丝绸之路经济带",促进经贸往来和互联互通,把乌兹别克斯坦的发展同中国的繁荣更紧密联系在一起,全力确保中亚—中国天然气管线如期完成,加快推进乌吉中铁路。2015年6月,中国商务部与乌经济部签署了《关于在落实建设"丝绸之路经济带"倡议框架下扩大互利经贸合作的议定书》,并开始落实《中乌战略伙伴关系发展规划(2014—2018年)》。2022年9月签署的中乌《联合声明》强调,"双方愿积极推进'一带一路'倡议同'新乌兹别克斯坦'2022—2026年发展战略对接"。②双方将全面充分落实现有双边文件及达成的共识,深化共建"一带一路"合作,深化"丝路电商"合作,探索两国贸易和创新合作新增长点。双方指出,切实落实2022年2月签署的《中乌政府间经贸投资合作规划(2022—2026年)》具有重要意义。

---

① 《中华人民共和国和哈萨克斯坦共和国关于全面战略伙伴关系新阶段的联合宣言》,《人民日报》2015年9月1日,第3版。
② 《中华人民共和国和乌兹别克斯坦共和国联合声明》,《人民日报》2022年9月16日,第3版。

2014年5月,吉尔吉斯斯坦时任总统阿塔姆巴耶夫表示,吉方愿意积极参与"丝绸之路经济带"建设,促进两国经贸往来、基础设施互联互通和人文交流。2015年12月,吉尔吉斯斯坦时任总理萨里耶夫表示,愿与中方积极开展产能合作,推动基础设施建设等领域大项目合作,尽快落实中吉乌铁路项目,扩大双边贸易。中吉两国发表的《政府联合公报》明确写道:"双方将本着共商、共建、共享原则合作建设丝绸之路经济带。为此,双方将……积极制订和通过相关文件,在共建丝绸之路经济带框架下推进务实合作。"[①] 2022年2月,习近平主席和吉尔吉斯斯坦总统扎帕罗夫发表《联合声明》指出:"共建'一带一路'倡议是两国实施经济社会及人文合作项目的主要原动力。两国元首认为,共建'一带一路'应发挥交通和过境运输潜力,发展现有并新建路线,特别是新建包括中吉乌铁路在内的铁路线路对促进本地区经济社会发展有重要意义。双方愿致力于加快推动该项目。加快推动这一项目将成为全面挖掘中亚地区过境运输潜力的重要一步,也是推动'一带一路'建设的重要一环。"[②] 在中方协助下,双方已经或正在实施一大批合作项目,包括达特卡—克明输变电线项目、奥什—萨雷塔什—伊尔克什坦公路、比什凯克—纳伦—吐尔尕特公路、北南公路、奥什—巴特肯—伊斯法纳公路建设和修复项目,以及比什凯克热电厂现代化改造和比什凯克市政路网改造项目等。2022年9月,中吉乌铁路建设协定由三国代表在撒马尔罕签署,计划2023年开工,结束了20多年的讨论。这一项目将开辟中国经吉尔吉斯斯坦、乌兹别克斯坦、土库曼斯坦、伊朗和土耳其或里海到欧洲的物流新通道。

2015年9月,塔吉克斯坦总统拉赫蒙表示,塔方希望积极参与丝绸之路经济带建设,发挥两国互补优势,推动电力、矿产、交通基础设施、跨境运输等领域务实合作,开展共同加工、联合生产。中塔两国签署的《联合宣言》称,"双方愿密切合作,共同推动丝绸之路经济带建设,开辟中塔

[①] 《中华人民共和国政府和吉尔吉斯共和国政府联合公报》,《人民日报》2015年12月17日,第3版。

[②] 《中华人民共和国主席习近平同吉尔吉斯共和国总统扎帕罗夫联合声明》,《人民日报》2022年2月7日,第2版。

合作新的广阔前景"。①2019年中塔就深化两国全面战略伙伴关系发表联合声明，表示双方将继续落实《中塔合作规划纲要》，推动"一带一路"倡议同塔吉克斯坦"2030年前国家发展战略"深入对接，致力于逐步构建中塔发展共同体。2022年2月，习近平主席在会见来访的拉赫蒙总统时表示，塔方最早同中方签署共建"一带一路"合作倡议，双方率先建立发展共同体和安全共同体，是名副其实的铁杆朋友。拉赫蒙表示，塔中建交30年来，成为彼此可信赖的最重要全面战略伙伴，塔方愿积极参与共建"一带一路"合作，在此框架下推进经贸、工业、能源、基础设施等各领域合作。

三、中亚国家经济发展战略

突如其来的2008—2010年全球金融危机打断了中亚国家的高速经济增长。由于国际原料和能源价格的急剧下跌，这期间中亚地区经济严重下滑，降幅超过一半。哈萨克斯坦经济增长率从2007年的8.9%下降到2009年的1.2%，土库曼斯坦增长率从2008年的14.7%下降到2009年的6.1%，塔吉克斯坦从2008年的7.9%下降到2009年的3.9%，吉尔吉斯斯坦更是从2008年的8.4%下降到2010年的−0.5%。中亚国家纷纷出台刺激政策，为经济注入强心剂。但是经过短暂的复苏，由于世界经济复苏动力不足，国际原料和能源价格疲软，以及刺激效应的衰减，中亚经济从2012年开始再次陷入增长乏力的困境。哈萨克斯坦2015年的增长率仅为1.2%。中亚国家已经认识到原料资源导向的经济发展模式的严重脆弱性，纷纷制定面向2030年甚至2050年的社会经济长期发展战略。与中国"一带一路"倡议合作，加强基础设施建设，实现工业化，彻底改变这种发展模式成为中亚国家今后长期发展的战略方向之一。

1. 哈萨克斯坦：2030年战略、2050年战略和"光明之路"新经济政策

早在1997年10月，哈萨克斯坦首任总统纳扎尔巴耶夫就提出了"哈萨克斯坦−2030"战略，目标是到2030年赶上"亚洲四虎"，成为名副其

---

① 《中华人民共和国和塔吉克斯坦共和国关于进一步发展和深化战略伙伴关系的联合宣言》，《人民日报》2015年9月14日，第2版。

实的"中亚雪豹"和亚欧的中心。2012年12月,纳扎尔巴耶夫进一步将哈萨克斯坦长期发展战略瞄准了2050年,制定了"哈萨克斯坦-2050"战略,主要目标是人均国内生产总值达到6万美元,进入世界最发达国家30强行列。"哈萨克斯坦-2050"战略认为,为此必须以全新理念开展基础设施建设,提高国内各地区的通达能力,积极发挥哈萨克斯坦过境运输潜力;发展人口集聚、交通、能源三位一体的基础设施建设,形成背靠欧亚统一经济空间,经中国入大洋,经伊朗南下波斯湾,经高加索挺进欧洲的运输网络;2030—2050年实现在高科技经济原则下的稳定发展,形成强大的制造业。

为了应对世界经济波动、能源价格下跌和哈萨克斯坦经济下滑,2014年11月,纳扎尔巴耶夫发布哈萨克斯坦"光明之路"新经济政策,计划动用原料能源出口收入形成的国家财富基金,发展交通、能源、工业和社会基础设施以及中型企业。新经济政策的核心就是基础设施建设计划与第二个产业创新国家五年规划同步实施,形成全国统一大市场,保障实现长期增长。[①] 其任务是按照辐射原则建设有效的铁路、公路和航空运输物流基础设施。"光明之路"新经济政策已经执行了2015—2019年规划,正在执行2020—2025年规划。主要建设工程有中国西部到欧洲西部的"双西公路"以及阿斯塔纳—阿拉木图、阿斯塔纳—乌斯季卡缅诺戈尔斯克、阿斯塔纳—阿克托别—阿特劳、阿拉木图—乌斯季卡缅诺戈尔斯克、卡拉干达—杰茨卡兹干—克孜勒奥尔达、阿特劳—阿斯特拉罕公路。新经济政策要求,继续在东部地区建设物流集散中心和西部里海港口基础设施以及轮渡运输,包括波尔扎克特—叶尔塞铁路。在中国、伊朗、俄罗斯和欧盟国家海港和无水港租赁或建设码头终端。工业基础设施建设包括主要特别经济区和旨在鼓励中小企业发展的地方新工业区的基础设施,以及旅游基础设施。在统一电力能源体系框架内加强能源基础设施建设,针对南方地区电力不足的问题集中力量建设两大工程:埃基巴斯图兹—塞梅伊—乌斯季

---

① Послание Президента Республики Казахстан Н. Назарбаева народу Казахстана. «Нұрлы жол – путь в будущее» (11 ноября 2014 г.) [сайт]. URL: http://www.akorda.kz/ru/addresses/poslanie-prezidenta-respubliki-kazakhstan-nnazarbaeva-narodu-kazahstana-11-noyabrya-2014-g. (дата обращения: 10.11.2021)

卡缅诺戈尔斯克和塞梅伊—阿克斗卡—塔尔迪库尔干—阿拉木图高压输电线路。

为了实现创新引领的工业化，哈萨克斯坦早在2003年就批准了《哈萨克斯坦共和国产业创新发展战略（2003—2015年）》，目的是通过经济多元化和现代化，摆脱对原料部门的依赖，实现可持续发展，并为转向技术服务型经济创造条件。2010年开始实施产业创新五年规划，聚焦制造业发展，以通过产业集聚实现地区专业化。目前已经在执行第三个产业创新五年规划（2020—2025年）。哈萨克斯坦制定了10余项2025年分领域战略规划。

2022年"一月事件"后，获得真正总统实权的托卡耶夫于3月发表总统咨文，提出了一整套政治改革方案。国家治理方式彻底从超级总统制转向强议会的总统制共和国体制，以优化权力机构平衡，保障国家稳定发展。提高议会的作用是实现"倾听国家"构想的重要因素。他描绘了"新哈萨克斯坦"的未来形象和轮廓，即"高效率的国家、强有力的社会"，也就是强有力的总统、有影响力的议会、报告制的政府。在2022年11月举行的提前选举中，托卡耶夫再次当选为哈萨克斯坦总统，任期7年。

2. 新乌兹别克斯坦发展战略

2013年乌兹别克斯坦政府与联合国发展规划署、世界银行等合作制定《乌兹别克斯坦2030年前结构改革国家战略》。2014年乌兹别克斯坦政府经济研究中心作为该战略制定的主要参与者发表了战略研究笔记——《预见2030》。《乌兹别克斯坦2030年前结构改革国家战略》由4部分组成，涉及交通运输、经济结构调整、社会政策和制度环境，设定的国家发展目标是进入世界中等收入国家行列。为此，乌兹别克斯坦必须建设完善的交通体系，使其成为跨大陆和区域性物流网络的重要节点。2015—2019年乌兹别克斯坦交通建设投资中有100亿美元用于发展2,400公里的国家级公路网以及实现铁路运输电气化。交通基础设施投资将从国内生产总值的3.55%增加到2030年的4.6%。乌兹别克斯坦将进一步优化以消费者为导向的运输物流体系，提高服务质量，扩大服务范围，进一步实现进出口和货物过境运输线路多元化。乌迫切需要建设经阿富汗、伊朗南下波斯湾和中吉乌铁路两条新的交通走廊。在转变经济发展方式上，乌兹别克斯坦现有资源利用模式导致资源的加速衰竭，因此乌必须提高资源利用效率，实施经济结构转型，将制造业比重从9%提高到22%，服务业比重从45%提高到55%。

2016年12月，乌兹别克斯坦举行总统选举，米尔济约耶夫当选乌第二任总统。翌年他签署总统令，实施《乌兹别克斯坦进一步发展行动战略（2017—2021年）》，确立了完善国家治理体系，改革司法体系，实现经济自由化，加强社会保障措施和实施均衡、互利的对外政策五个方面的国家政策和发展方向。① 2022年1月，米尔济约耶夫签署总统令，从"行动战略"转向"发展战略"，实施《新乌兹别克斯坦发展战略（2022—2026年）》。② 该战略提出要建设人道的国家，提高人的尊严和荣耀，进一步发展自由的社会；将公正和法律至上的原则变成国家发展的基本和必要条件；改善投资环境，吸引外商投资700亿美元，使证券市场规模达到70亿美元，出口总额达到300亿美元，以此加快国家经济发展，提高增长速度，力争人均国内生产总值增加60%，2030年达到4,000美元，进入中等收入国家行列；实行公正的社会政策，发展人力资本；将精神文明发展提高到新的水平；站在国家利益视角解决全球性问题，如生态、极端主义和恐怖主义、腐败、贫困、移民、疫情等；巩固国家安全和国防，实行开放、务实和积极的对外政策，力争加入世贸组织，拓展欧亚经济联盟市场，与邻国在边境地区建设自由贸易区，重点加强与中日韩等亚太地区以及西亚和南亚地区的合作。该战略围绕这七个方面的任务提出了100个具体目标。

2019年6月，乌兹别克斯坦交通部制定了《2035年乌兹别克斯坦共和国交通体系发展战略》草案，规划了一系列新项目以改善道路交通状况，重点是解决国内各地区之间的交通联系，建设南向出海口和连接亚欧大陆东西方的交通走廊。

3. 塔吉克斯坦国家发展战略

2015年2月，塔吉克斯坦总统拉赫蒙在国家发展委员会上对制定2030

---

① Указ Президента Республики Узбекистан о Стратегии действий по дальнейшему развитию Республики Узбекистан (7 феврфдя 2017 г.) [сайт]. № УП-4947. URL: http://president.uz/ru/lists/view/231. (дата обращения:06.11.2021)

② О стратегии развития Нового Узбекистана на 2022–2026 годы (28 января 2022 г.) [сайт]. URL: https://president.uz/ru/lists/view/4954. (дата обращения:06.11.2021)

年前国家长期战略和规划作出部署，强调战略的优先方向是提高国家财富使用绩效，特别是要提高人的潜力和效力以及国民财富的使用效果。拉赫蒙强调，要实现三个战略目标，即保障能源独立，摆脱交通闭塞状态，保障国家粮食安全。他说，战略任务是保证国家宏观经济指标和金融体系稳定，实施稳定的社会政策，发展原料和其他资源加工产业，实现产能多元化，在各领域进行制度改革。[①] 2016年1月，拉赫蒙在总统咨文中进一步将上述"三大目标"变成"三个转变"，即从保障能源独立转向有效利用能源，从摆脱交通闭塞转向把国家变成运输过境国，同时从保障粮食安全转向让居民享受到高质量的饮食。咨文强调，国家的优先发展方向是提高实体经济部门的效率，使生产多元化，并实现地区发展。要求国家在工业和创新方面进一步持续发展，提高资源利用效率。塔今后的发展战略规定了国家的工业化任务，表示不仅要促进原料的深加工，提升具有竞争力的国产产品产量，而且要提高出口能力。2016年9月，拉赫蒙主持的政府工作会议通过了《塔吉克斯坦共和国2030年前国家发展战略》（简称HCP-2030）。

《塔吉克斯坦共和国2030年前国家发展战略》坚持三个基本原则，即预防或预警（降低）未来发展的薄弱环节、提高国家资源利用的工业性或效率和国家社会经济生活各行业革新基础上的创新性。确定的塔吉克斯坦长期发展的最高目标是在保障经济可持续发展的基础上提高本国居民的生活水平。这一最高目标进一步被分解为未来15年的战略目标和措施。具体包括：保障能源安全和电力使用效率；走出交通困境，把本国变成过境运输国；保障粮食安全，并帮助居民获得高质量饮食；扩大实际有效的就业。[②]《塔吉克斯坦共和国2030年前国家发展战略》还规定了新的发展阶段所面临的三大任务和措施。首先，保持经济年均7%—8%的增长速度，国内生产总值总量翻两番以上，人均国内生产总值增加1.5倍，贫困水平降低一半并消除极端贫困，力争达到中等收入国家水平。其次，通过国民经

---

① Выступление Президента Республики Таджикистан Эмомали Рахмона на заседании Совета по национальному развитию при Президенте Республики Таджикистан (10 феврфля 2015 г.) [сайт]. URL: http://www.president.tj/ru/node/8271. (дата обращения: 06.11.2021)

② Национальная стратегия развития Республики Таджикистана на период до 2030 года (20 февраля 2017 г.) [сайт]. URL: http://www.mintrans.tj/sites/default/files/2017/september/nacionalnaya_strategiya_razvitiya_rt_na_period_do_2030_goda.pdf. (дата обращения: 14.11.2021)

济多元化及其竞争力的提高来保障发展的可持续性。提高工业增长速度及其在国内生产总值中的占比，提高农业效率并保障粮食安全，加速发展服务业，进而提高国民经济多元化水平和国民经济竞争水平。最后，中产阶级的比重提升到50%。为实现上述目标，塔吉克斯坦还制定了《塔吉克斯坦中期发展规划（2021—2025年）》。

4. 吉尔吉斯斯坦"新时代-40步骤"战略

2013年1月，吉尔吉斯斯坦经济部副部长C.穆康别托夫表示，现在需要着手制定2030年发展战略。他说，吉政府已经就推行可持续发展新模式作出了政治决定，这种可持续发展新模式本身要求致力于发展的系统性、综合性和均衡性。具体将分三个阶段来推行这种新模式：第一阶段为2013—2017年，第二阶段为2018—2020年，第三阶段为2021—2030年。第一阶段将执行第一个五年计划即《吉尔吉斯共和国2013—2017年可持续发展战略》，主要任务就是立国，在五年之内建立一个政治体系可持续，经济迅速发展，居民收入稳定增长的民主国家。随着第一阶段战略实施的结束，在2017年后续阶段战略的制定过程中将战略的实施期限推到了2040年。

2018年3月，吉尔吉斯共和国国家可持续发展委员会讨论了最新的《吉尔吉斯共和国2018—2040年国家发展战略》（简称"新时代-40步骤"）草案，[①] 对社会、经济和政治各方面的发展作出了长期规划。明确了人、家庭和社会发展的战略目标是发展人力资本。国家在经济福利和发展环境的质量方面的战略目标是为企业和金融业创造良好的环境，特别是在基础设施建设方面计划新建和改造一批能源项目，包括坎巴拉京斯克1号和2号水电站、上纳棱和阿克布隆、乌奇库尔冈、阿特巴兴、托克托古尔和卡拉克钦水电站，继续普及天然气的使用，建设过境铁路网和南北铁路线，发展过境运输，利用邻国哈萨克斯坦、乌兹别克斯坦和中国的交通基础设施发展的成果，尽快开始中吉乌铁路建设，在阿拉木图—比什凯克经济走

---

① Проект Национальной стратегии развития Кыргызской Республики на 2018-2040 годы «Таза коом – Жаны доор» (26 марта 2016 г.) [сайт]. URL: http://www.president.kg/ru/sobytiya/novosti/6015_proekt_nacionalnoy_strategii_razvitiya_kirgizskoy_respubliki_na_2018_2040_godi_. (дата обращения: 13.11.2021)

廊框架内规划建设高铁，2018—2020年完全恢复连接哈萨克斯坦和乌兹别克斯坦的铁路线——全长1,250公里的比什凯克—奥什（扎拉尔阿巴德）交通走廊。优先鼓励发展的部门主要有：矿山开采、石油产品和建筑材料生产、非金属矿物原料储备、进口替代为导向的加工制造业、促进外国企业本地化等工业部门；农业领域的基本政策是保障居民高质量的粮食供应和保障粮食安全；发展轻工业集群，组织全产业链生产，提高集群效率；稳定发展旅游业，将旅游业纳入"一带一路"项目，开展文化旅游，打造苏拉依曼图文化集群，发展比什凯克、乔尔蓬阿塔、卡拉库尔和奥什四个山地探险旅游核心集群，以及卡拉库尔滑雪产业集群。此外，还规定了改善国家治理，实行总统、立法机构和执行机构三权分立，提高国家行政的效率和公平以及改善发展治理，转变治理体系方面的任务和措施。

为了落实2040年战略，吉尔吉斯斯坦总统于2021年10月批准了《2026年吉尔吉斯共和国国家发展规划》。其中明确指出，今后五年内必须解决中吉乌铁路这一战略项目建设的启动问题，优先建设公路和铁路交通走廊，如喀什—伊尔克什坦—奥什、喀什—托卢加特—纳伦，启动阿克苏—巴尔斯空—巴雷克切国际走廊，并建设巴雷克切物流中心；建设北—南公路，改造奥什—巴特肯—伊斯法纳—苦盏、塔拉兹—塔拉斯—苏萨梅尔、蒂普—克根公路，进一步保证货物经过哈萨克斯坦、塔吉克斯坦和乌兹别克斯坦领土时的自由畅通；建设多式联运货物集散地（物流中心）；对玛纳斯国际机场进行改造。

5. 发挥亚欧物流过境运输的潜力是中亚国家进入国际市场的钥匙

高昂的运输成本制约了中亚进入国际市场，地区内部落后的交通制约了社会经济发展。中亚地区碎片化的交通格局是苏联时期遗留下来的，当时没有考虑加盟共和国的行政边界，也没有修建通往南向邻国阿富汗、伊朗的公路和铁路出口。独立后的中亚国家普遍缺乏资金，东部的高山地势也制约了各国公路和铁路建设。

随着中国共建"一带一路"倡议的实施，贯穿亚欧大陆南北和东西方向的交通走廊在这里交汇，为该地区提供了独一无二的发展契机。交通是中亚打开国际市场的钥匙。近20年来，中亚国家在交通基础设施建设方面取得了不小的进展，包括融入亚洲公路网和跨亚洲铁路网。硬化公路通车里程增加了2.4万余公里。扩大客运和货运规模，包括集装箱过境运输，保障稳定的"绿色流动"，以及降低运输成本是中亚各国国家战略和该地区国家间双边和多边合作的重要方向。各国战略的重点集中在发展国际交通走廊、建设替代交通路线、实现交通运输多元化等方面。哈萨克斯坦在发挥东西和南北方向过境运输潜力方面表现最为活跃，试图成为亚欧运输和物流中心，并将这一计划写入了"2050战略"和"光明之路"计划（2020—2025年），它计划将阿克套港和库雷克港建成集装箱枢纽。其主要依托是连接中国和欧洲的运输路线以及中国—土库曼斯坦—伊朗这条南北国际交通走廊东线。哈萨克斯坦还对建设跨里海国际运输通道表现出极大兴趣，以使来自中国的集装箱经里海港口到阿塞拜疆、格鲁吉亚、土耳其抵达欧洲。哈萨克斯坦和乌兹别克斯坦计划合作修建图尔克斯坦—希姆肯特—塔什干高铁客运专线和达尔巴扎—马克塔拉尔—吉扎克铁路。双方就建设克孜勒奥尔达—乌奇库杜克公路和铁路并与塔吉克斯坦就建设希姆肯特—塔什干—苦盏经济走廊达成一致。哈萨克斯坦还希望乌兹别克斯坦加入跨里海和南北国际交通走廊建设，使乌兹别克斯坦能够经土库曼斯坦和伊朗港口进入南亚市场。吉尔吉斯斯坦和塔吉克斯坦分别试图通过实施"2040战略"和"2030战略"摆脱交通死胡同，实现交通多元化，进入国际市场。土库曼斯坦"2025规划"也提出了将自己的国家变成东西和南北交通干线中心的任务。土库曼斯坦作为联合国可持续交通五项声明的创始国，2016年11月在阿什哈巴德主办了第一届全球可持续交通大会，明确了2030年交通发展和可持续流动优先方向。乌兹别克斯坦《2035年交通体系发展战略》规划国内各地区之间的交通网络以及与中国、俄罗斯、阿富汗、伊朗、土库曼斯坦、土耳其和印度连接的国际交通走廊。国际组织和其他国家的积极参与也为中亚国家开展交通基础设施建设提供了融资的便利，如亚洲开发银行主导的中亚区域经济合作组织（CAREC）规划的6条区域性交通走廊，总投资规模为315亿美元。20世纪90年代末启动的联合国中亚经济专项规划（SPECA）、欧洲—高加索—亚洲国际交通走廊（TRACECA）、中国的共建"一带一路"倡议以及日本国际协力机构（JICA）、德国国际合作机构（GIZ）、美国国际开发署（USAID）、印度和其他国家都可提供资助。

从发展前景来看，西方对俄罗斯制裁使其货物流向发生重大改变，从西向改为东进和南下，而中国的"一带一路"倡议则是要打通从太平洋到大西洋贯穿整个亚欧大陆的运输通道。中亚处于陆路交通要道，历史上曾是东西和南北联系的桥梁，如今这些交通要道形成了亚欧交通网络的基础。目前东西轴走廊已经成为集装箱过境运输的干道。2014—2021年，经过中亚的中欧集装箱班列从全年308列增加到全年15,183列，也就是增加到了之前的约50倍。2021年中国经跨亚欧走廊（中国—哈萨克斯坦—俄罗斯—白俄罗斯—欧盟）到欧洲运输的集装箱数量达到69.3万标箱，经跨里海国际交通走廊有2.5万标箱。此外，中国到欧洲的返程运输规模也在迅速上升。据欧亚开发银行计算，经中国—欧亚经济联盟—欧盟路线的集装箱运量将达到每年200万标箱。近年来该地区积极发展与印度、伊朗、阿富汗的合作，阿塞拜疆、哈萨克斯坦、土库曼斯坦等国家对南北国际交通走廊和发展里海地区多式联运的热情高涨也加快了南北轴交通走廊建设。开发南北国际交通走廊集装箱运输引起中亚国家的极大兴趣，它们预计2030年可以将运输规模从24.5万标箱提高到50万标箱（或从440万吨提高到900万吨）。亚欧交通网的独特性在于经过中亚的许多国际交通走廊在此连接的可能性，这为该地区国家创造了物流运输的多方向性。例如，南北国际交通走廊在此可以与北方走廊（俄罗斯交通网）、欧洲—中国西部国际走廊、欧洲—高加索—亚洲交通走廊、跨里海国际交通走廊、拉祖里特走廊[①]等相互连接。中亚国家在加强交通基础设施硬件建设的同时，应当花大力气优化软件基础设施，如货物运输调度衔接、简化过境和通关手续。做到无缝运输的方向是数字化，实行电子运输单据如国际公路货物运输合同公约（CMR）、国际铁路货运协议（SMGS）和国际铁路运输电子记录（eTIR），在全球运输单据（GTrD）基础上建立全球运输数字网络，以及引入交通基础设施数字孪生、人工智能、无人移动、大数据、区块链、货物和集装箱自动识别和跟踪等技术。

---

① 拉祖里特走廊（Lapis Lazuli），起始于阿富汗法里亚布省阿吉纳或赫拉特省托尔贡迪，经土库曼斯坦阿什哈巴德、土库曼巴希港、阿塞拜疆巴库港、格鲁吉亚波季港和巴统港或经土耳其卡尔斯、安卡拉和伊斯坦布尔到欧洲。

四、"一带一路"和中亚经济发展相互促进的契合点

面对结构调整和改革创新的世界潮流，中国与中亚国家有必要联手培育新的经济增长点和竞争优势。根据前述中亚国家长期发展战略的方向和要求，丝绸之路经济带与中亚国家经济发展战略相互促进的交汇点主要集中在以下几个方面。

第一，交通基础设施互联互通是"一带一路"和中亚经济发展相互促进的重要内容。为了摆脱国家独立后交通封闭和设施残缺的状况，中亚国家均把交通基础设施建设纳入国家的长期发展战略，并根据中国倡导的"一带一路"倡议，力图将自己的国家建设成重要的过境运输环节。加快陆路交通基础设施建设，修建洲际交通干线，逐步形成联通亚欧地区的战略运输网，包括能源运输网、公路网、铁路和高速铁路网、信息网络等是中亚国家今后发展的着力方向。

第二，提升经贸合作水平是丝绸之路经济带对接中亚经济发展的重要内容之一。如前所述，由于中亚国家都遵循资源主导经济模式，中国与中亚国家的贸易深受世界经济形势变化的影响。因此，中国必须改变这种贸易模式，并在巩固传统贸易的基础上，与中亚各国共同培育新的贸易增长点，提高贸易结构和质量，逐步提高机电产品、高新技术产品等高附加值产品的比重；创新贸易方式，在保持以一般贸易为主的同时，大力发展加工贸易，以投资带动贸易规模和贸易质量的提高；在保持以产业间贸易为主的同时，大力发展产业内贸易；在保持以商品贸易为主的同时，逐步提高服务贸易的比重；不断提高贸易便利化水平。

第三，深化产业投资合作契合中亚国家实现工业化的需要，是促进中国与中亚国家经济深度融合的重要途径，是"丝绸之路经济带"建设的重点领域。如前所述，发展制造业，尤其是引进高新技术，发展原料加工和深加工，实现工业化，是中亚国家产业政策的核心内容。中国与中亚国家的产能合作不仅可以使本国企业"走出去"，转移和消化过剩产能，而且更重要的是可以帮助中亚国家实现工业化战略任务，提升经济现代化水平。为此，中亚国家纷纷努力改善投资环境，加强基础设施建设，出台各种优惠措施，吸引外国直接投资。中国需要采取多种激励措施，鼓励更多

中国企业进入中亚。中国可在中亚国家发展直接投资，实现跨国生产，加大新技术、新产业的投资力度；促进间接投资，扩大投资领域，从矿产资源开发向基础设施建设、建筑业、加工制造业、农业和服务业延伸。中国还应加大在中亚国家民生项目的实施力度。

第四，中亚国家作为21世纪重要能源基地的地位已毋庸置疑，而中国已经成为世界能源消费大国，深化能源资源合作成为丝绸之路经济带倡议与中亚经济发展相互促进的不二选择。必须坚持互利共赢的原则完善中国与中亚的传统能源合作机制，稳定供求关系，深化能源生产、运输、加工等多环节合作，加强能效和新能源开发等领域的合作。中国和中亚国家可开展核能、风能、太阳能、生物能、地能等非传统能源领域合作。

第五，拓宽和加深金融合作领域是丝绸之路经济带对接中亚经济发展的重要支撑。目前中亚国家经济发展普遍面临严重的资金瓶颈，特别是经济发展动力不足、金融风险上升的压力使中国和它们加强金融合作的潜力巨大。中国和中亚国家金融合作的方向应该是：推动区域金融相互开放，优化资源配置，实现融资便利化；促进区域性合作银行、担保公司建设，推动区域内金融创新，加强对风险项目的资金支持，加大对中小企业贷款的支持力度；扩大双边货币互换的规模；建立银行间本币清算合作机制，推进双边本币结算业务发展；确定跨境银行监管规则，促进本地区金融稳定，防范区域金融风险。在人民币日益成为国际货币、中亚国家对人民币需求不断攀升的今天，中国可以尝试在中亚设立人民币离岸交易中心。

第六，中国应适应中亚国家创新驱动现代化的要求，强化与中亚国家多边科技合作，促进新能源、新材料、新技术等科技成果的产业化，全面推进经济现代化，通过科技创新提高生产力，应帮助中亚国家增强抵御国际经济波动的能力。

第七，加强环境保护和水资源合作，实现可持续发展是"丝绸之路经济带"与中亚经济发展相互促进的共同课题。中亚国家都把环境保护和绿色发展纳入国家的长期发展战略，如2017年阿斯塔纳世博会的主题就是"绿色能源"。中亚国家普遍面临的水资源短缺问题引发了相互之间的深刻矛盾。所以，中国有必要与中亚各国建立健全有效的对话机制和联动机制，规划实施一批各方共同参与的、互利的重大项目，统筹推进区域内生态建设和环境保护，共建绿色丝绸之路。

第八，民心相通是丝绸之路经济带建设所要求的"五通"的基础。但是，由于历史和语言的因素，中国与中亚国家的文化交流较为欠缺。所以，中国必须密切与中亚国家的人文交流合作，坚持弘扬和传承古代丝绸之路友好合作精神，为深化合作奠定坚实的民意基础。中国应适当增加向中亚国家提供的政府奖学金名额，积极推动与中亚国家互办多种形式的文化年、艺术节等活动；加强与中亚国家旅游宣传推广合作，扩大旅游投资合作。

第四节 中巴经济走廊

中巴经济走廊北起中国新疆喀什，沿红其拉甫—苏斯特—洪扎—吉尔吉特—白沙瓦—伊斯兰堡—卡拉奇，南至瓜达尔港，全长3,000多公里，是新疆向西开放的重要途径，更是新疆与南亚、中亚乃至欧洲互联互通的战略布局中极为关键的一步。2013年5月，李克强访问巴基斯坦，在参议院发表演讲时第一次提出了建设中巴经济走廊的倡议。他表示，中国愿与巴方一道，加快推进喀喇昆仑公路升级改造项目，并积极探索和制定中巴经济走廊远景规划，促进南亚、东亚互联互通，带动周边经济发展和民生改善，不断拉紧中巴利益纽带，为本地区国家间开展合作提供示范。随后，两国政府代表签署了中巴经济走廊建设框架协议，并成立中巴经济走廊远景规划联合委员会。该委员会下设远景规划、瓜达尔港、能源、交通基建、产业、社会民生、农业、科技、安保合作、国际合作与协调、信息技术共11个工作组，确定了公路、铁路、油气管道和光缆覆盖"四位一体"的布局。中巴经济走廊为两国务实合作搭建了战略框架，是中国同周边互联互通的旗舰项目。2015年4月，习近平主席访问巴基斯坦期间在巴议会发表演讲时明确了中巴经济走廊建设的合作布局，即以走廊建设为中心，以瓜达尔港、能源、基础设施建设、产业合作为重点，形成"1+4"

合作布局。①2016年8月31日，中国外交部发言人表示，中巴双方就经济走廊建设问题已经建立起了良好的沟通协调机制，走廊建设进入全面实施阶段。2017年12月，中巴两国联合发布《中巴经济走廊远景规划（2017—2030年）》，②意味着中巴经济走廊进入实质性建设阶段。

一、中巴经济走廊的规划和建设条件

中巴经济走廊是以中巴两国的综合运输通道及产业合作为主轴，以两国经贸务实合作、人文领域往来为引擎，以重大基础设施建设、产业及民生领域合作项目等为依托，以促进两国经济社会发展、繁荣、安宁为目标，优势互补、互利共赢、共同发展的增长轴和发展带。

1. 中巴经济走廊的规划

中巴经济走廊覆盖中国新疆维吾尔自治区和巴基斯坦全境。具体分为核心区和辐射区。中巴经济走廊经过的节点城市包括喀什、阿图什、图木舒克、疏勒、疏附、阿克陶、塔什库尔干、吉尔吉特、白沙瓦、德拉伊斯梅尔汗、伊斯兰堡、拉合尔、木尔坦、奎达、苏库尔、海德拉巴、卡拉奇和瓜达尔。

空间布局上，中巴经济走廊具有不同的层次、范围与布局，可以分为核心区和辐射区，呈现"一带三轴多通道"的格局。"一带"指由走廊核心区构成的带状区域，包括中国新疆喀什地区、图木舒克市，克孜勒苏柯尔克孜自治州阿图什市、阿克陶县，巴基斯坦伊斯兰堡首都区、旁遮普省、信德省、开伯尔-普什图省、俾路支省、巴控克什米尔地区、吉尔吉特-巴蒂斯坦的部分地区；"三轴"是指走廊中的三条东西向发展轴，分别代表了从拉合尔通往白沙瓦、从苏库尔通往奎达和从卡拉奇通往瓜达尔的带状区域；"多通道"指走廊从伊斯兰堡到卡拉奇和瓜达尔的多条铁路和公路交

---

① 习近平：《构建中巴命运共同体 开辟合作共赢新征程——在巴基斯坦议会的演讲》，新华网，2015年4月21日，http://www.xinhuanet.com/world/2015-04/21/c_1115044392.htm，访问日期：2021年11月7日。

② Government of Pakistan Ministry of Planning, Development and Reform, People's Republic of China National Development & Reform Commission, "Long Term Plan for China-Pakistan Economic Corridor (2017-2030)," CPEC, December 18, 2021, accessed November 6, 2021, https://cpec.gov.pk/long-term-plan-cpec.

通干线。

中巴经济走廊从北到南分为五个功能区：新疆对外经济区、北部边贸物流商贸通道与生态保育区、中东部平原经济区、西部物流通道商贸区及南部滨海物流商贸区。走廊的节点城市、交通通道和产业聚集区大都位于功能区内。

2. 中巴经济走廊的建设条件及挑战

中巴经济走廊建设的基础性条件有以下五个。第一，中巴经济社会发展领域的合作显著进步。2012—2016年，中巴贸易持续快速增长，年均增长18.8%；双边投资迅速上升，中国已经成为巴基斯坦最大的外资来源国；国际经济技术合作势头强劲，扩展到更多领域并达到更高水平；社会和个人交往不断增加，双边关系不断改善。中国和巴基斯坦有望利用各自比较优势，加强以现实走廊为基础的全方位合作，将其经济合作带到前所未有的高度。第二，中国和巴基斯坦资源互补，加强合作的潜力巨大。中国和巴基斯坦有着不同的自然禀赋，处于经济发展、工业化以及城市化的不同阶段。中国在基础设施建设、设备制造、钢铁和水泥行业高质量产能以及投融资方面具有优势。同时，巴基斯坦拥有丰富的人力和自然资源，除了地缘战略格局之外，经济增长潜力巨大，市场前景广阔。两国沿中巴经济走廊经济要素的有序和及时的流动将大幅提高资源配置效率，充分发挥每个国家的比较优势。第三，中国西部已进入一个新的经济和社会发展的历史阶段。西部大开发战略实施以来，中国特别是新疆取得了巨大的经济和社会进步。基础设施的改善和经济实力大幅的提高促进了人民生活条件的改善。喀什作为新疆对外开放的主要城市，走上了经济社会发展的快车道，而且会更加开放。从喀什到红其拉甫山口的道路设施大幅改善，为中巴陆路经贸交流提供了基础。第四，巴基斯坦有能力成长为"亚洲之虎"。巴基斯坦拥有丰富的自然资源和广阔的国内市场。巴基斯坦各界就2025年发展愿景达成广泛共识。该计划旨在利用巴基斯坦是南亚、中国和中亚交会点的优势，通过加强区域互联互通，扩大地缘经济合作和发展。这需要通过改善国家治理、加强基础设施建设，以及利用人口红利积累人力和社会资本、提高工业化水平、发展有竞争力的知识经济来实现。中巴经济走廊将大大加快巴基斯坦的工业化和城市化进程，并帮助其发展成为具有包容性、全球竞争力的繁荣的国家，能够为其公民提供高质量生活的国家。

此外，世界经济正在复苏，外部环境良好。预计世界经济在全球金融危机后经历了多年的衰退和调整之后，将进入新一轮增长。中国和巴基斯坦之间重大合作项目的投资和融资环境相对融洽；它们之间产能合作的市场环境得到了改善；建设中巴经济走廊，参与国际分工更具有前景，邻国也能分享其成果。中巴经济走廊是"一带一路"重大倡议的重要组成部分。中巴经济走廊作为"一带一路"倡议的旗舰项目，其积累的经验可以与"一带一路"其他国家分享。国家发展战略合作将促进中国与巴基斯坦之间的政策沟通；两国的地理位置接近，有利于基础设施的联通；两国紧密协调的经贸战略将有助于实现贸易畅通；两国在投融资领域的高度互补能够保障相互间的资金融通更便利；全天候的战略友谊在人民之间根深蒂固，保障了相互间的民心相通。巴基斯坦宏观经济有了很大改善。巴基斯坦在社会稳定、经济发展和民生改善方面达成了广泛共识，一系列经济改革措施已经生效，其年轻劳动力和人口红利方面的优势正在发挥更大的作用。近年来，巴基斯坦宏观经济形势趋于好转。巴基斯坦经济增速在加快，对交通和能源的市场需求相应在提高；其投资水平较低，因此中巴经济走廊大型项目的实际回报率较高；其国际收支状况趋于平衡，外汇储备增加，预期汇率稳定，降低了中巴经济走廊大型项目的投资和金融风险。中巴经济走廊建设面临良好的宏观经济环境。

中巴经济走廊建设面临的主要问题有以下几个。首先是地缘政治和安全风险。南亚的地缘政治环境就其实质来说是不稳定的。世界大国对该地区政策的调整可能会增加不确定性。国际、区域、国家和极端主义因素的交织可能导致破坏性活动，威胁中巴经济走廊建设安全。其次是自然和地理因素的制约。中国南疆工业基础薄弱，经济规模有限。由于中巴边境地区特殊的自然和地理条件，大型基础设施项目的建设和运营及其管理成本高昂。巴基斯坦印度河谷经济相对发达，但人口密度大，资源承载能力有限。而西部地区开发水平较低，且受到恶劣自然条件的困扰。最后是经济增长前景的制约因素。巴基斯坦要保持较高的增长速度，必须解决经济和社会发展的重大瓶颈问题。除了能源、基础设施、行政和管理上的不足之外，不平衡的区域经济和社会发展以及对外部门能力不足等，都有可能对中巴经济走廊建设构成严重问题。

二、规划愿景和发展目标

中国方面的愿景是进一步推进西部大开发战略，促进西部经济社会发展，加快"一带一路"建设，发挥中国在资金、技术、产能等方面的优势，促进形成开放型经济新体制。

巴基斯坦方面的愿景是充分利用人口和自然资源，通过建设新的产业集群来提高国家的工业潜力，与此同时平衡区域社会经济发展，增强人民福利，促进国内和平与稳定。

国际和地区对中巴经济走廊的期待是形成新的以大型交通基础设施为基础的国际物流网络和产业布局；提升南亚和中亚国家在全球经济分工中的地位；通过稳定的贸易增长，经济技术合作和人员交流，促进区域经济一体化。

中巴双方力争2020年中巴经济走廊建设初具规模，基本消除巴基斯坦社会经济发展中的主要瓶颈，使中巴经济走廊开始促进两国经济增长。力争2025年中巴经济走廊建设基本完成，工业体系基本形成，主要经济功能整体实现，中巴经济走廊框架内人民生活大幅改善，区域经济发展更加均衡，实现巴基斯坦"2025年愿景"的所有目标。力争2030年中巴经济走廊建设全面完成，可持续经济增长的内生机制发挥作用，使中巴经济走廊在促进中亚和南亚经济增长中发挥整体作用。届时南亚将发展成为一个具有全球影响的国际经济区。

三、指导思想和基本原则

1. 中巴经济走廊建设的指导思想

两国将继续推进全天候战略合作伙伴关系，坚持和谐、包容、互利和可持续理念。此外，双方将抓住中国经济发展、转型升级和现代化建设以及共建"一带一路"所带来的机遇，利用巴基斯坦广泛达成的"2025年愿景"以及巴基斯坦社会稳定和新一轮强劲增长所创造的良好环境，使中国的产能、资本和制度优势在巴基斯坦市场上的人口红利和地理优势背景下得到充分的发挥。根据相互协商的原则，中国和巴基斯坦分享相应的责任和成果，形成"1+4"的合作模式（以中巴经济走廊为核心，以瓜达尔港、能源、交通基础设施和产业合作为重点）。中国和巴基斯坦将凭借中巴经济走廊这根实体经济纽带紧密地联系在一起，形成不可分割的命运共同体。

2. 建设中巴经济走廊坚持的原则

一是政府引导和市场化运作。中国和巴基斯坦政府是中巴经济走廊项目的倡导者、策划者和指导者。考虑到中国和巴基斯坦的经济体系，中巴经济走廊商业项目应以市场方式运作。准商业大型基础设施项目可采用公私伙伴合作模式，而涉及民生的非商业项目应该吸收多方参与，通过公平竞争来实施。二是迈向繁荣的伙伴精神。中国负责本国领土上项目的规划、融资、建设和运营，而巴基斯坦领土上的项目则由中国和巴基斯坦双方共同制定计划，根据项目情况及其各自的投资和金融实力来分配资金义务，在项目建设中发挥各自的比较优势，根据各自承担的责任和风险来分享成果。三是开放和包容。中巴经济走廊的规划和建设将借鉴其他国际走廊的最新理论和成就。中国和巴基斯坦欢迎国际社会通过各种方式向中巴经济走廊建设提供智力支持，欢迎国际组织、其他国家和国际资本共同致力于中巴经济走廊建设。四是改善民生和可持续发展。改善民生是中巴经济走廊项目的首要任务。该项目的空间布局充分体现了区域发展差距。基础设施互联互通建设应以改善当地居民基本公共服务为重点，全方位产业合作在就业方面向当地居民倾斜，民生领域交流合作向普通民众倾斜。应协调中巴经济走廊沿线不同地区的诉求以及人口和资源承载能力，并考虑气候变化和其他因素的可能影响，以实现可持续发展。五是有序发展，重点突出。处理好近期、中期和长期项目之间的关系，根据各项目的准备情况，有序制定施工进度计划，通过实施具有整体意义的重大项目来解决巴基斯坦不同阶段经济和社会发展的关键问题和可能的主要瓶颈。

四、重点合作领域

1. 基础设施互联互通

（1）建设四通八达的运输体系

交通基础设施是中巴经济走廊建设的基础性和决定性条件。这是可以赖以指导和推动沿走廊地区经济和社会发展的重要领域，此外还可以促进中国和巴基斯坦相互联系和全面合作，实现共同繁荣。通过共同规划和建设公路、铁路、港口、航空和其他基础设施，可形成包含各种交通方式的方便、有效和互联互通的交通走廊，通过交通规划专项研究可实现从落后到先进的过渡，以及走廊沿线主要节点交通基础设施的适度发展。为了满足中国和巴基斯坦之间贸易和人员往来的需要，以促进走廊沿线地区的社会经济发展，双方进行了下列规划：第一，建设和发展喀什—伊斯兰堡、白沙瓦—伊斯兰堡—卡拉奇、苏库尔—瓜达尔港和德拉伊斯梅尔汗—奎达—苏拉布—瓜达尔公路基础设施，提高道路安全和服务水平，扩大通行能力。第二，扩大现有铁路线的通行能力（其中包括对中巴经济走廊具有战略意义的ML-1项目，即卡拉奇—拉合尔—伊斯兰堡—白沙瓦延伸至哈维连并建陆港，在中巴边境口岸红其拉甫连接至喀什铁路），建设新项目，促进铁路现代化和建设综合运输走廊。第三，瓜达尔市和港口的建设与发展。建设集散运输体系，不断完善港口基础设施，加快东湾高速公路和新国际机场建设，增强促进该地区社会进步和经济发展的自由区的竞争力。第四，合作实施瓜达尔市总体规划。第五，加强中巴在技术培训和交通基础设施建设与管理方面的合作，为中巴经济走廊的发展提供人才，促进交通运输业的可持续发展。

（2）建设信息网络基础设施

中巴应通过建设和运营当地通信网络和广播电视网络，促进信息互联互通，促进务实合作。此外，中巴应加强两国的信息和通信产业，并同步建设信息、道路和铁路基础设施。具体包括：推进中巴之间跨境光纤建设和巴基斯坦境内的光纤光缆和主干光缆网络建设；升级巴基斯坦的网络设施，包括国家数据处理中心和第二个海底电缆登陆站；加快巴基斯坦采用中国的数字地面多媒体广播（DTMB）标准；促进巴基斯坦信息和通信技术的发展，包括电子政务、边境电子监测和安全城市建设，以及促进电子商务的发展；加强巴基斯坦信息产业的发展，在巴基斯坦建设信息技术产业园和信息技术产业集群，以改善巴基斯坦的信息技术和服务外包；增加巴基斯坦在中国的交流项目人员，在巴基斯坦建立技术培训中心，加强巴基斯坦信息和通信技术人力资源建设。

2. 能源相关领域

中国和巴基斯坦应加强石油和天然气、电力和电网领域的合作，重点推进火电、水电、煤炭气化和可再生能源生产等重大项目建设，支持电力传输网络，以提高电力传输和供电可靠性。具体包括：推动油气资源开发合作，研究中巴油气合作的整体愿景和需求，以改善两国合作，实现石油供应多元化，研究中巴经济走廊沿线建设炼油厂和油库的想法；优化煤炭的采购和使用，研究如何帮助巴基斯坦的发电厂开发和利用自己的煤炭，开发地面煤炭气化技术，扩大煤炭开采；积极推进河流规划和加快水电开发进程的重大项目筹备工作；因地制宜发展风能和太阳能，创造多元化的能源供应渠道；加强高压电网和输配电网建设，确保满足巴基斯坦电力需求和电力供应的可靠性。发展包括可再生能源技术在内的发电、输电和配电等能源部门所需设备的制造业。

3. 贸易和产业园区

中巴应加强贸易和工业领域的合作，扩大双边经贸关系，提高双边贸易自由化水平。双方应在关键领域开展合作，提高合作效率，努力实现经济发展的同步、协调和协作。提高纺织服装业的质量、增加值、竞争力和效率，扩大纺织业的规模，增加高附加值产品的供应；采取出口加工等手段，建立基于优势互补和互利的区域合作与发展模式。在中方建设喀什经济技术开发区和草湖工业区的同时，在巴基斯坦所有省份和地区推广经济特区。扩大产业合作，促进巴基斯坦工业从零部件进口组装转向本地化生产零部件，鼓励中国企业以各种形式进入巴基斯坦市场，以促进巴基斯坦节能产业的发展。促进化学和制药、机械制造、农工综合体、黑色冶金、轻工业和家用电器及建筑材料等行业的产业合作，并利用高效、节能、生态纯净的过程和设备来满足巴基斯坦当地市场的需求，同时将其进一步扩展到国际市场。加大资源勘探开发力度，引进双边企业参与矿产资源勘探开发，设立矿产加工区和部门。依托产业园区和双边经贸合作，扩大跨领域合作，促进产业集聚。扩大贸易物流和商务合作领域，改善企业之间（B2B）的联系和投资环境，优化双边贸易结构，促进贸易平衡发展。依托港口优势，拓展物流运输。支持在中巴经济合作区和产业园区的基础上，在中巴经济走廊沿线设立海关特殊监管区，为公司提供投资平台，并继续延伸跨国产业链。推动瓜达尔自由区的发展，实现巴基斯坦自由区与中国海关特殊监管区的信息对接，试点开展标准化数据交换，促使货物在中巴经济走廊沿线海关特殊监管区之间自由流动，完善简化贸易程序。

4. 发展农业和减贫

中巴双方应充分发挥各自的比较优势，在中巴经济走廊框架内加强农业基础设施建设，在农业人才培养、技术交流与合作等方面发挥各自的作用。双方应在生物育种、生产、加工、储存和运输，基础设施建设，疾病预防和控制，水资源利用、保护和生产，土地开发和恢复等关键领域开展合作。农业领域可利用信息和通信技术并加强农产品营销，以促进农业产业系统化、规模化、标准化和集约化。促进中巴经济走廊沿线地区从传统农业向现代农业转变，以有效促进当地农业发展，帮助当地人民摆脱贫困，实现富裕。可以采取的措施有：（1）加强走廊沿线地区农业基础设施升级改造。（2）推进节水型现代农业区建设，加大中低产田开发整治力度，提高资源利用效率。（3）加强滴灌技术，提高水资源利用效率。（4）加强走廊沿线地区诸如农作物种植、牲畜养殖、林业以及食品生产、水资源和渔业等领域的合作，重点是发展农业综合生产能力、水资源和农业耕地保护工程、农产品流转工程方面的技术交流与合作。（5）改进农产品收获后的加工、储存和运输，创新营销和销售模式。（6）改善水资源的使用和管理，加强牧区和沙漠开发，推广遥感技术应用。（7）加强农业资源的生产，特别是农药、化肥、机械，发展农业辅助性服务，包括农业教育和科学研究。在林业、园艺、渔业、牲畜药品和疫苗等领域开展合作。（8）加强园艺产品的生产。

5. 旅游业

中国和巴基斯坦应进一步利用中巴经济走廊沿线特别是两国边境地区旅游资源的潜在优势。积极研究中巴经济走廊框架内以瓜达尔和卡拉奇为中心的沿海旅游业综合开发，扩大跨境旅游，提高旅游服务质量，有效促进两国的社会经济发展。可以采取的措施有：（1）积极研究中巴经济走廊特别是两国边境地区铁路和公路沿线旅游资源的潜在优势，共同研究跨境旅游线路的开发和建设。（2）积极探讨在巴基斯坦构建"2+1+5"旅游空间结构的可行性，即以卡拉奇港和瓜达尔港为中心，以沿海旅游带为发展轴，辐射五国的旅游区。（3）完善跨境地区旅游公共服务体系，特别是公共信息、交通便利、安全保障等服务。（4）积极研究建立一条连接巴基斯坦沿海城市的旅游路线的可能性。以沿海休闲度假为主题，提出的初步路线是：盖蒂本德尔—卡拉奇—松米亚尼—奥尔马拉—切尔乔—瓜达尔—吉沃尼。

6. 民生领域合作和非政府交流

中巴双方应进一步加强地方政府间的合作，加强非政府组织之间的交流，发展以民意沟通、人民友好和民生改善为中心的广泛项目合作，提高中巴经济走廊沿线城市的综合服务能力。双方应切实改善民生，为建设中巴经济走廊提供良好的社会环境。可以采取的措施有：（1）将国际的和中国的新型城市化理念运用于中巴经济走廊沿线节点城市的市政建设，如公共交通系统、供水和排水系统的建设；利用中国在技术、设备和资金方面的优势，通过旗舰项目解决一些突出的民生问题。（2）扩大巴基斯坦中央政府、党、中巴经济走廊沿线地方政府官员在中国的培训计划规模；从中巴经济走廊沿线地区选拔优秀巴基斯坦学生，派他们去新疆等地的中国高校接受高等教育，进行文化交流。（3）加强中巴经济走廊框架内社会和经济发展合作；努力在巴基斯坦开展职业教育；依靠巴基斯坦高等教育资源开展设计和研发活动，加强教育和研究机构在技术转让方面的交流与合作，加强交通和能源基础设施的建设、运营和管理，利用新疆中亚区域经济合作学院对巴基斯坦进行人员技术培训。（4）在中巴经济走廊覆盖的更多地方提供医疗援助服务，并根据实际需要对现有医疗设施进行升级改造。（5）总结经验，完善中巴在瓜达尔地区的公共社会保障合作机制模式，改善中巴经济走廊覆盖范围内的社会保障领域的合作，增强中巴经济走廊合作的社会支持。（6）合作制定水资源总体规划，如水资源和流域综合规划，提高巴基斯坦协调水资源开发利用、存储和保护规划，预防洪水和干旱以及自然灾害的救助能力。

7. 金融合作

两国应探索建立多层次合作机制的可能性，加强政策协调。两国应加强金融改革和开放，创新金融产品和金融服务，管控金融风险，为中巴经济走廊建设创造良好的金融环境。两国金融合作的重点领域有：（1）金融监管方面的合作。两国应促进中央银行之间的货币合作，实施现有的双边货币互换安排，研究扩大货币互换规模，探索丰富双边货币互换的使用范围；通过信用申请将外汇汇入本国银行，支持中巴经济走廊项目融资；推动本币（人民币和卢比）结算，以减少对第三方货币的需求；加强两国中央银行和金融监管机构之间的合作。双方可根据相关协议积极使用双边货币对双边贸易和投资进行结算。两国鼓励双边金融机构通过中国人民币跨境支付系统进行清算和结算，促进资本有序自由流动，加强合法资金跨境转移便利化。（2）双方金融机构的合作。中国支持巴基斯坦与亚洲基础设施投资银行合作。两国应促进金融部门相互开放，鼓励两国金融机构相互融资，包括为中巴经济走廊提供融资的银团贷款；建立健全跨境信用体系，推广出口信贷、项目融资、银团贷款、贸易融资、投资银行、跨境人民币业务、金融市场、资产管理、电子银行和融资租赁等金融服务；支持人民币贷款融资项目，建立人民币电力债券评估模型。（3）双方金融市场的合作。两国应促进证券市场的开放和发展，支持巴基斯坦中央和地方政府、企业和金融机构在中国的多种货币直接融资，加强两国证券交易所之间的合作，支持两国企业、金融机构在对方资本市场上为中巴经济走廊项目建设进行直接融资。（4）自由贸易区之间的金融合作。巴基斯坦将借鉴中国（上海）和中国其他自由贸易试验区的经验，推动瓜达尔自由港的建设，探索瓜达尔自由区人民币的离岸金融业务。两国应加强各自自由贸易区之间的金融合作，并探索形成人民币回流机制的可能性。

五、投融资机制及其配套措施

1. 投融资机制

中国应根据共同投资、共同建设、共享利益的原则，充分发挥自己的投融资优势。两国应根据项目性质和现金状况合理确定投融资方式，为企业按照市场化原则落实项目创造必要的商业条件，并建立合理的成本和收益分摊机制，确保所有利益相关者从项目中获得合理商业回报。（1）政府资金。两国政府主要负责对公共福利项目的投融资，应遵守相关政策和程序，协调使用中国为中巴经济走廊战略性旗舰项目提供的赠款、无息贷款、优惠贷款和优惠出口买方信贷，进一步提高中巴经济走廊项目专用资金的优惠幅度。巴基斯坦联邦政府和中巴经济走廊沿线的省级政府应尽量以不同方式承担一定的投融资义务，例如各级政府应为走廊建设预留预算资金，并允许省级政府在国内外资本市场发行金融债券。两国政府可积极采取各种形式，为提高大型融资项目的融资水平，有效降低融资成本，保护债权人权益提供支持。(2)金融机构的间接融资。两国应加强政策性银行、开发性金融机构和商业银行之间的战略合作，研究和解决中巴经济走廊建设的金融问题；探索丝路基金、中国－欧亚经济合作基金参与中巴经济走廊和提供支持的各种方式。(3)企业直接投资。两国应鼓励中国企业、私营部门和其他经济实体的私营部门基金进行各种形式的直接投资，欢迎巴基斯坦的私人资本参与走廊沿线的项目，并建立各种类型的私人金融机构基础设施基金。(4)国际金融机构贷款。两国欢迎世界银行、亚洲开发银行、亚洲基础设施投资银行和其他国际金融机构为中巴经济走廊建设投融资提供长期优惠贷款。(5)其他创新的投融资方式。巴基斯坦联邦和省政府、企业和金融机构应研究在中国内地、香港和其他离岸人民币中心进行人民币融资的有效方式。支持和鼓励中国和巴基斯坦市场参与者在国际市场和巴基斯坦市场为中巴经济走廊项目进行融资。

2. 机构联合体和政策支持

第一，充分利用现有机构的联合。充分发挥现有机构和合作文件的作用，如中巴经济走廊联合委员会、中巴经济贸易混合委员会、双边投资保护协定、自由贸易协定、自贸区服务贸易协定、扩大和深化双边经贸合作协定、能源合作框架协议以及中巴经贸合作发展五年规划。第二，建立更紧密的政府间联系机制。以中巴经济走廊联合委员会为基础，两国将进一步深化双边合作，定期举行会议，通过协商解决问题；将加强委员会各部门之间的沟通与合作，提出具体的合作项目工作计划和相关问题，并制订详细计划和签订合作协议，双方共同落实。第三，在不同领域提供具体的制度支持。在能源领域，两国应适时谈判并签署有关油气管网接入、能源利用和根据规定的程序确定电价的合作文件；在运输领域，应尽早确定投融资计划、相关收费标准和还款协议，巴方应制定城市轨道交通项目收费标准和涉及地方财政补贴的相关法规和法律文件。双方可共同建立地方政策体系，以促进瓜达尔港和自由区的建设和运营，巴基斯坦方面可以就税收、土地、劳动力就业、清关和人民币跨境使用等方面制定特殊政策。第四，专门技术培训与合作。应当对巴基斯坦交通、能源、工业和农业领域大型项目建设和维护领域的技术人员加强培训，巴基斯坦应选派来自各级政府、大学和企业的高级负责人参与相关项目的建设和管理，并学习中国的经验。第五，提供更高水平的安全保障。巴基斯坦可依靠军队和其他安全力量部署安全人员，以确保中巴经济走廊项目建设、运营和技术维护及其员工和营地的安全。在瓜达尔地区特别是自由区可采取更严格的安全防范措施，可禁止携带武器进入自由区。双方应加强红其拉甫口岸的管理，沿中巴公路实行昼夜视频监控。

3. 其他支持

一方面，建立目标评估机制。应建立评估机制以评估重大项目的实施情况，评估每个方面五年长期规划的进展，然后相应地更新和调整计划。另一方面，建立数据库。应建立适当的包含主要项目信息的数据库，以明确相应的信息指示器和监视器，实时跟踪项目进度；在项目周期的不同阶段不断更新数据。此外，还应建立配套的地理信息系统和制图信息数据库。

2022年11月，习近平对来访的巴基斯坦总理夏巴兹表示，要以更高效率推进中巴经济走廊建设，将其打造成"一带一路"高质量发展示范性工程。夏巴兹也表示，中巴经济走廊建设对巴经济社会发展产生了深远影响，巴方愿同中方一道，持续推进高质量共建"一带一路"。[1] 随后签署的两国《联合声明》也特别强调，"巴政府愿同中方致力于高质量共建'一带一路'，强调中巴经济走廊作为'一带一路'倡议的旗舰项目，为巴基斯坦经济社会发展作出重大贡献"，"双方对中巴经济走廊为两国社会经济发展所作贡献表示满意"。[2] 中巴经济走廊建设长期规划目标远大，任务艰巨。只要两国政府和人民真诚相待，真诚合作，就一定会把中巴经济走廊建设成为一个经济繁荣、社会稳定和安全、人民富裕的开放包容的组织。中巴经济走廊的规划和实施还将进一步完善中巴全天候战略合作伙伴关系

---

[1] 《习近平会见巴基斯坦总理夏巴兹》，《人民日报》2022年11月3日，第1版。
[2] 《中华人民共和国和巴基斯坦伊斯兰共和国联合声明》，《人民日报》2022年11月3日，第2版。

的经济基础，深化中巴之间的经济联系。

六、中巴经济走廊建设的成果

电力不足是巴基斯坦社会经济发展的重大瓶颈。普华永道在2012年的一份研究报告中认为，电力缺口致使巴基斯坦年均国内生产总值损失高达135亿美元。巴基斯坦大城市每天停电时间约10个小时，而农村则长达22个小时，全国平均电力缺口4,000兆瓦。中巴经济走廊建设启动9年来，双方在能源领域的合作进展迅速，在很大程度上缓解了巴基斯坦电力短缺的发展瓶颈。据《21世纪经济报道》，截至2021年9月，中巴经济走廊第一阶段的22个优先项目已基本完成，其中半数为能源项目。例如，萨希瓦尔1,320兆瓦燃煤电站是中巴经济走廊于2017年第一个投入运营的电站项目，有效解决了当地电力短缺的问题，填补了电力缺口，极大缓解了巴基斯坦"用电荒"的问题。卡西姆港燃煤电站于2018年4月进入商业运营，2021年度发电量突破46亿千瓦时，达到巴基斯坦国家电网供电量的10%。双方也把注意力放在开发清洁能源上，带来了不少新理念、新技术和新投资。2021年11月，中巴经济走廊首个水电投资项目卡洛特水电站顺利完成导流洞下闸，正式启动水库蓄水，为后续发电机组有水调试奠定基础。苏吉吉纳里水电站和科哈拉水电站建设也进展顺利。据巴基斯坦中巴经济走廊事务局数据，截至2022年1月，中巴经济走廊框架下已完成的能源项目总产能达到532万千瓦。默蒂亚里—拉合尔高压直流输电项目于2021年9月正式投入商业运营。作为巴基斯坦国家电网南北输电的"大动脉"，这一项目大大提高了南电北送的能力。

在第一阶段的建设中，中巴双方不仅努力改善能源短缺问题，还着力重点推动道路基础设施建设。道路基础设施建设工程中不乏亮点工程。包括瓜达尔港、中巴跨境光缆项目、巴基斯坦白沙瓦至卡拉奇高速公路（苏库尔—木尔坦段）项目、喀喇昆仑公路二期（赫韦利扬—塔科特段）项目、拉合尔轨道交通橙线项目等在内的一大批道路基础设施重点项目的投入使用对助力巴基斯坦经济发展极具意义，进一步深化了中巴两国的互联互通。以瓜达尔港为例，它既是中巴经济走廊的四大重点之一，也是中巴共建"一带一路"的先行先试项目。2016年11月，瓜达尔港正式开航，首批中国商船由此出海。瓜达尔港从一个贫穷的小渔村起步，经过多年的发展，面貌焕然一新，更逐步发展为地区性物流枢纽。2020年瓜达尔港开始实现商业运营，并首次实现了经瓜达尔港向阿富汗的转运，这表明中巴经济走廊可以进一步向阿富汗和中亚延伸。2020年瓜达尔港还首次开展了液化石油气业务，每月有1万吨液化石油气通过瓜达尔港运往巴基斯坦国内。依托瓜达尔港的区位优势和联通作用，瓜达尔化肥厂、展销中心、润滑油厂等一系列产业项目也在瓜达尔自由区开工建设。

2021年9月，中巴经济走廊联合合作委员会中方主席、国家发展改革委时任副主任宁吉喆表示，中巴经济走廊是共建"一带一路"标志性工程和先行先试项目，8年多来，走廊累计为巴基斯坦带来254亿美元直接投资，创造了许多就业岗位。中巴经济走廊对巴基斯坦本地的影响主要体现在拉动本地就业上。根据巴基斯坦计划委员会不完全统计，中巴经济走廊第一阶段的早期收获项目已创造约3.8万个工作岗位，75%以上为当地就业，其中能源项目创造的就业最多，共吸纳了1.6万名巴方工人和工程师就业。另外，交通基础设施建设创造了约1.3万个工作岗位。2022年11月，国家发展改革委政研室副主任、新闻发言人孟玮表示，9年多来，中巴经济走廊作为共建"一带一路"重要的先行先试项目成果丰硕、成效显著，累计创造了19万个就业岗位。[①]

从2021年起，中巴经济走廊顺利进入第二阶段的建设。发展重点也逐渐转向产业领域和扩大两国的农业合作。巴基斯坦是典型的农业国，人口达2.31亿（截至2022年年底），地理位置优越，因此走廊第二阶段建设聚焦产业合作，把布局重点放在农业、制造业和纺织业等行业是很合理的。

除了吸引投资、带动就业和惠及民生这些直接的好处，中巴经济走廊的重要性还在于它在"一带一路"倡议框架下的地位。中巴经济走廊建设是"一带一路"倡议的样板工程、旗舰项目。中巴经济走廊建设的内涵不断丰富，正稳步迈向高质量发展。

---

① 申佳平：《国家发改委：9年多来中巴经济走廊已累计创造19万个就业岗位》，人民网，2022年11月16日，http://finance.people.com.cn/n1/2022/1116/c1004-32567546.html，访问日期：2021年11月8日。

第四章 上海合作组织：俄罗斯"大欧亚伙伴关系"构架

20世纪晚期，苏联与美西方阵营的对抗出现颓势。世纪之交，北约不顾俄罗斯反对坚持东扩，不仅将东欧八国和波罗的海三国悉数收入囊中，而且坚持在东欧部署反导系统，同时又将触角伸向后苏联空间，通过策划系列"颜色革命"和欧盟"东方伙伴关系计划"物色新的潜在北约成员国。面对美西方的步步紧逼，俄罗斯总统普京忍无可忍，彻底丢掉幻想，在2007年慕尼黑安全会议上与美西方分道扬镳，并试图通过强化独联体、集安组织、俄白哈关税同盟、欧亚经济共同体等欧亚一体化机制加强对后苏联空间的掌控。2013年俄罗斯成功阻止了乌克兰加入与欧盟关系协定，并于2014年合并了克里米亚，支持乌克兰东部分离主义武装，吸收吉尔吉斯斯坦和亚美尼亚成立欧亚经济联盟。面对美西方的制裁，俄罗斯只得携欧亚经济联盟加速"向东转"，以欧亚经济联盟为核心，以扩大的上合组织为制度框架，构建"大欧亚伙伴关系"，打造与美西方对抗的地缘政治集团。2022年2月，俄罗斯对试图加入北约的乌克兰采取特别军事行动，招致美西方前所未有的制裁。在这一背景下，俄罗斯正在加快实施其"大欧亚"战略。

第一节　俄罗斯的小欧亚：欧亚经济联盟

20世纪初，十月革命胜利后，被推翻的贵族、资产阶级（苏维埃政权称之为"白俄"）纷纷逃亡到他们向往的欧洲。结果他们发现欧洲并非想象中的天堂，欧洲人不能接受他们，而亚洲又不是他们所能接受的。[①] 于

---

① 根据拉曼斯基关于亚欧大陆三个世界划分的理论，欧洲是西方世界，亚洲是东方世界，而中间世界的俄国分为两部分：欧洲俄国和亚洲俄国。亚洲俄国是欧洲俄国的直接和自然延伸。而且，俄国的亚洲也不同于东方的亚洲，在此定居的"原始粗野"部族不多，起主导作用的还是欧洲俄国，俄国的亚洲只是消极地接受俄国化进程。西方和中间世界"组成一个新的与亚洲对立的天主教文明"，而亚洲、东方则是一个被摧毁的世界，是不可复兴的、过时的和衰老腐朽的，与欧洲和俄国没有共同的价值准则。参见：Ламанский В.И. «Три мира Азийско-Европейского материка». СПб., 1892. С. 14.

是出现了一种尴尬的"中间世界","也就是说,它既不是真正的欧洲,也不是真正的亚洲"。[①] 他们认为,俄国既非欧洲也非亚洲,或者既是欧洲也是亚洲,即欧亚。欧亚主义由此诞生。20世纪90年代,俄罗斯融入西方社会的美梦再一次被北约轰炸南联盟的炮声惊醒,面对北约和欧盟东扩,不得不加强对后苏联空间的管控,以维持自己的势力范围和与北约之间的缓冲区。2014年乌克兰危机使俄罗斯"向东转"。之后俄罗斯新欧亚主义达到顶峰,其标志就是"大欧亚"构想的出炉。

一、"欧亚""小欧亚"和"大欧亚"范畴

"欧亚"这一术语作为地理名词,表示欧亚构造板块上分布的国家,包括整个欧洲和亚洲。作为狭义地理概念,一般指欧亚分界线(沿乌拉尔山、乌拉尔河、里海、大高加索山脉、黑海、土耳其海峡一线)穿越的国家,如俄罗斯、哈萨克斯坦、阿塞拜疆、格鲁吉亚和土耳其。作为政治术语,主要指沙俄帝国、苏联、后苏联空间。本书中的"欧亚"概念特指后苏联空间,地理上的亚洲大陆和欧洲大陆的合称一般用"亚欧大陆"表示。Д.特列宁将俄罗斯在后苏联空间推进的一体化称作"小欧亚",俄科学院社会科学学术信息研究所副所长 Д.叶夫列缅科也支持这一观点。瓦尔代俱乐部曾于2015年宣告"'中欧亚'时刻已经到来",但随后又提出了"大欧亚共同体"构想。[②]

最早使用"大欧亚"概念的英国学者迈克尔·爱默生(Michael Emerson)所说的"大欧亚"囊括了亚欧大陆范围内欧洲和亚洲所有国家。[③] Д.叶夫列缅科将"大欧亚"定义为以亚欧大陆及其相邻的非洲大陆空间为舞台发生的地缘政治和地缘经济变化的基本进程。俄罗斯"大欧亚"

---

① Ламанский В., «Три мира Азийско-Европейского материка». СПб., 1892.

② Тренин Д., «Россия и мир в XXI веке. Серия русский путь». Москва: Эксмо. 2015. с.173-185; Бордачёв Т., Создавая Евразию вместе, газета «Известия», 15 апреля 2015 года, с.3; Тренин Д., «Азиатская политика России: от двустороннего подхода к глобальной стратегии». Notesdel'Ifri. Russie.Nei.Visions, №94, июнь 2016 г. С.7; Ефременко Д., «Рождение Большой Евразии» (12 декабря 2016 г.) [сайт]. URL: http://svop.ru/main/22210/. (дата обращения: 12.11.2021)

③ Emerson M., "Towards a Greate Eurasia," *Global Journal of Emerging Market Economies* Volume 6 (Jan. 2014), Issue1, pp. 69-93.

设计师C.卡拉甘诺夫表示,"大欧亚"包括上合组织、欧亚经济联盟和东盟成员国,以及与"丝绸之路经济带"和欧亚经济联盟对接的国家,如土耳其、伊朗、以色列、埃及,甚至中国与东盟推动的印度、日本和韩国参加的区域全面经济伙伴关系所开辟的新的经济空间。

2015年9月,哈萨克斯坦首任总统纳扎尔巴耶夫在联大发言中呼应中国"一带一路"倡议时在全球政治层面第一次使用了"大欧亚"概念,他表示团结在"大欧亚"思想周围的时代已经到来,它将把欧亚经济联盟、"丝绸之路经济带"和欧盟联成21世纪统一的一体化进程。作为俄罗斯战略构想的"大欧亚"则源自普京总统于2016年6月在圣彼得堡国际经济论坛上发出的关于"大欧亚伙伴关系"的倡议:"建议考虑建设有欧亚经济联盟及与其有着紧密关系的中国、印度、巴基斯坦、伊朗,以及我们的独联体伙伴和其他感兴趣的国家和组织参与的大欧亚伙伴关系。"[①] 俄罗斯副外长И.莫尔古洛夫将其概括为这一空间的所有一体化进程,如欧亚经济联盟、"一带一路"、东盟、上合组织,如果愿意的话还有欧盟,是"一体化的一体化"。

二、俄罗斯主导欧亚一体化的思想根源和理论基础

历史上,欧洲率先从农业社会经过工场手工业和商业革命走向资本主义机器大工业,极大地推动了生产力的发展,成为世界经济和文化的中心。而俄国受亚欧强国蒙元帝国的统治长达240年并且沙俄帝国长期向东扩张,使其深受亚洲文明的影响,逐渐脱离欧洲的发展轨道,与欧洲的差距越来越大。

18世纪初,彼得一世隐藏身份前往欧洲学习和考察,并以强制手段在国内发动学习欧洲技术和经验的改革,第一次尝试将俄国扳回欧洲的发展轨道。19世纪中叶欧洲进入了工业革命的鼎盛时期,俄国学习欧洲的呼声再次响起,倡导者们坚持俄国与西欧的精神团结,认为两种文化属于同一历史文化整体,不可分割。认为"俄国的道路"就是"更先进的"欧洲文

---

① Выступление В., Путина 17 июня 2016 года на пленарном заседании XX Петербургского международного экономического форума (17 июня 2016 г.) [сайт]. URL: http://www.kremlin.ru/events/president/news/52178. (дата обращения: 26.11.2021)

化所走过的道路，主张按照西欧资产阶级国家模式来改造俄国，自由发展工商业和新型交通工具，特别是铁路。西化派推动了俄国的改革尝试，如斯别兰斯基全盘西化改革、废除农奴制的改革以及世纪之交维特和斯托雷平的自由化改革。然而这些改革尝试均因斯拉夫派力量强大而半途而废。19世纪中叶斯拉夫派与西化派展开了激烈交锋，他们批评西化派的历史虚无主义，肯定俄国自身的历史发展经验，认为俄国"不是欧洲"，也不应当走追随西方的道路。

欧洲的俄国侨民亲身体验到了西方对俄国人的歧视。俄国在欧洲话语体系中一直是"家门口的野蛮人"和"永远出不了师的学徒"。俄国文豪陀思妥耶夫斯基对俄国"为了向欧洲证明自己是欧洲人而不是亚洲人付出的代价"而感到耻辱。[①] 20世纪20年代欧洲的俄国侨民掀起了著名的欧亚运动。欧亚主义者为自己提出的任务是，将俄罗斯民族意识、民族传统及其关于公平的世界秩序的观念中固有的科学、哲学、宗教有机统一起来，形成俄国意识形态。它将保持对俄罗斯帝国所有领土的控制解释为俄罗斯的地缘政治战略，具有明显的帝国国家主义和宗教基础。认为西方在精神上已经死亡而旧的俄国已经崩溃，这是世界性的灾难，要想摆脱这场灾难，只有转向东方道路。但同时更不认同亚洲道路，认为"俄罗斯人和'俄罗斯世界'的人本质上既不是欧洲人也不是亚洲人"，而是"欧亚人"。[②] 古典欧亚主义所理解的欧亚主要是俄罗斯帝国和苏联境内的地理空间，即"小欧亚"。俄罗斯科学院社会政治研究所 Г.奥希波夫院士将欧亚主义的发展划分为三个阶段。第一阶段（1921—1923年），主要是从哲学和文化学的角度来论证欧亚的独特性和反西方主义。第二阶段（1924—1929年），在契卡[③]新闻出版检查的影响下，欧亚主义成为苏联军队和共青团中具有一定影响的地下欧亚运动的指导思想。为了深入民众而更加简化和系统化，编制将苏维埃国家和平演变为欧亚民主国家的政治和社会经

[①] Достоевский Ф., «Собрание сочинений в 15 томах». Ленинград: Наука. Ленинградское отделение, 1989-1996. т.14. с.505.

[②] Хачатурян В., «Истоки и рождение евразийской идеи» // Искусство и цивилизационная идентичность. — Москва: Наука, 2007, с. 289-301.

[③] ЧК、ВЧК 的音译，Всероссийская чрезвычайная коммиссия по больбе с контрреволюцией и саботажем（全俄镇压反革命和暴乱非常委员会，也称肃反委员会）的缩写。

济纲领，欧亚主义者们淡化宗教问题，强调苏联各民族文化和心理一致性。欧亚主义开始出现裂痕，一部分人出现亲苏情绪。第三阶段（1930—1939年），20世纪20年代末，欧亚运动出现的分歧导致了理论上的大辩论和组织上的大分裂。欧亚主义者们对苏联政治制度的态度分裂为温和派和激进派。第二次世界大战前夕，欧亚主义者们进一步分裂为"护国主义者"和"失败主义者"。前者认为不管苏联实行什么政治制度，在发生战争的情况下就要保卫国家；而后者则反对这一立场，认为德国的胜利将意味着苏联布尔什维克制度的灭亡，坚定支持德国。

然而，坚持欧洲中心主义的西化派并没有屈服于斯拉夫派和欧亚主义的压力，也没有因苏联与西方的长期冷战而销声匿迹。在新的世纪之交，苏联解体后，西化派在叶利钦的主导下战胜了斯拉夫派和欧亚派，再次重复19世纪的尝试，做"欧洲的小学生"。20世纪90年代初，在苏联地方分离主义上升和后来苏联解体背景下，俄罗斯试图奔向西方特别是欧洲的怀抱，却遇到了北约东扩的当头一棒。2014年乌克兰危机使俄罗斯融入欧洲的梦想再次化为泡影。2015年9月，俄前外长伊万诺夫在里加举行的第20届波罗的海论坛"美国、欧盟与俄罗斯：新现实"研讨会上宣告"大欧洲"计划彻底结束了。另外，亚洲国家对国际进程的经济和政治影响力大幅上升。这使俄罗斯开始认识到在新的一体化模式下恢复欧亚空间向心地缘政治格局，以及为将俄罗斯定位为欧亚核心强国创造现实条件的必要性。由此，俄罗斯欧亚主义开始复活。俄罗斯乌法石油技术大学教授T.吉涅娃将新欧亚主义的发展划分为四个阶段。欧亚思想开始传播的第一阶段是1991—1993年。由于对照搬西方教科书式的国内政治和经济改革的失望以及俄罗斯国际地位的衰败，出现了欧亚主义的"新右派"（以《明天报》A.普罗汗诺娃、B.科吉诺夫为代表）和"新左派"（以A.杜金为代表）。这一时期形成了之后欧亚意识形态的主要思想，即反西方和对俄罗斯在世界上特殊作用的地缘政治论证。第二阶段是1993—2000年，出现了对欧亚学说的不同解释，如中间理论等。这一时期，在北约东扩和轰炸南联盟的背景下，欧亚话语权从学者转向了不同派别的政治精英，政治精英希望借此以寻求新的自我认同，甚至使之成为达到政治目的的手段。新欧亚主义变成了"综合意识形态"。第三阶段是2000—2003年，新欧亚主义者在俄罗斯各种政治势力中占据了核心地位。这与普京提出的战略方针紧密相关。新欧亚主义出现了某种"自由化",即体现了自由主义综合。А.尼亚佐夫的"欧亚党-俄罗斯爱国者联盟"和А.杜金的"欧亚党"都没能进入国家杜马,而成为社会运动。第四阶段是2004年至今,突出特点是在欧亚一体化进程中充分体现了地缘政治构想。当代欧亚主义主要思想包括:社会历史进程的多中心主义,各种文明的平行并存和发展;强调民族文化发展的重要性,每个民族和人民的独特性;认为欧亚是独特的地理、种族、文化历史体系,俄罗斯是它的一部分,是联系欧洲和亚洲文明的桥梁;后苏联空间各民族客观上具有对不同形式一体化的禀赋倾向,这是由一系列因素或者说是社会文化密码决定的;在严酷的自然气候条件下生存使欧亚民族形成了集体主义的民族特性;欧亚各民族的民族认同与共同的认同构成双重认同。[1]

当代欧亚主义的构想,作为建设性地缘政治学说,提出了经济一体化的新机制,在应用政治方面成为建设新的欧亚联合体,即欧亚经济联盟的基础。

三、欧亚经济一体化进程与欧亚经济联盟

作为欧亚主义构想的实践,成立了欧亚经济联盟。2015年1月1日,《欧亚经济联盟条约》生效,使欧亚一体化具有了国际法的形式。欧亚经济联盟的主要目标是为参加国实现经济稳定发展,提高人民生活水平创造条件;在联盟框架内建立统一的商品、服务、资本和劳动资源市场;实现全面现代化与合作,提高各国在全球经济中的竞争力。《欧亚经济联盟条

---

[1] Под ред. Мейера М, Михайлова В., Сыздыковой Ж., «Евразийство: истоки, концепция, реальность». Москва: Паблис, 2014, с.243; под ред. Попкова Ю., «Евразийский мир: ценности, константы, самоорганизация». Новосибирск: Параллель, 2010, с.52; Назарбаев Н., «Проект документа «О формировании Евразийского союза государств» // Назарбаев Н., «Евразийский союз: идеи, практика, перспективы. 1994–1997». Москва: Фонд содействия развитию социальных и политических наук, 1997. с. 38-50; Путин В., «Новый интеграционный проект для Евразии – будущее, которое рождается сегодня». Газета «Известия» 3.10.2011; под ред. Осипова Г., Осадчей Г., Проект «Социально-политическое измерение реализации процессов евразийской интеграции». Выпуск № 1. «Евразийская интеграция: теоретикометодологические и практические аспекты». Москва: ИСПИ РАН, 2015, с.159.

约》规定了一体化的制度模式：根据联盟的基本原则和目标在条约规定的范围内进行政治协商；建立超国家管理体系，即最高欧亚经济理事会，包括附属机构如各方国际机构领导人理事会、工作组、专门委员会，欧亚政府间委员会，欧亚经济委员会，欧亚经济联盟法院等，制定联盟预算。这一一体化进程旨在促进后苏联空间各国扩大相互联系，保持和发展欧亚各民族之间长期存在的经济、政治和社会关系。欧亚经济联盟成员国有5个，分别是俄罗斯联邦、白俄罗斯共和国、哈萨克斯坦共和国、吉尔吉斯共和国和亚美尼亚共和国。

新的一体化进程启动时间，一般认为是1994年3月哈萨克斯坦首任总统纳扎尔巴耶夫在莫斯科罗蒙诺索夫国立大学演讲时，他在演讲中提到了建立欧亚国家联盟的思想。[①]这一倡议有力推动了后苏联空间的一体化进程。他的欧亚模式立足传统和世纪之交具体的历史条件，遵循以下基本原则：（1）将经济实用主义而非地缘政治思想和口号作为一体化进程的主要动力，未来欧亚联盟的本原是以统一经济空间作为各民族共同发展的广阔平台；（2）坚持自愿原则，每个国家都应从本民族利益出发，自主地认识到在当今全球化的世界陶醉于自身独特性没有任何意义；（3）平等，不相互干涉内部事务，尊重主权和国家边界不可侵犯，只有这样才能建设国家联合体；（4）欧亚联盟超国家机构作出决策，必须考虑每个参加国的利益并一致通过；（5）政治自主权，一体化所有伙伴国一律平等；（6）欧亚联盟超国家机构的权力必须精准和实际。此前，在1993年中亚国家面临苏联解体带来的加盟共和国相互之间经济联系的断裂和经济封锁，哈萨克斯坦、吉尔吉斯斯坦和乌兹别克斯坦成立了中亚联盟，试图自救。1994年三国签署建立统一经济空间条约，取消关税壁垒，实现商品、资本和劳动力的自由流动，协调经济法规。在交通运输领域实行协调统一的政策，促进合资企业的建立等。

然而，原苏联加盟共和国，包括俄罗斯都没有准备好接受纳扎尔巴耶夫的这一倡议。当时它们正在经历着苏联解体的后果、转型性经济危机，

[①] Назарбаев Н., Проект документа «О формировании Евразийского союза государств» // Евразийский союз: идеи, практика, перспективы. 1994–1997. М.: Фонд содействия развитию социальных и политических наук, 1997. С. 38-50.

在相互之间的关系方面因物资短缺而相互封锁，它们面临的主要任务是在政治和经济上独立建国。独联体12个成员国建立经济联盟的想法[①]也未实现，当时签署的许多协定都没有得到落实，因为这些协定并没有要求一体化进程的参加国履行具体的义务，只不过是空洞的声明而已。独联体参加国实际上缺乏政治意志和强有力的超国家机构，来确保各成员国在许多尖锐的国际关系问题上达成一致并采取共同对策。1994年9月成立的独联体第一个机构国家间经济理事会的权力很小，范围狭窄，以至于经济理事会形同虚设。自贸区建设拖延，1994年9月签署的自贸区协定只得到了6个国家的批准，俄罗斯、乌克兰和白俄罗斯都没有批准。一直到2000年，俄罗斯在独联体建设问题上的态度都是矛盾的。当时的俄罗斯政治精英没有认识到保持与原苏联加盟共和国关系的重要性，俄罗斯领导层也没有认识到如何与独联体其他国家建立新的经济联系以及俄罗斯政治军事利益如何与经济利益相协调。他们只想着减少俄罗斯对它们的经济输血负担（20世纪80年代末，俄罗斯预算对其他加盟共和国每年的补贴规模超过500亿美元），实现俄罗斯财政体系的完全独立。而后苏联空间国家直到1993年还在使用苏联卢布，俄罗斯向它们留在"新卢布区"和提供俄罗斯卢布提出了难以接受的条件。1993年11月，哈萨克斯坦和乌兹别克斯坦迫不得已分别推出了自己的货币，这也标志着独联体保持统一货币体系的努力失败了。此时的俄罗斯经济上受到削弱，1994年12月发动的车臣战争也暴露了其军事危机。各部门之间缺乏协调，并相互竞争和推诿。石油和天然气领域的寡头对俄罗斯对外政策的影响力上升。

此时，只有俄罗斯少数政治精英认识到，西方并不关心后苏联空间的稳定，开始冷静评估俄罗斯、美国和西欧国家的利益关系。1994年9月，俄罗斯对外情报局发布报告，详细论证了加强独联体进一步一体化的必要性，并对西方的政策进行了批评。[②] 1995年通过了《俄罗斯对后苏联空间

---

① 为了保障苏联解体后新独立国家之间正常的经济联系，1993年9月，独联体12个成员国在莫斯科签署《经济联盟条约》。试图按照西欧一体化模式，分阶段建立自由贸易区、关税同盟、共同市场和货币联盟。

② Примаков Е., «Россия – СНГ: нуждается ли в корректировке позиция Запада?». «Российская газета». 1994. 22 сентября; Примаков Е., «Россия ищет новое место в мире». «Известия». 1996. 6 марта.

政策构想》，提出建立一体化的经济和政治空间，依靠不同速度的一体化模式实现多边和双边关系最优结合。① 1995 年 1 月，俄罗斯、白俄罗斯和哈萨克斯坦（后来吉尔吉斯斯坦加入）签署了《关税同盟协定》。1999 年 2 月签署了《关税同盟和统一经济空间条约》，塔吉克斯坦加入。然而，协调机构在整个 20 世纪 90 年代后半期基本上无所作为，关税同盟没有启动，税率没有统一，没有实行统一的海关申报，按照产地和目的地原则的增值税征收问题没有达成一致。叶利钦连任后，大型金融工业集团对国内外政策的影响力上升，俄罗斯政治精英开始了新一轮的夺权斗争。总统失去了对对外政策的管控。1998 年金融危机对俄罗斯在后苏联空间国家的政策造成不良影响，严重打击了独联体国家经济和俄罗斯在后苏联空间的地位。俄罗斯和独联体国家的生产衰退、银行危机，以及比独联体大多数国家更严重的卢布贬值导致相互贸易规模下降和支付困难，动摇了卢布作为共同的结算工具的地位。哈萨克斯坦出于保护国内市场对俄罗斯实行了一系列食品进口限制。俄罗斯在独联体国家的威信一落千丈，对其履行政治军事义务能力的质疑大幅上升。随着叶利钦总统任期临近结束，俄罗斯国内不稳定局势加剧。干部走马灯似的更迭以及独联体国家事务部重组都对俄罗斯的后苏联空间政策造成不良影响，如跨部门协调水平低，对任命普里马科夫为总理和别列佐夫斯基为独联体执行秘书的抵制等。直到世纪之交，俄罗斯对外政策制定的国内条件才有所好转。随着普京被任命为总理和选举为总统，俄罗斯加强了对垄断寡头的管控。俄罗斯新领导层认识到了对外政策的最重要方向是确保与独联体国家的多边和双边合作，独联体一体化进程的削弱对俄罗斯国家安全造成了重要威胁。②

世纪之交，一方面北约完成东扩，将东欧国家悉数吸纳其中；另一方面欧盟开始将触角伸向后苏联空间，乌克兰、白俄罗斯、摩尔多瓦、格鲁

---

① Указ Президента Российской Федерации от 14.09.1995 г. № 940 Об утверждении Стратегического курса Российской Федерации с государствами — участниками Содружества Независимых Государств [сайт]. URL: http://www.kremlin.ru/acts/bank/8307. (дата обращения: 25.11.2021)

② Концепция внешней политики Российской Федерации от 28 июня 2000 г. // Внешняя политика и безопасность современной России, 1991–2002. Т. 4: Документы. М.: МГИМО (У) МИД России, РАМИ, ИНО-Центр, 2002. С. 109-122, Сн. С. 116, 79.

吉亚、阿塞拜疆和亚美尼亚被纳入其"邻国伙伴计划"。面对这一形势，俄罗斯终于明确了欧亚一体化的重要性，开始加快该地区经济一体化的进程，与欧盟争夺势力范围。而此时中亚地区的一体化进程也在如火如荼地展开。1998年塔吉克斯坦加入了哈萨克斯坦主导、乌兹别克斯坦和吉尔吉斯斯坦参与的中亚联盟。该组织更名为中亚经济共同体，目标是分阶段在中亚建立共同的商品、服务、资本市场，首先是建立自贸区，然后建立关税、货币联盟。2002年中亚经济共同体再次转型为中亚合作组织。这对俄罗斯形成了巨大压力，一旦中亚合作组织做大做强，俄罗斯将很难掌控。俄罗斯与白俄罗斯、哈萨克斯坦、吉尔吉斯斯坦和塔吉克斯坦等国举行了一系列国家元首会晤，签署了大量文件，构成欧亚一体化进程条约法律基础，制定和签署了一系列关于协调宏观经济政策、统一原则和规则的协定。2000年5月，五国元首在明斯克签署了成立具有国际地位的新的经济组织的决定，并赋予其广泛的权力来解决一体化合作的问题。2000年10月，这五个国家在阿斯塔纳签署设立欧亚经济共同体（Евразийское экономическое сообщество, ЕврАзЭС）条约，亚美尼亚、摩尔多瓦和乌克兰获得观察员身份。欧亚经济共同体被赋予涉及一体化方面对外贸易、关税、经济政策、社会人文和法律领域的多项任务，首要的是推动这些国家组建关税同盟，为建立统一经济空间扫清道路，实现商品、服务、资本和劳动资源的自由流动，有效协调成员国宏观经济政策。①

21世纪初，北约基本完成了对东欧国家的整合，开始对后苏联空间采取行动。针对俄罗斯启动的欧亚一体化进程，欧盟也扯掉"邻国伙伴关系"的面纱，直接抛出了"东方伙伴关系"计划，加强对后苏联空间国家的经济诱惑。美国和北约以反恐名义成功地实现了在中亚的军事存在，并不断强化之。美西方还在后苏联空间策划了一系列成功和不成功的"颜色革命"，如乌克兰的"橙色革命"、吉尔吉斯斯坦的"郁金香革命"、格鲁吉亚的"玫瑰革命"、阿塞拜疆的"紫罗兰革命"、白俄罗斯的"矢车菊革命"等，扶植亲西方政权。俄罗斯生存空间受到极大挤压。为了强化对中亚地

---

① Евразийское экономическое сообщество. Сборник базовых документов. Москва: русский паритет. 2010. C.183-203.

区的掌控，2004年俄罗斯宣布加入中亚合作组织。鉴于与欧亚经济共同体完全重合，2005年中亚合作组织与欧亚经济共同体宣布合并，俄罗斯完成了对中亚区域经济合作的整合。2006年乌兹别克斯坦加入欧亚经济共同体，欧亚经济共同体成员国达到6个。2006年欧亚经济联盟设立了欧亚开发银行，为具有一体化效应的投资项目进行融资，并对经济一体化进行研究。

2007年2月，普京在慕尼黑安全会议上发表被称为"终结单极世界的宣言"的著名演讲，针对北约东扩并在东欧部署反导系统，普京称将采取"非对称的回应"，标志着俄罗斯与西方彻底分道扬镳。2008年8月，俄罗斯对试图加入北约的格鲁吉亚采取了"强制和平"军事行动。在加快欧亚一体化进程方面，2007年10月，欧亚经济共同体成员国元首在杜尚别决定俄罗斯、白俄罗斯和哈萨克斯坦成立统一关税区，建立关税同盟，[①] 还批准了《2008—2010年关税同盟建设行动计划》和《关税同盟委员会条约》，为一体化的有效发展创造了条件。在全球金融危机背景下，俄罗斯提出了建立符合世贸规则的自贸区的一体化计划。2009年欧亚经济共同体成员国共同采取措施，建立了欧亚经济共同体反危机基金和欧亚经济共同体高新技术中心及其风险公司，为成员国提供融资服务并共同实施科技创新计划。2010年1月，实行了统一关税并统一了关税和非关税规则。2010年7月，关税同盟海关法典条约生效。俄罗斯与白俄罗斯边界于2010年下半年，与哈萨克斯坦边界于2011年7月分别撤销了海关监管，标志着符合国际标准的关税同盟正式建成。三国形成了统一关税区，关税同盟成员国之间的海关监管全部取消，除边防外，各种形式的国家监管（海关、运输、检验检疫等）全部转向外部关税边界。2011年10月，普京在俄罗斯《消息报》发表纲领性文章《欧亚新的一体化项目——未来诞生于今天》，进一步推动了欧亚一体化进程。他在文章中对欧亚一体化项目所走过的道路给予了充分肯定，明确了今后发展的前景和轮廓。之后，白俄罗斯总统卢卡申科和哈萨克斯坦总统纳扎尔巴耶夫也相继在《消息报》发表文章进行

---

① Договор от 6 октября 2007 года «О создании единой таможенной территории и формировании таможенного союза» [сайт]. URL: http://www.consultant.ru/document/cons_doc_LAW_93361/. (дата обращения: 28.11.2021)

支持和呼应。① 早在2009年12月，俄、白、哈三国元首就在阿拉木图制定了2010—2011年建设统一经济空间的行动计划。2011年11月，三国元首签署了《欧亚经济一体化声明》和《欧亚经济委员会协议》，要求尽快完成作为关税同盟和统一经济空间法律基础的国际条约的制定，并在此基础上于2015年1月建立欧亚经济联盟。② 12月，三国元首决定从2012年1月开始启动统一经济空间。2012年1月，欧亚经济共同体法院开始履行职责，负责解决共同体和关税同盟的经济纠纷。与此同时，关税同盟委员会的全部职能转向了欧亚经济委员会，由后者负责关税同盟和统一经济空间的运行和发展。欧亚经济共同体成为后苏联空间经济一体化的核心，它保障了俄、白、哈、吉、塔五国经济的实际一体化，建成了关税同盟和统一经济空间，通过了《欧亚经济联盟条约》。2014年5月，俄、白、哈三国元首在阿斯塔纳签署了《关于建立欧亚经济联盟的条约》。2015年1月1日《关于建立欧亚经济联盟的条约》正式生效后，欧亚经济共同体完成了其使命，宣告解散。2015年1月2日亚美尼亚加入，2015年8月12日吉尔吉斯斯坦加入。2018年和2020年摩尔多瓦、乌兹别克斯坦和古巴获得欧亚经济联盟观察员地位。

2018年12月，欧亚经济联盟成员国发表声明，就进一步加强一体化进程明确今后的重点方向，采取以下措施：(1)确保欧亚经济联盟统一市场的最大效率，使企业和消费者发挥其应有的效能；(2)建立创新区，激励科技突破性发展；(3)为了人的发展挖掘一体化的潜能，提高人民福利和生活质量；(4)将欧亚经济联盟建设成为当代世界最重要的发展中心之一，对与外部伙伴互利和平等合作持开放态度，形成新的合作形式。③ 2020年

---

① Путин В., «Новый интеграционный проект для Евразии – будущее, которое рождается сегодня». «Известия». 3 октября 2011 года; Лукашенко А., «О судьбах нашей интеграции». «Известия». 17 октября 2011 года; Назарбаев Н., «Евразийский Союз: от идеи к истории будущего». «Известия». 25 октября 2011 года.

② Декларация о евразийской экономической интеграции от 18 ноября 2011 г. [сайт]. URL: http://kremlin.ru/supplement/1091. (дата обращения: 30.11.2021)

③ Декларация о дальнейшем развитии интеграционных процессов в рамках Евразийского экономического союза (19 декабря 2018 г.) [сайт]. URL: https://www.mid.ru/ru/foreign_policy/evraziyskaya_economicheskaya_integraciya/1580534/?ysclid=lbx9uek4o2644626354. (дата обращения: 29.11.2021)

12月，欧亚经济联盟国家通过了《2025年欧亚经济一体化发展战略方向》。这一战略旨在提高欧亚经济联盟作为世界经济主体的自给自足能力，保障成员国经济增长。该战略列举了300多项促进欧亚经济一体化发展的措施。要保障这些措施的落实，需要做大量工作，如签署10多项国际条约，对《欧亚经济联盟条约》进行大约25项修改和补充，制定并批准超过250份联盟法律文件。成员国希望通过这一战略的实施，为联盟数字化转型创造条件和手段。联盟在各经济部门全面推行数字技术，对联盟关税区实行统一海关管理，以提高联盟超国家机构的行政效率。巩固欧亚经济委员会的地位，扩大它和联盟法院的职权范围以及欧亚经济联盟国家经济合作的领域，包括教育、科学、卫生、旅游和体育。在抗击疫情，消除其对经济的负面影响，稳定成员国宏观经济形势方面采取共同措施。联盟规划了50多个数字化建设项目，其中正在落实的有3个，包括数字交通走廊，统一的"无国界找工作"系统平台，以及欧亚产业合作、工程分包和技术转让网络。

欧亚经济联盟的宗旨在于为成员国实现经济稳定发展，提高人民生活水平创造条件；致力于在联盟框架内建成统一的商品市场、服务市场和劳动资源市场；全面实现现代化与合作，提高各国在全球经济中的竞争力。其主要任务是在全球治理体系框架内形成新的力量中心，使其参加者有效应对全球化挑战；建立符合本地区内外利益的总的规则和实践体系；维护本地区文化和思想特色，巩固其在国际舞台上的主权。[①] 欧亚经济联盟覆盖了1.827亿人口，2,000万平方公里领土，占全球陆地面积的14%，市场潜在容量达到国内生产总值的4.2%。欧亚经济联盟在世界经济中具有领先地位。石油、钾肥、甜菜、黑麦、燕麦和大麦产量占第一位，天然气和葵花籽产量占第二位，土豆和小麦产量占第三位，谷物、豆类粮食、肉制品、钢产量和发电量占第四位，生铁、蔬菜和瓜类产量占第五位，煤炭产量占第六位。

立陶宛东欧研究中心2012年曾经发布题为《欧亚联盟：欧盟和"东方

[①] Буторина О., Захаров А., «О научной основе Евразийского экономического союза» // Евразийская экономическая интеграция. 2015. № 2. с. 59.

伙伴关系"国家的挑战》的报告，认为俄罗斯主导的欧亚联盟计划是"对后苏联空间欧洲一体化的蛮横取代"，欧盟应当在迫在眉睫的欧亚一体化"威胁"面前赢得主动。[①] 这让"东方伙伴国"不得不在欧盟主导的欧洲一体化和俄罗斯主导的欧亚一体化之间作出艰难的选择。没有乌克兰的参与，欧亚经济联盟是残缺不全的。所以俄罗斯一直通过软硬兼施的手段试图强拉乌克兰加入欧亚一体化进程。时任乌克兰总统亚努科维奇出生、成长和工作都在与俄罗斯有着紧密联系的乌克兰东部顿巴斯地区。他既不想脱离与俄罗斯的联系，也经不起欧盟的诱惑和西乌克兰反俄情绪的增大，试图脚踩两只船。然而双方都不允许他这样做。2013年2月，立陶宛总统格里包斯凯特对亚努科维奇下了最后通牒：要么与欧盟加强联系建立自由贸易区，要么加入俄白哈关税同盟，乌克兰必须作出明确的地缘政治选择。亚美尼亚放弃了欧洲一体化方针，于2015年加入了俄罗斯主导的欧亚经济联盟。

第二节　俄罗斯"大欧亚伙伴关系"主要内容

19世纪上半期继英国之后，欧洲主要国家进入工业革命时代。面对俄国与欧洲之间的巨大差距，俄国学习欧洲的呼声日渐高涨，进而引发了19世纪40—60年代俄国思想界西化派与斯拉夫派之间的激烈辩论。十月革命后诞生于欧洲俄国侨民的"欧亚主义"否定了俄国走单纯的欧洲道路和单纯的亚洲道路的倾向。20世纪90年代苏联解体后俄罗斯再次尝试拥抱欧洲，融入欧洲，而西方则以冷战胜利者的姿态推动欧盟和北约东扩，进一步挤压俄罗斯的生存空间。2014年乌克兰危机使俄罗斯从"大欧洲"黄粱美梦中彻底惊醒过来，再次面临历史的抉择。"向东转"，即转向亚洲历来不是俄罗斯的优先选项，于是"欧亚主义"再次复活，但它跳出了"小欧亚"范畴，瞄准了"大欧亚"。2015年中俄签署《关于丝绸之路经济带

[①] Public Institution Eastern Europe Studies Centre, "Eurasian Union: A Challenge for the European Union and Eastern Partnership Countries," October 25, 2012, accessed November 25, 2012, http://www.eesc.lt/uploads/news/id459/Eurasian%20Union-a%20Challenge%20for%20the%20European%20Union%20and%20Eastern%20Partnership%20Countries.pdf.

建设和欧亚经济联盟建设对接合作的联合声明》，双方表示将以上合组织为平台，在欧亚地区"开辟共同经济空间"。2015年年底，普京发表年度国情咨文时呼吁欧亚经济联盟、上合组织和东盟成员国组建"经济伙伴关系"。2016年5月，普京在俄罗斯-东盟峰会上再次表示，欧亚经济联盟、东盟、上合组织与"一带一路"相互对接是最具有前景的区域经济一体化方向，并呼吁在此基础上建立广泛的"跨国伙伴关系"。2016年6月17日，俄罗斯总统普京在圣彼得堡国际经济论坛上正式发出欧亚经济联盟与中国、印度、巴基斯坦、伊朗等国共同建设"大欧亚伙伴关系"的倡议。[①]

一、俄罗斯"大欧亚"战略提出的背景

1. "大欧洲"计划：俄罗斯的失败与西方的进逼

虽然俄罗斯具有强烈的"欧洲中心主义"情结并顽强地一次又一次推动西化改革试图扑向欧洲怀抱，但在西欧人眼里俄罗斯历来就是"欧洲的亚细亚"和"野蛮之地"。[②]

1963年年初，时任法国总统戴高乐曾向苏联驻法大使C.维诺格拉多夫私下表示，"我们与苏联共建欧洲的时候到了"。这着实让苏联窃喜一阵。1981年勃列日涅夫访问波恩时第一次提出了"共同欧洲大厦"概念，但直到1985年"大欧洲"时代才真正开启。为了建设"从里斯本到符拉迪沃斯托克（海参崴）的共同欧洲大厦"，戈尔巴乔夫承认了民主德国与联邦德国、东欧与西欧的合并，却为此付出了苏联解体的代价。俄罗斯精英阶层试图通过"休克疗法"使自己的新地位在欧洲合法化。普京接任俄总统后继续推进"大欧洲"梦想，2010年他呼吁建立覆盖全欧洲的从里斯本到符拉迪沃斯托克（海参崴）的和谐经济共同体，双方还就建设经济、安全、人文和教育四个方面的"共同空间"达成一致。然而，德国著名思想家达伦多夫早在1990年出版的《关于欧洲革命的思考》中就已经预言"共同的欧洲大厦不会按照戈尔巴乔夫的设计方案建设……欧洲止于苏联边界，这

[①] Выступление В. Путина 17 июня 2016 года на пленарном заседании XX Петербургского международного экономического форума [сайт]. URL: http://www.kremlin.ru/events/president/news/52178. (дата обращения: 21.12.2021)

[②] Кудров В., «Национальная экономиика России». Москва: «Дело», 2006. с. 21.

是不可逾越的"。①

与此同时，西方同样也在积极实施自己的"大欧洲"计划。戴高乐在1962年访问联邦德国时第一次提出了消除从大西洋到乌拉尔"东方过时的意识形态"的"大欧洲"计划，只不过在后来回答苏联的质疑时改成了"与苏联共建欧洲"。30年后布热津斯基布下了欧洲和北约向后苏联空间扩张，进而分裂俄联邦，消除能够挑战美国统治地位的任何集团的"大棋局"。②北约和欧盟正是按照布热津斯基的"大棋局"在稳步推进，欧盟和北约成功东扩之后开始将触角伸向后苏联空间。例如，支持"古阿姆"集团摆脱对俄罗斯的依赖，策划一系列"颜色革命"以扶持亲西方政权。欧盟实施"东方伙伴关系"计划，试图从经济上诱使乌克兰、摩尔多瓦、白俄罗斯、格鲁吉亚、阿塞拜疆和亚美尼亚加入西方集团。随着北约东扩的步伐加快，俄罗斯感受到了西方咄咄逼人的攻势。特别是1999年北约轰炸南联盟彻底惊醒了俄罗斯，它意识到后苏联空间对自己的地缘政治和战略重要性，开始加强该地区的欧亚一体化进程。

2. 欧亚一体化：俄罗斯"家园"保卫战

普京本质上并非反西方的。21世纪初在其第一个总统任期期间，普京曾积极谋求加入北约，对美在阿富汗的反恐行动给予全面支持，并借"9·11"事件谋求成为美国的盟友。然而北约东扩的步伐并未因此而停止，北约甚至着手在东欧部署反导系统。普京迫不得已放弃对西方不切实际的幻想，着手巩固自己的防御阵地。

第一，以俄白哈关税同盟为核心推进欧亚经济一体化。如前所述，早在1993年独联体12个成员国就签署了《经济联盟条约》，但包括俄罗斯在内的许多国家并没有批准。1995年俄罗斯、白俄罗斯、哈萨克斯坦三国签署《关税同盟协定》，后来吉尔吉斯斯坦、塔吉克斯坦相继加入。1999年五国签署《关税同盟和统一经济空间条约》，并于次年成立欧亚经济共同体。世纪之交，北约和欧盟加强了攻势，俄罗斯深感压力倍增，加快了欧亚经济一体化进程。2007年俄、白、哈三国签署《关税同盟委员会条约》，

---

① Ralf Dahrendorf, *Reflections on the Revolution in Europe* (Routledge, 2014), p.120.
② 兹比格纽·布热津斯基：《大棋局：美国的首要地位及其地缘战略》，中国国际问题研究所译，上海世纪出版集团，2007，第2、26、41页。

2011年吉尔吉斯斯坦加入后成立欧亚经济委员会，启动统一经济空间，实现商品、资本和人员的自由流动，建立超国家机构协调各成员国宏观和微观经济政策，目标是建立统一中央银行，实行统一货币以及共同能源市场。2011年俄、白、哈三国元首相继在《消息报》发文支持建设欧亚联盟，称欧亚联盟不仅是经济的，将来也是政治的。2015年关税同盟实现华丽转身，取而代之的是欧亚经济联盟，亚美尼亚和吉尔吉斯斯坦相继在2015年成为欧亚经济联盟正式成员国。

第二，以集安组织为核心推进欧亚军事政治一体化。为解决苏联解体后该地区外部边界的守卫任务，1992年俄罗斯在塔什干与乌兹别克斯坦、哈萨克斯坦、吉尔吉斯斯坦、塔吉克斯坦和亚美尼亚签署了《集体安全条约》。1993年阿塞拜疆、格鲁吉亚和白俄罗斯加入。1999年格、乌、阿期满后退出。随着北约东扩步伐加快，2002年《集体安全条约》成员国决定成立集体安全条约组织。2008年"俄格局部战争"后集安组织决定成立集体快速反应部队，以应对军事入侵和突发事件，对国际恐怖主义、极端主义、跨国有组织犯罪、毒品交易采取特殊行动。2016年集体安全理事会通过了《2025年集安组织集体安全战略》，将信息空间安全纳入集体安全范畴，并设立了危机应对中心。由成员国元首组成的集体安全理事会为组织最高权力机构，组织联合司令部设在莫斯科，负责联合军事行动统一指挥。集安组织还设有政治磋商机制和对外政策协调机制。其军事力量除了中亚地区特种部队和集体快速反应部队之外还有区域性联合集团军、集体空军和维和部队、联合军事体系和军事设施、紧急状态集体反应体系。

3. 向东转：俄罗斯携欧亚经济联盟与"一带一路"合作共建

历史再一次迫使俄罗斯转向东方。早在20世纪90年代中期，俄"大欧洲"计划受阻且在科索沃、北约东扩等一系列问题上与西方发生分歧，俄罗斯开始重视发展与中国关系。1994年中俄确立了睦邻友好、互利合作的建设性伙伴关系，1996年建立两国国家元首和政府首脑定期会晤机制，并随后解决了两国边界争端，2001年两国签署了《睦邻友好合作条约》。同时，中俄和中亚四国成立了上合组织，共同打击"三股势力"，开展经济合作。2011年中俄将双边关系进一步提升为全面战略协作伙伴关系，2014年两国元首宣告"中俄全面战略协作伙伴关系进入新阶段"，俄罗斯从中国获得价值4,000亿美元的天然气大单。2015年两国元首决定"丝绸之路经济带"和欧亚经济联盟对接合作。2019年习近平主席访俄,两国元首宣布发展中俄新时代全面战略协作伙伴关系。2021年中俄签署的《关于〈中俄睦邻友好合作条约〉签署20周年的联合声明》称"中俄关系业已达到历史最高水平","树立了国与国和谐共处与互利合作的典范"。①

4."大欧亚":俄罗斯面对国际大变局的抉择

冷战结束后,西方世界的意识形态大行其道。俄罗斯试图融入西方体系,但冷战的胜利者并没有给它预留位置,于是莫斯科只能用铁腕来对抗西方的"地缘政治饥渴"。与此同时,中国则有效利用了全球化的优势,迅速崛起,成为唯一一个深度融入西方经济体系却不走美国路线甚至勇敢地向其全球霸权提出挑战的大国。这使美西方将俄罗斯看作最大的"威胁",将中国看作最主要的"竞争对手"而加以遏制。

在这种情况下,俄罗斯不得不放弃300年来一直在欧洲寻找自己位置的尝试。但是,俄罗斯已然不是超级大国,不能按照自己的意图来选择地缘政治方向。于是,瓦尔代俱乐部提出了"大欧亚共同体"设想。莫斯科卡耐基基金中心也提醒俄罗斯当局,莫斯科亚太战略应该以全面的和全球性视野建设更加广泛的"大欧亚"。

二、俄罗斯"大欧亚"战略的政治属性和经济表象

俄罗斯融入欧洲的梦想彻底破裂,2015年俄罗斯选择了欧亚经济联盟与"丝绸之路经济带"进行对接(сопряжение),借机壮大欧亚经济联盟。对俄罗斯来说,如果说这种"对接"是被动的防御性选择的话,那么"大欧亚"战略的提出则是主动出击。

1. 俄罗斯"大欧亚"战略的地缘政治属性

俄罗斯"大欧亚"战略设计师C.卡拉甘诺夫对"大欧亚"有个明确的界定。卡拉甘诺夫认为,首先它是一个具有思考框架的"构想",目的是将欧亚变成世界经济、政治和文化的中心,它包括东亚、东南亚和南亚、

---

① 《中华人民共和国和俄罗斯联邦关于〈中俄睦邻友好合作条约〉签署20周年的联合声明》,《人民日报》2021年6月29日,第2版。

中欧亚和俄罗斯,甚至欧洲;它是顺应"亚洲人的亚洲"、中国"向西转"和俄罗斯"向东转"等一系列趋势结成的地缘经济共同体;是将古代文明发源地中国、印度、伊朗、阿拉伯国家与欧洲联系起来的古代丝绸之路的文化化身;其发展方向是新的地缘战略共同体——共同发展、合作、和平与安全的欧亚空间;其重要的潜在职能就是将中国"纳入""大欧亚";原则上对世界其他国家是开放的;其基础应当是传统的规范的国际法和国际社会价值观,反对西方强加给世界的"丛林法则"。①

俄罗斯将"大欧亚"的定位设定为其主导的以中俄合作为核心的非西方的地缘政治集团。C.卡拉甘诺夫明确表示,"大欧亚共同体"的核心就是"丝绸之路经济带"对接欧亚经济联盟。他将"大欧亚共同体"的目标确定为"把欧亚变成世界经济和政治的中心",并坚信21世纪正在形成两大新的地缘政治集团,一个是以美国为首的,另一个是以俄中为核心的"大欧亚共同体",在"大欧亚共同体"建设过程中发挥首要作用的理所当然是俄罗斯和中国。俄将自己在"大欧亚"中的地位设定为"欧亚的心脏"。C.卡拉甘诺夫也同样认为,"大欧亚"将会瞄准俄地缘战略和地缘经济未来的定位,即正在上升的大陆的核心,并成为整个亚欧大陆重要的交通和经济枢纽之一与最重要的安全提供者。苏斯洛夫等进一步将俄罗斯确定为"大欧亚共同体的领袖"。

2015年俄罗斯正式决定欧亚经济联盟对接"丝绸之路经济带",并以《联合声明》的形式获得中国对其欧亚一体化进程法律上的政治支持和保证。C.卡拉甘诺夫认为,对接的主要作用在于利用中国倡议的潜力来满足欧亚经济联盟国家的需要。瓦尔代俱乐部欧亚项目主管 T.博尔达乔夫将这一对接声明比作"第二个拉帕洛条约",认为其一方面能使俄罗斯突破外交孤立,另一方面能将"一带一路"资源变成欧亚经济一体化的收益。② 高等经济学院的 Д.苏斯洛夫等也同样认为,对接除了防止欧亚经济联盟和

---

① Караганов С., «Обещание Евразии. Поворот Китая на Запад крайне выгоден России» (26 октября 2016 г.) [сайт]. URL: https://globalaffairs.ru/articles/obeshhanie-evrazii/. (дата обращения: 11.12.2021)

② Бордачев Т., «Большая Евразия: что только предстоит сделать?» (30 декабря 2019 г.) [сайт]. URL: https://news-front.info/2019/12/30/bolshaya-evraziya-chto-tolko-predstoit-sdelat/. (дата обращения: 27.12.2021)

"一带一路"竞争并保障二者协调发展,还使得前者成为实施"一带一路"的核心地区。

2. 俄罗斯"大欧亚"战略的经济表象

"欧亚经济联盟+伙伴关系网"模式被认为是"大欧亚"战略的经济支柱。普京一再表示"大欧亚不是抽象的地缘政治蓝图",而是有着具体的经济内容,包括"使商品在欧亚空间的流动最快,最方便顺畅;推动签署欧亚贸易便利化协定","在整个亚欧大陆范围内实现'和谐的'自由贸易和市场开放原则","相互开放服务和资本市场准入",等等。阿斯塔纳俱乐部也认为欧亚的联合与其说是由于地缘政治,不如说是经济的原因。新的贸易路线的出现,建设新的经济联盟,商品、资本和人员的加速流动,这都促使在崭新的基础上把欧亚联结成一个整体。Д.特列宁也强调,从经济中心的上海到欧洲大门的前哨圣彼得堡首先要形成统一的贸易投资区,形成经济火车头。С.卡拉甘诺夫表示,要通过逐步形成的囊括整个大陆的自由贸易区来实现共同富裕,制定协商一致的大欧亚交通战略,建立稳定的金融秩序,跨境贸易和投资本币结算,建立独立的支付体系和欧亚互助组织。

俄罗斯认为欧亚经济联盟将成为"大欧亚共同体"的基础和核心。关于"大欧亚伙伴关系"的模式,普京明确表示,要以欧亚经济联盟为"大欧亚伙伴关系"的核心,根据各国不同情况依靠基于不同深度、速度和水平的合作以及不同程度市场开放的双边和多边贸易协定组成合作与开放网络和多水平的一体化模式。普京还提议签订更先进的欧亚贸易便利化协定。也就是说,以欧亚经济联盟为核心通过"欧亚经济联盟+"的形式拓展与欧亚地区国家的经贸合作网络,即由不同深度的自贸区和其他经贸协定或谅解备忘录的形式组成"大欧亚伙伴关系"。他强调,大欧亚空间提升经贸合作的重要手段就是签署区域贸易协定。

2016年6月,普京访华,正式决定启动欧亚经济联盟与中国全面经济伙伴关系谈判,并将其看作"欧亚全面伙伴关系的基础"和"建立大欧亚伙伴关系的第一步"。2018年中国商务部与欧亚经济委员会签署了一揽子经贸合作协定和跨境货物和运输信息交换协定。2016年5月,俄罗斯与东盟在峰会期间就建立欧亚经济联盟–东盟全面自由贸易区进行可行性研究并达成一致，同时与新加坡、马来西亚、印尼、泰国和柬埔寨就实现自由贸易的必要性达成一致。欧亚经济联盟于2015年与越南签署了第一个自贸区协定，2018年与伊朗签署了关于建设自贸区的临时协定，2019年与塞尔维亚和新加坡签署了自由贸易协定和全面经济合作协定。据说已经有50多个国家希望与欧亚经济联盟建立直接的经济联系，正在或准备谈判的有以色列、埃及、印度、韩国等。

三、俄罗斯推进"大欧亚"战略的制度架构

在对外政策思维中提出和推动地缘政治或地缘经济大思路的能力被认为是一个大国的主要标准之一。然而，2016年俄罗斯正式提出"大欧亚伙伴关系"倡议至今，俄罗斯既没有出台一份官方文件，也没有提出统一的制度安排。Т.博尔达乔夫表示，本地区主要大国必须建成大欧亚的建设机制，将来则需要采取具体的国际法形式，建立职能平台来逐渐扩大"大欧亚议程"的范围。С.卡拉甘诺夫也同样认为，建设大欧亚，一个最明晰的路径就是建立有效的官僚机器，他进一步将上合组织设定为这个"官僚机器"，认为它能够潜在地成为建设中的大欧亚的重要组织。俄罗斯试图将扩大的上合组织变成其"大欧亚"战略的制度框架，上合组织被认为是"大欧亚"的安全支柱。[1] 2020年俄罗斯作为上合组织轮值主席国，尝试将上合组织作为"在欧亚建立广泛、平等和互利合作空间的支柱之一，保障大欧亚伙伴关系思想下的可靠安全和可持续发展"，[2] 并将"大欧亚伙伴关系"倡议正式纳入《上海合作组织成员国元首理事会莫斯科宣言》。

1. 俄罗斯将扩大的上合组织看作"大欧亚伙伴关系"的制度基础

俄罗斯副外长И.莫尔古洛夫在2019年东方经济论坛上公开表示，现在大欧亚只是以协商性的、以安全为主题的上合组织的形式存在。从2018年以来，上合组织成员国元首理事会相继发表的《青岛宣言》《比什凯克

---

[1] Суслов Д., Пятачкова А., «Большая Евразия: концептуализация понятия и место во внешней политике России». Котляков В., Шупер В., «Россия в формирующейся Большой Евразии». «Вопросы географии», №148, сборник. Москва: Издательский дом «Кодекс». 2019, с. 16.

[2] Приоритеты председательства России в ШОС (10 сентября 2019) [сайт]. URL: https://sco-russia2020.ru/. (дата обращения: 18.01.2022)

宣言》《莫斯科宣言》《杜尚别宣言》和《撒马尔罕宣言》可以看出,"上合组织地区"和"欧亚地区"两个概念是可以互换的,也就是说上合组织的官方文件虽然没有直接提及"大欧亚",但客观上已经证实了 И.莫尔古洛夫的说法。特别是《莫斯科宣言》表示,"成员国注意到俄罗斯联邦关于在上合组织、欧亚经济联盟、东盟国家及其他相关国家和多边机制参与下建立大欧亚伙伴关系的倡议"。①

瓦尔代俱乐部早在 2015 年就强调,欧亚空间国际合作的最重要机制是上合组织,"大欧亚共同体"可以通过上合组织来发挥组织功能,上合组织的迅速发展可以成为建立"大欧亚共同体"这一潜力巨大的计划的核心机制。А.卢京和 С.卢贾宁认为,把俄罗斯从欧亚的"桥梁"变成"欧亚的心脏"的核心环节应当是借助"丝绸之路经济带"对欧亚经济联盟—上合组织进行结构改造。2023 年上海合作组织批准伊朗加入后,上合组织有 9 个成员国、3 个观察员国和 14 个对话伙伴国,它"构成大欧亚在政治和安全领域的支柱"。上合组织在地区反恐方面具有丰富的经验,再加上与集安组织的合作,能够成为保障大欧亚空间安全和抵制跨境威胁的最重要工具。

2. 俄罗斯积极推动扩大上合组织

在俄罗斯看来,没有人会预期印度和巴基斯坦加入上合组织可以帮助它们借此平台迅速解决双方的矛盾,但从长期看会对该地区局势产生积极影响。Д.苏斯洛夫认为,印度加入上合组织一方面可以强化其对外政策的欧亚方向,另一方面俄罗斯和印度在金砖框架和其他平台也有合作。上合组织的扩大和俄印在多方面的合作可使俄罗斯在与西方的冲突中扩大回旋余地。

第三节 俄罗斯落实"大欧亚伙伴关系"的构想

2018 年 9 月,俄罗斯时任总统顾问、现任欧亚经济委员会经济部长、

---

① 《上海合作组织成员国元首理事会莫斯科宣言》,上海合作组织,2020 年 11 月 10 日,http://chn.sectsco.org/documents/,访问日期:2022 年 1 月 13 日。

欧亚经济联盟设计师С.格拉季耶夫院士推出了《关于落实大欧亚伙伴关系思想的构想和建议》研究报告。[①] 与"大欧亚"战略构想的设计师С.卡拉甘诺夫利用"一带一路"资源壮大欧亚经济联盟，建立与以美国为首的西方相抗衡的非西方的地缘政治集团的想法不同，С.格拉季耶夫院士认为，"大欧亚伙伴关系"的目标应该是将亚欧大陆变成和平、合作与繁荣的地区，建立经贸合作的普惠制度，发展大陆交通、信息和能源基础设施，让各国国家发展战略与国际生产、技术协作相衔接，建立公平的货币金融关系体系，并停止现有的和杜绝新的武装冲突。С.格拉季耶夫院士表示，俄罗斯积极欢迎中国"一带一路"倡议，认为这是国际合作新模式的样板，"一带一路"与欧亚经济联盟对接，建设共同的欧亚和平与合作伙伴关系的根本在于形成对共同利益的认识。

一、大欧亚伙伴关系构想

普京认为，整合欧亚经济联盟、"一带一路"、上合组织和东盟等一体化组织可以成为建设大欧亚伙伴关系的基础。С.格拉季耶夫对此持肯定态度，并引申普京的话认为就是要签署一系列双边和多边海关、检验检疫、部门合作和投资、知识产权保护等领域相关协定，最终形成从大西洋到太平洋的统一经济空间。

1. 大欧亚伙伴关系的目标

С.格拉季耶夫的报告认为，大欧亚伙伴关系的目标应该是将欧亚地区变成和平、合作与繁荣的地区，建立经贸合作的普惠制度，发展大陆交通、信息和能源基础设施，各国国家发展战略与国际生产、技术协作相衔接，转向公平的货币金融关系体系，并停止现有的和杜绝新的武装冲突。

他认为，考虑到欧亚国家社会经济和政治制度的特殊性，大欧亚伙伴关系不要求它们的同一性。应尊重参加国利益多元化和合作自愿性，通过一体化组合成的伙伴关系只能坚持不同速度和不同水平，赋予每一个参加国选择自己义务的自由。大欧亚伙伴关系的出发点是无条件尊重参与一体

[①] Глазьев С., «Концептуальные предложения по практической реализации идеи большого евразийского партнерства». Москва. 27.09.2018.

化的国家主权，不干涉其国内事务，保持其经济、政治和文化的多样性。

2. 亚欧地区经济一体化进程网络构成大欧亚伙伴关系的基础

在亚欧地区几乎找不到一个没有参与任何区域一体化组织的国家。目前该地区存在10余个紧密程度和囊括范围各不相同的区域经济联合体。它们的主要目标都是消除贸易壁垒，建立自由贸易区，统一技术、海关、关税和非关税规制和规范。这里既有建设共同商品、服务、劳动和资本市场的标准的区域联合体（关税同盟和自由贸易区），也有旨在促进投资、实施共同投资项目，包括大型交通和能源基础设施建设规划之类的区域性倡议。欧亚经济联盟是经典的区域联合体，致力于建成真正的各参加国的共同市场。"一带一路"倡议旨在促进对大型基础设施项目进行共同投资。二者相互对接可以成为大欧亚伙伴关系的组合模式。这一模式在共同投资基础上结合了自由贸易原则和各种比较优势的组合，目的是实现所有一体化参加国的协同效应和互利。此外，建立统一经济空间的经济联合体只有欧盟和欧亚经济联盟，实行自由贸易的有独立国家联合体（简称"独联体"）、东南亚国家联盟（简称"东盟"）、经济合作组织，[①]南亚区域合作联盟（简称"南盟"）、海湾阿拉伯国家合作委员会（简称"海合会"）、欧洲自由贸易联盟等，还有中国、日本、越南、印度、韩国、新加坡、以色列与欧亚许多国家签有自由贸易协定。欧盟与欧洲自由贸易联盟有着共同经济空间，而后者又与欧亚和其他大洲的许多国家及其经济联合体拥有密切交叉的自由贸易关系网。国内生产总值和贸易规模分别达到2.6万亿美元和2.5万亿美元的东盟联合10个东南亚国家，分别与中、日、韩达成自由贸易协定，形成占全球30%人口，24%国内生产总值，25%国际贸易和47%高科技产品出口的超级特惠经贸合作区。2021年"东盟+5"模式的《区域全面经济伙伴关系协定》正式生效，形成了次大陆自由贸易区，囊括了全球约一半的居民和30%的世界贸易和国内生产总值。次大陆自贸区还连接着跨太平洋经济一体化组织，如欧盟与加拿大有着全面的经贸协定（CETA），2019年与南美南方共同市场达成自贸协定。英国和法国与其前殖民地和世

[①] 经济合作组织（ECO），1985年中亚和中东国家成立的区域跨国经济组织，其前身是伊朗、巴基斯坦和土耳其于1977年成立的区域合作发展组织。1992年哈萨克斯坦、阿塞拜疆、阿富汗、吉尔吉斯斯坦、塔吉克斯坦、土库曼斯坦和乌兹别克斯坦加入。

界其他国家有着特惠经贸关系。亚太地区 12 个国家签署了跨太平洋伙伴关系协定（TPP）[①]。在亚太经合组织框架内建立世界最大自贸区的讨论还在继续。此外，该地区还出现了不同种类的国际经济合作机制，例如商品和服务贸易协定、消除非关税壁垒协定、金融市场准入协定、各种规范和标准的趋同协定、知识产权协定、国际交通基础设施（公路和铁路走廊）建设协定、国家采购相互准入协定、电力共同市场协定、竞争规制协商、职业教育证书相互承认、地区和全球冲突中立化的共同原则和机制。最具发展前景的区域一体化形式是中国的"一带一路"倡议，它致力于实现大型的共同投资项目，包括对连接亚欧国家经济空间并为其减轻经贸合作负担的现有交通走廊的现代化改造和新的交通走廊的建设。已经有 100 多个国家和国际组织以各种形式对这一倡议表示了支持与合作意愿。

目前亚欧地区正在迅速形成众多经济一体化进程的网络，就像普京在 2016 年东方经济论坛上所说，"它们灵活地相互补充，可以根据互利原则实施项目"。"我们可以依靠一系列不同深度、不同速度、不同水平的合作和市场开放的双边和多边贸易协定，根据某些国家经济体对合作的准备程度对科学、教育、高技术领域的合作项目达成一致。所有这些协定都应当面向未来，为高效和平等合作基础上的共同和谐发展奠定基础。"普京进一步指出，"这个一体化网络，即包括自贸区在内的多边和双边协定体系，能够成为建设大欧亚伙伴关系的基础"。[②] 现有特惠贸易制度、国际开发机构、共同投资项目、跨国公司和财团组成了大欧亚伙伴关系的框架结构。

3. 大欧亚伙伴关系的原则

С.格拉季耶夫提出"大欧亚伙伴关系"坚持的原则是自愿、互利、平等、透明、严格遵守国际法准则及其应承担义务。

[①] 2016 年 2 月，美国参加且主导的由文莱、智利、新西兰、新加坡、澳大利亚、秘鲁、越南、马来西亚、墨西哥、加拿大和日本参加的跨太平洋伙伴关系协定（TPP）正式签署。2017 年 1 月美国宣布退出。2018 年 12 月《全面与进步跨太平洋伙伴关系协定》正式生效。2021 年中国正式提交加入申请。

[②] Владимир Путин принял участие в пленарном заседании Восточного экономического форума (ВЭФ). В этом году заявки на форум подали делегации из 35 стран, фактически в работе ВЭФ участвовали представители 56 государств (3 сентября 2016 года) [сайт]. URL: http://www.kremlin.ru/events/president/news/52808. (дата обращения: 22.02.2022)

自愿原则，要求不干涉民族国家内部事务。每个国家应当自主决定参加哪个联合体，并从自身的民族利益和本国法律程序出发履行自己承担的义务。普京表示，我们相信有效的一体化只能建立在所有参加国平等、相互尊重和考虑相互利益的基础上。我们认为的一体化是可预见的，无论对东方还是西方其他国家和联合体都是开放的。

互利原则，意味着一体化进程的所有参加国都应当从中获得能够感觉到的为其社会经济发展提供额外机会的经济利益，包括社会生产、消费的增加和居民生活水平的提高，就业增加，民族经济竞争力的提高。

平等原则，也就是每个一体化参加国有权选择某种能够保障全面考虑其民族利益的决策方式。同时对与主权职能让渡给超国家机构相关的一系列重要问题通过一致同意的方式来解决。平等原则所涉及的不仅有决策程序，还有一体化参加国之间的经济交换，这种经济交换不应当带有不等价性质。一体化机制应当对不同发展水平的国家之间贸易出现的典型的收益分配不等价现象起到抑制作用，包括知识、垄断和行政管理带来的红利以及国际储备货币发行所获得的铸币税的分配。

透明原则，涉及让渡给超国家机构的和影响收益分配条件和经济活动效率的所有调节职能——海关管理，货币、银行、技术、反垄断和税收调节、关税同盟内部关税分配。跨国协商和跨国管理程序应当是完全透明的。要保障透明原则，就必须具有行之有效的统一的信息调控系统，包括各国的子系统和一体化的部分。

遵守国际法规范和履行每个国家在一体化进程中所承担的义务，是有效履行上述所有一体化原则的前提条件。在国际组织的实际活动中，这一原则只是部分地得到遵守。有些国家援引本国法律，认为其高于国际义务，认为国际义务甚至国际条约的共同规范都可以不履行。例如美国和欧盟可以允许自己不履行世贸组织规范，任意对别国使用经济制裁。这与严格遵守国际法准则及其应承担义务的原则相悖。

4. 大欧亚伙伴关系实施一体化的范围和内容

首先，几乎所有亚欧国家都是世贸组织、世界海关组织（WCO）、国际标准化组织（ISO）、贸发会议（UNCTAD）等联合国部门和地区组织的成员国，这些组织的规范、程序和要求都是欧亚伙伴关系一体化的当然内容。许多亚欧国家都加入了《全面与进步跨太平洋伙伴关系协定》和自贸区，将大欧亚伙伴关系与世界其他地区联系在一起。亚欧每个国家和区域联合体都与其他国家和区域联合体有着契约网络。因此，大欧亚伙伴关系不能不是多水平的和复杂的国家联合体，每个国家都与其他国家有着特殊的关系，其派生的国际义务对本国都有约束。

其次，大欧亚伙伴关系的内容是经济合作问题，即贸易、部门、投资、创新和科技内容。它不涉及一体化的军事政治、地区和种族内容。关于建设大欧亚伙伴关系能够带来额外的一体化效应的首要方向，普京已经多次表示，应当是"欧亚空间商品流动最快、最方便和顺畅"，是"海关、检验检疫、部门合作和投资、保护知识产权"，"可以从部门合作与投资以及技术、检疫、海关简化和拉平手续、保护产权开始，将来逐渐降低直至取消关税限制"。①C.格拉季耶夫院士建议在海关数据自动化系统（ASYCUDA）基础上统一海关监管规范。这一系统将使亚欧空间经济活动的所有参加国之间的货物周转进入"绿色通道"。他还建议，亚欧国家和区域联合体可以借鉴欧亚经济联盟统一的卫生和检验检疫规范。

最后，加强部门合作，其中最具有一体化效应的是交通、通信、燃料能源、农工综合体。普京表示，有效一体化的基础非综合发展基础设施莫属，其中包括交通、通信和能源基础设施。（1）发展交通基础设施在亚欧一体化进程中具有传统重要地位，包括欧亚经济联盟与"一带一路"对接，建设中国-欧亚经济联盟-欧盟的欧亚国际货物运输体系。在这一框架下可以设想组建跨国财团来实施大型的共同投资项目，为各地区发展带来新的机遇，提高它们的投资吸引力，激活跨区域合作并加速部门经济增长。（2）加强通信领域的合作，签署网络安全国际条约，提高网络安全。这里还涉及亚欧地区运行的有关互联网和其他全球信息系统的法律及其行政管理从一个国家延伸到国际法场合。在大欧亚伙伴关系框架下还可以解决亚欧网络空间管控的其他问题，如个人身份识别、遏制逃税和非法资本外逃以及实施线上非法经营等。（3）在能源合作方面，成立跨国财团，加强

---

① Владимир Путин выступил на пленарном заседании Петербургского международного экономического форума [сайт]. 17 июня 2016 года. URL: http://www.kremlin.ru/events/president/news/52178. (дата обращения: 09.02.2022)

亚欧管道网络建设，建立包括天然气、石油和电力在内的亚欧能源市场。（4）加强粮食安全合作，使本国市场和区域市场与亚欧各国的竞争优势实现最优结合，消除关税和非关税壁垒，统一各国粮食标准，在具有优势农产品的国家建立相应的粮食交易所，建立保障粮食稳定供应的亚欧粮食安全体系。（5）实施大型投资项目，如建设连接俄罗斯、中国、日本、韩国的"超级能源圈"或者萨哈林与北海道之间的交通通道，在欧亚经济联盟与"一带一路"合作框架下建设欧亚经济联盟境内洲际高速铁路和公路交通干线，组建亚欧航空集团，建设亚欧能源市场框架的管道运输网络等。为此，可以根据俄罗斯跨欧亚发展带建设规划建立优先投资项目库，整合新一代一体化基础设施建设计划、区域产业布局规划、长期直接投资的融资工具，来建设高效能的欧亚一体化交通通信构架。为此需要与国际开发机构如亚洲基础设施投资银行、金砖国家新开发银行、欧亚开发银行、国际投资银行等共同融资。（6）针对美西方对俄罗斯、中国、伊朗等国实施的经济制裁、美元武器化、贸易摩擦、金融封锁、产业链"脱钩"等，实现欧亚地区跨境本币结算，在俄罗斯金融信息交换系统和中国人民币跨境支付系统合作基础上筹划货币调控和建立共同货币流通体系，创造自主的数字货币环境。可以设想建立大欧亚伙伴关系数字化超国家结算储备货币，根据参加国货币的权重及其在相互贸易中的流通比例组成货币篮子；形成发行和清算中心，制定超国家货币发行规则，规定参加国以本国货币缴纳的额度及其保持本国货币对超国家货币的汇率稳定的义务；建立大欧亚伙伴关系货币交易所并采取保障其汇率稳定的调控措施；确立以参加国货币计价的贷款分配机制，将参加国货币纳入大欧亚伙伴关系货币储备库并加入超国家货币篮子。大欧亚伙伴关系超国家货币的发行和流通可以借助区块链技术来推进，以便于对其流通的监管，并避免美西方通过环球银行间金融通信协会系统施加压力。

5. 大欧亚伙伴关系建设规划体系

C.格拉季耶夫院士表示，为了协同和最大限度发挥欧亚科学生产潜力，鼓励推广对社会重要的新技术成就，必须建立欧亚社会经济发展战略规划体系，包括对科技发展进行长期预测，确定区域经济及其联合体和其他大型民族经济体的发展前景，找出并消除贸易失衡以及制约现有资源全面利用的瓶颈,选择优先发展方向,共同制定指导性计划,明确资金来源,制定公私伙伴关系形式的和具有融资机制的优先投资项目库以及路线图。

规划应当明确大欧亚伙伴关系建设的目标性指标、任务及其完成机制和实施步骤,以及大欧亚伙伴关系发展的战略性和指导性计划。成立大型和实力强大的开发机构,集中资源完成大欧亚伙伴关系的重要任务。还必须建立战略管理体系。

6. 大欧亚伙伴关系的人文内容

C.格拉季耶夫院士认为,欧亚广泛一体化不仅建立在经济实用主义上,而且还是以共同的精神和文化历史根源为基础的。伙伴国必须共同制定进行科学研究、文化教育活动,发扬共同精神遗产的纲要,以形成并充实欧亚一体化意识。各国专家共同的科学研究成果形成的纲要应当支持跨学科研究,包括在历史年代学、社会心理学、演化经济学、脱氧核糖核酸(DNA)谱系学、语言学、哲学、国家与法理论等领域采用现代数学方法。这些研究不仅将为形成欧亚意识奠定科学基础,还将为社会科学形成新的并伴随大量实践应用的科学范式进行经验积累,例如在教育学、社会工程学、文化建设、同极端主义和恐怖主义的斗争、一体化政策等方面。这一工作的开展方式最好是在各成员国重点高校组建欧亚网络大学。激活各国大学之间的合作会打造一体化的人文合作,是形成统一教育空间和统一劳动立法所必需的。为此必须制定统一的教育标准,保证相互承认教育文凭和其他职业教育文凭,为提高学术的流动性和扩大大欧亚伙伴关系各国之间科学人才交流创造条件。可以考虑成立欧亚科学院,成立专门研究所,组织和资助共同的基础和应用研究。

二、关于大欧亚伙伴关系几个关键内容的方案

1. 欧亚经济联盟与"一带一路"对接合作:中国–欧亚经济联盟–欧盟线路

欧亚地区进行大陆合作的主要优势在于交通潜力,各国可利用欧亚经济联盟国家过境运输潜力,强化大陆内部各国间和各地区间的联系。

C.格拉季耶夫院士认为,中国已经成为欧亚经济联盟国家重要的经济

贸易伙伴之一。2015年中国在欧亚经济联盟国家对外贸易伙伴中位居第二（占贸易总额的13.6%），仅次于欧盟（48.9%），中国也是欧亚经济联盟在亚太地区战略性经济贸易伙伴之一。欧亚经济联盟与中国的贸易以海上运输为主。俄罗斯与中国的货物运输中海运占77%，经过中俄边境的陆路运输为21%，经过中亚转运的只有2%。中国商品出口到俄罗斯一般经过几个交通走廊。第一是圣彼得堡港，第二是符拉迪沃斯托克（海参崴）港和东方港，第三是经过中亚转运，第四是新罗西斯克港，第五是后贝加尔—满洲里陆路口岸。俄罗斯对中国的出口（木材除外）主要通过海运。将来随着新的运输管道投入运营（西伯利亚力量–2）和现有管道（斯克沃洛金诺—漠河）运输能力的加强，陆路运输的份额将会上升，海运则会减少。哈萨克斯坦和中国的贸易主要是通过穿越两国边界的陆路运输实现的，该方式运输货物占两国货物运输总额的86%，其余的货物则经过俄罗斯港口和终端［符拉迪沃斯托克（海参崴）、东方港和圣彼得堡］，再换装陆路运输。中国公司向哈萨克斯坦出口货物的60%经过上述俄罗斯港口。从中国向哈萨克斯坦的陆路运输（占中国对哈出口的40%）有公路和铁路，二者比例大致相同。哈萨克斯坦向中国出口的运输方式则完全不同：97%依靠陆路运输，只有少数商品如铜和无机化学产品通过海上运输。白俄罗斯向中国出口的大部分货物经过克莱佩达港（立陶宛），少量的集装箱通过维京铁路（Viking Train）港铁联运[①]运往敖德萨港（乌克兰）。白俄罗斯从中国进口的货物大部分也是通过海运——经过克莱佩达港、格但斯克港（波兰）和圣彼得堡港。通过铁路经哈萨克斯坦和俄罗斯的货物车辆每年只有20多列。中国与亚美尼亚和吉尔吉斯斯坦贸易规模都不大。中国与吉尔吉斯斯坦的贸易主要是通过公路运输，出口到亚美尼亚的大部分货物主要通过海运到格鲁吉亚的波季港再经公路转运。

欧盟国家与中国的相互贸易是长期持续稳定的。中国在欧洲的主要贸易伙伴是德国，二者之间的贸易占欧盟与中国贸易额约三分之一，德国在欧盟国家中拥有对中国最大的贸易顺差。与德国不同，荷兰是全欧洲接受

---

① 维京铁路港铁联运班列由立陶宛、乌克兰和白俄罗斯铁路、码头搬运公司和克莱佩达港、伊利乔夫斯克港和敖德萨港合作于2003年6月开通。该线路是经过乌克兰、白俄罗斯和立陶宛，连接波罗的海和黑海、地中海、里海的海上集装箱运输链。

中国产品的中间商，中国产品通过海运经荷兰进入欧洲。荷兰的主要港口是鹿特丹（连接欧洲最发达的铁路基础设施），该港口每年接受超过430亿美元从中国出口到欧洲的货物，这些货物从那里再经过现代物流中心进一步转运到欧洲所有国家。如前所述，目前中国和欧洲之间的贸易占绝对优势的是海上运输。海上贸易主要基于直线航行，即船舶按照事先规定好的路线并严格按照船期航行。从亚洲到欧洲的航线上船舶入港的港口平均数量是10个，而返程入港的港口数量为2—3个。这说明沿线对中国货物的需求超过对欧洲货物的需求。货物（集装箱）运输价格通过竞争形成（集装箱货轮最后一单位总能卖到最高价）。由于贸易失衡，从欧洲到中国的海上运输单位集装箱平均运价只有从中国到欧洲运输价格的一半。中国—欧洲线路上货物运输成本的差距方面，陆路运输明显不同于海运。铁路运输缺乏灵活的价格形成机制。足足有三分之二的运费不是在市场基础上形成的，而是由俄铁、哈铁和其他过境运输公司确定的。此外，现有海关规则也不允许过境铁路车辆拉走国内市场货源。鉴此，最具前景的"丝绸之路经济带"陆路运输货物流向是：东欧（波兰、捷克、匈牙利、罗马尼亚、斯洛伐克、保加利亚）—中国；中欧（德国、奥地利）—中国；法国—中国；波罗的海国家（爱沙尼亚、拉脱维亚、立陶宛）—中国。南欧的克罗地亚和斯洛文尼亚只有在俄铁将1,520毫米轨距（宽轨）的铁路从后苏联空间的边界铺设到维也纳的情况下，将来才可以加入货物转运。奥地利将成为真正的转运和集散中心。经维也纳从铁路换装到水路和公路运输就可以将货物运送到卢布尔雅那（斯洛文尼亚）、萨格勒布（克罗地亚）和贝尔格莱德（塞尔维亚）。

整体来说，欧亚集装箱运输的规模不大。俄铁系统每年的运输规模约为350万标箱，哈萨克斯坦此类运输总量目前只有25万标箱，其中80%为过境运输。而北美5条最大铁路线运输规模约为3,000万标箱。如果将所有的货物运输全都叠加在欧洲—俄罗斯—哈萨克斯坦—中国这条线路的话，运输规模将达到450万标箱。这样，经过欧亚经济联盟国家的过境运输规模将来可能提升80%—100%，达到800万标箱（6,200万吨散货）。此外，陆路与海运相比价格竞争力更强，能够吸引更多的机械产品、电子设备等货物（这类货物占中国和欧盟国家出口的40%多）充实到中国—欧盟这条货物流向上。但是,铁路运输包括海运存在的一个重要问题是从欧洲到中国的运输难以实现满载。这一问题可能的解决办法就是发展跨欧亚运输线内部的沿线运输(在欧盟和欧亚经济联盟国家之间,欧亚经济联盟内部,欧亚经济联盟国家与中国之间的短距离运输上做到满载)。这样可以大大提升交通枢纽集装箱终端投资的可行性。

对欧亚经济联盟国家参与落实"丝绸之路经济带"倡议前景研究的重要内容是探索中国—欧亚经济联盟—欧盟最优运输线路。俄罗斯为此设计了四条具有跨大陆货物运输前景的走廊:(1)北欧亚走廊(中国–俄罗斯远东和东西伯利亚—欧洲),由两条运输带组成。第一条:秋明—鄂木斯克—新西伯利亚—克拉斯诺亚尔斯克—伊尔库茨克;第二条:伊尔库茨克—赤塔—哈巴罗夫斯克—符拉迪沃斯托克(海参崴)。(2)中欧亚走廊(中国—哈萨克斯坦—俄罗斯—欧洲)。(3)跨亚洲走廊(俄罗斯以南线路),包括:中国西部—哈萨克斯坦—阿塞拜疆—格鲁吉亚—土耳其—欧盟;中国西部—哈萨克斯坦—土库曼斯坦—伊朗;乌鲁木齐—阿克套—巴库—波季经黑海到欧洲(罗马尼亚康斯坦察港、保加利亚布尔加斯港)。(4)南北国际交通走廊,包括东线、西线和跨里海中线。每一条走廊及其线路长度、过境的国家数量、通行能力以及交通物流基础设施发展水平各异。

俄罗斯认为,最具前景的是发展两条陆路运输走廊:中欧亚走廊和北欧亚走廊。中欧亚走廊连接中国、哈萨克斯坦和俄罗斯三国领土并经过连云港、郑州、兰州、乌鲁木齐、霍尔果斯、阿拉木图、克孜勒奥尔达、阿克托别、奥伦堡、喀山、下诺夫哥罗德、莫斯科进一步到布列斯特或圣彼得堡抵达波罗的海港口,还可以经过乌鲁木齐、多斯托克(德鲁日巴)、卡拉干达、彼得罗巴甫洛夫斯克、叶卡捷琳堡、喀山和莫斯科等城市。该线路集中了从欧洲到中国往返陆路货物运输的最大部分。线路总长7,000—7,500公里。这条线路多式联运的种类数量最少(只有铁路运输);跨越的边境数量最少(只有两个:中哈边境和俄白联盟国家与欧盟边境);走廊的成熟程度和重要性(已实现双向运输)最高;该走廊的运输是最具有价格竞争力的线路之一。北欧亚走廊的核心环节是沿跨西伯利亚铁路和贝阿铁路的运输线路,其最重要的交通枢纽有符拉迪沃斯托克(海参崴)、伊尔库茨克、克拉斯诺亚尔斯克、新西伯利亚、鄂木斯克、秋明、叶卡捷琳堡、喀山、莫斯科。除了开发俄罗斯东部地区的重要作用，该运输干线具有重要的过境运输潜力。在欧洲和亚洲的货物转运方面，该走廊可以大幅度节约运输时间，缩短10—15天。但是基础设施落后严重制约了其过境运输的能力，近期很难大幅度提升该走廊的过境能力，只能寄希望于贝阿铁路和跨西伯利亚铁路开发计划的落实。对哈萨克斯坦来说，最有前景的是跨亚洲走廊的中国西部—哈萨克斯坦—土库曼斯坦—伊朗。在加强伊朗和中国之间陆路贸易方面，这一线路将使中欧亚走廊经过阿拉木图和克孜勒奥尔达的南线得以激活。伊朗市场的潜在容量非常大（从中国经哈萨克斯坦和土库曼斯坦的年陆路运输量在60万吨左右，而从上海一年经海运到阿巴斯港的货物约为900万吨）。

经过哈萨克斯坦、里海、北高加索进一步经黑海到欧盟国家的陆路线路组成跨欧亚走廊。整体来说，这些线路不如中欧亚走廊和北欧亚走廊。俄罗斯认为，具有中等前景的路线是：乌鲁木齐—阿克套—马哈奇卡拉—新罗西斯克—康斯坦察（欧盟）。从目前的利用能力来看，首要的问题是黑海没有一个港口能够承担大规模的货物流量，需要对港口进行彻底的改造。第二个问题是必须利用额外的水上运输。而集装箱运输需要专门的平底集装箱货轮，还需要对港口进行改造，建设配套基础设施。还有一条不太理想的跨欧亚运输线路，即经过哈萨克斯坦和里海到巴库或马哈奇卡拉再到格鲁吉亚（波季港）。该线路运能不大，且在中国与欧洲国家的贸易当中几乎不用。疏通该线路要求最大规模的投资，包括提升巴库港和波季港的集装箱运输能力，还要在当地山岭之间建设道路和隧道。

2. 欧亚粮食安全保障

欧亚粮食安全的意义可以理解为：防止粮食价格急剧上涨和粮食供应急剧下降，防止粮食生产和供应的经济条件急剧恶化；解决世界任何地区大规模的食品短缺问题；禁止大规模消费有害健康的食品。为此，在大欧亚伙伴关系框架内可以采取以下共同措施：(1)在防止粮食价格急剧上涨方面，扩大各地专业且相互独立的粮食交易所网络；对粮食期货合约的签署时期进行约束；在国际粮食组织的指导下建立国家和商业组织的粮食库存状况跟踪体系；建立授权国际组织管理的全球粮食储备基金。(2)在防止粮食供应急剧减少方面，针对自然灾害、传染病和虫害问题建立欧亚农产品减产的跟踪系统和对受害国家实行农业补贴的机制;对需要防止和消除农作物与动物传染病和虫害的国家建立提供及时援助的体系,提供相应的疫苗、杀虫除莠剂和设备;建立地区性的土地资源储备体系,这些土地可以提供给农业生产组织临时使用并承担生产相应农产品的义务。(3)在解决大规模饥荒问题方面,建立亚欧粮食采购并对遭受自然灾害、人类活动造成的灾害及发生武装冲突的地区提供补偿性粮食供应;在实行制裁的情况下将食品排除在制裁行为之外。(4)在应对基因食品方面,对现有产地证明、卫生和检验检疫管理方式进行补充,制定并实施亚欧行动计划,其中包括:制定国际纳米、基因工程和细胞技术的标准体系;制定并实施利用纳米技术、转基因技术生产食品及其原料的技术规程等。(5)在保障农产品扩大再生产的正常条件方面,必须对滥用垄断地位的可能性进行约束,如转基因农作物种子公司必须承担保障长期按事先确定好的价格销售给购买者的义务;禁止对种子材料的流转实行限制;严格要求转基因种子材料的生产者和销售者公开其生产技术信息。

3. 建设"跨欧亚发展带"

俄罗斯"跨欧亚发展带"计划依靠对新一代互联互通基础设施进行直接投资的工具来建设新技术产业。该计划的主要发展方向如下:(1)组织共同工作,协调经济利益并提出项目任务,如制定并落实共同的创新项目计划以建设创新丝绸之路。(2)制定共同的国际基础设施项目计划,实现参加国的长期经济利益。俄方建议修建环日本海能源运输管道;对跨西伯利亚铁路进行现代化改造并使中国和蒙古国的铁路干线与之对接;建设从中国新疆到俄罗斯圣彼得堡的中国西部—欧洲西部高速公路(简称"双西公路");使铁路、公路、航空基础设施和北方海航道实现互联互通。(3)建设平行发展道路沿线(沿铁路线、沿公路线)配套基础设施,这将实质性提高建设跨欧亚交通通道的经济效益,提高沿线地带发展现有和新建地方产业综合体的投资吸引力。落实这一计划的起始点可以确定为建设东北亚国际交通走廊、环日本海能源运输管道,铁路基础设施与北方海航道互联互通,在智慧城市建设新一代物流园区。连接符拉迪沃斯托克(海参崴)港口集聚区和中国、朝鲜与韩国、蒙古国及日本物流中心的俄罗斯滨海边疆区南部及其跨境地区将会成为专门设计的社会和基础设施共同发展的空间。

为了实施"跨欧亚发展带"计划，C.格拉季耶夫院士建议组建"跨欧亚发展带国际财团"，包括感兴趣的公司、投资机构、地方行政管理机构都可参与。财团应当是具有进行战略规划能力的超国家机构。组建这样的财团要求国家、地区、地方权力机构划拨沿发展带建设基础设施项目和组织新型产业所需要的土地。跨欧亚发展带国际财团应当设计为国际开发公司，有权进入参加国金融市场发行债券并保障形成一系列地区性的新技术结构战略基地。为此应当研究制定保障公司金融活动的专门法律、制度机制、战略规划体系，明确所要实现目标的衡量指标和标准。"跨欧亚发展带"计划和公司要求实施各种投资项目，而要对这些项目进行融资就必须将其纳入欧亚地区长期低息贷款机制。这里包括大欧亚伙伴关系超国家货币发行中心或感兴趣国家的中央银行设立的开发机构、亚欧证券市场、国家和国际金融机构。为了筹集落实该计划的资金，可以建立可交易股份制投资基金，其股东可以是亚欧地区开发机构（国际合作的跨国和国家开发机构、投资基金和银行）。俄罗斯可以土地、以地质信息为基础的信息资产、矿物资源勘探和开采，以及林业、农业和海洋生物资源利用的权利入股。"跨欧亚发展带"的重要部分应该是创新丝绸之路，它要求创新活动的整个周期——从高技术领域进行的共同研究到将这些高技术应用于具有竞争能力的并带来高附加值的生产部门。这样建立的亚欧创新体系的基础性结构要素应当是以各国科学中心、大学、产业和创新园区以及以推动欧亚经济联盟创新为导向的创新基础设施的其他要素为基础的科学和高技术中心。为了协调各个大学共同的创新活动，要求建立以实施创新丝绸之路项目为导向的大学联盟。

4. 构建欧亚货币金融体系

C.格拉季耶夫院士强调，大欧亚伙伴关系的关键应该是建立与新的国际经济结构相符合的共同的国际货币支付体系。为此要求签订国际条约，规定各方承认的用于国际结算综合工具的货币发行国的义务。在国际范围内第一次将民族国家、地区的货币用作世界货币，应当以国际法规范为基础。第一，为了保持亚欧国家宏观经济稳定，必须对世界贸易和储备货币的发行国提出要求，必须将承认某种国家货币作为世界货币与发行国遵守本国商品、服务、劳动力和资本市场的开放度、经常性与资本性跨国货币业务自由度的要求联系起来。为了提高储备货币发行国的责任，应该赋予其他国家与其进行货币互换的权利，这有助于拉平资本在国际和国内市场上的价值，甚至部分地消除世界货币发行国进行信贷倾销的不良后果。第二，为了降低对上市资产进行有利于某国的风险评估而出现的系统性扭曲，必须制定排名及排名公司经营活动的国际标准，确保排名公司在国际范围内采用一致的标准。第三，在必须保护本国货币金融体系不受投机攻击和由此产生紊乱压力的情况下，向各国货币当局推荐金融业务和资本流动保护器（延时器）系统，如资本流动货币业务准备制度、非居民出售资产所得税、税率依据持有资产的期限而定、托宾税（外国货币交易税）等。第四，为了降低欧亚金融货币体系对现行世界货币发行国的依赖，有必要鼓励贸易和投资业务的国际结算采用类似于特别提款权（SDR，IMF成员国之间进行结算的清算工具）的超国家货币工具。各国在整个欧亚金融体系和欧亚世界货币中的分量应当按照以下标准来形成：（1）某国在某个确定的年份按购买力平价计算在欧亚国内生产总值的比重，取平均数；（2）某国在世界贸易中的比重；（3）某国国土面积占欧亚地区面积的比重（这是自然、资源分量或潜力方面的一体化指标）；（4）某国人口数量占欧亚人口数量的比例；（5）某国在当前欧亚金融体系中的比例，用该国储备指标以及该国货币用于国际结算和国际储备的指标。第五，协调各国中央银行职能和金融市场调节器。第六，为了拉平世界金融市场的准入条件，应当在大欧亚伙伴关系框架内协调融资和建立国际金融中心的经济和法律条件。

三、大欧亚伙伴关系的八项原则

基于欧亚地区复杂的和碎片化的国家间关系、民族和宗教信仰、传统文化和思维等因素，俄罗斯国际事务理事会秘书长A.科尔图诺夫认为该地区不可能形成统一的政治、军事联合体，只能从区域经济一体化视角来构建大欧亚伙伴关系。①在他看来，2015年年底俄罗斯总统普京第一次提出的"大欧亚伙伴关系"构想，其出发点在于首先不是在政治或军事领域，而是在亚欧大陆的经济格局。当代社会的基础就是经济。虽然近年来政治经常超越经济，但谁也不能忽视经济利益。与政治目的相比，经济利益一般来讲更加稳定，人们对经济利益的追求方式更加理性，更少受主观因素的影响。如果比较一下历史上两次将欧亚连起来的尝试，即成吉思汗通过武力的方式和"丝绸之路"通过贸易的方式，那么我们就会得出贸易联系是比武力强制更可靠的联系方式的结论。因此，今天欧亚地区的一体化应当从经济开始。A.科尔图诺夫强调，"'大欧亚伙伴关系'坚定地要求朝着自由贸易区网络、跨地区经贸联盟和整个广阔的欧亚地区不同一体化进程相互对接合作的方向发展"。与此同时，必须消除将经济联系政治化的做法，放弃以单方面经济制裁或其他经济施压的方式作为对外政策的工具。他指出，欧亚经济联合这个宏大的构想是当今时代最具雄心的一体化计划，需要几十年的时间才能实现。而且必须遵循以下原则。

第一，"大欧亚伙伴关系"不应被视为现有区域一体化进程（如东盟、欧亚经济联盟）、跨境基础设施建设计划（如"一带一路"）或组织［如上合组织、亚太经合组织、欧亚论坛（Asia-Europe Meeting, ASEM）］的潜在竞争者。相反，这些机制、计划和组织正是未来统一的欧亚经济机制的重要零部件和组合件。"大欧亚伙伴关系"的任务是将这些零部件和组合件整合起来，不会对它们已经发挥出来的效能造成损害。

第二，"大欧亚伙伴关系"不是联合欧亚的东方对抗欧洲的西方。欧洲始终是亚欧大陆西北端的大半岛，不应当是亚欧大陆的对立面，而应当成为它不可分割的一部分。所以，"大欧亚伙伴关系"仍然是对欧盟开放的，欧盟可以以其认为合适的形式和规模参与"大欧亚伙伴关系"的建设。

第三，建设"大欧亚伙伴关系"的出发点必须是保持其参加国社会、政治和经济发展模式上的实质性差别。欧亚地区既有社会主义国家，也有西式自由民主国家，有市场经济也有计划经济。"大欧亚伙伴关系"不能要

---

① Кортунов А., «Восемь принципов Большого евразийского партнерства» (25 сентября 2020 г.) [сайт]. URL: https://russiancouncil.ru/analytics-and-comments/analytics/vosem-printsipov-bolshogo-evraziyskogo-partnerstva/?ysclid=lc34lq16da143113209. (дата обращения: 03.02.2022).

求参加国放弃政治多样化,将某种"公分母"或一揽子统一的价值观强加给参加国。"大欧亚伙伴关系"应当以公认的国际法准则为基础,成为让所有参加国最大程度感到适宜的平台。在"大欧亚伙伴关系"中,所有国家都是平等的,不应当有其他许多一体化进程中存在的先进和落后、主导和从属、核心和边缘之分。

第四,不同于欧盟那样的严格的一体化机构,"大欧亚伙伴关系"要求以最大限度灵活的形式吸引其他国家或地区性集团加入。这些国家还可以根据自己的情况如需求和能力加入其他伙伴关系(如贸易、金融、基础设施、签证等)。

第五,虽然"大欧亚伙伴关系"的主要内容是亚欧大陆的经济重新整合,但是扩大经济合作不可避免地会涉及其他合作领域,如科学、教育、文化和人文交流。如果把欧亚一体化仅仅归结于贸易和投资指标的上升,那么它肯定就是不成功的。欧亚地区各民族的社会合作和欧亚国家的经济合作应当相互补充,相互促进。

第六,如果不平行地加强大陆安全,不解决20世纪遗留下来的或者更早的问题,例如领土争端、分离主义和"民族分散"现象,军备竞赛和大规模杀伤性武器扩散的威胁,国际恐怖主义和地区极端主义,欧亚地区一体化进程的发展也是不可能的。所以,"大欧亚伙伴关系"建设应当与亚欧大陆上军事政治合作机制携手发展,如亚洲协作和信任措施会议(亚信会议、СВМДА)。

第七,落实"大欧亚伙伴关系"构想,无论如何都不意味着欧亚孤立主义,即欧亚国家对来自世界其他地区的伙伴如非洲、北美和南美关起门来。相反,欧亚地区的人员流动应当成为太平洋、大西洋和印度洋水域进一步发展经济联系,推动解决诸如气候变化、抗击疫情、粮食和能源安全、移民管控等全人类问题的强大动力。

第八,建设"大欧亚伙伴关系"不应当从上往下,而是从下往上,也就是从具体问题出发,哪怕是区域性一体化联合体和个别国家之间就一个很小的问题达成一致。建设"大欧亚伙伴关系"第一步,也是最重要的一步就是完成欧亚经济联盟与"一带一路"的合作。其他的重要方向就是建立独立的欧亚支付体系和评级机构,降低对美元的依赖,形成类似于经合组织的欧亚经济信息中心等。

"大欧亚伙伴关系"思想的提出已经有7年了，俄罗斯关于它的构想仍然没有一个清晰的轮廓。直到2022年5月，普京在吉尔吉斯斯坦举行的首届欧亚经济论坛上指出，"在当今传统的国际经济贸易联系和物流链条被破坏的条件下，俄罗斯提出的'大欧亚伙伴关系'倡议在今天具有了特殊的意义"。为此，他提出了三方面的建议：第一，建设亚欧大陆共同的开发机构，如欧亚出口中心和贸易中心、欧亚再保险公司，研究设立跨境经济特区问题；第二，拓展欧亚经济联盟与外国伙伴的关系，使其成为大欧亚经济合作的潜在平台；第三，制定大欧亚伙伴关系综合发展战略的时机已经成熟，战略的制定要充分反映我们面临的主要国际挑战，明确发展前景和目标，包括实施的手段和机制，认真思考发展与上合组织、东盟和金砖国家成员国进一步发展贸易和投资的系列协定。他强调，"大欧亚是大型文明项目，主要思想是为区域组织建设共同的平等合作的空间。大欧亚伙伴关系旨在改变政治和经济格局，成为整个亚欧大陆稳定与繁荣的保障，当然必须考虑到各民族发展模式、文化和传统的多样性"。[①]

第四节 上合组织是"大欧亚伙伴关系"的基石

一、俄罗斯：上合组织是大欧亚伙伴关系的重要支柱

俄罗斯总统普京早在2016年上合组织元首峰会上就表示，坚信上合组织所有成员国以及独联体国家都加入欧亚经济联盟与中国"丝绸之路经济带"对接合作的一体化进程，将成为建设"大欧亚伙伴关系"的序幕。[②] 2017年他再次表示坚信，"努力将上合组织、欧亚经济联盟、中国'丝绸之路经济带'与其他组织联合起来，将有助于推动建设从大西洋到

[①] Путин В., «Выступление на пленарном заседании I Евразийского экономического форума» (26 мая 2022 гю) [сайт]. URL: http://www.kremlin.ru/events/president/news/68484. (дата обращения: 07.02.2022)

[②] Владимир Путин принимает участие юбилейном саммите ШОС (24 июня 2016 г.) [сайт]. URL: https://www.putin-today.ru/archives/28149?ysclid=lc18jp9f9944799999. (дата обращения: 10.02.2022)

太平洋的'大欧亚伙伴关系'"。① 2020年俄罗斯作为上合组织主席国提出的重要任务之一就是确立上合组织为在欧亚建立广泛、平等和互利合作空间的支柱之一，保障大欧亚伙伴关系思想下的可靠安全和可持续发展，并将"大欧亚伙伴关系"倡议正式纳入《上海合作组织成员国元首理事会莫斯科宣言》。该宣言表示："成员国注意到俄罗斯联邦关于在上合组织、欧亚经济联盟、东盟国家及其他相关国家和多边机制参与下建立大欧亚伙伴关系的倡议。"② 2020年12月，俄罗斯总理米舒斯京在上合组织成员国政府首脑理事会上强调，上合组织是在欧亚地区建立开放、互利和平等合作空间进程的重要环节。2022年9月，普京在上合组织撒马尔罕峰会发表的演讲中进一步强调指出，上合组织没有就此止步，它还在继续向前发展，提升自己在解决国际和地区问题，在整个广泛欧亚空间维护世界和平、安全和稳定的作用。

2022年6月，俄罗斯外交部副部长 И.莫尔古洛夫在第七届"俄罗斯与中国：新时代的合作"论坛上强调，上合组织成为整个大欧亚地区的稳定绿洲和集合点，中东、北非、南亚和其他次区域国家趋之若鹜。上合组织张开的面向未来合作的"大伞"已经覆盖了大部分欧亚空间。重要的是上合组织不再是"自在之物"，相反，经过几次扩员，它具有了更加鲜明的欧亚特性。2021年上合组织正式启动接受伊朗为成员国的程序，并赋予埃及、卡塔尔和沙特对话伙伴国地位。2022年上合组织完成了伊朗加入的程序，同时又启动了接受白俄罗斯为成员国的程序，还赋予了巴林、马尔代夫、阿联酋、科威特、缅甸对话伙伴国地位。上合组织成员国将达到10个，对话伙伴国已达到14个，另外还有3个观察员国。它们不惧西方压力，维护自己的认同，继续成为欧亚多边体系的一员。2019年6月，И.莫尔古洛夫在接受俄罗斯议会机关报《俄罗斯报》采访时就认为，"上合组

---

① Выступление на саммите ШОС в расширенном составе (9 июня 2017 г.) [сайт]. URL: https://www.kremlin.ru/events/president/transcripts/54739. (дата обращения: 15.02.2022)

② 《上海合作组织成员国元首理事会莫斯科宣言》，上海合作组织，2020年11月10日，http://chn.sectsco.org/documents/，访问日期：2022年2月11日。

织完全能够成为开展建设大欧亚伙伴关系工作的适宜平台"。①其思路是围绕最具影响力的地区联合体形成大欧亚，其中上合组织占有重要地位。而且，上合组织还积累了丰富的合作经验，它的所有成员国、观察员国和对话伙伴国事实上构成广阔的亚欧大陆的"心脏"。

上合组织刚成立的时候只是莫斯科与中亚国家和中国开展合作的一种机制。2005年以后，上合组织就变成了俄罗斯实现其东方利益的重要工具之一。2014年以后，俄罗斯谈论最多的"向东转"实际上成为它的战略选择，其实施在很大程度上是靠发挥上合组织的潜力。如果说俄罗斯在上合组织的初始阶段的利益主要集中在建立制度基础，为上合组织增加观察员国和对话伙伴国的话，那么近年来俄罗斯在上合组织的利益更多聚焦在经贸合作和欧亚一体化进程上。通过对《俄罗斯对外政策构想》2000年、2008年、2013年和2016年版本的研究，可以发现俄罗斯对外政策方针及其方向的主要变化是亚洲方向得到了强化。普京和梅德韦杰夫在自己的各个任期都发布了不同版本的《俄罗斯对外政策构想》，最新的版本也于2023年3月发布。《俄罗斯对外政策构想》每一版本都赋予了上合组织不同的意义，从中可以发现俄罗斯政治领导层对上合组织的期待。

上合组织在俄罗斯官方学说性文件《俄罗斯对外政策构想》中的受关注度显示，上合组织是日趋复杂的国际关系结构中的积极环节，世界发展的中心正在向太平洋地区转移。Ю.库林采夫认为，在国际舞台展开的全球性竞争中，上合组织起到了支持和维护俄罗斯价值取向的平台的作用，阻止了他人强加的价值观。此外，上合组织参与了作为世界发展当前阶段主要发展趋势的未来国际体系重要组织原则的制定。分析俄罗斯总统出访的地域结构也可以看出俄罗斯实施的对外政策中上合组织所占的地位。图4.1给出了2001—2019年俄罗斯总统普京和梅德韦杰夫出访上合组织和东方国家在其出访总次数（418次）中所占的比重，其中包括正式访问、工

---

① Моргулов И., «ШОС могла бы стать комфортной площадкой для развертывания работы по формированию Большого Евразийского партнерства (14 января 2019 г.) [сайт]. URL: https://russiancouncil.ru/analytics-and-comments/comments/shos-mogla-by-stat-komfortnoy-ploshchadkoy-dlya-razvertyvaniya-raboty-po-formirovaniyu-bolshogo-evra/?ysclid=lc2u4vmg8w21193857. (дата обращения: 19.02.2022)

作访问、私人访问和参加峰会与论坛。数据显示，近年来俄罗斯总统出访东方国家的次数占比越来越高，特别是2012年，达到近70%的峰值。同样，对上合组织国家的访问也在2012年达到近50%的峰值。图4.2给出的这些年俄罗斯总统出访上合组织和东方国家的次数也说明了同一个现象，即随着与西方关系的恶化和俄罗斯"向东转"，上合组织和东方国家在俄罗斯对外政策中的地位显著上升。

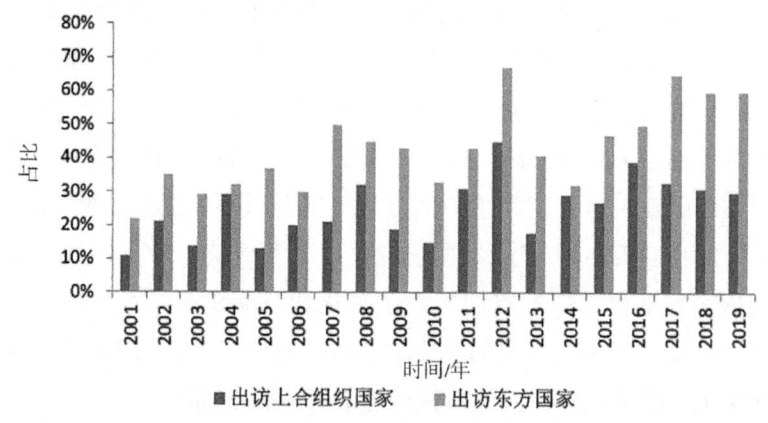

图4.1　2001—2019年俄罗斯总统出访上合组织和东方国家的次数占比变化情况

资料来源：作者根据2001—2019年以来俄罗斯总统出访情况进行计数和计算。

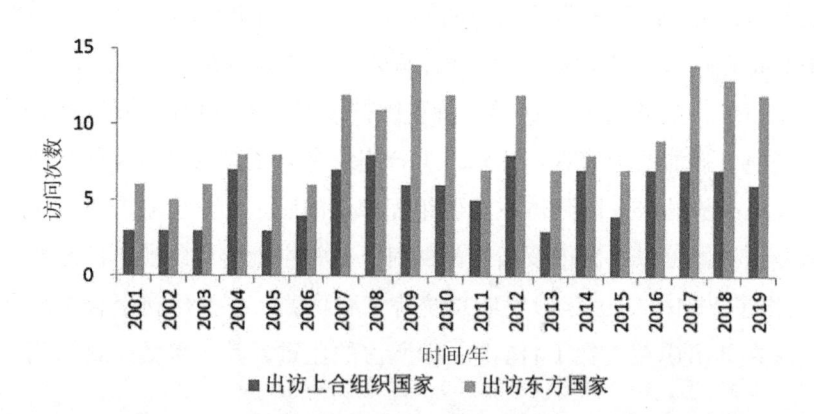

图4.2　2001—2019年俄罗斯总统出访上合组织和东方国家的次数变化

资料来源：作者根据2001—2019年以来俄罗斯总统出访情况进行计数。

2016年俄罗斯倡议建立"大欧亚伙伴关系"，是因为看中了上合组织的潜力。普京在圣彼得堡国际经济论坛上提出建立上合组织、欧亚经济联盟成员国、独联体和其他国家参加的"大欧亚伙伴关系",在欧亚经济联盟与中国"一带一路"倡议合作框架下构建欧亚地区国际合作的新形式,赋予了上合组织发展的新方向,9个成员国将成为欧亚地区新国际秩序的主要构成要素。在俄罗斯提出的欧亚地区新的一体化构造中,上合组织具有新的功能,那就是"一带一路"与欧亚经济联盟之间的联系纽带。2018年8月,俄罗斯瓦尔代俱乐部欧亚项目主管T.博尔达乔夫发文表示,"上合组织是大欧亚伙伴关系的基石"。[①] 2018年6月,印度和巴基斯坦作为正式成员国首次参加在青岛举行的上合组织元首峰会。T.博尔达乔夫据此认为,上合组织焕发了新的青春,补充了新的能量,已经从狭隘的区域组织转变为旨在聚焦整个亚欧大陆发展问题的广泛的欧亚组织。他表示,上合组织有这个能力,外部条件最终也会促进这一能力的发挥。

2019—2020年,俄罗斯作为上合组织主席国似乎找到了让上合组织发挥这一能力的新发展方向。第一,促进各国发展战略和多边一体化进程的潜力相互协同,目的是将上合组织确立为在欧亚地区建设广泛、开放、互利和平等的协作空间支柱之一,保证"大欧亚伙伴关系"思想框架下可靠的安全和可持续发展。第二,启动上合组织跨议会合作,建立成员国立法机构的协作机制,从而加快欧亚一体化倡议的实际落实。俄罗斯在上合组织中的战略目标就是实现对它在东方和中亚地区利益的推动和保护。因为在俄罗斯看来,上合组织能够加强领土完整,发展落后和不稳定地区,在欧亚地区起到稳定器的作用。

二、中国:维护亚欧大陆和平与发展是上合组织的重要职责

中国最先支持了俄罗斯"大欧亚伙伴关系"的倡议。2016年6月26日,普京在圣彼得堡国际经济论坛上提出"大欧亚伙伴关系"之后不到10天,他便来华进行国事访问。中俄签署的《联合声明》表示,中俄主张在开放、透明和考虑彼此利益的基础上建立欧亚全面伙伴关系,包括可能吸纳欧亚

[①] Бордачёв Т., «ШОС как фундамент Большой Евразии» (2 июля 2018 г.) [сайт]. URL: https://ru.valdaiclub.com/a/highlights/shos-kak-fundament-bolshoy-evrazii/?ysclid=lc0g4fcgrs868084159. (дата обращения: 25.02.2022)

经济联盟、上海合作组织和东盟成员国加入。2019年中俄两国《关于发展新时代全面战略协作伙伴关系的联合声明》正式明确了中国对俄罗斯"大欧亚伙伴关系"倡议的支持,"双方认为,'一带一路'倡议同大欧亚伙伴关系可以并行不悖,协调发展,共同促进区域组织、双多边一体化进程,造福亚欧大陆人民"。①

关于上合组织与亚欧大陆的关系,早在2004年的中俄联合声明就表示,推动上海合作组织的发展是中俄外交政策的优先方向。双方将其视为在亚欧大陆,特别是中亚地区确立和平、安全、合作的重要手段和未来建立以国际法为基础的多极世界格局的基本因素之一。2015年习近平在上合组织元首乌法峰会上就表示希望上合组织国家积极参与"一带一路"建设,促进欧亚地区平衡发展。他指出,我们希望"丝绸之路经济带"建设同上海合作组织各国发展规划相辅相成,将同有关国家一道,实施好丝绸之路经济带同欧亚经济联盟对接,促进欧亚地区平衡发展。2020年11月,习近平在上海合作组织成员国元首理事会第二十次会议上表示,上海合作组织成立以来,走过了不平凡的发展历程,经历了时间检验,成为欧亚地区和国际事务中重要的建设性力量。习近平在2022年上合组织撒马尔罕峰会演讲中多次提到"亚欧大陆",并赋予了上合组织维护亚欧大陆和平与发展的重要职责。他强调,"亚欧大陆是我们共同的家园,维护亚欧大陆和平与发展是本地区乃至世界各国的共同期盼,上海合作组织为此肩负着重要职责","推动本组织发展扩员、发挥本组织积极影响,将为维护亚欧大陆以及世界持久和平和共同繁荣注入正能量、创造新活力","我们要把握契机,凝聚共识、深化合作,共同创造亚欧大陆的美好未来"。②

2022年9月上合组织成员国元首理事会发表的《撒马尔罕宣言》也赋予了上合组织维护亚欧大陆和平与发展的重大义务和职责。其中指出,"成员国认为,坚持遵循上述原则(即上海精神——作者注),有助于打造新

---

① 《中华人民共和国和俄罗斯联邦关于发展新时代全面战略协作伙伴关系的联合声明》,中国政府网,2019年6月6日,http://www.gov.cn/xinwen/2019-06/06/content_5397865.htm,访问日期:2022年2月29日。

② 《把握时代潮流,加强团结合作,共创美好未来——习近平在上海合作组织成员国元首理事会第二十二次会议上的讲话》,《人民日报》2022年9月17日,第2版。

型区域合作模式，为巩固欧亚地区的多边互利关系发挥建设性作用"，"上合组织作为保障欧亚地区和平、稳定、发展的负责任和有影响力的国际参与者，将继续采取协调措施，应对本地区日益增长的威胁和挑战"。①

亚欧大陆是我们星球上最大的大陆，占全球陆地面积的三分之一以上；也是人口最多的大陆，这里生活着全人类三分之二的人口。这里还集中了巨大的自然资源储备，从石油和天然气到淡水和富饶的土地。值得亚欧大陆各民族自豪的是，他们创造了多个人类最古老的文明，他们开发了热带沙漠和酷冰冻土，建设了大型城市和著名的建筑，铺设了庞大的铁路和公路网，为全人类各领域文明发展作出了不可估量的贡献。上合组织包括成员国、观察员国和对话伙伴国共26个国家，覆盖了亚欧大陆的大部分。维护亚欧大陆的和平与发展，上合组织责无旁贷。

---

① 《上海合作组织成员国元首理事会撒马尔罕宣言》，《人民日报》2022年9月17日，第3版。

第五章　中俄在上海合作组织中的引领作用：中俄新时代全面战略协作伙伴关系

从"上海五国"发展到今天的上海合作组织，中国和俄罗斯及其相互政策沟通和协调一直是团结和推动上合组织健康发展的引领力量。俄罗斯从学者到官员大多承认，中俄新时代全面战略协作伙伴关系与"丝绸之路经济带"和欧亚经济联盟合作是"大欧亚伙伴关系"的核心。2015年4月，瓦尔代俱乐部就预言欧亚经济一体化和2013年中国提出的"丝绸之路经济带"框架的大范围伙伴关系将是推动欧亚转型为共同发展的大区的动力。С.卡拉甘诺夫明确表示，他所谓的大欧亚共同体的核心就是"丝绸之路经济带"对接欧亚经济联盟。他坚信21世纪正在形成两大新的地缘政治集团，一个是以美国为首的，另一个是以俄罗斯和中国为核心的"大欧亚共同体"，在这个建设过程中发挥首要作用的是俄罗斯和中国。瓦尔代俱乐部欧亚项目主管Т.博尔达乔夫认为，"'大欧亚'思想在很大程度上是对中国'一带一路'倡议的呼应。两大愿景有着共同的根基，都具有全面性和开放性。毫无疑问，它们的实施有助于加强亚欧大陆的经济合作，建设共同的交通和能源基础设施，促进技术进步。这种'一体化的一体化'会给欧亚地区所有国家带来好处"。[1] 俄罗斯外交部副部长И.莫尔古洛夫指出，"俄罗斯和中国从保障各自人民福利出发，向'欧亚大家园'提出了不同于其他国际组织的原则，即维护和加强平等合作的包容形式，这是中国朋友经常说的当今世界的'主要潮流'，建立真正多边的、公平的、民主的21世纪国际关系格局"。[2]

---

[1] Бордачёв Т., ШОС как фундамент Большой Евразии (2 июля 2018 г.) [сайт]. URL: https://ru.valdaiclub.com/a/highlights/shos-kak-fundament-bolshoy-evrazii/?ysclid=lc0g4fcgrs868084159. (дата обращения: 06.03.2022)

[2] Тезисы выступления на VII конференции «Россия и Китай: сотрудничество в новую эпоху» (1 июня 2022 г.) [сайт]. URL: https://russiancouncil.individ.ru/analytics-and-comments/analytics/tezisy-vystupleniya-na-vii-konferentsii-rossiya-i-kitay-sotrudnichestvo-v-novuyu-epokhu/. (дата обращения: 09.03.2022)

第一节　中俄关系及其发展趋势

近年来，中俄两国高层交往频繁，达成了"一带一路"建设与欧亚经济联盟建设对接合作的重要共识；建立了各层级、各部门、各地方交往和磋商的完备机制。两国能源、贸易、投资、高技术、金融、基础设施建设、农业等各领域合作发展迅速；两国人员往来每年超过300万人次，中国连续多年保持俄罗斯最大外国游客客源国地位，同时也是俄罗斯最大贸易伙伴；两国在国际和地区事务中保持着密切战略协作，积极倡导世界多极化和国际关系民主化，有力维护了地区及世界和平、安全和稳定。当前，中俄新时代全面战略协作伙伴关系处于历史最好时期。美国决定同时对中国和俄罗斯两个大国进行遏制，必然使中俄两国相互之间走得更近。

一、中俄因受美国的遏制而加强双边关系

2017年12月，美国特朗普政府公布首份国家安全战略报告，将俄罗斯和中国描述为挑战其全球霸权地位的"修正主义国家"；批评中国和俄罗斯"企图塑造符合其威权模式的世界，操控他国经济、外交和安全决策"，"对美国的安全与繁荣造成巨大威胁"。特朗普在其发表的第一份国情咨文中把中国和俄罗斯确定为挑战美国利益的"对手"。2022年拜登版的"国家安全战略"将中国列为"最大的地缘政治挑战"，宣称"中国是唯一一个有意重塑国际秩序的竞争对手，也是日益具备经济、外交、军事和技术实力，以实现其目标的国家"，"俄罗斯对欧洲的区域安全秩序构成直接和持续的威胁，是全球动荡和不稳定的根源，但它缺乏中国的各种能力"，断言"这个10年对于确定我们与中国竞争的条件、应对俄罗斯构成的严重威胁以及我们应对共同挑战，特别是气候变化、流行病和经济动荡的努力具有决定性意义。如果我们不采取紧急和创造性的行动，我们塑造国际秩序的未来和处理共同挑战的机会之窗将关闭"。

美俄两国历史上难以妥协的不信任决定了相互之间的敌对关系难以消除。在美国看来，遏制俄罗斯的膨胀是美国的战略利益。二战结束不久，美苏两大集团便互相视对方为挑战自己全球霸权地位的威胁，持续几十年

的冷战以苏联惨败而告终。北约不仅没有因华约解散和苏联解体而解散，反而进一步东扩，并将反导系统部署到东欧，北约边界直逼俄罗斯边境。"华盛顿共识"开具的"休克疗法"药方使俄罗斯进一步沦为"二流"乃至"三流"国家。进入21世纪，以美国为首的西方开始将触角伸向后苏联空间，策划了一系列"颜色革命"，成功扶植了格鲁吉亚和乌克兰的亲西方政权。2009年欧盟抛出"东方伙伴关系计划"，试图将乌克兰、摩尔多瓦、白俄罗斯、格鲁吉亚、阿塞拜疆和亚美尼亚纳入西方的轨道。2011年俄罗斯决定成立欧亚联盟。乌克兰成为这场争夺战的牺牲品。美欧宣布对俄罗斯实施持久的强烈制裁，美俄关系面临新问题。因此，美俄关系的实质是美国要求消除对其全球霸权的战略威胁，这是美国的根本战略利益。布热津斯基在1997年撰写的《大棋局：美国的首要地位及其地缘战略》一书中已经表示得非常明确：欧洲和北约向后苏联空间扩张；通过市场化实现俄罗斯政治体制非集中化，并将其变成邦联制；使俄罗斯放弃帝国遗产和帝国复辟，实现欧亚地缘政治多元化，不允许向美国统治地位提出挑战的任何集团的存在；在美国霸权条件下建立跨欧亚安全体系。2022年2月，俄罗斯宣布对乌克兰采取特别军事行动，招致美西方前所未有的制裁。美西方不仅制裁了俄罗斯石油和天然气、军工、中央银行和大型商业银行，还冻结了俄罗斯黄金外汇储备并将其主要商业银行踢出环球银行间金融通信协会系统，禁止俄罗斯使用美元和欧元进行贸易结算，对俄罗斯出口的石油进行限价，彻底切断了俄罗斯与世界经济体系的联系。与此同时，向乌克兰提供各种先进武器。

遏制中国的崛起也是美国的迫切战略任务。2008年全球金融危机爆发一方面使得美、欧、日等发达经济体相继陷入衰退和债务危机以及社会危机和政治危机；另一方面中国经济强势崛起。2010年中国国内生产总值超过日本，中国成为世界第二大经济体，2015年中国国内生产总值达到日本的2倍，与美国差距的缩小呈加速之势。美国认为自己全球霸权地位受到挑战，开始"战略东移"，试图通过"亚太战略再平衡"来遏制中国的崛起。美国一方面在政治和军事领域巩固美日韩军事同盟，放任日本军国主义抬头，借朝核问题加强在该地区军事部署，挑拨南海问题当事国和中国的矛盾以牵制中国；另一方面先是在经济领域试图与日本主导跨太平洋伙伴关系协定，使其成为遏制中国经济发展的利器，后提出"印太战略"，组建美日印澳"四边机制"（QUAD），同时阻挠中韩和中日韩自贸区的谈判进程。此外，让美国历届政府头痛的是美中贸易逆差扩大问题得不到有效解决，2015年达到历史最高水平3,656.9亿美元。为此两国之间贸易摩擦不断，美国持续对中国施压，威胁对中国产品征收高关税甚至将中国确定为汇率操纵国。因此，对美国来说，中国已经成为"威胁"其国家利益的"根本性因素"。遏制中国的崛起，消除其世界霸主地位的"威胁"，是美国对中国政策的主要方向之一。美国2018年发布的《国防战略》报告诬蔑中国"意在短期内获取'印太'地区霸权，未来取代美国全球主导地位"。特朗普上任以来，与日澳印联合实施"印太战略"，在"印太"区域采取包括政治、经济、外交、军事等综合手段，遏制中国崛起；签署"台湾旅行法"，"鼓励各级美国和台湾官员'互访'"，挑战一个中国政策；航母战斗群多次在南海挑战中国主权；在韩国完成部署"萨德"反导系统，威胁中国安全；对从中国进口的产品征收高额关税，反对承认中国市场经济地位，启动"301调查"。对美国从中国进口的钢铁和铝分别征收25%和10%的关税并计划对从中国进口产品全面征收关税。2018年3月，特朗普悍然签署针对中国的"经济侵略"备忘录，宣布可能对从中国进口的600亿美元商品加征关税，向世贸组织诉称中国侵犯美国知识产权，限制企业在美投资。4月，中国决定对原产于美国的大豆、汽车、化工品等106项商品加征25%关税。6月1日加征钢铝关税正式生效。7月，美国针对价值340亿美元的中国商品正式加征第一轮25%的关税。8月，美国针对中国反制裁措施威胁对价值2,000亿美元的中国商品加征的关税税率从10%提高到25%。美国开始采取全面措施明目张胆地遏制中国的崛起。拜登上台后不仅延续了对华贸易摩擦，而且进一步将其升级为"科技战""芯片战"，与中国在经济上进行"脱钩"。2022年8月，美国众议院院长佩洛西窜访台湾，使中美关系跌落到新的低点。

美国同时遏制中国和俄罗斯两个崛起的大国促使两国走近。中国和俄罗斯都是正在重新崛起的大国，代表着广大新兴经济体的利益。它们要求在国际治理体系中获得与其政治和经济地位相一致的话语权。它们反对美国的全球霸权主义，它们主张世界格局多极化，它们代表广大发展中国家和新兴经济体的利益要求参与全球治理和游戏规则的制定。这是两国相互接近的共同基础。2015年中俄两国发表《关于丝绸之路经济带建设与欧亚经济联盟建设对接合作的联合声明》，标志着俄罗斯对外政策加速"向东转"。两国早在1996年就建立了战略协作伙伴关系，2010年两国元首决定"全面深化战略协作伙伴关系"，2014年两国元首宣布"全面战略协作伙伴关系进入新阶段"，2017年两国又决定"进一步深化全面战略协作伙伴关系"。2019年6月，中俄元首携手将两国全面战略协作伙伴关系带入新时代。2021年6月，习近平同普京举行视频会晤并发表联合声明指出，《中俄睦邻友好合作条约》内容不仅没有过时，反而增添了新的内涵，继续为中俄关系发展提供有力支撑。两国元首高度评价条约的历史和现实价值，并同意条约延期。2021年12月，习近平同普京举行年内第二次视频会晤。习近平指出，当前，世界百年变局和世纪疫情交织影响，世界进入动荡变革期。中俄关系经受住各种风浪考验，展示出新的生机活力。普京表示，当前俄中关系正处于前所未有的历史最好时期，堪称21世纪国际关系的典范。2022年新年伊始，普京访华期间签署的《中华人民共和国和俄罗斯联邦关于新时代国际关系和全球可持续发展的联合声明》指出，"中俄新型国家间关系超越冷战时期的军事政治同盟关系模式。两国友好没有止境，合作没有禁区，加强战略协作不针对第三国，也不受第三国和国际形势变幻影响"。[①] 在这样的基础上，在美国霸权衰落的过程已经开始的背景下，美国试图同时遏制军事上与美国不相上下的俄罗斯和经济规模即将赶超美国的中国，显然是力所不能及的。

特朗普当选美国总统以来，中美俄三边关系使人们对冷战期间的中美苏战略大三角记忆犹新。但是，冷战毕竟结束了，虽然冷战思维还在有的国家不时地沉渣泛起，但是无论美国、中国还是俄罗斯都不想回到冷战，把其中一方或两方看作敌对国家。

中美关系是中国大国关系当中需要处理好的最重要的双边关系之一，不能使两国走上对抗的道路。改革开放40多年来，中国是美国主导的现行

[①] 《中华人民共和国和俄罗斯联邦关于新时代国际关系和全球可持续发展的联合声明》，《人民日报》2022年2月5日，第2版。

国际秩序的最大受益者。中国虽然正在崛起，但无意成为现行国际秩序的破坏者。生活在美国的华裔人数接近400万，中国留学生有30多万，中国连续10年以上成为美国最大的留学生来源国。中国与美国的双边贸易额高达5,000多亿美元，相互投资也达到1,000多亿美元，中国持有美国国债1万多亿美元，是美国最大的债主。如此紧密的联系把中美两国紧紧地捆绑在一起。

俄美关系的改善决定着俄欧关系的改善，俄罗斯想融入欧洲就必须借助俄美关系破冰。无论是奥巴马还是特朗普都主动向俄罗斯伸出过改善关系的橄榄枝，是因为美国要对付其认为的更大的威胁和挑战。但是，俄罗斯强大的核武库和广阔富饶的疆土始终是美国的心头病，美俄之间根本性的矛盾难以解决。这也制约着特朗普改善与俄关系，同时也决定了俄罗斯不可能真正成为西方大家庭的一员。对俄罗斯来说，苏联与美国的军事对抗最终导致了自身的解体，俄罗斯不能不吸取这一惨痛教训。如今，俄罗斯因其过于依赖能源出口的经济结构遭遇西方的制裁后经济增长放缓甚至衰退。国际石油价格的突然腰斩对俄罗斯缺乏多元化的经济更是造成致命打击。2022年俄罗斯虽然挺住了西方前所未有的制裁，但俄罗斯现有的经济发展模式危机与西方制裁和能源价格下跌叠加在一起，严重影响了欧亚经济联盟其他伙伴国。显然，俄罗斯对继续经营欧亚经济联盟已深感力不从心，更没有经济实力与西方再打一次"新冷战"。

显然，在全球化时代，中美俄之间存在千丝万缕的联系，相互之间已经不是对抗的三角关系。但是，由于相互之间没有足够的信任，滑向"新冷战"的危险依然存在。美国在国际舞台上采取全面收缩的方针，战略重点转向大国竞争，以全力对付中国和俄罗斯。如果放任这一趋势，其结局必定是三败俱伤。为了阻止这种危险变成现实，最好的办法就是实现三边对话。

二、中国在俄罗斯对外政策中的地位

2015年9月，俄罗斯国际事务委员会主席、前外长 И.伊万诺夫在拉脱维亚首都里加举行的第20届波罗的海论坛"美国、欧盟与俄罗斯：新现实"研讨会上宣告"大欧洲"结束了。① 一方面，俄罗斯民族具有根深蒂固的欧洲中心主义，特别是西化派始终努力将俄罗斯扳回欧洲发展轨道，以彻底融入欧洲。戈尔巴乔夫不惜放弃东欧阵地和付出苏联亡党亡国的代价试图回归欧洲，与西欧一起建设"共同的欧洲大厦"；叶利钦-盖达尔政府甚至按照西方的"休克疗法"来改造俄罗斯，以换取欧洲对俄罗斯的接纳；普京-梅德韦杰夫致力于与欧盟建设经济、安全、人文和教育四个"共同空间"，梦想建成从里斯本到符拉迪沃斯托克（海参崴）的一体化"大欧洲"。而另一方面，西方也有自己的"大欧洲"计划，即布热津斯基在《大棋局：美国的首要地位及其地缘战略》中的布局——"（在美国的保护下）欧洲和北约向后苏联空间扩张"②，且得到了实际的推进。20世纪末，东欧剧变，苏联解体；世纪之交欧美和北约完成系列东扩，东欧绝大多数国家加入欧盟和北约，北约反导系统进一步向东延伸；21世纪初，西方开始将触角伸向后苏联空间并策划了一系列"颜色革命"，成功扶植了格鲁吉亚和乌克兰的亲西方政权。随后欧盟抛出"东方伙伴关系"计划，将乌克兰、摩尔多瓦、白俄罗斯、格鲁吉亚、阿塞拜疆和亚美尼亚等6个原苏联加盟共和国作为欧盟和北约的"培养对象"。俄罗斯开始意识到西方的真实意图，并立即着手推进后苏联空间的一体化进程——"欧亚联盟"。2014年的乌克兰危机成功阻止了西方"大欧洲"的进一步膨胀，同时也使俄罗斯从融入"大欧洲"的黄粱美梦中惊醒过来。西方为此对俄罗斯采取严厉制裁，成为俄罗斯对外政策的分水岭。

在西方对俄罗斯实施严厉制裁背景下，2014年和2015年中石油和丝路基金分别成功购买世界最大液化天然气项目俄罗斯亚马尔液化天然气项目20%和9.9%的股权，2014年中俄两国签署价值4,000亿美元的天然气供应协议，2015年中俄两国元首签署《关于丝绸之路经济带建设与欧亚经济联盟建设对接合作的联合声明》，使双方均获得了对方的支持。这一系列合作项目标志着俄罗斯对外政策彻底转向东方。

---

① Иванов И., «Закат Большой Европы – выступление на XX ежегодной конференции Балтийского форума» «США, ЕС и Россия – новая реальность», 12 сентября 2015 г., Рига, Латвия.

② 兹比格纽·布热津斯基：《大棋局：美国的首要地位及其地缘战略》，中国国际问题研究所译，上海世纪出版集团，2007，第2、26、41页。

但是需要指出的是，俄罗斯"大欧亚"战略是有其意图的。面对西方咄咄逼人的挤压和制裁，俄罗斯对外政策不得不转向东方。俄罗斯经济长期存在的结构问题使其遭遇西方的制裁后，2014年停止了增长，2015年和2016年连续两年陷入衰退，2017年开始艰难复苏，2020年又遭遇新冠疫情世界大流行和2022年西方对其前所未有的制裁。国际石油价格的突然腰斩以及西方对俄罗斯能源的限购和限价对俄罗斯经济更是致命打击。俄罗斯经济发展模式危机与西方制裁和能源价格下跌叠加在一起，使俄罗斯对继续经营欧亚经济联盟已深感力不从心。

俄罗斯最终决定推动欧亚经济联盟建设与"丝绸之路经济带"建设对接合作。俄罗斯试图在欧亚经济联盟建设与"丝绸之路经济带"对接合作过程中利用中国的经济实力和"一带一路"资源实现自身的利益，壮大其主导的欧亚联盟。俄罗斯国防和对外政策委员会荣誉主席C.卡拉甘诺夫设计了一个以俄罗斯为核心的非西方的地缘政治集团"大欧亚共同体"，试图利用俄罗斯横跨亚欧大陆的地理优势，将俄罗斯从东西方之间的"桥梁"变成"欧亚的心脏"。瓦尔代俱乐部的欧亚项目主管T.博尔达乔夫强调，"俄罗斯的主要目标是将'丝绸之路经济带'变成巩固和完善欧亚经济联盟的工具，最终用'丝绸之路经济带'的资源来奠定大欧亚经济政治共同体的基础"。[①]

三、中俄合作关系中的相互利益诉求

1. 中俄两国的国际定位与全球角色

1949年中华人民共和国成立，毛泽东庄严宣告：中国人民从此站起来了。十一届三中全会后邓小平开辟中国特色社会主义和改革开放的道路，40年后中国告别了短缺时代，实现了由温饱到小康的历史性跨越，中国人民富起来了。2010年中国经济总量跃居世界第二，2017年中国国内生产总值突破80万亿元人民币，比2010年再翻一番。习近平在党的十九大上庄严宣告：中国特色社会主义进入新时代，中华民族迎来了从站起来、富起来到强起来的伟大飞跃。他还绘就了到2020年全面建成小康社会，2050

---

① Бордачёв Т., «Новое евразийство» // Россия в глобальной политике. №2, 2015 г. с. 26.

年全面建成社会主义现代化强国，实现中华民族伟大复兴的中国梦的宏伟蓝图。如今的中国比历史上任何一个时期都更加接近世界舞台的中央，都更加接近实现中华民族的伟大复兴。中国特色社会主义道路给世界上那些既希望加快发展又希望保持自身独立性的国家和民族提供了全新选择，为解决人类问题贡献了并将继续贡献更加广泛的中国智慧和中国方案。面对世界上贸易保护主义抬头和逆全球化思潮，中国倡议建设区域全面经济伙伴关系，共商共建共享"一带一路"，建设亚太自贸区，提出经济全球化的新模式，提倡共建开放型世界经济，建设新型国际关系，构建人类命运共同体，展现了中国参与全球治理，为维护以联合国为核心的国际体系和以国际法为基础的国际秩序贡献中国智慧和中国方案的决心。中国的迅速崛起及其全球利益诉求的提升，引起了美国的恐慌，美国试图阻止中国崛起。

苏联解体后，俄罗斯接受西方"休克疗法"药方，付出巨大代价。而西方则试图进一步将它肢解掉。20世纪90年代除了庞大的核武库，俄罗斯经济总量仅相当于智利或阿根廷。进入21世纪，普京对俄罗斯进行治理整顿，重新加强了对国家的垂直管理，并进行了国有化，实行可控的市场经济，从而为俄罗斯经济的复苏和重新崛起奠定了制度基础。在国际能源价格罕见飙升的背景下，俄罗斯主要经济部门全面复苏，通货膨胀率明显下降，居民可支配收入大幅增加。经济总量以平均7%的速度连续8年保持了高速增长，2008年按购买力平价计算跃升至世界第六位。黄金和外汇储备超过5,000亿美元，居世界第三位。在此基础上，俄罗斯提出了雄心勃勃的《2020年发展战略》，尝试摆脱经济对原料和能源的严重依赖，促进经济多元化，走向创新发展模式，形成系列地区发展中心，使经济规模进入世界五强，推进后苏联空间的经济一体化进程，积极参与国际贸易和投资规则体系、国际标准的制定。梅德韦杰夫担任总统期间执行了《2020年发展战略》第一阶段（2008—2012年）的全面现代化任务，即结束单极世界并使俄罗斯成为国际政治另一极，建立国际新秩序。然而梅德韦杰夫的雄心遭到突如其来的全球金融危机的打击，正在崛起的俄罗斯经济遭受重创，经济发展失去动力。2012年普京再次当选俄罗斯总统，俄罗斯正式加入世贸组织，在符拉迪沃斯托克（海参崴）成功举办亚太经合组织领导人非正式会议,实施远东开发战略,积极融入亚洲经济发展,加快欧亚一体化进程。在西方严厉制裁的背景下,2018年普京以创纪录的高支持率蝉联俄罗斯总统,同时展现了他不惧西方压力把俄罗斯建设得更加强大的决心。

2. 俄罗斯强国梦遭受西方打压,对中国利益诉求增强

2014年以来因乌克兰危机,美、欧对俄罗斯实施几轮严厉制裁,直到奥巴马卸任前夕美国还在继续扩大对俄罗斯的制裁并驱逐35名俄罗斯外交官。2017年和2018年3月又因所谓俄罗斯干预美国2016年总统选举,美国再次对俄罗斯扩大制裁。2018年3月在俄罗斯总统选举前夕,英国因前特工斯克里帕尔父女中毒而冻结俄罗斯在英国的国有资产并驱逐23名外交官,进而英、美、法、德四国元首联名指责俄罗斯对英国发动所谓化武袭击是对英国领土完整的侵犯。2022年俄罗斯对乌克兰采取特别军事行动,再次招致西方对俄罗斯发起前所未有的制裁。2014年以来北约因乌克兰危机还加强了在东欧和波罗的海地区的军事、导弹防御系统的部署,使俄罗斯感受到了冷战时期都未曾感受的来自西方的压力。这种压力只会增强而不会减弱。这样,俄罗斯为保卫家园不得不加强军备建设,提升核武库质量,开发能够突破反导系统的各种导弹技术,如高超音速导弹等。2018年6月,特朗普突然签署行政命令,指示五角大楼创建独立的太空军。8月,特朗普签署总额高达7,160亿美元的"2019财年国防授权法案",军费增加2.6%,为9年来最大增幅。然而,俄罗斯严重依赖能源和原料的经济结构和发展模式在可预见的将来难以改变,虽然其经济在2017年从2014年西方制裁造成的"休克"当中苏醒过来,但随后又遭受了新冠疫情大流行的打击。2021年俄罗斯经济破天荒报复性地增长了4.6%,2022年俄罗斯因对乌克兰采取特别军事行动遭受了西方前所未有的制裁,被基本切断了与世界经济体系的联系。显然,俄罗斯要在2030年之前恢复到4%—5%的经济增速已经不可能。2022年凭着自救的本能,俄罗斯控制住了经济的大幅衰退,使衰退幅度限制在了2.1%,见图5.1。由于美西方对俄罗斯出口能源实行限价政策,俄罗斯能源出口赚得的财政收入将大幅缩减。仍然孱弱的俄罗斯经济已经很难支撑现代技术条件下的军备竞赛和在乌克兰战场上与整个美西方的武器比拼和长期消耗。

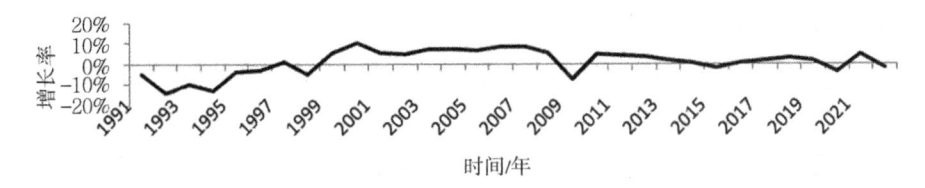

图5.1　1991—2022年俄罗斯国内生产总值增长率

资料来源：相关年份Роскомстат. Российскийстатистическийежегодник. Стат. Сб./Росстат. – М., – стр. 32。

因此，面对西方的打压，俄罗斯需要中国在国际舞台上给予其支持。面对国内经济发展问题，特别是促进远东和西伯利亚开发以及北冰洋大陆架、北方海航道开发和俄罗斯北极圈内地区社会经济发展战略的实施，以及大规模基础设施建设，俄罗斯迫切需要中国的资金支持以及某些技术支持。

3. 中国经济高速增长并引致美国的遏制，对俄罗斯利益诉求上升

中国自从20世纪70年代末改革开放以来，经济发展迅速，历史性地跨越了几个台阶。改革开放促进了生产力的大解放，1986年中国国内生产总值和人均国内生产总值双双比1980年翻一番，分别超过1万亿元和接近1,000元，中国人民告别了短缺时代，解决了温饱问题。2000年国内生产总值突破10万亿元，人均国内生产总值接近8,000元，中国基本建成了小康社会。2010年中国经济总量超过40万亿元，占据全球第二位。2020年国内生产总值达到100万亿元，2021年人均国内生产总值达到8万元。

中国经济实力和国际地位迅速提升并快速缩小与美国的差距，见图5.2和图5.3，中国的全球利益诉求迅速增加，中国积极参与全球治理使美国感到恐慌。20世纪70年代末中美建交，美国从台湾撤军。80年代美国同新西兰同盟破裂，90年代菲律宾、泰国拒绝美国建立军事基地。2000年后美国将注意力集中在了中东地区的反恐布局上。而此时，东盟国家的主要贸易伙伴也不再是美国，而是中国，中国在该地区的影响力迅速上升。2008年全球金融危机爆发后，美、欧、日陷入严重衰退，中国经济仍然保持了高增长率。2011年奥巴马政府决定将战略重心从中东转向亚太。2012年美国防长帕内塔提出"亚太再平衡"战略，表示美国将把60%的战舰部

署到太平洋地区。同年，美国国务卿希拉里公开表示美国在南海具有国家利益，怂恿南海周边国家挑起领土争端，并介入其中。同时，美国借朝鲜核问题，依靠美日韩同盟，加快军事部署，特别是在韩国部署"萨德"导弹防御系统。另外，美日相继加入并主导跨太平洋伙伴关系协定谈判，试图遏制中国的经济发展。特朗普虽然退出了跨太平洋伙伴关系协定，但2017年宣示了美国"印太战略"，美国国家安全战略报告详述了"印太"构想，其核心内容就是构建美、日、澳、印四国安全合作，维护"基于规则的秩序"，遏制中国。2021年拜登政府又与英国和澳大利亚组建奥库斯（AUKUS），对中国的崛起进行军事威胁。也就是说，美国在"印太"区域采取了政治、经济、外交、军事等综合手段，遏制中国的崛起。

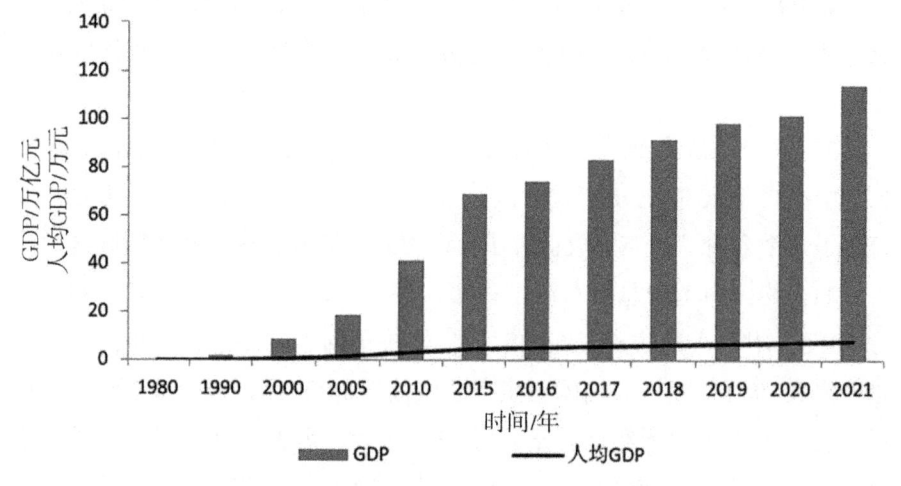

图5.2 中国GDP总量和人均指标变动情况

资料来源：国家统计局数据库，http://data.stats.gov.cn，访问日期：2022年12月8日。

面对美、日、澳、印可能的联合遏制，中国需要借助与俄罗斯的新时代全面战略协作伙伴关系，在国际舞台上获得俄罗斯的支持。同时，中国经济面临产能过剩和实现经济结构转型的艰巨任务，一方面为维持庞大的产能必须开辟新的产品出口市场并寻找能源和原料进口来源以及过剩产能转移方向，而俄罗斯及其欧亚经济联盟是比较理想的选择；另一方面，在中国迅速崛起的过程中，面对西方的技术封锁，某些核心技术瓶颈，如航空航天、核能、军工、船舶制造、发动机等尖端技术需要俄罗斯协助突破。

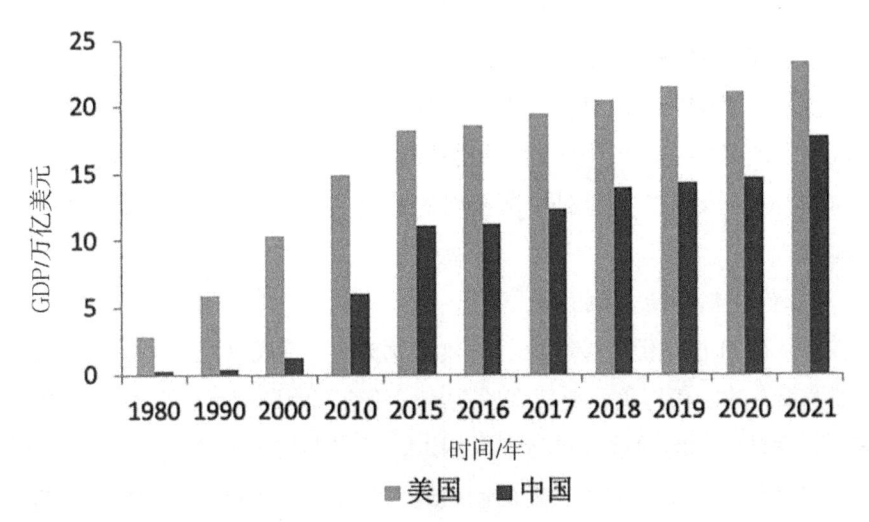

图5.3　中国GDP总量与美国动态比较

资料来源：世界银行数据库，https://data.worldbank.org.cn，访问日期：2022年3月13日。

4. 中国的地区利益诉求

随着中国经济实力和国际地位的迅速提升，中国积极谋求参与全球治理，维护以联合国为核心的国际体系和以国际法为基础的国际秩序，为经济全球化贡献中国智慧和中国方案，为世界提供中国经验，努力构建人类命运共同体。

我们按照亲、诚、惠、容理念和与邻为善、以邻为伴的外交方针深化同周边国家关系。同时，我们提出首先与周边国家共建"一带一路"倡议，实现跨境互联互通，实施自由贸易区战略，与周边国家实现经济一体化发展。

20世纪初，英国地缘政治学家麦金德将欧亚非合在一起看作"世界岛"，而中亚位于世界岛"心脏地带"的核心。他断言，"谁控制了中亚谁就控制了心脏地带，谁控制了心脏地带谁就控制了世界岛，谁控制了世界岛谁就控制了整个世界"。①中亚的重要战略地位引起了俄罗斯（欧亚经济联盟）、美国（新丝绸之路）和欧洲（TRACECA）的重视。中国新疆地区与中亚国家特别是哈萨克斯坦、吉尔吉斯斯坦和塔吉克斯坦交界并在历史上具有紧密的经济和文化、民族和宗教联系。新疆地区的民族分裂主义、恐怖主义、极端宗教主义分子更是与中亚地区的恐怖主义和极端宗教主义有着密切的联系，因此中亚地区局势严重影响着中国新疆地区的和平、稳定与安全。同时，中亚也是中国提出的共建"一带一路"倡议所必经的核心地带。

5. 俄罗斯的地区利益诉求

普京在21世纪伊始接掌俄罗斯政权就抱有"给我20年，还你一个强大的俄罗斯"的宏伟抱负，要使俄罗斯从二流或三流国家行列重返世界舞台。其在国际舞台上的利益诉求与中国相近，可以期待中国的政治支持。特别是2014年以后，西方对俄罗斯的制裁逐渐加重，西方已经不把俄罗斯看作全球性大国而仅仅是地区性大国。俄罗斯期待中国的政治和经济支持。

俄罗斯对外政策"向东转"后，将重点转移到亚欧大陆，开始跳出其努力经营的"小欧亚"范畴即欧亚联盟。俄罗斯瓦尔代俱乐部最先提出"中欧亚"构想，即将亚欧的核心地区包括俄罗斯西伯利亚南部、中亚（包括阿富汗和巴基斯坦）、中国的西部建成"国际政治经济局势独一无二的交汇点"（与麦金德的"心脏地带"概念吻合），认为这甚至"有可能成为21世纪上半期最重要的地缘经济和地缘政治进程之一"。②2016年普京倡议"大欧亚伙伴关系"，"中欧亚"构想被"大欧亚"构想所取代。俄罗斯要从欧洲和亚洲的"桥梁"变成亚欧大陆的"心脏"。

20世纪60年代中苏关系恶化以后，俄罗斯远东地区没有得到应有的发展。90年代的民主化、自由化和市场化改革，使该地区本来就不多的工厂破产、倒闭、废弃，促使该地区的居民大量向西部的欧洲地区移民，人口大幅减少，许多乡村和小城镇变得荒芜。目前整个远东联邦区仅有600万人口。为让远东地区融入亚太经济圈，带动地区发展，2012年以来俄罗

---

① 转引自 Астанинский клуб, доклад «Геоэкономика Евразии». Ноябрь 2015 года, Астана, Казахстан.С.8.

② Бордачёв Т., «Новое евразийство» // Россия в глобальной политике. №2, 2015 г. с.26.

斯出台一系列促进远东地区发展的战略措施，吸引中、日、韩以及东盟的投资。

第二节 中俄经济合作的潜力有待进一步挖掘

迄今为止，中俄经济合作已经取得了很大成就，合作领域涉及贸易、投资、技术引进以及劳务和工程承包等多个方面。虽然最近几年两国的经济合作日益紧密，但合作规模上的潜力还有待进一步挖掘。

一、中俄贸易合作概况

从数据上看，两国双边贸易迅猛发展，1992—2021年中俄双边贸易增长了30倍以上。大体上可以分为三个阶段，如图5.4所示，第一个阶段是1992—1999年，这是中俄贸易合作的波折阶段，双边贸易额一直在低水平徘徊，并起伏不定。1993年两国贸易额曾达到76.6亿美元的高峰，随后持续低迷。这一时期中俄贸易曲线大体上呈W形状。第二个阶段是2000—2007年，这是中俄双边经贸合作的高速发展阶段。2000年两国双边贸易额历史性地突破80亿美元，然后一路走高，至2001年中俄双边贸易额突破百亿美元大关，达到106.7亿美元。在这个阶段，两国双边贸易年均增长率达到31%以上，到2007年中俄双边贸易额接近500亿美元。值得注意的是，2007年中国对俄罗斯贸易差额由原来的逆差转变为顺差，顺差额达到87.8亿美元。这个阶段同时也是两国良好政治关系的升温时期，得益于两国政治关系的逐步改善和升级，双方的经贸合作也逐步深入，一系列友好条约和贸易协定的签署极大地推动了双方经贸合作的发展。例如，2000年中俄两国签署了《中俄政府间2001—2005年贸易协定》，2001年7月签署了《中俄睦邻友好合作条约》，2002年中俄央行签署了《关于边境地区贸易的银行结算协定》。2001年12月中国加入世界贸易组织，为中俄贸易合作的快速增长提供了强大的动力。

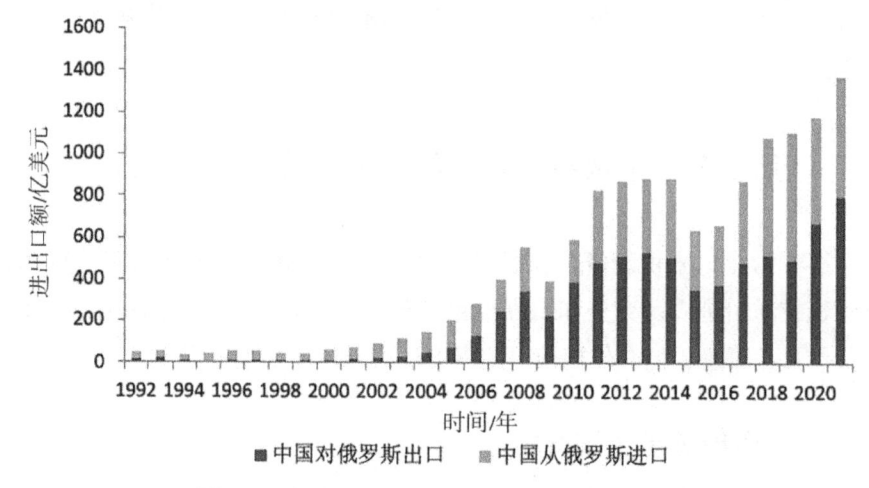

图5.4 1992—2021年中俄双边贸易变化趋势

资料来源：根据中国商务部国别贸易报告整理，http://countryreport.mofcom.gov.cn/，访问日期：2022年3月28日。

第三阶段为2008年至今，这是中俄贸易合作的恢复和加强阶段，后金融危机时期，双方经贸合作虽然出现一些波动，但总体发展平稳。2008年中俄双边贸易额踏上一个新台阶，高达567.5亿美元，但由于受到国际金融危机的影响，2009年出现了下滑，随后的2010年两国双边贸易很快又恢复到555.2亿美元。金融危机之后，双方均意识到加强双边经济合作对于应对金融危机，促进经济发展可以起到至关重要的作用。双方政治互信达到了前所未有的高度，两国已经建立起全方位的、多领域的更为密切的经贸关系。2009年6月，中俄两国共同发表《中俄元首莫斯科会晤联合声明》，批准了《中俄投资合作规划纲要》。通过建立政府间合作机制，拉开了双方深入投资合作的序幕。2009年9月中俄双边正式批准《中国东北地区同俄罗斯远东及东西伯利亚地区合作规划纲要》，这对推动中俄毗邻地区合作具有重要意义。另外，两国高层领导会晤频繁，政治互信升级大大地促进了双边贸易的发展。2013年3月，中国国家主席习近平对俄罗斯进行国事访问，标志着中俄全面战略协作伙伴关系提升至新阶段。2014年5月，俄罗斯总统普京访华，中俄两国政府签署了全面战略协作伙伴关系新阶段联合声明，以及举世瞩目的4,000亿美元天然气购销大单，把中俄两国在能源领域的经济合作推向了更高水平。2018年中俄贸易额突破1,000亿美元。2019年中俄两国元首宣布发展中俄新时代全面战略协作伙伴关系。2021年6月，中俄两国元首签署了《中华人民共和国和俄罗斯联邦关于〈中俄睦邻友好合作条约〉签署20周年的联合声明》。两国元首高度评价了条约的历史和现实价值，并同意对其予以延期。认为，"中俄关系业已达到历史最高水平"，"树立了国与国和谐共处与互利合作的典范"，两国将"继续发展新时代全面战略协作伙伴关系"，"双方重申落实中俄两国元首关于并行不悖、协调发展'一带一路'倡议和'大欧亚伙伴关系'的共识"。双方指出，"'一带一路'建设与欧亚经济联盟对接对于确保整个欧亚地区经济持续稳定增长、加强区域经济一体化，维护地区和平与发展具有重要意义"。[①] 在此战略思想指导下，2021年中俄贸易额接近1,500亿美元，2022年达到1,900亿美元。中国已经成为俄罗斯第一大贸易伙伴，而且是俄罗斯的第二大出口市场，第一大进口来源地。

尽管纵向来看，两国经贸合作水平在不断提高，然而从横向比较，俄罗斯对中国来说并不是特别有分量的贸易伙伴。如表5.1和图5.5所示，2021年中俄双边贸易额仅占中国贸易总额的2.4%，不仅不足中国与其最大贸易伙伴美国的20%，也低于中国与越南的贸易额。

表5.1　2021年对主要国家和地区货物进出口金额、增长速度及其比重

国家和地区	出口额/亿元	比上年增长	占全部出口比重	进口额/亿元	比上年增长	占全部进口比重	进出口总额/亿元	比上年增长	占全部进出口总额比重
东盟	31,255	17.7%	14.4%	25,489	22.2%	14.7%	56,744	28.1%	14.5%
欧盟	33,483	23.7%	15.4%	20,028	12.1%	11.5%	53,511	27.2%	13.7%
美国	37,224	19.0%	17.1%	11,603	24.2%	6.7%	48,827	28.8%	12.5%
日本	10,722	8.5%	4.9%	13,298	10.1%	7.7%	24,020	17.1%	6.1%
韩国	9,617	23.5%	4.4%	13,791	15.1%	7.9%	23,408	10.2%	6.0%
中国香港	22,641	20.3%	10.4%	627	30.2%	0.4%	23,268	28.9%	5.9%

---

① 《中华人民共和国和俄罗斯联邦关于〈中俄睦邻友好合作条约〉签署20周年的联合声明》，http://www.gov.cn/xinwen/2021-06/28/content_5621323.htm，访问日期：2022年4月4日。

续表

国家和地区	出口额/亿元	比上年增长	占全部出口比重	进口额/亿元	比上年增长	占全部进口比重	进出口总额/亿元	比上年增长	占全部进出口总额比重
中国台湾	5,063	21.7%	2.3%	16,146	16.5%	9.3%	21,209	26.0%	5.4%
巴西	3,464	43.4%	1.6%	7,138	20.3%	4.1%	10,602	28.0%	2.7%
俄罗斯	4,363	24.7%	2.0%	5,122	28.2%	2.9%	9,485	35.6%	2.4%
印度	6,302	36.6%	2.9%	1,819	25.1%	1.0%	8,121	43.0%	2.1%
南非	1,365	29.4%	0.6%	2,147	49.4%	1.2%	3,512	50.7%	1.0%

资料来源：国家统计局数据库，http://data.stats.gov.cn，访问日期：2022年4月14日。

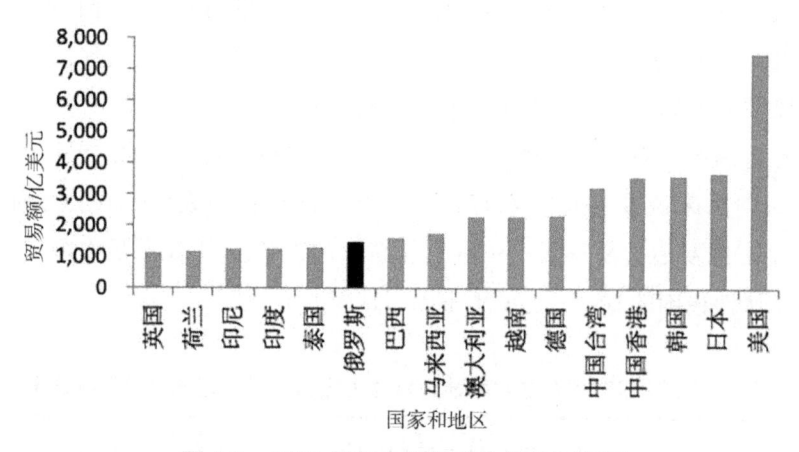

图5.5　2021年和主要贸易伙伴的贸易额

资料来源：国家统计局数据库，http://data.stats.gov.cn，访问日期：2022年4月23日。

二、中俄投资合作概况

作为中俄经济合作的重要组成部分，在投资领域的合作也越来越受到两国政府的高度重视。2009年两国政府签订了《中俄投资合作规划纲要》，希望通过建立政府间合作机制，促进两国双边投资合作。2012年中俄第17次总理会晤期间，中国商务部和俄罗斯经济发展部就开展经济现代化领域的合作签署了协议，其目的是更深入地推进包括地区层面在内的两国投资合作。① 2012年俄罗斯总统普京访华期间进一步深化和推动了双方在投资领域的合作。2013年8月，在莫斯科举行的中俄投资合作常设工作组第4次会议上，中俄两国签署了《关于落实〈中俄投资合作规划纲要〉的谅解备忘录》，标志着中俄两国在投资领域的合作开始了更新的模式。与飞速发展的双边贸易相比，双方在对外直接投资领域的合作虽然取得了前所未有的成果，但合作规模依然不大，而且很不稳定。总体来说，现阶段中俄之间的投资合作滞后于两国经济合作的发展，对中俄经济合作的战略升级形成掣肘之势。

1. 中国对俄罗斯直接投资概况

根据中国商务部公布的数据，中国对俄罗斯的直接投资2004年为0.84亿美元，到2013年已经增长至超过40.8亿美元，增长了近47.6倍。但从这10年的投资分布看，中国对俄罗斯的直接投资在2009年以前一直在低水平徘徊，并且时而增长时而下降。真正的增长期是全球金融危机后的时期，仅2015年中国对俄直接投资就比上一年增长了518.2%，具体情况如图5.6所示。2016年以后对俄罗斯投资规模仍然维持在高位，但每年的投资流量出现递减趋势，特别是受疫情全球大流行影响，2021年减少了10亿多美元，导致中国在俄罗斯的直接投资存量大幅下滑，从2018年的142亿美元减少到2021年的106亿美元。

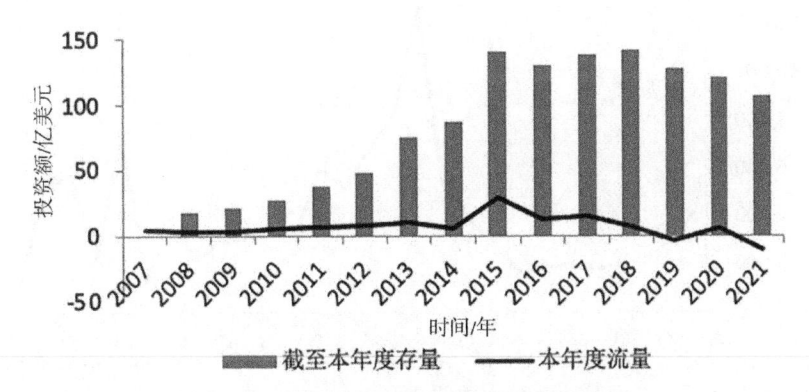

图5.6 中国对俄罗斯直接投资变化情况

资料来源：国家统计局数据库，http://data.stats.gov.cn，访问日期：2022年4月29日。

---

① 《中俄总理第17次定期会晤联合公告》，新华网，2012年12月6日，http://news.xinhuanet.com/world/2012-12/06/c_124059500.htm，访问日期：2022年4月19日。

如上所述，近年来中俄两国在投资领域的合作有了飞速发展，但在中国对外投资结构中依然处于比较次要的位置。例如，2021年中国对外直接投资流量和存量分别创下1,788亿美元和27,852亿美元的历史新高，分别位列全球对外投资国第二和第三。但中国对俄罗斯直接投资存量为106亿美元，占比仅为0.4%，排第16位。

2. 俄罗斯对中国直接投资概况

俄罗斯对中国的直接投资从20世纪90年代初开始发展至今进展依然缓慢，并且起伏不定。1993年俄罗斯对中国直接投资流量为0.42亿美元，但之后几年投资额逐年下降，一直在低处徘徊。直到1998年中俄建立了面向21世纪的战略协作伙伴关系，俄罗斯对中国直接投资才开始出现缓慢增长。2004年《〈中俄睦邻友好合作条约〉实施纲要（2005—2008年）》的签订终于让俄罗斯对中国直接投资达到高峰，投资额历史性地达到1.26亿美元，但进入2005年后又出现下降的趋势，2022年俄罗斯对中国投资没有超过1亿美元。受疫情大流行影响，2020年和2021年俄罗斯对中国的投资只有1,000万美元左右。其中2021年只有2019年的14%，具体情况如图5.7所示。这样的情况显然与两国经贸合作关系持续发展并不协调。

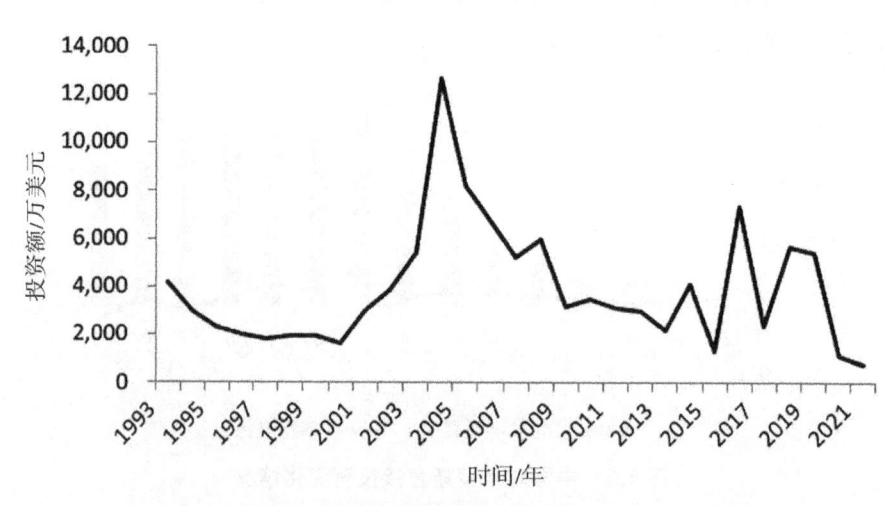

图5.7 中国实际利用俄罗斯直接投资规模及其变化情况

资料来源：国家统计局数据库，http://data.stats.gov.cn，访问日期：2022年4月18日。

三、中俄经济合作潜力水平分析——基于贸易引力模型

贸易引力模型是20世纪60年代开始在研究双边贸易流量时得到广泛应用的有效模型。之后,国际经济学界根据研究的需要通过增加外生变量的方法多次拓展贸易引力模型,该模型的基本理论是两国或两地区之间的双边贸易额与两国之间的经济总量成正比,与两国之间的空间距离成反比。贸易引力模型的基本形式是:

$$X_{ij} = A(Y_i Y_j) / D_{ij} \qquad (1)$$

公式中,X_{ij}表示国家i与国家j的双边贸易额;A是常数项;Y_i表示国家i的经济总量,一般用该国国内生产总值衡量,Y_j表示国家j的经济总量,也用国内生产总值来衡量;D_{ij}表示两国之间的空间距离,通常用两国首都或经济重心之间的距离来衡量。因为该模型是非线性的,所以对上式两端取对数转换为线性形式:

$$\ln X_{ij} = \beta_0 + \beta_1 \ln Y_i Y_j - \beta_2 \ln D_{ij} + \mu_{ij} \qquad (2)$$

其中,β_0、β_1和β_2为回归系数,μ_{ij}为随机误差项。现代国际经济学在对双边贸易流量与潜力进行研究时,更多的是应用扩展后的贸易引力模型,也就是在原有的引力模型中引入更多的解释变量以提高其解释力与说服力。新的解释变量主要包括两类:一类是影响两国贸易流量的内生变量,如人口、人均国内生产总值等;另一类是虚拟变量,如贸易协定和经济合作组织、外部经济条件等。

1. 变量及数据说明

我们以贸易引力模型为理论基础,根据中俄两国双边贸易的实际情况,合理地引入和修正相关变量,建立一个适合两国的扩展引力模型,来重点研究两国的人均国内生产总值、政治互信程度、区域制度安排、平均关税税率水平以及金融危机对双边经贸合作产生的影响以及潜力。

我们采用1992—2021年与中俄两国贸易相关的面板数据来分析影响两

国双边贸易发展的因素及潜力水平。其中被解释变量为中俄双边贸易总额的对数值，用 $\ln T_{CR}$ 表示，两国贸易总额数据来源于联合国商品贸易统计数据库（UN comtrade），单位为百万美元（现价），选取的控制变量包括：

（1）俄罗斯和中国人均GDP的对数值，分别用 $\ln gdp_R$ 和 $\ln gdp_C$ 表示，人均GDP数据来源于世界银行WDI Online世界发展指标数据库，单位为百万美元（现价）。该指标主要控制两国的经济总量，根据贸易引力模型的基本理论，两国的经济总量越大，则双边贸易总额流量就越高，为避免多重共线性，不同时纳入双方的GDP和人口指标，一般来说，该指标的上升会带来更多的贸易需求。

（2）中俄双方是否同为上海合作组织成员国，用 SCO 表示（虚拟变量：1表示是，0表示不是）。

（3）中俄双方是否同为亚太经济合作组织成员，用 $APEC$ 表示（虚拟变量：1表示是，0表示不是）。上面两个虚拟变量表示如果双方在某一经济合作组织里，就可以通过该组织的贸易协调机制产生贸易创造效应，对两国双边贸易流量产生促进作用。

（4）双方政治互信程度，用 $VISIT$ 表示，该变量用双方部长级以上高层交流次数及政治经济合作文件签署数量表示，该数据通过对新华网相关消息进行收集整理得出。该变量的数值越高，说明两国的政治经济关系就越好，则越有可能促进双方贸易流量的增加。

（5）俄罗斯和中国的关税税率，分别用 $tariff_R$ 和 $tariff_C$ 表示，数据来源于世界银行WDI Online世界发展指标数据库，双方的税率水平越高，说明双边贸易受到越多的限制。

（6）是否受到金融危机的冲击，用 AFR_{1997} 和 GFR_{2007} 表示（虚拟变量：1表示是，0表示不是）。受到外部金融危机的冲击会导致两国贸易额的下降。

2. 实证分析结果

我们采用OLS方法来检验影响中俄双边贸易流量的因素，具体估计结果见表5.2的第（1）—（4）列。我们采取了逐步回归方法，使用在（2）式中逐步加入各组解释变量的方法进行回归。为了考察区域制度安排对于中俄双边贸易的影响，在第（1）列中，我们控制了 SCO 和 $APEC$ 两项指标；为了说明双方政治关系对双边贸易流量的影响，在第（2）列中，我们控制了VISIT；为了考察关税税率水平对双边贸易流量的影响，在第（3）列中，我们控制了$tariff_R$和$tariff_C$；为了考察金融危机对双边贸易的冲击，在第（4）列中，我们控制了AFR_{1997}和GFR_{2007}，根据第（4）列的回归结果，就可以分析影响中俄之间贸易流量的因素是哪些。

表5.2 中国与俄罗斯双边贸易引力模型实证结果

—	(1)	(2)	(3)	(4)
常数项	−1.432***	−2.189***	0.9601***	−2.112***
—	(−4.128)	(−4.987)	(2.318)	(−6.649)
$\ln gdp_R$	0.571***	0.733***	0.767***	0.612***
	(4.932)	(7.105)	(14.271)	(5.389)
$\ln gdp_C$	0.468***	0.673***	—	0.557***
	(4.301)	(3.912)	—	(3.476)
SCO	0.098	—	—	—
	(1.359)	—	—	—
APEC	0.149***	0.192***	0.169***	0.172*
	(2.135)	(2.978)	(3.914)	(1.894)
VISIT	—	0.014	—	—
	—	(−0.883)	—	—
$tariff_R$	—	—	−1.044***	—
	—	—	(−4.038)	—
$tariff_C$	—	—	−0.492***	—
	—	—	−5.831)	—
AFR_{1997}	—	—	—	−0.028*
	—	—	—	(−0.349)
GFR_{2007}	—	—	—	−0.093**
	—	—	—	(−1.276)
F-statistic	145.21	137.13	304.52	112.47
	(0.000)	(0.000)	(0.000)	(0.000)
R^2	0.964	0.983	0.963	0.962

注：括号内为t统计值，*、**和***分别表示在10%、5%和1%水平上显著。
资料来源：作者自制。

从第（1）列回归结果来看，中俄两国人均国内生产总值以及两国作为上合组织和APEC成员对双边贸易发展具有明显的促进作用。其中，中国的人均国内生产总值每增长1%，将带动双边贸易额增长近0.5%，而俄罗斯人均国内生产总值每增长1%，将带动双边贸易额增长近0.6%。另外，与加入上合组织这个平台相比，中俄两国加入APEC对双边贸易的带动效应更加明显，作为APEC成员带动两国双边贸易增长近0.15%，两国加入上合组织对双边贸易额的带动效应并不显著。可见，两国并没有充分发挥上合组织这个平台的经贸合作机制的作用。

从第（2）列回归结果看，双方政治互信变量对双边贸易影响与理论预期不太一致。按照经济学理论的解释，两国政治互信程度的提高会对双边贸易流量有正向的促进作用，但回归结果显示，中俄两国之间该变量没有发挥相应的作用。虽然中俄两国长久以来一直在政治上保持密切的战略协作伙伴关系，然而中俄双边贸易规模与中国和其他贸易伙伴的贸易规模相比，仍然处于不重要的地位，这与中俄两国良好的政治关系形成巨大反差。2014年中俄双边贸易额占中国对外贸易总额比例仅为2.2%，而且该比例并没有呈显著上升趋势，说明中俄两国政治关系飞速发展的良好势头并没有对两国经贸合作起到实质性的推动作用。

在第（3）列回归结果中，变量 $\ln gdp_C$ 没有通过显著性水平检验，说明该模型无法用来说明中俄两国关税税率对于双边贸易的影响，因此舍掉 $\ln gdp_C$ 变量。经过第二次回归后，模型调整后 R^2 为0.963，拟合度较好。这次回归结果显示，两国关税税率水平对双边贸易流量的增长起到一定的阻碍作用。其中，中国关税税率下降1%，将促进双边贸易增长0.492%，俄罗斯关税税率下降1%，双边贸易流量将增长1.044%，这说明俄罗斯关税税率水平对双边贸易流量的影响比中国更大。

从第（4）列回归结果看，两次金融危机的发生确实对中俄两国双边贸易的发展有较大的冲击。而且，2007年的全球金融危机比1997年的金融危机冲击要更严重，这个结论也与实际情况相符，但这两个虚拟变量在统计上并不显著。

3. 中俄双边经贸合作潜力估算

根据以上分析结果来研究中俄两国经贸合作的发展潜力，即用两国实际贸易额与用引力模型模拟的完全有效率的理论贸易额的比值作为两国贸易合作的发展潜力。根据刘青峰和姜书竹关于贸易发展潜力的分类,[①] 如果实际双边贸易额与理论双边贸易额的比值大于1.2,则称两国经贸合作为"潜力再造型",处于这种类型的贸易伙伴之间在现有条件下贸易额继续增长的潜力已经非常有限,只有发展新的积极因素双边贸易才会有更大的发展空间;该比值介于0.8至1.2,则称两国经贸合作为"潜力开拓型",处于该种类型的贸易伙伴之间仍有发展潜力,双边贸易额有继续扩大的空间;该比值如果小于0.8,则称两国经贸合作为"潜力巨大型",处于这种类型的贸易伙伴合作的潜力非常大,双方应该排除障碍,大力推动贸易的正常发展。但必须指出,这种方法测算的贸易发展潜力是在模型中体现的解释变量基础上进行的,如果模型中有新的影响贸易流量的解释变量出现,测算的贸易潜力值就会发生变化。在此基础上,我们测算出近年中俄双边经贸合作潜力值,具体见表5.3。

可以看出,中国和俄罗斯之间双边贸易合作基本上属于"潜力开拓型",而且从金融危机以后,贸易潜力呈上升趋势。双方应该在原有经贸合作的基础上,通过培养积极因素,发展多元化的经济合作来促进双方的经济发展。

表5.3　2004—2018年中俄两国双边贸易潜力

—	2004	2005	2006	2007	2008	2009	2010	2011	2012	2013	2014	2015	2016	2017	2018
贸易潜力	0.953	0.914	0.883	0.971	0.886	0.863	1.048	1.046	1.041	1.045	1.040	1.026	1.037	1.018	1.005

资料来源:根据计量结果计算所得。

第三节　俄罗斯远东开发与中国东北振兴战略及其对接

俄罗斯远东和中国东北地区以黑龙江(俄称"阿穆尔河")为界,是两个国家的欠发达地区,都面临着人口流失,增长速度下降的问题。2003

---

① 刘青峰、姜书竹:《从贸易引力模型看中国双边贸易安排》,《浙江社会科学》2002年第6期,第17—19页。

年中国就开始实施东北老工业基地振兴战略，2012年俄罗斯也开始大量投资实施开发远东的战略。如果这两大区域开发战略合作，可以实现双赢，并且带动整个东北亚区域经济合作。

一、俄罗斯开发远东地区的必要性

俄罗斯在普京第三和第四个总统任期内重点规划和实施了东西伯利亚和远东开发战略，其必要性有以下4点。

1. 俄罗斯以能源出口为基本特征的经济增长方式要求俄罗斯必须加快开发开放西伯利亚和远东地区

在经济上，长期以来能源一直是俄罗斯的支柱产业，在其国民经济体系中占据重要地位。俄罗斯基于对未来亚洲市场乃至世界市场能源需求将持续增长的判断，认为在短时间内，俄罗斯经济依靠能源开发和出口的粗放增长方式并不存在太高的风险。在政治上，俄罗斯通过推行能源外交在国际上谋求政治利益，甚至将之当作俄罗斯重返世界大国行列的重要手段。因此，无论是在经济上，还是在政治上积极推动西伯利亚和远东开发都是俄罗斯未来发展的必然要求。尽管单一依靠能源出口的经济增长方式弊端明显，比如，国内经济增长受国际油价的波动影响严重，阻碍经济增长方式转变，延缓经济结构调整速度，等等，但通过能源经济可以加快国民经济增长速度，增加财政收入和外汇储备，提高国民生活水平。并且，俄罗斯欧洲部分油气资源日渐匮乏，其对东西伯利亚和远东地区资源的依赖性进一步增强，因此，俄罗斯总统普京多次提出，必须加快西伯利亚和远东地区自然资源开发以带动经济发展。

2. 加快西伯利亚和远东地区的开发，融入东北亚区域经济合作符合俄罗斯的国家利益

与俄罗斯远东地区相邻的国家中，中国、日本、韩国是资源消费大国，但资源储备有限，尤其是日本和韩国，国内资源严重匮乏。而俄罗斯西伯利亚和远东地区自然资源十分丰富，根据国际贸易学的要素禀赋相对优势理论，俄罗斯东西伯利亚和远东地区可以凭借自己的资源优势与中国、日本和韩国等经济伙伴更好地开展经贸合作以实施开发战略。一方面，俄罗斯可以通过加强同邻国中、日、韩的有效经济合作，解决在开发

进程中的技术和资金短缺、劳动力匮乏等问题，实现俄罗斯东部地区协调发展；另一方面，也可以帮助中、日、韩等国解决资源缺乏的经济发展瓶颈问题。事实上，俄罗斯东西伯利亚和远东开发战略也离不开与东北亚邻国的经济合作，因为若没有中、日、韩等国的积极参与，俄远东地区大开发必然会困难重重，难以实施。俄罗斯可以通过东西伯利亚和远东开发战略在东北亚区域经济合作中占据主导地位，这也有利于俄罗斯扩大在东北亚地区乃至整个亚太地区的国际影响力。

3. 俄欧经济联系被切断使俄罗斯经济发展战略从西向东转移

作为传统意义上的欧洲国家，俄罗斯和欧盟的经济合作一直十分紧密。但由于欧洲债务危机以及克里米亚问题的政治原因，俄欧的经济合作开始出现饱和现象，尤其是能源合作上升空间非常狭小。2022年俄罗斯因对乌克兰采取特别军事行动招致美西方前所未有的制裁，欧盟彻底放弃了俄罗斯的石油、天然气和煤炭，禁止了成员国与俄罗斯的绝大部分经济、贸易、投资、金融等领域的往来，甚至冻结了俄罗斯中央银行、商业银行、大公司乃至私人企业的储备、账户和财产。俄罗斯被"踢出"了美西方主导的世界经济体系。此外，世界经济增长的重心进一步向东转移，亚太地区特别是东北亚地区经济的快速发展给俄罗斯经济带来前所未有的机会，俄罗斯可通过东西伯利亚和远东开发战略利用其横跨亚欧大陆的地缘优势，积极融入亚太地区，特别是东北亚地区，搭上亚太地区经济发展的顺风车。

4. 随着美国战略东移和实施"亚太再平衡"战略，俄罗斯也将重心转向亚太

东西伯利亚和远东开发战略实施除了具有重要的经济意义，同时对于俄罗斯维护国家领土完整和安全，扩大在亚太地区的政治影响力具有非常重要的现实意义。美国重返亚太促使俄罗斯加紧维护和获取在该地区更大的战略利益。2009年全球金融危机使所有发达国家陷入经济衰退，而只有中国这边风景独好。这使美国感受到了中国高速增长的压力。于是美国开始筹划"重返亚太"，外交、经济和军事齐头并进，加快其全球战略重心向亚太地区转移，试图对中国进行围追堵截。奥巴马的"亚太再平衡"战

略要求在2020年前把60%的战舰部署到太平洋。[①] 美国的这一举动显然对俄罗斯东部领土安全和亚太战略利益构成了严重威胁。俄罗斯在亚太地区有着非常重要的战略利益。首先在普京看来，随着美国加速挤压中国在亚太地区的战略空间，中国势必会主动与俄罗斯谋求更加紧密的合作，以抗衡美国，从而为俄罗斯在亚太地区施加战略影响提供新的空间和可能性。此外，东北亚地区的不确定性引发俄罗斯的担忧和关注。俄罗斯远东是东北亚地区的重要组成部分，该地区的发展与俄罗斯远东安全紧密相关。"朝核问题"和朝鲜试射导弹等随时会引发严重冲突和对抗，美、日、韩大规模军事演习也会加剧朝鲜半岛的紧张局势。俄、日南千岛群岛领土纷争阻碍两国签署和平协定，成为俄罗斯面临的头号外部威胁因素。东北亚地区安全形势的脆弱性和不确定性，对俄罗斯远东地区的安全构成严重威胁，使俄罗斯为了维护本国战略利益必须加大对亚太地区的关注度以及合作力度。

二、俄罗斯开发远东的经济目标

1. 打造亚太能源供应基地

随着伊尔库茨克州北部和雅库特南部气田和恰扬达气田开发及其天然气加工项目的建设，该地区将会成为继西伯利亚大铁路产业带和贝阿大铁路产业带之后的第三条产业带。随着交通基础设施建设的完善，南雅库特的燃料产业基地将成为该地区的经济发展中心。东方天然气工程由西向东的雅库特管道计划和由东向西的萨哈林天然气管道在共青城相连。2011年秋萨哈林—共青城—哈巴罗夫斯克—符拉迪沃斯托克（海参崴）天然气管道的建设完成。2012年年底从泰舍特到太平洋沿岸的科济米诺工程完工，并开始输油。萨哈林3号项目将成为滨太平洋地区工业发展的能源基地。共青城恰好处在雅库特和萨哈林天然气管道的交会处，又有贝阿大铁路并邻近太平洋港口，将会成为该地区第二个经济发展中心。此外，南西伯利亚庞大的水电产业基地过剩的电能约为1,000万千瓦，可以用于出口。

[①] 《美防长：2020年前60%战舰部署太平洋》，观察者网，2012年6月2日，https://www.guancha.cn/america/2012_06_02_76969.shtml，访问日期：2022年4月9日。

2019年普京和习近平共同见证了接入中国的"西伯利亚力量"天然气管道投入运营。2021年12月,"西伯利亚力量"管道建设最终完成,并且俄罗斯规划了"西伯利亚力量-2"管道,该管道将会把俄罗斯西部欧洲方向的和东部亚洲方向的天然气管网连接起来,经过蒙古国与中国连接,预计2030年完工。

2. 形成亚太粮食产业基地

利用西伯利亚和远东丰富的水资源,发展以亚太市场为目标的耗水产业,如农业、木材加工、造纸等。随着经济的迅速发展,东亚国家居民生活水平大幅度提高,对粮食特别是对绿色饲料、肉类和奶制品的需求与日俱增。俄罗斯的主要种植业地区有阿尔泰边疆区和克拉斯诺亚尔斯克边疆区南部和哈卡斯的米努辛斯克盆地谷物产区。后贝加尔地区和远东还有数块"最后的处女地",包括赤塔州南部和布里亚特的达乌尔草原、阿穆尔州南部地区阿穆尔河和结雅河之间的低地平原、犹太自治区的阿穆尔河流域平原、雅库特中部的勒拿河和维柳伊河之间地区,以及滨海边疆区西南部的兴凯湖流域平原的传统大豆产区。开发这些新处女地能使俄罗斯远东地区成为亚太地区重要的小麦和饲料生产区。在绿色农业技术方面俄罗斯有能力振兴东西伯利亚生物技术集群。

3. 建设亚太木材产业基地

俄罗斯无论是在林业资源的蓄积量还是面积上都占世界第一位。而俄罗斯实际出口的要么是纯粹的木材,要么是低质量的木材加工产品。西伯利亚和远东的林业和木材加工综合体需要新的投资进行现代化改造。中国向俄罗斯林业综合体(从砍伐到制成品生产和森林恢复)进行投资,以换取中国对俄罗斯木材加工和造纸工业产品的特惠准入,这应该是双方合作的前景。

4. 发挥亚欧运输走廊的作用

俄罗斯希望发挥其运输潜力,使地区和全球物流路线更加多样化,在欧、亚、美三大洲之间经过俄罗斯大陆或沿北方海航道形成新的更短、更有利的海、陆、空运输线路。建设大型物流中心应当成为投资的优先方向之一。实现北方海航道的现代化改造以适应国际商业化利用对俄罗斯具有重要的战略意义,因为这条航线是从东亚到欧洲最快捷、最安全的航线。

三、中国东北地区和俄罗斯远东地区面临发展的迫切性

中国东北老工业基地曾是新中国工业的摇篮，国家在东部地区集中投资建设了具有相当规模的以能源、原材料、装备制造为主的战略产业和骨干企业，为建成新中国独立、完整的工业体系和国民经济体系，为国家的改革开放和现代化建设作出了历史性的重大贡献。东北是中国的重工业基地，国有经济占比大。世纪之交，东北原油产量占全国的40%，木材产量占全国的一半，汽车产量占全国的25%，船舶产量占全国的30%。进入20世纪90年代，随着经济改革不断走向深入，国有经济进入战略调整阶段。东北地区体制性和结构性矛盾日趋显现，进一步发展面临着许多困难和问题，如市场化程度低，经济发展活力不足；所有制结构单一，国有经济比重偏高；产业结构调整缓慢，企业设备和技术老化；历史包袱沉重，竞争力下降，就业矛盾突出；资源性城市主导产业衰退，经济发展步伐放缓，与沿海发达地区的差距逐渐拉大。例如，改革开放初期辽宁省总产值是广东的2倍，但是到了世纪之交，反过来，广东省总产值是辽宁的2倍；20世纪80年黑龙江省的总产值与东部沿海地区难分伯仲，但20年后只有上海的四分之一。2003年时任国务院总理温家宝多次前往黑龙江、吉林、辽宁三省进行考察，中共中央和国务院联合发布《关于实施东北地区等老工业基地振兴战略的若干意见》，先后实施了《东北振兴"十一五"规划》《东北振兴"十二五"规划》。

俄罗斯东西伯利亚包括克拉斯诺亚尔斯克和后贝加尔边疆区、伊尔库茨克州以及布里亚特、图瓦和萨哈（雅库特）共和国6个联邦主体（行政单位）。面积409.33万平方公里，约占俄罗斯国土面积的23.9%，人口766.6万人，约占全国人口总数的5.2%。俄罗斯远东地区泛指俄罗斯东部河流流入太平洋经过的地区，以及萨哈林岛（库页岛）、千岛群岛、弗兰格尔岛、科曼多尔群岛和尚塔尔群岛。包括9个联邦主体：阿穆尔州、犹太自治州、堪察加边疆区、马加丹州、滨海边疆区、萨哈（雅库特）共和国、萨哈林州、哈巴罗夫斯克边疆区、楚科奇自治区。面积616.93万平方公里，约相当于俄罗斯国土面积的36.1%，人口约630万，约占俄罗斯人口总数的4.4%。有预测称2050年俄罗斯远东地区还将减少40%的人口，

剩下不足400万人。

俄罗斯东西伯利亚和远东地区总面积1026.26万平方公里，约占国土总面积的60%。耕地面积3,085.8万公顷，占全国的14%。2013年该地区森林覆盖率59.7%，木材蓄积量475.9亿立方米，全国占比高达57.3%。这里集中了俄罗斯石油、天然气、煤炭、水电等能源资源以及其他矿产资源和淡水资源。由于人力资源匮乏，自然资源丰富的东西伯利亚和远东得不到有效开发和利用，成为"最后的处女地"。但是，该地区人口自然减少的趋势并没有被遏制住。2013年该地区人均月收入21,236.5卢布，低于全国平均水平，仅相当于中央联邦区的63.5%。该地区所获得的投资也仅占全国投资总额的10.7%，比上年同期减少10.7%，其中远东联邦区减少近20%。2012年东西伯利亚和远东地区实现地区总产值5.1万亿卢布，在全国地区总产值中的占比仅为10.2%，其中远东联邦区占5.6%。在全国地区总产值增加3.1%的情况下，远东联邦区呈现1.4%的负增长。远东联邦区制造业在全国制造业中所占比重甚至仅为1.6%。[1]

苏联解体后，俄罗斯经济经历了转型初期的严重衰退后逐渐趋于稳定。为加快开发东西伯利亚和远东，政府于1996年通过了《1996—2005年远东和外贝加尔地区经济与社会发展联邦专项纲要》，2003年重新将其修订为《1996—2005年和2010年前远东和外贝加尔地区经济与社会发展联邦专项纲要》，同时发布《西伯利亚经济发展战略》。2007年成立总理挂帅的远东和外贝加尔地区发展委员会，实施《2013年前远东和外贝加尔地区经济社会发展联邦专项纲要》和《符拉迪沃斯托克亚太地区国际合作中心子规划》。2009年政府批准了《2025年前远东和贝加尔地区经济社会发展战略》，2010年批准了新的《西伯利亚社会经济发展战略》，2012年设立独立于俄联邦地区发展部的俄联邦远东开发部。2020年9月，俄罗斯政府总理米舒斯京批准了《2024—2035年俄罗斯联邦远东社会经济发展国家纲要》，[2]旨在加速地区社会经济发展，扭转远东人口下降的趋势，减少人口

---

[1] Роскомстат, «Регионы России. Социально-экономические показатели». 2014. Москва: официальное издание. с.374.

[2] Михаил Мишустин утвердил Национальную программу развития Дальнего Востока (28 сентября 2020 г.) [сайт]. URL: http://government.ru/docs/40487/. (дата обращения: 07.06.2022)

流失，提高人民生活水平，为此计划创造45万个新工作岗位，建设460个医疗卫生机构、57个普通教育机构，改造40个机场，计划到2024年使该地区人民生活质量和经济发展指标超过俄罗斯平均水平。

四、中国东北和俄罗斯远东地区经济发展面临持续下行压力

2008—2010年全球金融危机后，随着整个新兴经济体下行压力增大，中国、俄罗斯经济增长幅度呈现逐步缩小的趋势。其中，如表5.4所示，中国国内生产总值增长率从2010年的10.5%下降至2019年的6%，中国经济进入新常态。2020年和2022年受疫情影响经济增长率进一步下跌至2.2%和3.1%。俄罗斯在全球金融危机爆发之前的2007年增长率曾一度高达8.5%，2009年衰退7.8%，在政府经济刺激政策的作用下，2010年和2011年分别迅速回升至4.5%和4.3%。但随着刺激效应的衰减，以及2014年西方对俄罗斯实施的制裁不断升级，增长率回落到2014年的0.6%，2015年衰退2%。2016年以后逐步转向正增长，但到2019年前增长率最高的年份也只有2.5%。受疫情影响，2020年俄罗斯经济再次衰退，跌幅近4%。2022年受特别军事行动及其导致的美西方对俄罗斯前所未有的全面制裁影响，俄罗斯经济再次陷入衰退。只不过俄罗斯"本能"的自救反应暂时成功地阻止了国内经济混乱，国内生产总值总量仅减少了2.1%。

表5.4　全球金融危机后中国、俄罗斯经济增长情况

国家	2010	2011	2012	2013	2014	2015	2016	2017	2018	2019	2020	2021	2022
中国	10.5%	9.3%	7.67%	7.6%	7.4%	7.0%	6.8%	6.9%	6.7%	6.0%	2.2%	8.1%	3.1%
俄罗斯	4.5%	4.3%	3.4%	1.3%	0.6%	−2%	0.2%	1.8%	2.5%	1.3%	−3.9%	4.6%	−2.1%

资料来源：1. 世界银行：《世界发展指标》，http://data.worldbank.org.cn/country，访问日期：2022年5月2日；2. 国际货币基金组织：《世界经济展望》，http://www.imf.org/external/chinese/pubs/ft/weo/2015/updatw/01/pdf/0115c.pdf，访问日期：2022年5月9日。

20世纪90年代，中国东北地区处于中国工业企业改革的前沿。2003年开始的试图重振这个老工业基地核心区的尝试效果不理想。东北地区严重依赖能源、原材料和重工业，受全球市场变化和国内需求不足的影响很

大。如表5.5所示，2016年中国东北三省地区总产值增长率只有2010年的约35%，其中辽宁省仅增长了0.5%。2015年4月，李克强总理在长春主持召开东北三省经济工作座谈会，要求必须有效顶住下行压力，否则就业、收入等民生问题会受到较大影响，经济提质增效升级也难以实现。各部门各地区必须增强紧迫感、责任感，把稳增长保就业提效益作为紧要之务，推出更多利当前、惠长远的措施，以促改革调结构促进经济稳定运行，努力实现东北老工业基地全面振兴。在中央的指导下，2017年东北三省的经济增速从2016年的3.8%猛增到5.1%。随后增长动力再显不足，经济增速继续下滑到2019年的4.1%。受疫情影响，2020年平均增速只有1.3%。

同样是2015年4月，俄罗斯政府时任总理梅德韦杰夫抵达远东滨海边疆区哈巴罗夫斯克召开会议，讨论俄罗斯远东联邦主体落实《保持2015年经济持续发展和社会稳定的地区计划》（反危机计划）的情况。他强调俄罗斯经济所遇到的困难不能干扰远东开发计划，肯定了远东联邦区在落实大型基础设施项目，根据新的法律建设跨越式发展区所取得的初步成果。与全国经济形势发展趋势相一致，俄罗斯东西伯利亚和远东地区经济增长率从2010年的近5%跌落到2012年的负0.2%。2013年和2014年集中实施了一批远东开发的基础设施项目，工业增长率达到5.7%。其中东西伯利亚增长率达到6.7%（2013年），远东联邦区工业增长率高达8.1%（2015年）。2015年第一季度严冬影响了施工进度，所以表现出了一定程度的负增长。

表5.5 中国东北和俄罗斯东西伯利亚及远东地区总产值变动情况

地区	2010	2011	2012	2013	2014	2015	2016	2017	2018	2019
中国东北平均	10.8%	10.5%	8.8%	8.3%	5.8%	4.8%	3.8%	5.1%	4.8%	4.1%
黑龙江省	11.7%	10.9%	8.7%	7.6%	5.3%	5.5%	4.4%	6.0%	4.5%	4.0%
辽宁省	10.3%	10.2%	8.9%	8.7%	5.7%	2.8%	0.5%	4.2%	5.6%	5.4%
吉林省	10.4%	10.5%	8.9%	8.5%	6.3%	6.1%	6.5%	5.2%	4.4%	3.0%
俄罗斯远东联邦区平均	4.5%	4.3%	0.1%	-2.2%	2.8%	0.5%	-0.9%	1.3%	3.2%	3.3%
布里亚特共和国	3.5%	3.8%	0.5%	0.8%	8.3%	-0.4%	-6.5%	-1.8%	4.4%	4.1%
萨哈（雅库特）共和国	1.6%	7.1%	3.2%	0.9%	3.2%	1.7%	4.0%	0.7%	3.9%	4.0%
后贝加尔边疆区	3.7%	7.8%	2.2%	-1.9%	-5.8%	-0.9%	0.1%	4.2%	1.1%	2.4%

续表

地区	2010	2011	2012	2013	2014	2015	2016	2017	2018	2019
堪察加边疆区	-0.5%	3.5%	2.2%	-0.5%	0.9%	1.9%	3.2%	1.1%	6.5%	-0.1%
滨海边疆区	11.7%	7.3%	-6.9%	-2.6%	1.3%	-0.5%	-2.3%	1.9%	1.8%	5.0%
哈巴罗夫斯克边疆区	11.0%	2.5%	0.5%	1.3%	1.0%	-4.3%	0.1%	1.5%	1.8%	-0.4%
阿穆尔州	6.0%	8.1%	-2.7%	-10.6%	3.1%	3.7%	-1.4%	-2.7%	1.3%	14.0%
马加丹州	4.4%	2.4%	3.6%	3.9%	3.0%	2.2%	-1.4%	6.1%	2.9%	5.2%
萨哈林州	8.0%	4.3%	-2.5%	1.4%	0.7%	3.1%	0.0%	-5.6%	6.8%	0.3%
犹太自治州	17.0%	4.8%	1.5%	-17.5%	0.6%	-1.7%	-1.7%	8.4%	0.5%	-2.6%
楚科奇自治区	-17.3%	-4.2%	-0.3%	0.4%	14.9%	0.8%	-4.2%	0.1%	3.8%	4.5%

资料来源：中国相关省份数据来源于国家统计局数据库：http://data.stats.gov.workspace/index?m=fsnd，访问日期：2022年5月10日；Роскомстат，«Регионы России. Социально-экономические показатели». 2020. Москва: официальное издание. c.354。

五、中俄两国国家发展战略高度契合

进入21世纪，中俄两国相继出台了高度契合的新世纪前20—35年的国家发展战略。2012年党的十八大提出了在2021年建党100周年和2049年建国100周年的"两个一百年"奋斗目标。2017年党的十九大提出，2020年全面建成小康社会，2035年基本实现社会主义现代化，到本世纪中叶建成富强民主文明和谐美丽的社会主义现代化强国。2022年党的二十大提出，"从现在起，中国共产党的中心任务就是团结带领全国各族人民全面建成社会主义现代化强国、实现第二个百年奋斗目标，以中国式现代化全面推进中华民族伟大复兴"，[1] 勾画了实现中国式现代化的前景和方略。2008年和2013年俄罗斯政府相继批准了《2020年前俄联邦社会经济长期发展构想》和《2030年前俄联邦社会经济长期发展构想》。2003年中共中央和国务院联合发布《关于实施东北地区等老工业基地振兴战略的若干意见》，标志着东北振兴战略的启动，至今中国已经在实施第四个东北振兴五年规划。2012年普京进入第三个总统任期，将开发西伯利亚和远东确定为俄罗斯面临的重大战略性任务之一，并强调其是最重要的地缘政治任务。同

---

[1] 习近平：《高举中国特色社会主义伟大旗帜　为全面建设社会主义现代化国家而团结奋斗——在中国共产党第二十次全国代表大会上的报告》，《人民日报》2022年10月26日，第1版。

年9月亚太经合组织领导人非正式会议在符拉迪沃斯托克（海参崴）举行，这标志着俄罗斯远东开发战略的正式启动。

1. 中国实施东北振兴战略

2003年的《政府工作报告》提出了支持东北地区等老工业基地加快调整和改造的思路。2003年中共中央和国务院联合发布《关于实施东北地区等老工业基地振兴战略的若干意见》，标志着东北振兴战略的启动。该意见要求加快体制创新和机制创新，进一步转变政府职能，加快国有经济战略性调整，走新型工业化道路，全面推进工业结构优化升级，大力发展现代农业，积极发展第三产业，推进资源型城市实现经济转型，加强基础设施建设，进一步扩大对外开放。该意见将东北地区老工业基地的振兴提升到全国区域经济社会协同发展的战略层面，并专门为此成立了总理挂帅的国务院老工业基地调整改造领导小组。2007年国家发改委和国务院联合发布《东北地区振兴规划》，计划经过10到15年的努力将东北地区建设成为综合经济发展水平较高的重要经济增长区域，形成具有国际竞争力的装备制造业基地，国家新型原材料和能源保障基地，国家重要商品粮基地和农牧业生产基地，国家重要的技术研发与创新基地，国家生态安全的重要保障区，实现东北地区的全面振兴。

2009年国务院发布《关于进一步实施东北地区等老工业基地振兴战略的若干意见》，要求优化经济结构，建立现代产业体系；加快企业技术进步，全面提升自主创新能力；加快发展现代农业，巩固农业基础地位；加强基础设施建设，为全面振兴创造条件；积极推进资源型城市转型，促进可持续发展；切实保护好生态环境，大力发展绿色经济；着力解决民生问题，加快推进社会事业发展；深化省区协作，推进区域经济一体化发展；继续深化改革开放，增强经济社会发展活力。通过第一轮振兴措施的实施，"十一五"期间东北地区人均总产值增加117%，年均增长13.5%。2012年国家发改委印发国务院批准的《东北振兴"十二五"规划》，该规划要求东北经济发展再上新台阶，产业转型升级达到新水平，资源型城市可持续发展开创新局面，生态建设和环境保护迈出新步伐，民生改善取得新成效，改革开放实现新突破。

2014年国务院再次发布《关于近期支持东北振兴若干重大政策举措

的意见》，规划了139项重大建设项目。该意见要求东北着力激发市场活力，进一步深化国有企业改革，紧紧依靠创新驱动发展，全面提升产业竞争力，增强农业可持续发展能力，推动城市转型发展，加快推进重大基础设施建设，切实保障和改善民生，加强生态环境保护，全方位扩大开放合作。2016年4月，中共中央、国务院发布《关于全面振兴东北地区等老工业基地的若干意见》。中国相继制定和实施了《东北振兴"十三五"规划》和《东北振兴"十四五"规划》。2022年8月，习近平在辽宁调研时指出，我们对新时代东北全面振兴充满信心、也充满期待。①

2. 俄罗斯实施远东和北极开发战略

世纪之交，随着世界经济进入上升周期，原材料和能源价格飞速上涨，俄罗斯经济进入快车道。开发远东和北极地区提上议事日程。为了加强对西伯利亚和远东开发的指导，2007年俄罗斯成立了总理挂帅的远东和外贝加尔地区发展委员会，2012年5月俄联邦政府设立远东发展部，试图建设发达的经济和舒适的社会环境并使该地区社会经济发展水平达到全国平均水平，以此来加快完成地缘战略任务，稳定远东地区的人口。随着北约东扩和全球气候变化，北极地区的社会经济发展的重要性和地缘战略地位迅速上升。鉴此，2019年2月，普京签署总统令，将北极地区的管理进一步升级归远东发展部负责，并将远东发展部更名为远东和北极发展部。其主要任务是借助吸引投资的优越条件，在远东建设社会经济超前发展区，开发自由港（符拉迪沃斯托克）；促进远东联邦区和北极区投资项目的实施；为吸引劳动资源，在远东地区向俄罗斯公民无偿提供土地；通过协调国家权力机构、开发机构和经济主体，在远东建立有效的管理和发展体制。

远东开发战略方面，2007年开始实施《远东和外贝加尔地区2013年前经济社会发展联邦专项纲要》。2009年时任总理普京签署了《远东和贝加尔地区2025年前经济社会发展战略》，设立远东和贝加尔地区发展基金，扶持远东基础设施建设。普京在2012年4月向国家杜马所作的总理述职报

---

① 《习近平在辽宁考察时强调　在新时代东北振兴上展现更大担当和作为　奋力开创辽宁振兴发展新局面》，《人民日报》2022年8月19日，第1版。

告中将开发西伯利亚和远东确定为俄罗斯面临的重大战略性任务之一，并强调其是最重要的地缘政治任务。他要求西伯利亚和远东的地区国民生产总值增长速度高于全国，遏制该地区人口外流的趋势，实现地区人口稳定增加。① 2013年12月，普京在总统咨文中再次强调，促进西伯利亚和远东地区的发展是俄罗斯21世纪国家优先发展方向；正式提出要在远东和西伯利亚建立跨越式发展区，实施优惠税率和其他优惠条件；授予跨越式发展区部分联邦主体的权利，实行联邦预算单列，可以免除增值税、所得税和财产税。普京在2014年的总统咨文中建议将符拉迪沃斯托克（海参崴）设为自由港，简化海关程序，促进俄罗斯太平洋沿岸地区经济的发展。2014年俄罗斯政府批准了《关于远东和贝加尔地区社会经济发展（2014—2025年）》的国家纲要。要求通过发展该地区的交通和物流来加速远东和贝加尔地区的发展，促进社会经济跨越式发展，消除地区间的发展失衡，发挥与亚太地区国家经济关系的潜力，发挥传统产业优势，在采掘业和制造业领域发挥高新技术的作用，改善医疗、教育、住房条件，大幅提高人力资本质量。2014年12月，俄罗斯国家杜马通过了一揽子在远东设立跨越式发展区的法案，致力于为投资者创造最大限度的优惠条件；计划这样的发展区要设立14个，为期70年，由联邦预算和地方预算共同出资完善基础设施建设。2015年2月召开的俄罗斯政府远东投资项目实施会议正式确定了首批3个跨越式发展区：哈巴罗夫斯克优先发展工业、物流和食品业，共青城优先发展工业，纳杰日京斯卡娅优先发展运输、轻工和食品业。截至2022年年底，俄罗斯远东和北极发展部在远东设立了21个超前发展区，在其他单一城镇设立了90多个超前发展区。② 2020年6月，普京签署《关于远东社会经济发展措施》的总统令，要求远东地区2024年之前居民生活质量指标提高的速度要超过全国平均水平，如预期寿命增加5岁，劳动适龄人口死亡率降低35%，住房建设年度规模提高60%；经济发展指标增速要

---

① Путин В., «Стенограмма отчёта премьер-министра Владимира Путина перед депутатами Госдумы», «Российская газета». 11 апреля 2012. с.1.

② Территория опережающего развития (09 мая 2022) [сайт]. URL: https://www.economy.gov.ru/material/directions/regionalnoe_razvitie/instrumenty_razvitiya_territoriy/tor/. (дата обращения: 04.06.2022)

超过全国平均水平,如累计私人投资规模达到8,000亿卢布,超前发展区和符拉迪沃斯托克(海参崴)自由港开设的企业数量不低于200家,创造的新就业岗位不少于3万个;到2035年停止人口外流,居民生活质量和经济发展指标超过全国平均水平。[①] 2020年9月,俄罗斯政府根据总统令制定并批准了《2024—2035年远东社会经济发展国家纲要》。[②]

在北极开发战略方面,苏联晚期,由于国内的改革乱象和20世纪90年代上半期俄罗斯扑向西方怀抱,北极地区的开发已经淡出了人们的视线。直到20世纪90年代中期,俄罗斯意识到扑向西方怀抱只是一厢情愿。于是,1996年通过《关于国家促进俄联邦北方地区社会经济发展的原则》联邦法案。但是,20世纪90年代俄罗斯经历了严峻经济转型危机,没有更多的资金投入北极开发。世纪之交,北约东扩和轰炸南联盟使俄罗斯意识到了北极地区的安全隐患。2000年俄罗斯发布《俄联邦国家安全构想》,规定"在最短时期内"建立"危机地区和极北方地区扶持生活和经济发展的机制"的任务。随着全球气候变暖,北极冰盖融化所带来的机遇和挑战日益显现,21世纪初国际能源价格大幅上涨使俄罗斯财政盈余大幅攀升,积累了丰富的财政资源,北极开发也逐渐提上议事日程。21世纪初俄罗斯恢复上马并建成了一系列北极地区的交通基础设施项目,包括亚马尔铁路和亚马尔—欧洲天然气管道。2008年俄罗斯发布了《2020年及远期俄罗斯联邦国家北极政策基础》,2013年通过了《2020年前俄联邦北极区发展及国家安全保障战略》,2014年俄罗斯首次开始在北极大陆架开采石油。2014年俄罗斯发布《俄联邦北极区陆地领土》总统令,重申了1926年4月苏联中央执委会印发的声明,即东经32°4′35″和西经168°49′30″之间苏联(俄罗斯)北冰洋沿海往北到北极点区域所有陆地和岛屿均属苏联(俄罗斯)领土。同年还颁发了《2020年前俄联邦北极区社会经济发展国

---

① Указ Президента Российской Федерации О мерах по социально-экономическому развитию Дальнего Востока (26 июня 2020 г.) [сайт]. URL: http://www.kremlin.ru/acts/bank/45628. (дата обращения: 01.06.2022)

② Национальная программа социально-экономического развития Дальнего Востока на период до 2024 года и на перспективу до 2035 года (24 сентября 2020 г.) [сайт]. URL: http://static.government.ru/media/files/NAlSPJ8QMRZUPd9LIMWJoeVhn116eGqD.pdf. (дата обращения: 10.06.2022)

家纲要》。2015年俄罗斯成立国家北极发展问题委员会。2017年12月，亚马尔液化天然气项目第一批工厂投产。2017年俄罗斯还修改补充了《2020年前俄联邦北极区社会经济发展国家纲要》，并将其延长至2025年。2020年3月和10月俄罗斯相继发布《2035年俄罗斯联邦国家北极政策基础》和《2035年俄罗斯北极区发展和安全保障战略》，明确了北极区的地理范围包括摩尔曼斯克州、卡累利阿共和国、阿尔汉格尔斯克州、涅涅茨自治区、亚马尔-涅涅茨自治区、科米共和国、克拉斯诺亚尔斯克边疆区、萨哈（雅库特）共和国、楚科奇自治区以及苏联中央执委会于1926年声明的北冰洋地区的陆地和岛屿。俄罗斯开发北极的主要目的是有效应对北极地区面临的主要安全威胁和挑战，捍卫其在北极地区的核心利益，提出的任务涉及社会经济发展、基础设施建设、科技、生态、社会和军事安全、国际合作与边界安全。

俄罗斯开发北极的另一个目的是开发北方海航道，使其成为联系欧洲和亚洲的最安全、里程最短的货物运输通道。2012年俄罗斯国家杜马通过了《北方海航道法》，第一次明确了北方海航道的水域。2019年北方海航道运输货物3,150万吨，同比增加56.7%。计划2024年北方海航道货物运输量达到8,000万吨，其中欧洲方向为6,000万吨，亚洲方向为2,000万吨，到2030年达到1亿吨。运输的货物主要有亚马尔和泰梅尔地区开采的石油和液化天然气，以及远东每年捕捞的300万—400万吨海产品中的50万吨。2015年俄罗斯总统批准了《北方海航道发展综合方案（2015—2030年）》。2019年批准了《2035年前北方海航道基础设施建设计划》。俄罗斯政府计划2024年前投入7,350亿卢布，其中财政预算2,736亿卢布，预算外资金4,614亿卢布，主要由俄天然气工业公司（Газпром）、俄石油公司（Роснефть）、诺瓦泰克公司（Новатэк）、俄原子能公司（Росатом）等负责筹措。

六、中国东北振兴战略与俄罗斯远东开发战略合作思路

近年来中俄两国贸易额迅速攀升。据俄罗斯海关统计，双边货物贸易额从全球经济危机最严重的2009年的381.4亿美元强劲回升到2010年的570.5亿美元，2014年达到创纪录的884亿美元（据中国海关统计，2014

年两国贸易额已经达到了952.8亿美元）。①2018年首次突破1,000亿美元大关，2022年达到1,900亿美元，2023年达到2,401亿美元。两国领导人设定的2024年两国贸易额达到2,000亿美元的目标已提前实现。

　　必须紧紧抓住俄罗斯开发开放远东和北极的机遇，努力实现其与中国振兴东北地区战略的合作。为了实现两国毗邻地区开发战略的合作，2009年中俄两国元首签署了《中国东北地区与俄罗斯联邦远东及东西伯利亚地区合作规划纲要（2009—2018年）》，标志着在东北亚区域内中国东北和俄罗斯远东两个毗邻地区次区域经济合作的全面展开。俄罗斯开发西伯利亚和远东战略与中国振兴东北战略相互合作，一方面将充实和促进亚太地区的经济合作，推动东北亚安全合作机制的诞生，使该地区国际力量更加均衡化，地区合作机制得到优化和整合；另一方面还将拓展中俄合作的领域，促进合作模式的转型。2022年11月，在乌克兰危机和西方对俄罗斯全面制裁的背景下，中国国务院副总理胡春华和俄罗斯政府副总理、总统远东联邦区全权代表Ю.特鲁特涅夫出席的中国东北和俄罗斯远东及贝加尔地区合作与发展政府间委员会第四次会议在线举行。会议透露，中国在俄罗斯远东超前发展区和符拉迪沃斯托克（海参崴）自由港投资了53个项目，涉及工业、农业、建筑、交通和物流，投资总额达到132亿美元。Ю.特鲁特涅夫表示，"我们与米舒斯京总理讨论了进一步完善超前发展区的工作，提出了在远东设立统一的超前发展区的建议，不再一个一个单独研究讨论设立超前发展区的问题。我们建议整个远东地区设立为统一的超前发展区。该项建议已经获得米舒斯京的初步支持"。②2022年6月，黑河跨境公路大桥建成通车，可以使两国贸易额每年增加100万吨。此次会议召开前夕同江跨境铁路大桥也正式通车，初步计划每年过货520万吨，以后逐步增加到2,000万吨。至于扩大货物运输规模，俄罗斯高度重视中俄新陆路粮食

---

① 中华人民共和国商务部：《国别贸易报告：俄罗斯》2015年第1期（2015年4月10日）、2014年第1期（2014年2月25日）、2013年第1期（2013年3月7日）、2012年第1期（2012年3月28日）、2011年第1期（2011年3月3日）和2010年第1期（2010年4月7日），http://countryreport.mofcom.gov.cn/record/qikan110209.asp?id=6996，访问日期：2022年6月14日。

② Юрий Трутнев принял участие в четвёртом заседании российско-китайской межправительственной комиссии (17 ноября 2022 г.) [сайт]. URL: http://government.ru/news/47070/. (дата обращения: 15.06.2022)

走廊建设，希望出口更多的农产品到中国市场。后贝加尔斯克谷物运输终端输送能力每年可达800万吨，可以保障输送到中国的粮食的保存和换装，可大大提升货物过境的速度。

1. 中国东北振兴战略和俄罗斯远东开发战略可以互动发展

中国东北振兴战略为俄罗斯远东开发战略提供了契机。与俄罗斯远东地区毗邻的中国东北地区自然资源丰富，工业基础雄厚。为了实现东北老工业基地的振兴，中国政府进行了巨大投资，先后启动了160多个调整改造项目以及高新技术产业项目。这些资本的投入和项目的启动为俄罗斯远东地区发挥自身优势参与亚太地区经济合作提供了巨大的市场和机遇。例如，目前中国利用俄罗斯先进技术在东北地区对苏联时期援助建设的58个重大项目进行改造的项目正在进行；俄罗斯也规划了一系列世纪工程，如北极和北冰洋大陆架油气资源开发、莫斯科—喀山高铁、安加尔—叶尼塞产业集群、贝阿铁路和跨欧亚（西伯利亚）大铁路的现代化改造、东西伯利亚和远东新油气田开发、东线天然气管道"西伯利亚力量"和石油运输管道"东西伯利亚—太平洋"建设、北极石油天然气和化工综合体建设、远东石油天然气产业集群建设等。俄罗斯对中国东北振兴战略表现出浓厚的兴趣，早在2009年5月，俄罗斯总统梅德韦杰夫就表示，愿意将俄罗斯远东开发与中国东北振兴战略相结合。俄罗斯相关部门和学者也多次表达过与中国共同合作开发东西伯利亚及远东地区的意愿，以实现俄远东地区开发与中国东北振兴的有效合作。俄罗斯正是想借助中国振兴东北老工业基地的契机，促进远东地区开发的快速发展。可见，俄罗斯将中国东北振兴战略视为加快远东开发战略的重要外部力量。

积极参与俄罗斯远东开发战略对促进中国经济发展尤其是东北振兴战略的实施同样具有重要意义。俄罗斯远东地区丰富的自然资源和雄厚的科技实力正是对中国东北地区振兴战略的一个重要补充。中国可以利用东北地区与俄罗斯远东地区的地缘优势，鼓励东北地区有实力的企业根据自身条件，利用俄罗斯远东地区的自然和市场环境以及俄方提供的各种优惠政策，积极参与俄罗斯远东开发战略，扩大中俄双方的经济合作领域和规模。相信俄罗斯远东开发与中国东北振兴战略的有效合作可以为中俄双方带来共同利益。

2. 中国东北振兴战略与俄罗斯远东开发战略合作的路径选择

与俄罗斯西伯利亚和远东开发战略合作，加快中国东北地区沿边开发开放，需要从以下几个方面着手：（1）实现贸易方式创新。从产业间贸易转向产业内贸易，从以一般贸易为主转向以加工贸易为主，在发展货物贸易的同时提高服务贸易的比重，实现进出口商品结构升级，提高投资品、高新技术产品等高附加值产品的比重。（2）加大对俄投资力度。中央部门有必要扶持黑龙江省等东北地区的投资能力，在林业和木材加工、农业和农产品加工、能源和能源产品加工等领域加强对俄投资，与俄就基础设施建设开展合作，通过大型项目带动沿边地区实体经济的发展。以投资带动贸易，通过俄远东将市场向亚太和欧洲、中亚地区扩展。为此，需要切实贯彻实施《中国东北地区与俄联邦远东及东西伯利亚地区合作规划纲要》，将上合组织规划项目向俄罗斯西伯利亚和远东地区延伸。（3）在周边地区实现"互联互通"的网络化建设框架内，有必要支持沿边地区国际"大通道"建设，通过对跨境经济合作区、综合保税区等开发开放的形式，实现跨境经济的融合与经济一体化的推进。同时，必须重点支持沿边口岸的港口、道路、园区等基础设施建设。（4）努力维护中俄重大合作项目的可持续性，采取措施调动俄方合作的积极性。在深化能源和新技术研究领域合作的基础上，合理重视和平衡双方利益，防止激发资源民族主义。适度考虑引进第三方机制，这样做既可减少俄罗斯对中国的疑虑又可加强亚太多边合作。

2013年习近平主席访问俄罗斯期间与普京总统共同签署的中俄联合声明强调，"充分发挥中俄地方领导人定期会晤的作用，加大《中国东北地区与俄罗斯远东及东西伯利亚地区合作规划纲要》的实施力度，扩大地区合作范围，提高地方合作效率"。[①] 俄罗斯开发西伯利亚和远东战略与中国振兴东北战略相互合作，一方面将充实和促进亚太地区的经济合作，推动东北亚安全合作机制的诞生，使该地区国际力量更加均衡化，地区合作机制得到优化和整合；另一方面还将拓展中俄合作的领域，促进合作模式的转

---

① 《中华人民共和国和俄罗斯联邦关于合作共赢、深化全面战略协作伙伴关系的联合声明》，《人民日报》2013年3月23日，第3版。

型。为此，2015年9月召开了中国东北地区和俄罗斯远东地区地方合作理事会第一次会议，2016年在北京举行第二次会议时双方商定将理事会转型为政府间委员会。

第四节 中俄产能务实合作基本思路

中俄两国均面临经济结构调整、发展创新经济的任务，中俄两国在高科技领域的发展互有重合，互相补充，为进一步加强科技合作、联合研发奠定了基础。同时也要正视中俄合作面临的挑战和问题。首先，随着双方经济发展水平的不断提高，中俄贸易方式面临创新。中俄贸易30多年来"原材料换消费品"的贸易模式并没有得到实质性的改善。其次，俄罗斯对中国崛起的疑虑影响双边合作的长期运行。面对中国的经济超越，俄罗斯在对华经济合作上有所顾忌；面对中国与俄罗斯周边国家的积极合作，俄罗斯心存戒备，在地区多边合作上对中国有所保留。此外，俄罗斯投资环境方面的问题也制约着中国对俄罗斯的投资。

一、中俄务实合作的基本路径

在贸易领域，实现贸易方式创新。在保持产业间贸易进一步发展的基础上逐渐从产业间贸易转向产业内贸易，在保持一般贸易深入发展的基础上逐渐实现从一般贸易为主转向以加工贸易为主；在贸易结构方面促进发展货物贸易的同时提高服务贸易的比重，实现进出口商品结构升级，提高投资品、高新技术产品等高附加值产品的比重；开辟贸易新渠道，建设跨境电商平台，促进跨境电商网络建设。推进双边运输、贸易便利化和自由化，推进中国与欧亚经济联盟和上合组织框架内贸易规则的制定。

在投资领域，促进产能合作。聚焦石油、天然气和矿产原料的开采、高压输电线路能源运输管道建设，扩大从俄能源、资源输入规模；深入推进航空航天、军工、船舶制造、核能等尖端技术部门的合资、合作项目；开展农业合作，特别是生物技术、绿色食品生产、木材加工等领域合作，满足国内消费需求。以股权投资和建设–运营–转让（BOT）方式参与俄北方海航道开发，积极参与俄北极资源、航道开发和利用。加快现代投资协定谈判,促进与俄罗斯及其主导的欧亚经济联盟投资便利化和投资保护。

金融领域,提升本币结算在中俄经贸合作中的地位和作用,特别是提升本币在双边贸易和投资结算中的比重,提升相互投资的本币构成,拓展本币资本在对方金融市场的流通渠道,联合开发国际金融交易系统和支付系统以及本币跨境结算系统,促进以支付宝等为代表的新型网络支付交易平台入驻俄罗斯市场并推动本币计价和结算,逐步脱离西方掌控的环球银行间金融通信协会系统。在中国资本市场对外开放方面,探索建立便捷的人民币回流机制和再循环渠道,推动俄罗斯金融机构在中国国内和自由贸易试验区人民币离岸市场发行人民币债券,以上海能源交易中心推出原油期货交易为契机,积极吸引俄罗斯相关石油交易商参与合约交易和交割,并进一步拓展到有色金属、贵金属、珠宝和奢侈品等更多种类大宗商品的交易和结算中。金融领域的合作可以进一步向俄罗斯主导的欧亚经济联盟推进。

强化产业对接,促进产能合作。

二、中俄产业相互关联情况与合作优势

投入产出分析方法是当前全球价值链(GVC)分工下的经济分析方法,可以利用世界非竞争性投入产出表计算相关指标,进而分析国家间的产业关联情况以及不同国家产业在全球价值链中的分工地位。笔者利用世界投入产出数据库(WIOD)的国际投入产出表,计算了中国和俄罗斯两国之间的前向关联系数和后向关联系数,以及中俄两国各自产业的全球价值链地位指数,进而分析了两国产业关联度及相互依赖程度,揭示了两国相互依赖的主要产业。

首先,前向关联系数,又称感应度系数,是衡量各个部门对某一部门的需求程度的指标。前向关联系数越大,表明对其他产业的拉动作用越强。其次,后向关联系数,又称影响力系数,是衡量产业内某一部门的生产活动对其他所有部门产生的影响程度的指标,可以衡量该产业对其他产业的影响力。这两个系数可以衡量一个国家不同产业或者两个国家产业间的关联程度。全球价值链地位指数被定义为一国间接附加值出口与国外附

加值出口的差距。如果一国总出口中的间接附加值出口比率高于国外附加值出口比率，则意味着该国更多地为世界其他国家提供中间产品，说明该国处于上游环节；反之，则处于下游环节。该指数可以衡量不同国家不同产业在全球价值链的地位。地位越高，表明该产业附加值高，处于全球价值链的上游地位，较其他国家具有优势；反之，则不具有优势。

1. 中俄产业关联效应

笔者用前向关联系数和后向关联系数测算了中俄两国产业的关联效应，得到的结果如图5.8和图5.9所示。

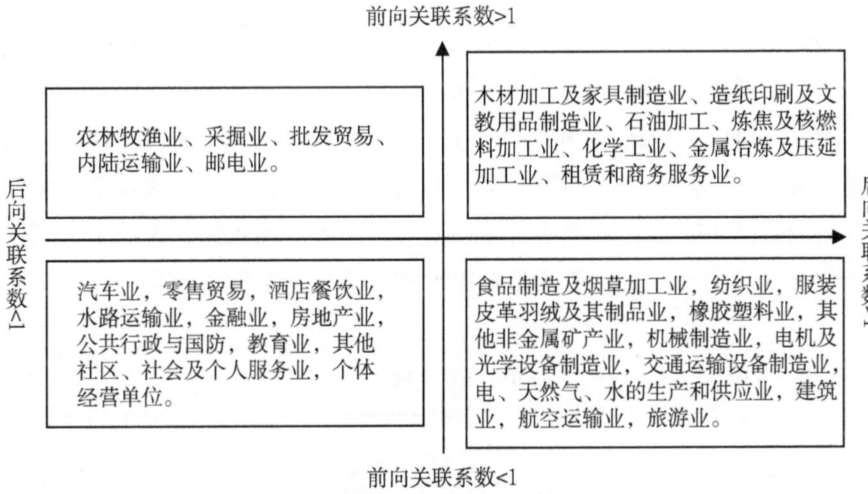

前向关联系数>1

后向关联系数<1	农林牧渔业、采掘业、批发贸易、内陆运输业、邮电业。	木材加工及家具制造业、造纸印刷及文教用品制造业、石油加工、炼焦及核燃料加工业、化学工业、金属冶炼及压延加工业、租赁和商务服务业。	后向关联系数>1
	汽车业，零售贸易，酒店餐饮业，水路运输业，金融业，房地产业，公共行政与国防，教育业，其他社区、社会及个人服务业，个体经营单位。	食品制造及烟草加工业，纺织业，服装皮革羽绒及其制品业，橡胶塑料业，其他非金属矿产业，机械制造业，电机及光学设备制造业，交通运输设备制造业，电、天然气、水的生产和供应业，建筑业，航空运输业，旅游业。	

前向关联系数<1

图5.8　中国对俄罗斯投入坐标显示情况

资料来源：该图根据作者测算的中俄两国的GVC地位指数均值绘制，数据来自OECD数据库，https://data.oecd.org。

首先，中俄两国产业中前后向关联系数都大于1的产业有造纸印刷及文教用品制造业、石油加工、炼焦及核燃料加工业、化学工业、金属冶炼及压延加工业，这些产业是中俄进出口贸易的主导产业。这些主导产业前后向关联系数都大于1，产业直接和间接的关联作用强，对其他产业有较大的辐射和制约作用。中俄产业进出口的原动力，几乎全部来自第二产业的低附加值的初级产品或者原材料，这与目前的贸易现状相吻合。燃料能源商品、金属及其制品、化工产品、原木及纸浆制品在其中占了较大的比例。

其次，中俄前向关联系数小于1后向关联系数大于1的产业有食品制造及烟草加工业，纺织业，服装皮革羽绒及其制品业，橡胶塑料业，其他非金属矿产业，机械制造业，电机及光学设备制造业，交通运输设备制造业，电、天然气、水的生产和供应业，建筑业和航空运输业。其他产业对这些产业的需求小，但这些产业自身的发展又依靠其他产业的支持，因此这些产业的发展能够带动其他产业。

再次，中俄前向关联系数大于1而后向关联系数小于1的产业有农林牧渔业、采掘业、批发贸易、内陆运输业、邮电业，这些产业是中俄两国考虑优先发展的产业。其他产业对这些产业有较大的需求，积极优化并升级这些产业有助于带动其他产业发展。

最后，前后向关联系数均小于1的产业有零售贸易，酒店餐饮业，金融业，房地产业，公共行政与国防，教育业，其他社区、社会及个人服务业，个体经营单位。这些产业在中俄进出口贸易中所占的比重最小，例如教育业、金融业等现代服务业是发展水平最低、最急需发展的产业。

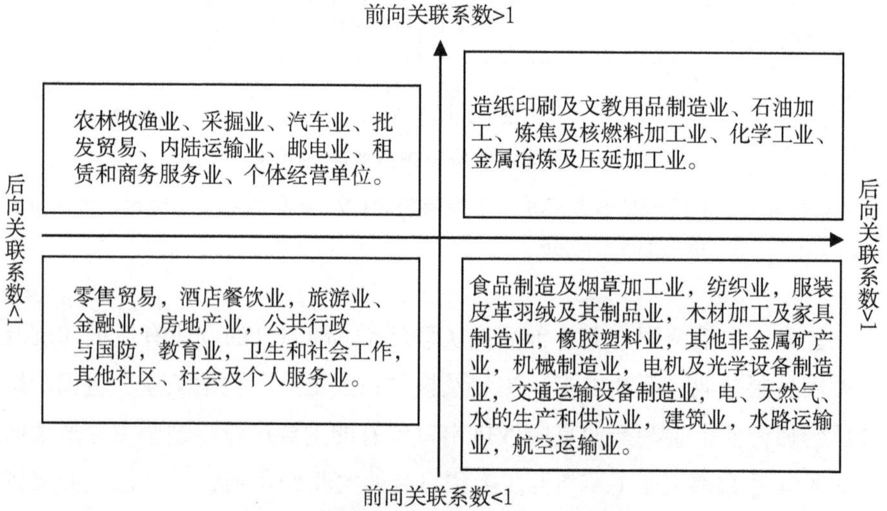

前向关联系数>1

后向关联系数<1	农林牧渔业、采掘业、汽车业、批发贸易、内陆运输业、邮电业、租赁和商务服务业、个体经营单位。	造纸印刷及文教用品制造业、石油加工、炼焦及核燃料加工业、化学工业、金属冶炼及压延加工业。	后向关联系数>1
	零售贸易，酒店餐饮业，旅游业，金融业，房地产业，公共行政与国防，教育业，卫生和社会工作，其他社区、社会及个人服务业。	食品制造及烟草加工业，纺织业，服装皮革羽绒及其制品业，木材加工及家具制造业，橡胶塑料业，其他非金属矿产业，机械制造业，电机及光学设备制造业，交通运输设备制造业，电、天然气、水的生产和供应业，建筑业，水路运输业，航空运输业。	

前向关联系数<1

图5.9 俄罗斯对中国投入坐标显示情况

资料来源：该图根据作者测算的中俄两国的GVC地位指数均值绘制，数据来自OECD数据库，https://data.oecd.org。

2. 中俄产业参与全球价值链分工的程度

了解中俄产业之间的关联度之后，为了更清楚地分析两国合作的产业领域与合作模式，本书测算了中俄两国各产业的GVC地位指数均值，并将结果显示在坐标系中（如图5.10），其中，横轴为中国产业的GVC地位指数值，纵轴为俄罗斯产业的GVC地位指数值。第一象限表示中俄国际分工地位都处于上游的产业，第二象限表示中国国际分工地位处于下游而俄罗斯处于上游的产业，以此类推。另外，为更进一步比较同一象限内中俄各产业GVC分工地位的高低，对过原点的45度线上下两部分进行比较，上方代表着俄罗斯国际分工地位更高的产业，下方则是中国国际分工地位更高的产业。

从图5.10可以发现，中俄两国产业的GVC分工地位指数都集中在第一和第二象限，即要么两国都处于上游，要么是中国处于下游而俄罗斯处于上游。

分析第一象限的结果，发现位于45度直线上方的产业分别是食品饮料烟草、基础金属和金属制品、机械设备制造、纺织皮革鞋类、其他制造业和回收以及运输设备。中俄该类产业都处于上游，而俄罗斯的GVC分工地位相对更高。同理，位于45度直线下方的产业分别是农林牧渔、运输仓储和邮电通信、电力煤气水供应、建筑、批发零售和酒店餐饮、金融中介、房地产租赁和商务以及社区社会和个人服务。中俄该类产业都处于上游，而中国的GVC分工地位相对更高。

第二象限内的产业主要有采矿采石、化工和非金属矿物制品、木材造纸印刷以及电子和光学设备，该类产业中中国处于下游位置，俄罗斯处于上游位置。

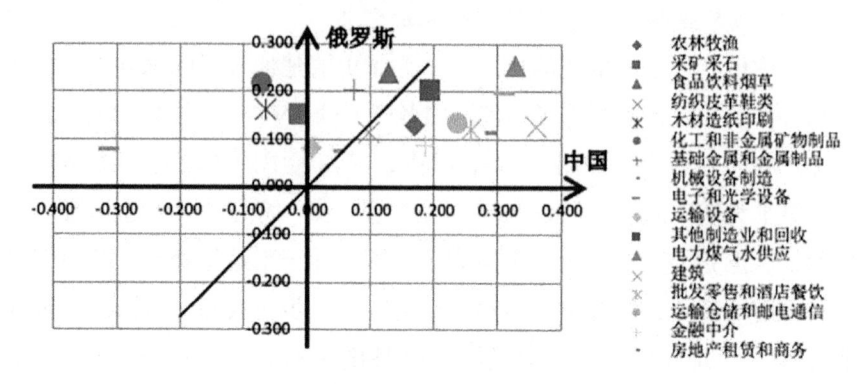

图5.10　中俄同一产业的GVC分工地位关系

资料来源：该图根据课题组测算的中俄两国的GVC地位指数均值绘制。

三、中国对俄罗斯具有合作诉求的产业

根据上面数据分析，中国可以在以下几个产业寻求与俄罗斯合作，包括石油加工、炼焦及核燃料加工，航空航天机械设备，电子和光学设备，采矿采石，木材造纸印刷，化工和非金属矿物制品。

第一，航空航天机械设备制造业。该产业俄罗斯的国际分工地位与中国相比相对较高，俄罗斯在核能、航空航天技术、远程飞机研制、纳米技术、信息技术等高新技术领域，一直具有强大的科技优势。相较而言，中国的航空航天技术仍在发展阶段，但随着神舟飞船的发射，也累积了许多经验。在美国和西欧国家对中国在高科技领域实行大面积封锁的情况下，俄罗斯的巨大科技优势为中俄航空航天机械设备制造提供了潜在的合作前景。因而，就航空航天机械设备制造这一产业，中俄在全球价值链中有着共享技术以共同发展的可能性。

第二，电子和光学设备。这一产业主要是由计算机、电子和光学设备以及电气机械和器材构成。其中，中国计算机、电子和光学设备这一细分行业的GVC地位指数值尤低。究其原因，主要是因为国外高附加值出口比例在1995—2009年迅速上升，由1995年的13.32%上升至2009年的42.58%，增幅达219.67%。电子和光学设备属知识密集型行业，知识含量高，是国际生产分割程度较高的行业之一。目前中国虽然极大程度地融入该产业的全球生产网络，但出口产品还是主要依靠国外技术，自主研发的

科学技术仍不能同国外的高新技术相竞争，仍主要从事加工组装等低附加值环节产品生产，而高附加值的零部件、装备都需要依赖进口，中国需从俄罗斯学习先进技术。不过，俄罗斯的电子设备中间品在国际市场中与美国日本等科技大国相比，仍有差距，这导致其国际分工地位不属上游中的高端地位。

第三，木材造纸和印刷。中俄两国在该产业关联度比较强，全球价值链参与程度都很高，但中国全球价值链分工地位较低。中国对木材的需求在逐年提高，俄罗斯拥有丰富的木材资源，中俄两国木材贸易具有互补性。中国通过进口俄罗斯木材，依靠强大的人力资源优势，生产纸制品、家具等木材制品出口俄罗斯，形成良性循环。中国对俄罗斯的出口以轻工制品、日用品和木材制成品等低技术含量的初级制成品为主。中国可以通过提供木材加工设备、采伐工艺及劳动力，来配套对接俄罗斯的相应产业，成为其下游关联环节。中国的木材业经过长期发展，国内资源已相对匮乏，很大程度上依赖国外原材料或中间品。但中国下游加工的地位又使得中国的木材加工设备非常精良，加工工人技艺娴熟，因此两国木材业的合作具有较大的可行性。俄罗斯是一个木材资源非常丰富的国家，在森林领域共同开发，不但可以帮助俄罗斯提高木材采伐效率，同时也能解决中国木材资源短缺的问题。

四、俄罗斯对中国具有合作诉求的产业

根据计算结果，发现俄罗斯对中国具有合作诉求的产业包括采掘业、电力煤气水供应以及建筑、运输仓储和邮电通信、金融中介、房地产租赁和商务、基础金属和金属制品、运输设备。

第一，采掘业。两国该产业都属于基础性产业，参与全球价值链程度都不高。采掘业对其他部门的推动作用极强，积极发展此类产业有助于更多的产出，因此在中俄产业发展中，要注重对采掘业的发展。中国的采石采矿业处于全球价值链的下游位置，更多地依赖进口中间品并加工。随着中国经济飞速发展，中国对资源的需求持续上升，国内矿产资源面临着十分严重的供需矛盾，资源短缺问题变得日益突出。相比之下，俄罗斯是一个矿产资源极为丰富的国家，其远东及西伯利亚地区有着丰富的矿产资

源，但是由于人力资源匮乏，自然资源丰富的东西伯利亚和远东得不到有效开发和利用。2018年区划调整后的远东联邦区总人口816.9万，占全国人口总数的5.6%，而且远东联邦区人口自然减少的趋势没有得到有效遏制，2021年减少4万人。而远东联邦区领土面积695.3万平方公里，占国土面积的41%。远东联邦区人口密度仅为每平方公里1.2人。尽管2012年俄罗斯就出台了远东开发战略，但直到2021年这个最大联邦区所获得的固定资本投资总额只有1.9万亿卢布，仅占全国投资总额的8.5%。远东联邦区实现地区总产值近6万亿卢布，在全国地区总产值的占比仅为6.3%。在8个联邦区中排倒数第二。因此，若中俄双方实现资源互补，即矿产资源和人力资源互为补充，中国的资源需求以及远东及西伯利亚地区的开发都可从中受益。

第二，电力。目前，各国和各大区域的电网互联是全球电力系统的总趋势。互联同步电网的发展带来巨大效益：一是保障大容量机组、大水电、核电、可再生能源开发和利用，提高能效，降低运行成本；二是减少系统备用容量，推动多种电源互补调剂，节省发电装机；三是实现能源资源的大范围优化配置，有利于竞争性能源电力市场拓展；四是提高电网整体效率和安全可靠性。当前，中国国家电网在总体规模、电压等级、特高压技术、大范围资源配置能力、智能电网建设等方面均处于世界领先地位。俄罗斯可通过与中国合作，引入新技术，从而从电力的传统产业链中脱离出来，主动嵌入电力的高科技产业链。在"一带一路"与欧亚经济联盟合作框架下，俄罗斯电网公司与中国国家电网公司可以签署战略合作协议，双方在特高压交直流、智能电网的技术研究和应用，输配电建设和改造以及建设亚欧电力桥的可行性等方面均可开展长期技术交流与互利合作。如未来中国能参与俄跨欧亚发展带中统一电力市场的建设，这样通过跨国联网，中国就既可以向中国送电，又可以向丝绸之路经济带缺电共建国家阿富汗、伊朗送电，从而推进区域经济协调发展，合作前景非常可观。

第三，运输设备。该产业中俄关联度较低，中国在全球价值链分工地位比俄罗斯高。该产业主要由汽车、拖车和半拖车以及其他运输设备这两个细分行业构成，其中，俄罗斯的汽车、拖车和半拖车的GVC参与程度相当高，带动了该产业在全球价值链分工中的参与深度。俄罗斯本土汽车产业的发展前景其实并不乐观，一半以上的汽车配件从海外进口。俄罗斯汽车统计分析公司资料显示，俄罗斯企业在汽车配件初级市场的份额仅有31.8%，主要配件市场的份额为45.2%，其他部分均依赖外国组装和进口。与苦苦挣扎的本土汽车企业相比，跨国汽车公司在俄罗斯的力量迅猛增长。自西而来的法国、德国、美国与自东而来的日本、韩国、中国，都对这个曾经的世界超级大国的汽车行业寄予厚望，意欲将其变为新的世界汽车工厂。因此，跨国车企在俄的大力发展使得俄罗斯汽车产业深入全球市场，积极参与全球价值链的分工，中国也可以推进跨国汽车公司在俄罗斯的发展。

第四，能源。当前中国的能源贸易呈现以下特点：一是石油资源的供求缺口逐渐加大，石油进口贸易仍将持续快速发展。2016年中国原油对外依存度为65.9%，自2006年以来，中国原油对外依存度平均每年增加1—2个百分点；二是天然气供求形势趋紧，天然气进口贸易快速增长。天然气属于清洁能源，目前世界天然气贸易快速发展，从区域性向全球发展趋势明显。相较而言，俄罗斯是一个天然气储存量非常富裕的国家，根据俄罗斯能源部公布的数据，截至2013年年底，俄罗斯天然气探明储量为48.7万亿立方米，预计到2030年俄罗斯天然气探明储量将达到55.7万亿立方米。两国在油气领域展开多方面合作对于双方都是非常有利的。俄罗斯可通过学习先进的开采技术来突围传统的产业链。中国目前对天然气的需求节节攀升，而俄罗斯因技术匮乏，无法在远东及西伯利亚等艰难的地区开采天然气，因此俄罗斯可通过技术引进，来更有效率地开采当地的天然气，从而与中国合作。

能源领域是中俄合作的重要方面，但从以往的经验来看，一方面，俄罗斯的政治环境、世界能源价格等方面的变数还是很大的。能源和资源作为有着很强政治和战略意味的合作领域，其中的风险因素不能忽视。另一方面，无论是与同处东北亚的发达经济体日本相比，还是与同为金砖国家的新兴经济体巴西、印度相比，俄罗斯和中国的贸易与投资关系特别是贸易关系，都是落后和迟缓的。与目前中俄的政治关系相比，两国的经贸关系更是滞后。因此，中俄两国应致力于超越资源能源合作，向全面经贸合作的方向发展。

第五，建筑业。中国建筑业属于国际分工参与度较高的一个产业，而俄罗斯建筑业参与全球价值链分工的程度并不高，属中偏下的层次。目前，俄罗斯对住房建设较为重视，另外还有外国承包商在俄罗斯境内承包工程项目，主要涉及住房和医疗、食品加工、轻工业等公共设施及生产厂房建设等领域，资金来源主要为外国投资。在这样的背景下，俄建筑业才慢慢深入全球价值链并积极参与国际分工，但近几年，由于俄罗斯的经济环境又渐渐呈现颓势，建筑业在全球市场中参与分工的程度也开始缓慢下降，与中国建筑业的GVC参与程度逐渐拉开差距。俄罗斯可通过技术学习，以及工程管理方法等的学习来与中国的建筑业合作，从而共同向更高层次发展。随着"一带一路"倡议的提出与推进，交通基础设施建设将迎来高峰。黑龙江省在高寒地区修建铁路、公路、桥梁、机场等方面都有着丰富的经验和成熟的技术，中俄如能在交通基础设施领域进行合作，便可实现合作产业的双赢。

第六，金融中介。中俄两国在该产业关联度较低，相比来讲中国比俄罗斯全球价值链分工地位要高。中国需要在自身的银行体系中，完善货币结算系统及合规制度，同时俄罗斯也需要积极响应本币国际结算这一倡议，尽可能多地开通结算试点，从而增进两国的货币流通。未来在"一带一路"与欧亚经济联盟对接框架下，金融领域将发挥助推器作用。双方可在以下方面进一步深化合作：一是积极推动双边本币结算，条件具备时推动建立中国与欧亚经济联盟的多边结算体系；二是逐步扩大与欧亚经济联盟成员国货币互换规模；三是积极探索共同出资、共同受益的资本运作新模式；四是促进金融市场稳步开放，搭建跨境金融服务网络，务实加强国际金融治理及金融监管合作，增进金融政策协调。如此，中俄金融中介业的合作会更具稳定性与有效性。

第六章 上合组织：亚欧经济伙伴关系愿景

2015年5月，中国国家主席习近平访问莫斯科期间中俄两国签署了《关于丝绸之路经济带建设和欧亚经济联盟建设对接合作的联合声明》，在亚欧大陆开辟共同经济空间。2016年6月，俄罗斯总统普京提出"大欧亚伙伴关系"倡议后不足10天访华，普京访华期间签署的中俄联合声明表示，"中俄主张在开放、透明和考虑彼此利益的基础上建立欧亚全面伙伴关系，包括可能吸纳欧亚经济联盟、上海合作组织和东盟成员国加入"。[①] 也就是说，中国最先支持了俄罗斯"大欧亚伙伴关系"的倡议。2017年7月，习近平再次访问俄罗斯，中俄两国签署的联合声明将中俄主张建立的"欧亚全面伙伴关系"改成了"欧亚经济伙伴关系"。2019年两国《关于发展新时代全面战略协作伙伴关系的联合声明》正式明确了中国对俄罗斯"大欧亚伙伴关系"倡议的支持，表示"双方认为，'一带一路'倡议同大欧亚伙伴关系可以并行不悖，协调发展，共同促进区域组织、双多边一体化进程，造福亚欧大陆人民"。[②] 2021年6月，中俄《关于〈中俄睦邻友好合作条约〉签署20周年的联合声明》再次重申了"落实中俄两国元首关于并行不悖、协调发展'一带一路'倡议和'大欧亚伙伴关系'的共识"。[③]

2022年2月，俄罗斯对乌克兰采取特别军事行动，并导致西方前所未有的全面制裁。同年6月，普京在圣彼得堡国际经济论坛上提出，俄罗斯宏观经济发展的首要原则就是离开欧洲北上、东进和南下。俄罗斯将加强与所有愿意和俄罗斯一起工作的国家的经济合作，开发便利和独立的以本币结算的支付系统，在北极发展物流、合作关系，开发东向和南向交通走廊，扩大铁路运力和港口换装能力。黑海、亚速海、里海地区是南北交通走廊的重要部分，是联系中东和南亚的稳定通道。同年5月，普京在吉尔

[①] 《中华人民共和国和俄罗斯联邦联合声明》，《人民日报》2016年6月26日，第2版。
[②] 《中华人民共和国和俄罗斯联邦关于发展新时代全面战略协作伙伴关系的联合声明》，中国政府网，2019年6月5日，http://www.gov.cn/xinwen/2019-06/06/content_5397865.htm，访问日期：2022年7月16日。
[③] 《中华人民共和国和俄罗斯联邦关于〈中俄睦邻友好合作条约〉签署20周年的联合声明》，《人民日报》2021年6月29日，第2版。

吉斯斯坦举行的首届欧亚经济论坛上指出，"在当今传统的国际经济贸易联系和物流链条被破坏的条件下，俄罗斯提出的'大欧亚伙伴关系'倡议在今天具有了特殊的意义"。为此，他提出了三个方面的建议。第一，建设亚欧大陆共同的开发机构，包括欧亚出口中心和贸易中心，加快组建欧亚再保险公司，研究设立跨境经济特区问题，甚至可以赋予其超国家的权力。第二，积极地拓展欧亚经济联盟与外国伙伴的关系，使其成为大欧亚经济合作的潜在平台。第三，制定大欧亚伙伴关系综合发展战略的时机已经成熟，要充分反映当前面临的主要国际挑战，明确发展前景和目标，包括实施的手段和机制。必须认真思考与上合组织、东盟和金砖国家成员国进一步发展贸易和投资的系列协定，切实消除关税和非关税壁垒。他强调，大欧亚的主要思想是为区域组织建设共同的平等合作的空间，大欧亚伙伴关系旨在改变政治和经济格局，成为整个亚欧大陆稳定与繁荣的保障，当然还必须考虑各民族发展模式、文化和传统的多样性。①

第一节　亚欧经济伙伴关系的核心： "一带一路"和欧亚经济联盟合作

2013年9月，中国国家主席习近平在哈萨克斯坦向中亚各国人民发出了共建"丝绸之路经济带"的重大倡议。到2015年年底，共建"丝绸之路经济带"的倡议在整个亚欧大陆形成广泛共识，许多国家与中国相继签署了共建"丝绸之路经济带"的合作文件，或将共建"丝绸之路经济带"写入双边的政治文件中。2015年5月，中俄两国元首签署具有里程碑意义的《关于丝绸之路经济带建设和欧亚经济联盟建设对接合作的联合声明》，确定了共建"欧亚共同经济空间"的长期目标。

一、丝绸之路经济带与欧亚经济联盟合作的条件

亚欧大陆主要国家都分别以成员国、观察员国或对话伙伴国的身份加

---

① Выступление на пленарном заседании I Евразийского экономического форума (26 мая 2022 г.) [сайт]. URL: http://www.kremlin.ru/events/president/news/68484. (дата обращения: 24.06.2022)

入了欧盟、欧亚经济联盟、上海合作组织、东盟或《区域全面经济伙伴关系协定》等区域经济一体化进程，它们也以极大的热情积极支持、参与中国"一带一路"重大倡议。

1. 世界经济结构调整和区域经济一体化步伐加快

2013年"一带一路"倡议提出前夕，世界经济仍未完全摆脱全球金融危机的阴霾，多种力量碰撞交错，各经济体复苏态势分化加剧。发达经济体正在表现出复苏迹象，但增长趋势出现分化，多数新兴经济体却呈现增速下滑趋势。全球资本流动方向发生大逆转，对新兴经济体乃至全球的宏观经济稳定构成了新的威胁。俄罗斯面临西方经济制裁和国内经济衰退压力，中国经济进入新常态。世界经济区域一体化进程加快。2013年6月美国与欧盟宣布正式启动跨大西洋贸易和投资伙伴关系协定谈判，截至2016年2月已经完成了12轮谈判。与此同时，2013年美国联合欧盟、日本等21个国家和地区启动了多边服务业协议（PSA），[①]尽管中国已经宣布加入谈判进程，但是这一进程是服务业发达的国家主导的，服务业欠发达的发展中国家在谈判中仍然处于弱势。TTIP和PSA将加强美国在全球经济规则制定过程中的地位，另外美国在西太平洋地区针对中国组建了美、日、印、澳参加的"印太经济框架"和安全对话机制"四边机制"。

2. 欧亚经济联盟将区域经济一体化推向整个亚欧空间

21世纪初，北约加快东扩和在东欧部署反导系统，欧盟实行囊括乌克兰、摩尔多瓦、格鲁吉亚、阿塞拜疆、亚美尼亚和白俄罗斯的"东方伙伴关系"计划，从军事和经济上将触角伸向后苏联空间。美国借打击恐怖主义成功地实现了在中亚的军事存在，并不断强化之。俄罗斯生存空间受到极大挤压。为了保住传统势力范围，俄罗斯加快了推进欧亚经济一体化进程。在2001年成立的由俄罗斯、白俄罗斯、哈萨克斯坦、吉尔吉斯斯坦、塔吉克斯坦组成的欧亚经济共同体基础上，2010年俄、白、哈三国关税同盟开始生效。2011年俄、白、哈三国领导人签署《欧亚经济一体化声明》和《欧亚经济委员会协议》，决定从2012年启动欧亚经济一体化的新阶段，即统一经济空间。2014年5月，俄、白、哈三国领导人在哈萨克斯坦首都

[①] 另外一种说法是世界服务贸易协定（TISA）。

阿斯塔纳签署了《关于建立欧亚经济联盟的协议》。亚美尼亚和吉尔吉斯斯坦相继在2015年成为欧亚经济联盟的正式成员国。

欧亚经济联盟成立后即受到俄罗斯遭受西方经济制裁和国际原料和能源大幅下跌导致的经济衰退双重打击的影响。2014年俄罗斯和白俄罗斯经济增长率分别下滑至0.6%和1.6%，2015年欧亚经济联盟经济整体衰退3%。这两年哈萨克斯坦经济增长率从2013年的6%分别加速下滑至4.3%和1.2%，亚美尼亚维持在3.5%左右，吉尔吉斯斯坦从3.6%提高到5.9%。五个国家货币贬值均超过一半，吉尔吉斯斯坦严重受到在外劳工回流的影响，失业率近30%。

为了摆脱经济颓势，突破西方经济封锁，应对TPP挑战，俄罗斯主导的欧亚经济联盟开始寻求与上合组织、东盟加强经济合作并与中国丝绸之路经济带倡议进行对接。2015年上合组织乌法峰会启动扩员程序，2016年6月塔什干峰会签署印度和巴基斯坦加入组织的备忘录。2015年12月，普京在总统咨文中建议欧亚经济联盟一起与上合组织和东盟成员国以及正在加入上合组织的国家就建立可能的经济伙伴关系进行磋商。2016年3月，中、俄、哈、吉、塔五国经贸部长在莫斯科会晤，讨论了在上合组织空间建立经济大陆伙伴关系的可能性和机制。2015年5月，欧亚经济联盟与越南签署了自由贸易协定。有意向与欧亚经济联盟建立自贸区的国家和地区组织号称超过30个。这样，俄罗斯第一次将"欧亚"范畴的内涵从后苏联空间扩展到整个亚欧大陆，从而形成"大欧亚"空间，进而实现了中俄两国领导人"开辟共同经济空间"的倡议。

3. 欧亚经济联盟外延至"大欧亚"，与"一带一路"倡议相吻合

2013年9月，中国国家主席习近平在哈萨克斯坦纳扎尔巴耶夫大学发表重要演讲，正式发出"共建丝绸之路经济带"的重大倡议。同年10月，习近平主席在印度尼西亚国会发表重要演讲时表示，"愿同东盟国家……发展好海洋合作伙伴关系，共同建设21世纪'海上丝绸之路'"。[①] 2015年3月，中国国务院授权国家发改委、商务部和外交部共同发布《推动共建丝

[①] 习近平:《携手建设中国-东盟命运共同体——习近平在印度尼西亚国会的演讲》，《人民日报》2013年10月3日，第2版。

绸之路经济带和21世纪海上丝绸之路的愿景与行动》。共建丝绸之路经济带"旨在促进经济要素有序自由流动、资源高效配置和市场深度融合，推动沿线各国实现经济政策协调，开展更大范围、更高水平、更深层次的区域合作，共同打造开放、包容、均衡、普惠的区域经济合作架构"。"丝绸之路经济带重点畅通中国经中亚、俄罗斯至欧洲（波罗的海）；中国经中亚、西亚至波斯湾、地中海……共同打造新亚欧大陆桥、中蒙俄、中国—中亚—西亚等国际经济走廊"。该文件要求，强化多边合作机制作用，发挥上海合作组织、中国–东盟（10+1）、亚太经合组织、亚欧会议、亚洲合作对话、亚信会议、中亚区域经济合作等现有多边合作机制作用，相关国家加强沟通。"一带一路"倡议的合作重点是政策沟通、设施联通、贸易畅通、资金融通、民心相通。①

欧亚经济联盟是俄罗斯主导的以俄罗斯、白俄罗斯和哈萨克斯坦关税同盟为基础的后苏联空间经济一体化进程，旨在协调和统一经济政策，目标是统一经济空间，统一货币，建立共同能源市场，实现商品和服务、资本和劳动力的自由流动。作为国际组织，其设有超国家机构欧亚经济委员会和联盟法院，具有国际法主体性。而中国倡议的"一带一路"旨在以经济走廊为依托，以交通基础设施为突破，以建设融资平台为抓手，以人文交流为纽带，率先实现亚洲互联互通，不经营势力范围，不谋求地区主导权，不设立机制，更不具有国际法主体性；通过政策沟通、设施联通、贸易畅通、资金融通、民心相通五大领域齐头并进，激活本地区新的经济增长点，促进经济发展，实现社会经济繁荣、和平、和谐和稳定；推进贸易投资便利化，深化经济技术合作，最终在亚欧大陆形成共同经济空间。所以，两者具有互补性，相辅相成，相互促进，合作共赢。

4. 上海合作组织致力于区域经济合作

上合组织早在2001年成立之初就通过了《上海合作组织成员国政府间关于区域经济合作的基本目标和方向及启动贸易和投资便利化进程的备忘录》，其基本目标包括改善贸易和投资环境，为逐步实现商品、资本、服

---

① 《推动共建丝绸之路经济带和21世纪海上丝绸之路的愿景与行动》，《人民日报》2015年3月29日，第4版。

务和技术的自由流动创造相应条件，扩大贸易和投资规模，发展服务贸易，建立和发展实施区域经济合作的机制，促进成员国经济共同发展。上合组织成立20多年来，在推动区域经济合作方面发挥了极大的促进作用。贸易、投资和金融领域的合作不断得到深化和扩大。2015年12月发表的《上合组织政府首脑（总理）关于区域经济合作的联合声明》表示，率先发展互联互通的交通基础设施建设，通过贸易结构多元化和加强相互投资，提升商品和服务贸易的规模和质量。改善本地区投资环境，促进产能合作。推动上合组织框架内金融合作，为本地区经济合作项目提供融资支持。开展本币互换，保障市场稳定，共同防范和应对区域性金融风险。这一声明将有力推动上合组织成员国与"一带一路"倡议实现合作。2014年与2001年相比，上合组织对外贸易总额从6,897.8亿美元增加到52,698.7亿美元，其中中国和俄罗斯与上合组织其他成员国贸易额分别从100多亿美元上升到超过1,000亿美元。2021年上合组织成员国对外贸易总额达到81,942.6亿美元，其中中国与上合组织国家进出口总额达到3,581.1亿美元。俄罗斯与上合组织成员国的进出口总额也达到了1,531.1亿美元（2019年）。

二、以上海合作组织为平台实现丝绸之路经济带与欧亚经济联盟合作

2015年5月，中俄签署的《关于丝绸之路经济带建设和欧亚经济联盟建设对接合作的联合声明》表示将"通过双边和多边机制，特别是上海合作组织平台开展合作"。[①] 2015年12月签署的《中俄总理第二十次定期会晤联合公报》明确指出，"双方认为上海合作组织是实现丝绸之路经济带建设与欧亚经济联盟建设对接的最有效平台"。[②]

1. 作为对接平台，上海合作组织相较欧亚经济联盟更具优势

中俄《关于丝绸之路经济带建设和欧亚经济联盟建设对接合作的联合声明》明确规定，扩大投资贸易合作，实现贸易便利化，优化贸易结构。

[①] 《中华人民共和国与俄罗斯联邦关于丝绸之路经济带建设和欧亚经济联盟建设对接合作的联合声明》，《人民日报》2015年5月9日，第2版。

[②] 《中俄总理第二十次定期会晤联合公报》，《人民日报》2015年12月18日，第3版。

促进相互投资便利化和产能合作。在交通基础设施、物流和多式联运方面加强互联互通。促进金融合作,实现货币互换和本币结算,深化项目和贸易融资。推动区域和全球多边合作。这些合作方向与上合组织区域经济合作方向是高度一致的。更重要的是,上合组织的地域空间已经包含了欧亚经济联盟成员国。上合组织有中国、俄罗斯、哈萨克斯坦、乌兹别克斯坦、塔吉克斯坦、吉尔吉斯斯坦、印度、巴基斯坦和伊朗9个成员国,蒙古国、白俄罗斯、阿富汗3个观察员国,以及土耳其、斯里兰卡、尼泊尔、柬埔寨、阿塞拜疆、亚美尼亚、埃及、沙特、卡塔尔、巴林、科威特、阿联酋、马尔代夫和缅甸14个对话伙伴国。这26个国家都是共建"一带一路"的重要国家,遍布"一带一路"规划的整个亚欧大陆的六大经济走廊和21世纪海上丝绸之路的三条蓝色经济通道。所以,在实现欧亚经济联盟与丝绸之路经济带合作的问题上必须发挥上合组织平台的作用。

2. 上海合作组织支持丝绸之路经济带建设

2013年11月,李克强总理在上合组织成员国政府首脑塔什干会议上第一次明确各成员国都在"丝绸之路经济带"上,希望各方积极参与新亚欧大陆桥建设,进一步畅通从东到西的大通道。2014年9月,习近平主席在上合组织元首杜尚别峰会上呼吁上合组织成员国参与丝绸之路经济带建设,促进上海合作组织地区互联互通和新型工业化进程。同年12月上合组织成员国政府首脑阿斯塔纳会议发表的联合公报第一次对中国关于建设"丝绸之路经济带"的倡议表示欢迎。[①]

2015年7月,上合组织元首乌法峰会发表的《乌法宣言》和《新闻公报》第一次表示"支持中华人民共和国关于建设丝绸之路经济带的倡议",同年12月,上合组织政府首脑郑州会议发表的联合公报不仅"重申支持中华人民共和国关于建设丝绸之路经济带的倡议",而且"相信上合组织成员国与观察员国和对话伙伴在实施丝绸之路经济带倡议等框架下通力合作,将促进经济持续发展,维护地区和平稳定"。[②]会议通过的《关于区域

[①]《上海合作组织成员国政府首脑(总理)理事会第十三次会议联合公报》,《人民日报》2014年12月16日,第2版。

[②]《上海合作组织成员国政府首脑(总理)理事会第十四次会议联合公报》,《人民日报》2015年12月16日,第3版。

经济合作的联合声明》还第一次"认为该倡议契合上合组织发展目标"。

3. 丝绸之路经济带建设宗旨、原则和内容契合上合组织区域经济合作

2015年3月发布的《推动共建丝绸之路经济带和21世纪海上丝绸之路的愿景与行动》确定的丝绸之路经济带建设的宗旨、目标、原则、内容和框架思路与上合组织相关文件所确定的宗旨、目标、原则和内容完全一致。

第一，建设丝绸之路经济带符合上合组织的宗旨。2002年通过的《上海合作组织宪章》提出了开展经贸、能源、交通、金融信贷等领域的有效区域合作，促进地区经济、社会、文化全面发展的任务。《推动共建丝绸之路经济带和21世纪海上丝绸之路的愿景与行动》强调，"'一带一路'的互联互通项目将推动沿线各国发展战略的对接与耦合，发掘区域内市场的潜力，促进投资和消费，创造需求和就业，增进沿线各国人民的人文交流与文明互鉴，让各国人民相逢相知、互信互敬，共享和谐、安宁、富裕的生活"。

第二，建设丝绸之路经济带的目标与上合组织发展目标相一致。《上海合作组织宪章》规定，支持和鼓励各种形式的区域经济合作，推动贸易和投资便利化，以逐步实现商品、资本、服务和技术的自由流动。《推动共建丝绸之路经济带和21世纪海上丝绸之路的愿景与行动》表示，"共建'一带一路'旨在促进经济要素有序自由流动、资源高效配置和市场深度融合，推动沿线各国实现经济政策协调，开展更大范围、更高水平、更深层次的区域合作，共同打造开放、包容、均衡、普惠的区域经济合作架构"。

第三，丝绸之路经济带建设和上合组织均致力于基础设施互联互通建设。2012年通过的《上海合作组织成员国元首关于构建持久和平、共同繁荣地区的宣言》就已经关注到连接欧亚的交通基础设施建设，表示应加强互联互通，共享经济发展成果。该宣言还表示，成员国重视发展连接欧亚的交通基础设施，建立相应的国际交通走廊，提高各种交通运输方式的联运效果。《推动共建丝绸之路经济带和21世纪海上丝绸之路的愿景与行动》进一步明确要"致力于亚欧非大陆及附近海洋的互联互通，建立和加强沿线各国互联互通伙伴关系，构建全方位、多层次、复合型的互联互通

网络"。

第四，建设丝绸之路经济带与上合组织的基本原则完全一致。《上海合作组织宪章》规定成员国坚持的基本原则在实践中逐渐升华为著名的"上海精神"，即"互信、互利、平等、协商、尊重多样文明、谋求共同发展"。《上海合作组织成员国多边经贸合作纲要》也规定了经贸合作的原则，即在完全平等、市场关系、相互尊重、互利、非歧视和开放性、循序渐进、通过相互协商建设性解决出现的问题以及兼顾各国利益的原则基础上发展和扩大合作。《推动共建丝绸之路经济带和21世纪海上丝绸之路的愿景与行动》开宗明义地强调"遵守和平共处五项原则"，坚持"开放合作""和谐包容""市场运作""互利共赢"。

第五，丝绸之路经济带合作的重点与上合组织经济合作内容相吻合。《推动共建丝绸之路经济带和21世纪海上丝绸之路的愿景与行动》确定的合作重点是政策沟通、设施联通、贸易畅通、资金融通和民心相通。[①] 上合组织早在2001年就明确了区域经济合作的目标是发挥成员国经济的互补性，扩大贸易和投资规模，改善贸易和投资环境，发展服务贸易，有效利用交通和通信领域的现有基础设施，建立和发展实施区域经济合作的机制。2015年通过的《上合组织政府首脑（总理）关于区域经济合作的联合声明》第一次将上合组织成员国经济合作与丝绸之路经济带建设紧密联系起来。[②]

4. 上合组织安全合作为丝绸之路经济带与欧亚经济联盟合作保驾护航

安全合作历来就是上合组织合作的重要内容。2001年6月上合组织成员国在通过《上海合作组织成立宣言》的同时，签署了《打击恐怖主义、分裂主义和极端主义上海公约》。经过20多年的发展，成员国在安全合作领域签署了300多份重要文件，举行了10多次反恐演习，在打击"三股势力"、禁毒、边防、大型国际活动安保、网络安全以及涉恐融资等领域建

---

① 《推动共建丝绸之路经济带和21世纪海上丝绸之路的愿景与行动》，《人民日报》2015年3月29日，第4版。
② 《上海合作组织成员国政府首脑（总理）关于区域经济合作的声明》，《人民日报》2015年12月16日，第3版。

立了多边合作机制，取得了丰硕成果，上合组织成为本地区和平与安全的稳定器。近年来，恐怖主义、宗教极端势力等日渐猖獗，上合组织和欧亚经济联盟成员国面临安全威胁，反恐形势严峻。为消灭各种形式的恐怖主义，上合组织成员国必将进一步共同努力，一致行动，加强对恐怖主义势力的打击力度。只有这样才能保障"一带一路"的安全，保障上合组织提出的"维护和加强地区和平、安全与稳定"这一基本宗旨的实现。

三、丝绸之路经济带和欧亚经济联盟的软件基础设施合作：制定游戏规则

2015年5月，中俄两国元首在莫斯科签署了具有划时代意义的《关于丝绸之路经济带建设和欧亚经济联盟建设对接合作的联合声明》，将对接合作的最终目标设定为开辟整个亚欧大陆的"共同经济空间"。合作可以从软件基础设施和硬件基础设施两个方面同时进行。中国和俄罗斯是上合组织中的大国。普京建议的欧亚经济联盟与上合组织成员国共同商讨的经济伙伴关系中，中俄也必将发挥引领作用。鉴于此，软件基础设施的合作可以分两个阶段来推进。

第一阶段，以2018年中国与欧亚经济联盟签署的经贸合作协定为基础，在上合组织框架内启动普京建议的经济伙伴关系对话的初步议题，即在平等和考虑相互利益原则基础上保护投资，优化商品过境手续，共同制定新产品技术标准，相互开放服务和资本市场，等等。在打造硬件基础设施互联互通的同时，要重视规则、政策、监管、标准等软件基础设施的合作。要继续推进上合组织框架内的区域经济合作。扩大贸易规模、推进贸易投资便利化是深化区域合作的重要内容。要优化市场软环境，减少无形的贸易壁垒，消除各种要素在不同经济体之间自由流动的障碍，采取便利通关的措施，简化海关、卫生检验检疫，提倡电子化报关，等等，逐步实现商品、资本、服务和技术的自由流动。考虑到俄罗斯总统普京2022年5月的讲话，2023—2024年可适时推动启动中国与欧亚经济联盟、上合组织自贸区谈判，争取在2030年前后建成上合组织自贸区。

第二阶段，进一步优化上合组织自贸区贸易、投资、金融合作内容、范围和规则，其目标应该设定为消除内部贸易壁垒，创造和完善自由的投

资环境，扩大服务贸易。合作应覆盖商品贸易、服务贸易、投资、经济和技术合作、知识产权、竞争、争端解决及其他问题。合作应将契合该地区很多国家实现工业化和再工业化以及现代化战略需求的产业合作作为重点。

第三阶段，在2040年前后与东盟、RCEP乃至欧盟和CPTPP等区域经济一体化机制形成经济融合，开辟亚欧共同经济空间，形成整个亚欧大陆辐射"一带一路"面向全球的高标准自由贸易区网络。应全面实现自由贸易制度，保障资本自由流动，建立共同金融市场，制定统一商品和服务贸易规则和市场准入规则，形成共同运输服务市场和统一运输体系，建立共同能源市场，等等。应构建地区金融稳定机制，更多使用货币互换、本币结算，多货币并行使用，为未来建立地区货币稳定基金提供路径。应协作应对经济的外部性，为本地区各成员间的协调和合作搭建一个平台，提高本地区整体社会福利。应共同努力，消除潜在的安全风险，用经济合作进一步推动其他领域的合作。丝绸之路经济带和欧亚经济联盟软件基础设施合作将惠及全球三分之二的人口，经济规模超过全球经济总量的60%。

四、丝绸之路经济带与欧亚经济联盟硬件基础设施合作：经济走廊畅通亚欧共同经济空间

硬件基础设施合作主要是指通过各种方式，加强互联互通建设，促进各相关国家之间加快交通、能源、信息等基础设施的网络化建设和跨境合作，打造跨亚欧物流运输体系，为畅通物流、人流和信息流提供硬件基础。为此，2015年3月发布的《推动共建丝绸之路经济带和21世纪海上丝绸之路的愿景与行动》规划了六大经济走廊，2017年发布的《"一带一路"建设海上合作设想》规划了三条蓝色经济通道，二者将共同畅通整个亚欧大陆的共同经济空间。

中国丝绸之路经济带倡议与俄罗斯跨欧亚发展带和蒙古国"草原之路"相互合作形成中蒙俄经济走廊。中蒙俄经济走廊建设高度契合三国发展战略，一方面助力中国东北振兴，另一方面带动蒙古国铁路、公路、油气管道、输电线路等交通基础设施建设以及矿产资源开发与加工产业的发展。同时充分发挥第一亚欧大陆桥——"跨欧亚大铁路"运输干线的作用，与

俄罗斯东西向的油气管道共同构成跨欧亚发展带,从而引领俄罗斯东西伯利亚和远东开发与开放。此外,中俄合作建设北方海航道不仅为亚欧物流提供了又一便捷通道,而且有利于俄罗斯北极地区的资源开发和利用乃至社会经济发展。再者,中蒙俄经济走廊建设可以吸引日本、韩国和朝鲜的参与,共同促进东北亚区域经济合作。

丝绸之路经济带从中国新疆出境之后,经哈萨克斯坦、俄罗斯抵达波罗的海,再经白俄罗斯、波兰进入欧洲,或经哈萨克斯坦(或经吉尔吉斯斯坦、乌兹别克斯坦)、土库曼斯坦、里海,穿过高加索地区的阿塞拜疆和格鲁吉亚,经黑海,通过乌克兰、罗马尼亚等国进入欧洲,形成新亚欧大陆桥。新亚欧大陆桥以中亚为物流、客流、信息流、资金流、技术流等集散中心,畅通欧亚经济联盟主要成员国,连接作为世界经济火车头的亚太经济圈和世界最大的发达经济体欧洲经济圈,将会带动广阔的中间腹地社会经济的全面发展,改变该地区国家经济对原料和能源的高度依赖,实现工业化和再工业化战略任务,走向全面现代化。

丝绸之路经济带从中国新疆出境之后,经哈萨克斯坦(或经吉尔吉斯斯坦、乌兹别克斯坦)、土库曼斯坦、伊朗、土耳其进入地中海,或从伊朗进入波斯湾,此即为中国—中亚—西亚经济走廊。该走廊一方面可以把中亚、西亚丰富的能源资源顺畅地输送到经济发展最快、对能源需求最强烈的亚太经济圈,另一方面有助于亚太经济圈的富余资本、先进技术和优质产能实现向中亚和西亚的梯度转移,带动该地区的产业发展和创新,实现经济多元化和现代化。

贯穿巴基斯坦全境的中巴经济走廊建成之后,丝绸之路经济带从中国新疆出境后可以北上直接进入伊朗。中巴经济走廊建成后将成为中国—中亚—西亚经济走廊的重要补充,不仅使中国西北地区,而且也可以使欧亚经济联盟国家经中亚地区便捷地南下进入印度洋,形成一条北起中国新疆喀什,南到巴基斯坦瓜达尔港,全长3,000多公里,连接中国、中亚、南亚三大经济区域并通过瓜达尔港直达西亚的经济合作和战略安全纽带。

丝绸之路经济带从中国西南地区出境的孟中印缅经济走廊不仅使南亚地区与中亚和西亚地区紧密联系起来,而且也使以印度为主的迅速发展的南亚与东南亚国家经济日趋融合,进而带动中亚、南亚、东南亚乃至东亚和西亚五大经济板块联合发展。联合发展有利于各方优势互补，形成合理的国际分工，带动产业结构调整，增强各自的经济实力；促进该地区经济建设的全面发展跃进，尤其是可以大量减少边境地区贫穷人口，大幅提高各国边民的生活质量。

丝绸之路经济带从中国西南地区出境的中国—中南半岛经济走廊纵贯越南、老挝、柬埔寨、泰国、马来西亚等国家，直抵新加坡，是中国与东盟合作的跨国经济走廊。应以沿线中心城市为依托，以铁路、公路为载体，以人流、物流、资金流、信息流为基础，建设优势互补、区域分工、联动开发、共同发展的区域经济体。

"一带一路"建设海上合作以中国沿海经济带为支撑，密切与共建国家的合作，连接中国—中南半岛经济走廊，经南海向西进入印度洋，衔接中巴、孟中印缅经济走廊，共同建设中国—印度洋—非洲—地中海蓝色经济通道；经南海向南进入太平洋，共建中国—大洋洲—南太平洋蓝色经济通道；积极推动共建经北冰洋连接欧洲的蓝色经济通道。

第二节　亚欧经济伙伴关系的基本形式：上合组织自贸区

上合组织的重要目标之一是加强深化成员国之间的经贸合作，主要包括改善贸易和投资环境，逐步为实现商品、资本、服务和技术的自由流动创造相应条件，扩大贸易和投资规模，发展服务贸易，建立和发展区域经济合作的机制，促进成员国经济共同发展。为了扩大上合组织成员国之间的经济合作，2003年9月中国国务院总理温家宝在上合组织政府首脑北京峰会上提出到2020年建成自贸区的倡议，并将其写入了上合组织经贸合作长期发展规划。

尽管中国在上合组织成立之初就提出了建立自贸区的倡议，但该倡议一直没有得到俄罗斯和中亚国家的响应。从2014年乌克兰危机到2022年乌克兰危机，俄罗斯与西方的关系剑拔弩张，西方纷纷对俄实行全面经济制裁，加剧了俄罗斯及其主导的欧亚经济联盟的经济衰退，使其战略中心逐渐转向亚太地区。中亚国家面临经济发展动力不足的问题。哈萨克斯坦总统纳扎尔巴耶夫最早软化了对建立自贸区倡议的态度，一方面在2015年12月郑州举行的上合组织成员国政府首脑（总理）理事会上投石问路，另一方面在2016年2月提出了上合组织和欧亚经济联盟建立自贸区建议。① 2017年1月，上海合作组织秘书长阿利莫夫公开表示，"上合组织内部将建立自贸区，如果条件不成熟就等待一下，但是要推动各方加快推进"。② 2017年6月的上合组织阿斯塔纳峰会上，纳扎尔巴耶夫再次强调"自贸区将促进上合组织的合作"。③ 俄罗斯方面也开始软化态度，2016年6月俄罗斯经济发展部部长乌柳卡耶夫表示，俄罗斯正和上合组织成员国经济部长们为元首们准备上合组织成员国和其他国家参与的大陆自由贸易区的长远建议。但俄罗斯仍然顾虑重重，俄罗斯战略研究所中东和亚洲研究中心研究员И.科米西娜认为自贸区只对中国有利，而对俄罗斯和其他成员国不利。乌兹别克斯坦第一副总理阿济莫夫在2015年12月郑州上合组织总理会上明确表示，乌兹别克斯坦对建立上合组织自贸区事宜没有做好准备。尽管在现实中仍然存在各成员国之间政策缺乏协调、民间互信尚待提高等问题，但建立自贸区的问题必将提上上合组织的讨论议程。随着西方对俄罗斯全面经济制裁效应不断显现，俄罗斯态度转变的积极迹象也在呈现出来。例如，2022年5月，普京向吉尔吉斯斯坦首肯了中吉乌铁路建设项目，并表示制定大欧亚伙伴关系综合战略的条件已经成熟，可以考虑跨境经济特区问题；8月，俄罗斯远东发展部部长А.切孔科夫在东方经济论坛上建议借鉴中哈霍尔果斯的经验将黑瞎子岛建成中俄自贸区；11月俄罗斯副总理Ю.特鲁特涅夫表示，俄罗斯已经计划将远东联邦区设立为统一的大超前发展区（经济特区）。

---

① Марат Елемесов, Казахстан предлагает создать между ШОС и ЕАЭС зону свободной торговли (18 февраля 2016) [сайт]. URL: https://liter.kz/ru/articles/show/17011-kazahstan_predlagaet_sozdat_mezhdu_shos_i_eaes_zonu_svobodnoi_torgovli. (дата обращения: 19.09.2022)

② 王棕宝：《上海合作组织秘书长阿利莫夫：上合组织内部将建自贸区》，《国企管理》2017年第1期，第23页。

③ Назарбаев Н., Кооперации в ШОС может способствовать зона свободной торговли (9 июня 2017 г.) [сайт]. URL: http://today.kz/news/kazahstan/2017-06-09/744022-nazarbaev-kooperatsii-v-shos-mozhet-sposobstvovat-zona-svobodnoj-torgovli/. (дата обращения: 09.09.2022)

一、建立上合组织自贸区的必要性和可行性分析

要展开对于上合组织自贸区的深入探讨,首先需要理解上合组织自贸区建立的必要性和可行性。

1. 建立上合组织自贸区的必要性

建立上合组织自贸区的必要性主要体现在以下几个方面。

第一,中国在当前既面临着欧美主要经济体或经济增速趋缓,或民粹势力崛起,贸易、投资保护主义抬头,新兴经济体未来发展不确定性加重的外部环境,又面临着在去产能过程中出现的过剩产能转移途径有限,去产能推进缓慢等问题。建立上合组织自贸区既有助于中国进一步开拓中亚,乃至东欧、南亚市场,扩展贸易渠道,又有助于进一步发挥中国同中亚国家相比在资本、技术、劳动力方面的比较优势,促进钢铁、机械、光伏器材、纺织等相关行业转移国内的过剩产能,[1]加速"去产能、去库存"的实施。此外,中国是"一带一路"倡议的首倡国。在中亚建立上合组织自贸区,也是同"一带一路"共建国家实现贸易相通的有效方式,还可以为日后中国同其他"一带一路"共建国家开展经贸合作时积累相关经验。

第二,对俄罗斯而言,自2014年乌克兰危机以来,俄罗斯长期遭受以美国为首的西方国家的严厉制裁,特别是2022年西方对俄罗斯采取了前所未有的严厉制裁,给俄罗斯贸易、金融和吸收外资带来了巨大的负面影响,使俄罗斯经济发展显著趋缓。建立上合组织自贸区有助于促进俄罗斯在经贸领域同中国展开密切合作,对冲西方制裁所带来的不利影响。同时,上合组织自贸区也可以作为俄罗斯"大欧亚伙伴关系"的重要借力点,助推俄罗斯同中国,乃至整个亚太地区的经贸合作。此外,当前上合组织自贸区建设作为"一带一路"倡议的重要内容,同俄罗斯主导的欧亚经济联盟具有共通之处,正如俄罗斯总统普京所指出的,这两大倡议的合作有助于加强双方在高科技、交通和基础设施等领域的合作,特别是推动俄罗斯远东地区的发展,也是在促进欧亚地区一体化方面迈出的关键步伐。而

---

[1] 需要注意的是,中国向中亚各国转移的过剩产能与落后产能并非同一概念。事实上,落后产能是一个技术判断,指的是生产过程中高能耗、高污染、低技术含量、低附加值的产能,而过剩产能是一个市场判断,指的是产出超出当前市场需求的产能,并不等于落后产能。

上合组织自贸区倡议自最初提出时，便专注于提高上合组织成员国之间贸易自由化、改善中亚地区贸易环境等经济内容，不会，也无意对俄罗斯在中亚地区传统的政治、军事影响力造成负面影响。

第三，从中亚国家角度来看，它们在地理位置上偏居内陆，对外经贸往来不甚便利；在社会发展和安全局势上长期面临极端宗教势力、暴力恐怖势力渗透和西方国家输出"颜色革命"给当地社会局势稳定所带来的巨大压力。中亚各国的局势不稳，不仅不利于当地的安定和发展，也会给俄罗斯和中国的安全局势带来冲击。建立上合组织自贸区，既有利于中亚各国进一步实现同中国和俄罗斯在经贸领域的互联互通，提高中亚各国在贸易、金融、投资、人员往来上的便利程度，弥补中亚各国在对外经贸上的区位劣势，也有利于促进中亚各国的贸易增长和经济发展，提高当地民众的生活水平，消除宗教极端势力、暴力恐怖势力以及"颜色革命"在当地的社会基础，既造福当地民众，也有利于中俄两国安全局势的改善。

第四，从政策协调来看，中国的"一带一路"倡议、俄罗斯的欧亚联盟和"大欧亚伙伴关系"计划、哈萨克斯坦的"光明之路"战略，乃至印度的"季风战略"、蒙古国的"草原之路"发展战略等，这些倡议、战略虽然在主导国家、侧重点、实施方式等具体问题上有所不同，但均在不同程度上致力于促进中亚各国内部以及中亚各国对外的经贸发展，以维护相关国家在中亚地区的经济、安全利益。在此背景下，建立上合组织自贸区，一方面有利于对各个倡议、战略中的相近、相通内容加以整合后在整个自贸区范围内加以推广，既有利于照顾各方的立场，协调各方利益，也有利于避免在中亚地区出现因政策繁杂重复所带来的"意大利面碗"现象[1]；另一方面也可以将上合组织自贸区的建立过程本身作为上合组织各成员国与观察员国和对话伙伴国展开政策协调的交流平台，在一定程度上可避免上合组织各成员国与观察员国和对话伙伴国之间因缺乏互信而带来的问题。

综上所述，建立上合组织自贸区既有利于上合组织各成员国的经贸往来，也有利于包括中国、俄罗斯在内的上合组织成员国实现经济发展，加

---

① 指在特惠贸易协议下，各个协议的不同的优惠待遇规则相互交错，乃至自相矛盾的现象。

速经济转型，还有利于实现上合组织各成员国的社会稳定与进步，更有助于促进上合组织各成员国之间的政策协调，改善中亚地区的经商环境。建立上合组织自贸区既有利于中国，也有利于上合组织其他成员国，更有利于所有同中亚地区有经贸往来的企业和个人。

2. 建立上合组织自贸区的可行性

建立上合组织自贸区的可行性集中体现在以下三个方面：一是在区间贸易规模和贸易结构上，上合组织各成员国内部区域贸易具备相当的贸易规模和贸易互补性；二是在上合组织成员国的合作意愿上，上合组织各成员国，特别是中、俄、印等大国均在改善中亚地区商业环境上具备相当的意愿，且各成员国提出的发展倡议或战略之间存在明显的合作机会；三是在中亚地区的安全环境上，近年来中亚地区安全形势向好，上合组织各成员国之间在中亚地区也没有突出矛盾。

（1）上合组织区间贸易密集度和互补性分析

从上合组织成员国近10年的贸易数据看，中亚四国的区间内贸易占比很高，基本在30%以上，而中国、俄罗斯、印度和巴基斯坦的区间贸易占比虽低于中亚四国的区间贸易比重，但也在逐渐上升。[①] 表6.1给出了上合组织成员国的两大主要经济体中国和俄罗斯与其他区域成员国间的贸易密集度指数。[②] 在中国方面，中哈、中吉、中俄的历年贸易密集度基本大于1，且呈现出总体上升的趋势，说明中国同俄罗斯和中亚四国经贸关系的紧密程度在不断加深。中巴、中印的贸易密集度稳中有升，未来还具有相当的提升空间。俄罗斯与中国的贸易往来在近几年有所提升，尤其自2014年乌克兰危机爆发以来，俄罗斯贸易合作重心逐渐从欧美向亚太转移，未来中国和俄罗斯的贸易合作仍有潜力。俄罗斯与哈、吉、塔、乌的历年贸易密集度均大于1，得益于与中亚各国的传统经贸联系。俄罗斯与印、巴

---

① 资料来源：联合国贸发会议数据库，http://unctad.org/en/Pages/Statistics.aspx，访问日期：2022年9月30日。

② 贸易密集度是反映两国贸易关系强弱的重要指标，贸易密集度的指数公式为：$TI_{ij} = \dfrac{E_{ij}/E_i}{I_j/(I_w - I_i)}$，其中，$TI_{ij}$表示贸易密集度指数，$E_{ij}$表示i国向j国的出口，$E_i$表示i国的总出口，$I_j$表示j国的总进口，$I_w - I_i$表示世界总进口减去国家i的总出口。当贸易密集度指数大于1时，表示两国存在较为密切的贸易关系；反之，则说明两国贸易关系较为疏远。

的贸易密集度尽管小于1，但近几年呈现逐渐上升趋势，未来具有较好的发展前景。

表6.1 2006—2016年中国、俄罗斯与其他国家贸易密集度

国家	2006	2007	2008	2009	2010	2011	2012	2013	2014	2015	2016
中哈	1.52	1.50	1.52	1.76	1.62	1.12	1.20	1.46	1.57	1.49	1.83
中吉	5.89	5.08	7.90	6.72	2.98	9.88	8.19	7.56	29.14	4.35	6.01
中俄	1.15	1.55	1.32	0.99	1.14	1.11	1.12	1.19	1.35	1.39	1.42
中塔	3.52	4.51	13.41	11.63	9.25	13.63	12.04	15.48	22.37	12.05	13.30
中乌	0.76	1.13	1.44	2.39	1.44	1.60	2.37	2.47	2.98	2.16	1.74
中巴	2.46	2.85	2.55	2.44	2.44	2.51	2.61	3.02	3.38	4.14	4.67
中印	1.16	1.41	1.48	1.39	1.37	1.39	1.34	1.06	1.21	1.34	1.35
俄中	0.8	0.63	0.65	0.69	0.54	0.69	0.68	0.64	0.71	0.89	1.12
俄哈	11.70	10.39	8.26	10.19	6.63	7.11	7.62	9.60	9.12	14.01	18.96
俄吉	31.00	30.60	33.91	36.04	22.02	21.24	31.87	37.81	51.02	39.89	29.77
俄塔	17.51	21.26	27.47	26.54	20.41	19.49	20.11	28.06	42.65	38.56	46.38
俄乌	8.19	10.14	8.89	12.61	9.15	9.27	13.31	12.39	18.33	16.28	15.52
俄巴	0.84	0.53	0.91	0.64	0.23	0.18	0.28	0.31	0.25	0.25	0.60
俄印	0.59	0.61	0.77	0.76	0.53	0.39	0.48	0.36	0.45	0.72	0.97

资料来源：联合国贸发会议网，http://unctad.org/en/Pages/Statistics.aspx。

再看上合组织成员国之间贸易的互补性。表6.2给出了2006—2016年的上合组织区域内平均贸易互补指数。①上合组织成员国之间的贸易互补指数均高于0.5的临界点。其中中国与中亚四国及巴基斯坦的互补性指数均大于1，中印由于两国的贸易结构较为接近，互补性指数偏低；俄哈、俄吉、俄塔的贸易互补指数要高于哈俄、吉俄、塔俄，这说明俄罗斯同上述国家进行贸易时，更容易发挥自身比较优势；印度、巴基斯坦与中亚四国及俄罗斯的贸易互补性大部分超过1，这说明印巴加入上合组织自贸区，有利于发挥其比较优势。

---

① 贸易互补性指数可用如下式表示：$C_{ij} = \sum (RCA_{ik} \times RCA'_{jk}) \times (E_{wk} / E_w)$，其中下标 i、j、k、w 分别表示 i 国、j 国、产品类别和世界，RCA_{ik} 表示 i 国 k 类商品的出口比较优势，RCA'_{jk} 表示 j 国 k 类商品的进口比较劣势，E 代表出口。

表6.2　2006—2016年上海合作组织成员国平均贸易互补指数

国家	中国	哈萨克斯坦	吉尔吉斯斯坦	俄罗斯	塔吉克斯坦	乌兹别克斯坦	印度	巴基斯坦
中国	—	1.44	1.36	1.28	1.13	2.13	0.57	1.28
哈萨克斯坦	1.47	—	1.25	0.39	1.98	1.14	1.03	1.09
吉尔吉斯斯坦	2.25	1.21	—	1.38	1.29	1.56	1.08	0.98
俄罗斯	1.03	0.58	1.39	—	0.85	0.72	1.14	0.87
塔吉克斯坦	1.06	0.81	0.56	0.73	—	0.97	0.89	0.91
乌兹别克斯坦	1.07	0.84	1.25	0.89	1.33	—	0.87	0.83
印度	0.78	1.23	1.26	1.05	1.14	1.04	—	0.85
巴基斯坦	1.83	1.26	1.34	1.27	1.16	0.91	0.93	—

资料来源：联合国贸发会议网站，http://unctad.org/en/Pages/Statistics.aspx。

通过以上分析，可以看出上合组织成员国间的贸易往来具有一定的规模且具有广阔的增长空间，且上合组织中经济规模最大的中国同其他国家之间的贸易还具备相当的贸易互补性，这些都使得上合组织自贸区的建立在经贸领域具备相当的可行性。

（2）上合组织成员国合作意愿分析

从各成员国之间的发展战略来看，中国的"一带一路"倡议、俄罗斯的欧亚经济联盟和"大欧亚伙伴关系"、印度的"季风战略"，乃至哈萨克斯坦的"光明之路"发展计划和蒙古国的"草原之路"发展战略，虽然在侧重点和运作方式上各具特点，但在改善中亚地区经商环境，促进上合组织区域内的贸易自由化，密切上合组织成员国之间的经济、文化联系等方面拥有大量的交集，其中以基础设施互联互通、加强经贸合作和深化金融合作三个方向它们的共同点最多。而上合组织自贸区建立的目的便在于通过降低贸易壁垒、融资壁垒和加强中亚地区的基础设施建设来推动上合组织各成员国之间的经贸合作，这同各成员国所提出的发展战略高度契合。

（3）中亚地区安全形势分析

中亚地区"三股势力"一度给当地的经济发展和社会安定造成了极为恶劣的影响，但在上合组织各成员国的联合打击之下已然式微，虽然其仍旧能通过制造零星的暴力恐怖事件彰显存在，但已经无法对当地的经济发展和社会安定造成重大冲击。

再从西方国家对中亚地区的干涉、渗透来看，自"9·11"事件以来，以美国为首的西方国家一直试图以反恐、人权等名义，通过增强在中亚地区的军事部署、在中亚国家煽动"颜色革命"等手段来削弱俄罗斯在中亚地区的传统影响力并一度在乌兹别克斯坦、吉尔吉斯斯坦等国引发局势混乱。然而随着美国近年来将更多注意力投向解决国内问题，美国暂时无暇对中亚地区实施干涉与渗透，使上合组织自贸区的建设能够具备一个相对安定的政治、社会局面。

从上合组织成员国双边关系来看，上合组织各成员国关系总体友好且在中亚地区并无突出矛盾。中俄关系一直在稳步改善；中亚各国长期以来同中国、俄罗斯和印度有着密切的经贸、政治和文化联系，哈萨克斯坦、吉尔吉斯斯坦还是俄罗斯主导的欧亚经济联盟的重要成员国；俄罗斯与印度早在2000年便成为战略合作伙伴；中印、印巴之间虽然在领土、宗教等问题上有矛盾，但在推进中亚地区贸易自由化，改善中亚地区经商环境上却拥有巨大的合作空间。上合组织成员国之间稳定、良好的关系，为上合组织自贸区的建设营造了良好的政治氛围。

二、关于建设上合组织自贸区的思考

在上合组织自贸区的建设过程中，应该将硬件基础设施互联互通建设和规则、法律、标准等软件基础设施建设及推进贸易、金融自由化并举，同时在上合组织自贸区的建设中注意加强政府间协调合作和成员国之间的民间交往。具体而言，中国在上合组织自贸区的建设中可以在以下几个领域有所作为。

1. 推进中亚地区基础设施建设

在配套基础设施的建设上，由于基础设施具有明显的公共产品特征并且基础设施建设具有资金投入量大、技术要求较高等特点，完全寄希望于所有上合组织成员国共同承担基础设施的建设成本并不现实。而中国作为上合组织成员国中经济规模最大、在基础设施建设中最具比较优势的国家，应当作为上合组织自贸区中配套基础设施的供给方，改善中亚地区的基础设施条件，为上合组织自贸区的建设打造过硬的硬件环境。而在具体的建设中，应将建设重点放在两大领域：其一是铁路、公路和运输管道建设，这样做既有助于缓解中亚各国自苏联解体后基础设施建设滞后的不利条件，促进当地经济、社会发展，也有助于降低商品的运输成本，促进中亚地区贸易在规模和密集度上进一步发展；其二是针对俄罗斯和中亚国家自然资源丰富，商品出口结构中矿石、油气等产品所占比重较高的状况，加大对当地采矿业和能源产业的投资规模，提高上述国家能源和矿产品的勘探、开采、储存和运输能力。对其他上合组织成员国的重点项目，如哈萨克斯坦的阿克套油田、吉尔吉斯斯坦的库姆托尔金矿等，尤其要同所在国家加强产能合作并针对当地实际，开展基础设施建设。推进中亚地区的基础设施建设既有助于改善当地的商品生产、运输和储藏条件，为上合组织自贸区的建设创造良好的硬件条件，也有助于推动中亚各国充分发挥自身的比较优势，增强其同其他上合组织成员国之间的贸易互补性，还有助于同中亚各国的发展战略合作，增强中亚各国建设上合组织自贸区的合作意愿。

2. 加速推进上合组织内部贸易自由化

中国可加速推进上合组织内部贸易自由化水平，并同其他上合组织成员国展开积极互动。不可否认的是，当前部分上合组织成员国的政府和民众出于保护民族工业、避免大规模失业等考虑，在不同程度上对推进上合组织内部贸易自由化抱有警惕、怀疑的态度。因此，在上合组织自贸区的建设中，要切记过犹不及，在推动贸易自由化问题上需要避免两种做法：一是在关税减让问题上"一刀切"，不顾各成员国及各成员国内部各产业的具体情况；二是在推动降低贸易壁垒时操之过急，不给部分成员国及其内部产业缓冲时间。目前形势下上合组织自贸区的贸易规则需要格外注意循序渐进，因地制宜，在贸易规则的制定和实施上既坚持推进贸易自由化的初衷，又具备灵活性，在规则制定中既坚持自由贸易的总原则和大方向，也允许工业体系不完善的成员国或成员国内部缺乏比较优势的行业部门实行一定程度的保护政策，如放宽关税减免期限、降低关税减让额度等。在贸易自由化的路径上要遵循大国（中、俄、印）比较优势产业—大国比较劣势产业—小国（中亚各国）比较优势产业—小国比较劣势产业的次序，同时在逐步实现贸易自由化的同时，不断加速上合组织自贸区同贸易相关的配套服务业的发展。要充分依托贸易自由化所带来的贸易创造效应，发展同贸易相关的仓储、运输、银行、保险、零售等相关服务业，为其提供税收减免、人才培养等服务，在进一步推动中国同其他上合组织成员国的贸易往来的同时为部分成员国比较劣势产业的员工提供新的就业机会，缓冲上合组织自贸区建成后对其产生的经济、社会冲击，从而实现从点（各成员国的比较优势产业）到线（同上合组织各成员国贸易活动相关的服务业）再到面（各成员国总体经济）开展经贸合作。而上合组织内部贸易自由化未来的实际运营则需要各成员国重新明确自身的比较优势，并在此基础上进一步实现分工细化。举例来说，在产业间贸易中，中国和中亚各国分别在制造业和采矿业上占据比较优势，双方就应在制造业和采矿业上实现专业化分工，而在产业内贸易中，以机械制造为例，俄罗斯、中国和中亚各国可以利用自身技术水平、品牌价值和销售渠道的差别，分别生产高、中、低档产品，发展产业内贸易。这样做既可以避免同质化的恶性竞争，又可以在一定程度上缓冲上合组织自贸区对部分成员国的经济冲击。

　　建设上合组织自贸区，需要与其他上合组织成员国所提出的发展战略协调与互动。中国在上合组织贸易规则的制定上，一方面需要在总体上以降低贸易壁垒为目标，另一方面也需要在关税减让额度等具体细节上参考、借鉴欧亚联盟的相关指标，避免出现因减让额度过大，在欧亚联盟内部出现大规模贸易转移损害俄罗斯在欧亚联盟内部的经济利益和影响力，从而影响俄罗斯对于建设上合组织自贸区的合作意愿并损害中俄双边关系的情况。

　　3. 加速推进上合组织内部投融资一体化

　　在促进融资一体化方面，一方面可将推进上合组织自贸区融资一体化同人民币在中亚地区的国际化结合起来，鼓励更多的上合组织成员国金融机构开放针对中国企业或个人的人民币跨境汇款、跨境结算业务；加速推进人民币和其他上合组织成员国货币，特别是俄罗斯卢布、印度卢比等重要成员国货币在各成员国金融机构之间调入、调出的双向流动，并按照"口岸城市大型金融机构—口岸城市中小型金融机构—非口岸城市金融机构"的次序，将上合组织各成员国货币的双向流动逐步深化，降低中国企业在中亚地区"走出去"和上合组织其他成员国企业在中国"走进来"的融资成本。

而在加速上合组织各成员国投资一体化方面，可以一边借助专业的金融机构，一边充分利用现有投融资机构，如亚洲基础设施投资银行等，利用其资金雄厚、信用评级好、专业性强、无附加非经济条件等优势，对上合组织各成员国中对发展上合组织内部贸易极为重要但其所在国家又暂时无力承担的重点项目展开投资，这样做既有助于为上合组织自贸区的建设提供硬件条件，也有助于助力各成员国提出的经济发展战略，使基础设施建设成为上合组织自贸区与当地发展战略展开对接的重要契机，同时加速推进上合组织开发银行的成立工作，为上合组织自贸区的建设提供决策更为高效、服务更为专业的投融资服务。另一方面，促使上合组织成员国改变不利于吸引外资落户的法律法规，如对外资的准入行业、参股比例、汇款额度等方面的不合理规定，降低上合组织内部的投资壁垒，增强上合组织各成员国对于外商直接投资企业的吸引力。

此外，可针对部分上合组织成员国贸易壁垒高企、经营风险巨大的现实情况，鼓励保险机构推出针对上合组织内部贸易、投资的出口保险、对外投资保险，为中国企业在上合组织内部的经贸往来提供财产安全保障。

4. 加强上合组织成员国之间政策沟通

上合组织自贸区的建设，离不开上合组织成员国之间在政策方面的沟通与协调。在这方面，中国可以在以下几个方面有所作为：一是继续在上合组织框架内加强对"三股势力"的打击，为上合组织自贸区的建设创造安定的社会环境。当前，尽管"三股势力"在多方打击下影响力已然大不如前，但随着极端组织"伊斯兰国"在叙利亚和伊拉克的覆灭，效力其中的大批来自中亚、俄罗斯的武装人员有极大可能回流本国，使得上合组织的反恐任务依然任重道远。二是在协调上合组织成员国双边关系方面，应注意避免将旧有的领土纠纷引入上合组织自贸区建设。以中印、印巴之间的领土纠纷为例，尽管中巴与印度在领土问题上存在矛盾，在上合组织自贸区的硬件建设和规则制定上，仍然要对包括印度在内的全体上合组织成员国坚持一视同仁原则，避免上合组织自贸区泛政治化，拖延上合组织自贸区的建设进展。三是在处理上合组织自贸区与欧亚经济联盟关系时，一方面积极同俄罗斯及中亚各国展开经贸合作，以促进上合组织内部经济一体化为目标，另一方面也要对俄罗斯在中亚地区的传统影响加以照顾。长期以来，俄罗斯在中亚地区具有巨大的政治、军事影响，俄罗斯也视中亚地区为自身的"传统势力范围"，因此在建设上合组织自贸区时，既要积极在基础设施建设、贸易自由化、投融资一体化等方面同俄罗斯及中亚各国的发展战略展开合作，加速推进上合组织经济一体化，也要在上合组织自贸区的规则制定上同俄罗斯主导的欧亚经济联盟积极协调。

5. 加速推进上合组织人文交流

在上合组织自贸区的建设过程中，还应加强上合组织成员国之间的人文交流。上合组织各成员国所在地横跨亚欧大陆，历史上是东方和西方经贸、人文交流的重要桥梁，由此产生的"团结互信、平等互利、包容互鉴、合作共赢，不同种族、不同信仰、不同文化背景的国家可以共享和平，共同发展"的丝路精神更是上合组织各成员国宝贵的精神财富。各成员国政府、学界和民间组织通过组织学术论坛、留学交流、跨境旅游等形式，发展各成员国之间的人文交流，既是对丝路精神的继承和弘扬，也有助于上合组织各成员国加深身份认同，消除各成员国政府间和民间对彼此的隔阂感和排斥感，为上合组织自贸区的建设和日后发展营造良好的人文环境。

三、研究方法和模拟方案

1. 研究方法

本研究采用全球贸易分析模型（Global Trade Analysis Project，GTAP）模拟分析上合组织自贸区建成的经济效应。GTAP模型通过构建涉及各国各地区生产、消费等行为的子模型，形成一个多国多部门的一般均衡模型。模型涉及跨国资本流动、资本积累及投资的预期理论，时间受外生变化与政策冲击的影响，假设市场是完全竞争的，劳动力在国内可以充分自由流动，而土地是不完全流动。

本研究采用V7版数据库，基于2004年的社会核算矩阵建立，包括113个国家和57种商品，采用历史闭合对GTAP7的2004基年数据升级到2017年的数据，以获得准确模拟结果。基于研究对象，我们将数据库加总为10

个汇总区域和8个产品部门，汇总区域分别由上合组织区域内国家（地区）和区域外国家（地区）组成，其中区域内国家（地区）包括中国、俄罗斯、哈萨克斯坦、吉尔吉斯斯坦、塔乌（塔吉克斯坦和乌兹别克斯坦）、[①] 印度、巴基斯坦，区域外国家（地区）包括北美自由贸易区、[②] 欧盟和世界其他区域，产品部门包括各成员国的主要出口产业，分别为农业、加工食品、矿产与资源、纺织品、汽车运输及零部件、制造业、电子类以及服务业。

2. 情景设置

本研究在采用GTAP模型展开模拟时，重点关注三个方面：一是上合组织自贸区对各国家（地区）宏观经济的影响；二是上合组织自贸区对各国家（地区）贸易进出口的影响；三是上合组织自贸区对各国家（地区）各行业产出的影响。

具体而言，本研究的情景设置分为两个阶段：第一阶段为基准情景模拟，在这一阶段，根据递推动态思想，采用时间序列的经济计量模型对GTAP的外生变量，人口、劳动力（熟练劳动力、非熟练劳动力）、资本、土地等进行数据递推，为简化分析，假定各成员国在人口、劳动力增长率和资本积累率上无大规模变化。

第二阶段为政策模拟，在政策模拟中选择关税作为冲击变量，假设上合组织自贸区成立后所有可贸易商品的关税降为零（为简化分析，暂不考虑各类非关税壁垒）。同时，在该阶段假定自贸区的成员对其他非成员的关税壁垒保持不变，世界其他国家或地区的关税壁垒保持不变，且本国所有要素（除土地）可以在行业间自由流动，但不能跨国界流动。

3. 模拟结果

GTAP模型的政策模拟结果主要包含以下几方面内容。

（1）上合组织自贸区对各国家（地区）宏观经济的影响

在国内生产总值方面，在上合组织自贸区建成后，各成员国的国内生产总值增速将有一定提高，平均增幅达0.08%左右（详见表6.3），而非上

[①] 在GTAP数据库中，塔吉克斯坦和乌兹别克斯坦两国的数据合并在一起，故将这两个中亚国家作为一个整体。

[②] 北美自由贸易区（NAFTA）由美国、加拿大、墨西哥三国组成，在1994年正式成立。2018年三国签署新的美墨加自贸协定（USMCA），取代了NAFTA。

合组织成员国的国内生产总值则平均会下降0.03%上下。对上合组织内部各成员国而言，工业体系相对健全，经济总量相对较大的中国、俄罗斯和印度，上合组织自贸区对其国内生产总值总量增长贡献最为显著，分别为0.25%、0.17%和0.09%，而对其他国家的贡献则相对不显著，甚至存在国内生产总值总量因其略有下调的现象。与之相对的是，对非上合组织成员而言，无论其工业体系和经济总量如何，其国内生产总值增速都会因自贸区建成而有所下降。

在进出口方面，我们一方面可以从模拟结果中观察到上合组织自贸区显著的贸易创造和贸易转移效应：上合组织成员国在出口和进口额上都有不同程度的增长，且涨幅显著高于非上合组织成员国的降幅，其中以吉尔吉斯斯坦的进出口增加幅度最高，出口提高4.42%，进口提高4.07%；非上合组织成员国则均有下降。

在社会福利方面，[①] 随着上合组织自贸区的成立，上合组织成员国将在社会福利上均有所增加，而非上合组织成员国则将均有明显下降。进一步观察可知：在上合组织成员国中，经济总量、人口基数相对较大的中国、俄罗斯、印度增加额度最为明显，其中中国的福利将提升13.89亿美元。这说明自贸区的成立提升了区域内国家的福利，降低了区域外国家的福利。

表6.3　上合组织自贸区成立对各国家（地区）宏观经济的影响（GTAP模型）

国家（地区）	国内生产总值变化	出口变化	进口变化	福利变化/亿美元
中国	0.25%	0.59%	0.69%	13.89
俄罗斯	0.17%	0.96%	1.55%	5.21
哈萨克斯坦	−0.01%	0.87%	1.38%	0.24
吉尔吉斯斯坦	−0.02%	4.42%	4.07%	0.15
塔乌	0.09%	1.13%	1.71%	0.54
印度	0.09%	2.14%	2.11%	4.52
巴基斯坦	−0.01%	3.72%	2.87%	0.81

---

① 本书将上合组织自贸区成立后为各成员国所带来的国内生产总值和进出口贸易的增长额度作为衡量社会福利的标准，以亿美元为单位。

续表

国家（地区）	国内生产总值变化	出口变化	进口变化	福利变化/亿美元
北美自由贸易区	−0.02%	−0.03%	−0.03%	−2.68
欧盟[1]	−0.03%	−0.04%	−0.04%	−7.97
世界其他国家[2]	−0.04%	−0.05%	−0.07%	−9.93

资料来源：作者自制。

1. 在GTAP数据库中，欧盟（EU）数据为25国之总计，25国分别为：奥地利、比利时、丹麦、芬兰、法国、德国、希腊、爱尔兰、意大利、卢森堡、荷兰、葡萄牙、西班牙、瑞典、英国、爱沙尼亚、拉脱维亚、立陶宛、波兰、捷克、斯洛伐克、匈牙利、斯洛文尼亚、马耳他和塞浦路斯。

2. 世界其他国家为GTAP 7.0数据库中除上述国家之外的所有国家。

（2）上合组织自贸区对各国家（地区）行业进出口的影响

在本研究的GTAP模型模拟过程中，贸易产品被分为八大行业/类别，分别是：农业、加工食品、矿产与资源、纺织品、汽车运输及零部件、制造业、电子类以及服务业，其中各行业/类别的具体产品如表6.4所示。

表6.4　GTAP各行业产品介绍

农业	小麦、水稻、加工大米、谷物、油料作物、植物纤维、蔬菜水果、牛羊马毛及丝等
加工食品	食物制品、饮料、烟草、牛羊马肉制品、猪、猪肉制品、奶、奶制品及糖等
矿产及资源	煤、石油、天然气、森林、金属矿产类及渔业
纺织品	纺织制品、服装、皮革等
汽车运输及零部件	机动车及零配件、交通运输设备
制造业	木制品、造纸业、金属制品、化学橡胶制品、黑色（铁类）金属及有色金属、制造产品、石化及煤炭制品
电子类	电子设备、机械设备
服务业	上述行业外其他行业

资料来源：作者自制。

利用GTAP模型展开模拟后，各成员国各行业进出口变化如表6.5所示。在上合组织自贸区成立后，上合组织成员国在各行业平均出口增幅上将均为正，而非上合组织成员国将均为负。其中有两点值得关注：一是部分上合组织成员国在其缺乏比较优势的行业增幅为负，如吉尔吉斯斯坦的汽车运输及零部件出口，二是俄罗斯和哈萨克斯坦的支柱产业矿产与资源的出口增幅在自贸区成立后将有所下降，其原因可能在于两国在自贸区内部的同质化竞争。总体上自贸区的建立有利于各成员国的出口贸易增加，但在一些不具备竞争优势的行业，各国需提前做好评估，积极制定应对策略，减少其对本国相关产业可能带来的冲击。

表6.5　上合组织自贸区成立对各国家（地区）行业出口的影响（GTAP模型）

行业	中国	俄罗斯	哈萨克斯坦	吉尔吉斯斯坦	塔乌	印度	巴基斯坦	北美自贸区	欧盟	世界其他国家
农业	1.41%	2.83%	0.88%	−4.17%	2.67%	1.21%	8.64%	0.03%	0	−0.01%
矿产与资源	3.09%	−0.6%	−0.28%	84.44%	0.89%	2.16%	13.26%	0.02%	0.06%	−0.01%
加工食品	0.37%	7.65%	4.33%	−3.3%	3.72%	1.34%	1.76%	−0.07%	−0.03%	−0.08%
纺织品	1.86%	6.03%	43.62%	31.55%	−1.64%	1.88%	4.8%	−0.09%	−0.83%	−0.52%
制造业	1.2%	3.39%	3.87%	−1.25%	2.55%	4.12%	3.12%	−0.1%	−0.05%	−0.3%
汽车运输及零部件	0	0.16%	0.07%	−4.56%	0.01%	0.07%	1.01%	−0.03%	0.04%	0.06%
电子类	−0.09%	2.56%	0.10%	1.36%	0.83%	2.20%	0.36%	−0.01%	0	0.08%
服务业	0.56%	−0.94%	−0.55%	−3.33%	0.2%	0.48%	−0.34%	0.01%	0.05%	0.08%

资料来源：作者自制。

进口方面的模拟结果如表6.6所示。随着上合组织自贸区的运转，各行业均产生了明显的贸易转移和贸易创造效应：各上合组织成员国从其他上合组织成员国进口额增幅显著提高，而一些贸易保护主义传统深厚的国家和行业，其进口额增幅将显得格外突出（例如印度和巴基斯坦的纺织品进口）；而非成员国平均进口增幅全部为负，这说明随着上合组织自贸区的成立，上合组织成员国将更多地选择区域内进口贸易取代区域外进口贸易。

表6.6 上合组织自贸区成立对各国家（地区）行业进口的影响（GTAP模型）

行业	中国	俄罗斯	哈萨克斯坦	吉尔吉斯斯坦	塔乌	印度	巴基斯坦	北美自由贸易区	欧盟	其他国家
农业	1.14%	1.69%	1.64%	7.84%	5.56%	3.55%	3.38%	−0.02%	−0.04%	−0.08%
矿产与资源	0.87%	1.93%	1.69%	4.5%	6.94%	0.43%	0.25%	−0.01%	−0.02%	−0.05%
加工食品	1.59%	1.39%	1.35%	2.29%	6.08%	1.42%	2.14%	−0.02%	−0.04%	−0.07%
纺织品	1.57%	4.98%	4.91%	4.97%	4.09%	20.44%	22.5%	−0.05%	−0.11%	−0.16%
制造业	1.14%	1.82%	2.09%	2.89%	1.16%	3.12%	3.53%	−0.04%	−0.04%	−0.09%
汽车运输及零部件	0.52%	0.69%	0.53%	3.03%	0.37%	0.89%	2.17%	−0.02%	−0.03%	−0.05%
电子类	0.28%	1.31%	0.62%	6.08%	0.99%	2.55%	2.48%	−0.05%	−0.04%	−0.05%
服务业	0.36%	0.67%	0.29%	1.65%	−0.11%	0.31%	0.35%	−0.02%	−0.05%	−0.07%

资料来源：作者自制。

（3）上合组织自贸区对各国家（地区）行业产出的影响

由表6.7可以看出，上合组织自贸区成立，对上合组织各成员国具有比较优势的行业的产出有正向的影响，如中国的农业、纺织业、制造业，俄罗斯以及中亚各国的矿产与资源行业等。这说明上合组织自贸区成立可以使各成员国更好地发挥其比较优势行业的优势，加强专业化生产。同时，成员国的部分产业发生贸易模式的转变，部分行业的贸易模式将会在一定程度上从"本国生产，出口外国"转变为"从外国进口，出口第三国"，从而使模拟结果呈现出行业产出下降，出口增长的现象，如俄罗斯、哈萨克斯坦的纺织品、巴基斯坦的制造业等。

表6.7 上合组织自贸区成立对各国家（地区）行业产出的影响（GTAP模型）

行业	中国	俄罗斯	哈萨克斯坦	吉尔吉斯斯坦	塔乌	印度	巴基斯坦	北美自由贸易区	欧盟	其他国家
农业	0.05%	−0.03%	0.11%	−0.13%	0.49%	−0.03%	0.18%	0.01%	0.01%	0.01%
矿产与资源	0	0.25%	0.25%	16.47%	0.24%	0.03%	−0.38%	0.01%	0.05%	0.02%
加工食品	−0.08%	0.37%	0.11%	−1.79%	−1.78%	0.06%	0.05%	−0.01%	0	−0.01%
纺织品	1.03%	−8.04%	−8.13%	17.88%	−2.91%	−0.77%	1.71%	0.03%	−0.25%	−0.18%
制造业	0.07%	1.12%	1.05%	−3.15%	0.35%	0.22%	−2.49%	−0.01%	0	−0.07%

续表

行业	中国	俄罗斯	哈萨克斯坦	吉尔吉斯斯坦	塔乌	印度	巴基斯坦	北美自由贸易区	欧盟	其他国家
汽车运输及零部件	−0.09%	−0.11%	−0.09%	−3.14%	−0.13%	0	−0.19%	−0.01%	0.03%	0.03%
电子类	−0.23%	−0.01%	−0.22%	0.15%	−0.22%	−0.22%	−1.46%	0.01%	0.02%	0.06%
服务业	0	−0.02%	0.02%	−0.05%	0.11%	0.05%	0.27%	0	0	0

资料来源：作者自制。

四、结论

综上所述，上合组织自贸区的成立，既具有促进各成员国的经贸发展、改善上合组织内部的经商环境、加强上合组织各成员国之间的政策协调的必要性，也因为上合组织成员国经贸关系密切，各成员国之间贸易互补性较为明显，各国合作意愿强烈、战略合作余地大，中亚安全形势向好具有可行性。在上合组织的建设中，应将焦点集中于完善中亚地区基础设施，有条件地促进中亚地区贸易自由化，加速上合组织内部投融资一体化，加强上合组织各成员国在安全、双边关系领域的政策沟通与协调，以及促进上合组织成员国之间人文交往五个方面。

GTAP模型的模拟结果显示，从总体上说，未来上合组织自贸区的建立，能够产生明显的贸易创造和贸易转移效应，对促进上合组织成员国经济和贸易的增长以及由此而来的社会福利的改善具有显著的积极作用。需要注意的是，上合组织自贸区的成立，会对经济规模较小、工业体系不完备的成员国经济产生负面作用，同时也将对各成员国国内部分比较优势不明显的产业部门产生一定的经济、社会冲击，对此需要事先做好风险评估，准备好应对措施。这些都是在上合组织自贸区运行过程中需要关注和解决的问题。

2018年8月，俄罗斯瓦尔代俱乐部欧亚项目主管T.博尔达乔夫发文表示，建设有中国参与的自贸区会使俄罗斯市场很快被"淹没在中国商品中"的观点是"不可靠的，过时了的"。他指出，发生在亚洲的经济自由化进程作为首要的地区发展趋势，将俄罗斯及其欧亚经济联盟国家排除在外，成为俄罗斯对外贸易发展，与国际市场接轨以及实现国内发展目标的障碍。他认为，由于试图保护国内市场免受神话了的"中国入侵"，俄罗斯和整个欧亚经济联盟每天都在抢占中国市场份额的竞争对手，如美国、加拿大、澳大利亚和拉美国家面前失分。况且，现在的自由贸易协定可通过例外的方式规定对特别敏感部门进行保护的做法。如果决定建设自贸区的话，现在就应该启动这一进程。①

组建上海合作组织自由贸易区不仅符合包括中国在内的所有成员国的共同利益，也是深化区域经济联系的重要途径，对各方而言都具有深远的战略意义。区域内各国间地理上的邻近性和经济上的密切性、互补性为组建自由贸易区提供了必备的条件，是自由贸易区得以建立和发展的基础。各国政府应当本着共同利益一致的原则，积极参与到组建自由贸易区的进程中来，努力为区域经济共同发展作出贡献。

第三节　亚欧经济伙伴关系愿景：中国方案

2016年6月，俄罗斯总统普京访华期间与中国国家主席习近平签署的联合声明指出，"中俄主张在开放、透明和考虑彼此利益的基础上建立欧亚全面伙伴关系，包括可能吸纳欧亚经济联盟、上海合作组织和东盟成员国加入"。② 2017年习近平主席访俄期间与普京签署的《中华人民共和国和俄罗斯联邦关于进一步深化全面战略协作伙伴关系的联合声明》进一步强调，"双方继续开展'一带一路'建设与欧亚经济联盟对接，推动签署《中华人民共和国与欧亚经济联盟经贸合作协议》。双方将在开放、透明和考虑彼此利益的基础上，为推动地区一体化进程，继续就构建'欧亚经济伙伴关系'制定相关措施。双方欢迎签署《中华人民共和国商务部与俄罗斯联邦经济发展部关于欧亚经济伙伴关系协定联合可行性研究的联合声明》"。③

---

① Бордачёв Т., «ШОС как фундамент Большой Евразии» (2 июля 2018 г.) [сайт]. URL: https://ru.valdaiclub.com/a/highlights/shos-kak-fundament-bolshoy-evrazii/?ysclid=lc0g4fcgrs868084159. (дата обращения:25.09.2022)

② 《中华人民共和国和俄罗斯联邦联合声明》，《人民日报》2016年6月26日，第2版。

③ 《中华人民共和国和俄罗斯联邦关于进一步深化全面战略协作伙伴关系的联合声明》，中国政府网，2017年7月4日，http://www.scio.gov.cn/31773/35507/htws35512/Document/1557503/1557503.htm，访问日期：2022年10月8日。

一、亚欧经济伙伴关系在世界区域经济一体化进程中的地位和作用

战后,世界范围内区域经济一体化经历了20世纪50—60年代的兴起和70—80年代的停滞以及90年代后的高潮。特别是90年代以来,随着欧洲一体化的深入发展,区域经济一体化呈现了新的发展特点,跨区域的贸易集团发展迅速,建立区域战略伙伴关系成为贸易发展的重要趋势,全世界逐步形成了欧洲、北美和东亚三大"经济圈"。

欧洲经济圈以欧盟为核心。1993年诞生的欧盟经历了20世纪50年代的欧洲煤钢共同体、经济共同体和原子能共同体并存阶段,以及20世纪60年代三大共同体合并成立欧洲共同体的阶段。1999年欧盟开始发行欧元,截至2021年年底有19个国家加入欧元区。欧盟(包括欧共体)历史上经历了6次扩张,成员国从最初的6个增加到目前的27个(2020年英国脱欧)。2021年欧盟总人口超过4.5亿,经济总量为17.1万亿美元,全球占比分别达到5.7%和17.7%,是居美、中之后的世界第三大经济体。

北美经济圈以北美自贸区为核心。1990年6月,美国总统布什提出"美洲倡议",与拉美建立"新的经济伙伴关系",将西半球自贸区提上议程。在1988年签订的《美加自由贸易协定》基础上,美国、加拿大和墨西哥于1991年开始就北美自贸区展开谈判,并于1992年12月签署自由贸易协定,1994年正式启动,而以之为蓝本的美洲自贸区(FTAA)遭遇流产。2018年11月,美、加、墨三国领导人在二十国集团布宜诺斯艾利斯峰会期间就新的美墨加自贸协定(UCMCA)达成一致,并用其取代已实施了25年的《北美自由贸易协定》。2021年北美经济圈经济总量达到26.6万亿美元,全球占比达到27.5%,覆盖全球6.3%的人口。

东亚经济圈以东盟自贸区及"10+6"为核心。20世纪60年代成立的政治组织东盟经历了1997年金融风暴之后转向区域经济合作,并于2002年正式启动东盟自贸区,2015年建成东盟经济共同体,东盟相继与中、日、韩分别签订自由贸易协定(10+3)。2009年东盟与澳大利亚和新西兰签署第四个自由贸易协定——东盟-澳大利亚-新西兰自贸协定。2014年东盟与印度签署自贸协定。2013年东盟发起与中、日、韩、新、澳、印(10+6)

模式的区域全面经济伙伴关系协定谈判。谈判临近结束，印度宣布退出。2020年11月，东盟十国以及中国、日本、韩国、澳大利亚、新西兰15个国家正式签署《区域全面经济伙伴关系协定》，标志着全球规模最大的自由贸易协定正式达成。

2008年全球金融危机爆发后，贸易保护主义重新抬头，区域经济一体化进程呈现出洲际化和大型化趋势，如亚太自贸区、跨太平洋伙伴关系和跨大西洋贸易和投资伙伴关系。三大"经济圈"之间开始出现融合发展的趋势。1993年APEC领导人开始年度非正式会晤，并于1994年设立茂物目标，即到2020年实现"自由和开放的贸易和投资"。2006年河内峰会采纳了美国总统布什的建议，将亚太自贸区（FTAAP）建设纳入APEC长期目标。2014年APEC北京峰会发表了《共建面向未来的亚太伙伴关系》声明，决定启动亚太自贸区进程，批准了实现亚太自贸区的路线图。建成后的亚太自贸区将覆盖全球1/3的人口，经济规模和贸易总额超过全球的一半，将是世界上最大和最具活力的地区。太平洋将北美洲、南美洲、大洋洲、亚洲21个经济体联系起来。此外，美国在全球金融危机之后也将区域经济一体化建设提上了重要议事日程，以期推动经济增长和就业增加，维持其世界经济霸主地位。2013年6月美国与欧盟宣布正式启动跨大西洋贸易和投资伙伴关系协定谈判，截至2016年7月该协定已经完成了13轮谈判。与此同时，2013年美国联合欧盟、日本等21个国家和地区启动了多边服务业协议谈判。TTIP和PSA将加强美国在全球经济规则制定过程中的地位。21世纪初，欧盟实行囊括后苏联空间六国的"东方伙伴关系"计划，与之建立"深入和全面的自贸区"（DCFTA）。为了保住传统势力范围，俄罗斯加快推进欧亚经济一体化进程，在2001年成立的俄罗斯、白俄罗斯、哈萨克斯坦、吉尔吉斯斯坦、塔吉克斯坦组成的欧亚经济共同体基础上，于2010年启动了俄、白、哈三国关税同盟。2014年关税同盟转型为欧亚经济联盟，亚美尼亚和吉尔吉斯斯坦相继在2015年成为欧亚经济联盟的正式成员国。

亚欧经济伙伴关系就是中俄两国在这一世界区域经济一体化发展大趋势的基础上提出来的重大倡议。亚欧经济伙伴关系将成为继RCEP和CPTPP之后第三个也是最大的洲际超级区域经济一体化联合体，以"一带一路"为纽带，整合欧亚经济联盟、上合组织经济合作、东盟乃至《区域全面伙伴关系协定》等亚欧地区现有众多经济一体化进程，实现亚太经济圈与欧洲经济圈的融合发展，辐射中亚、西亚和南亚地区。亚欧经济伙伴关系实现突破性发展对代表广大发展中国家利益的欧亚地区新兴经济体来说具有重大地缘经济意义，对推动全球经济体系的改革和发展中国家参与全球经济贸易规则的制定具有重大现实意义。

二、亚欧经济伙伴关系："一带一路"与"大欧亚伙伴关系"融合发展

亚欧经济伙伴关系以丝绸之路经济带与欧亚经济联盟合作为基础，整合欧亚经济联盟、上合组织经济合作、东盟等经济一体化机制，消除了"意大利面碗效应"，实现俄罗斯"大欧亚伙伴关系"倡议和中国"一带一路"倡议的有机结合和相互补充，共同致力区域经济一体化发展。从普京等俄罗斯国家领导人的讲话可以判断，普京提出的"大欧亚伙伴关系"致力于欧亚区域经济一体化发展。而中国提出的"一带一路"倡议和自由贸易区倡议也是基于周边国家欧亚地区的经济一体化发展。因此二者殊途同归。

1. 俄罗斯主导的欧亚经济一体化：从"小欧亚"到"大欧亚"

2011年10月，俄罗斯《消息报》发表普京的文章《欧亚新的一体化计划：未来诞生于今天》，提出了在后苏联空间建立"欧亚联盟"的设想。其实，进入21世纪以来，俄罗斯一直在力推欧亚经济一体化进程，如独联体自由贸易区、欧亚经济共同体、俄白哈关税同盟和统一经济空间。2014年5月，在关税同盟基础上签署了《欧亚经济联盟条约》。亚美尼亚和吉尔吉斯斯坦相继在2015年加入欧亚经济联盟。欧亚经济联盟是俄罗斯主导的以俄、白、哈关税同盟为基础的后苏联空间经济一体化进程，协调和统一经济政策的目标是统一经济空间，统一货币，建立共同能源市场，实现商品和服务、资本和劳动力的自由流动，进而"把欧洲与充满生机和活力的亚太地区联系起来"。普京尝试"在整个亚欧大陆范围内实现'和谐的'自由贸易和市场开放原则"，目的是"改变整个大陆的地缘政治和地缘经

济格局"。① 他表示，"这种力量的联合可以使我们并非简单地融入全球经济和贸易体系，而是也现实地参与决策进程，以及游戏规则和未来架构的设计"。哈萨克斯坦首任总统纳扎尔巴耶夫也表示，要让欧亚经济联盟成为联系"欧盟与东亚、东南亚和南亚迅速发展经济体的桥梁"。②

为了摆脱经济颓势，突破西方经济封锁，应对TPP和TTIP，俄罗斯主导的欧亚经济联盟开始寻求与上合组织、东盟加强经济合作并与中国丝绸之路经济带倡议进行对接。普京在2015年不失时机地将这种对接看作"在整个亚欧大陆形成共同经济空间"，并建议欧亚经济联盟一起与上合组织和东盟成员国以及正在加入上合组织的国家就建立可能的经济伙伴关系进行磋商。2016年5月，普京在俄罗斯-东盟对话系列会议上不仅强调了欧亚经济联盟与东盟建设自贸区的重要性，而且还指出欧亚经济联盟、东盟、上合组织和"一带一路"相互合作"是一个具有前景的区域经济一体化方向"，要在此基础上形成"广泛的跨国伙伴关系"。2016年6月，普京在圣彼得堡国际经济论坛上将此进一步明确为"大欧亚伙伴关系"，且表示"大欧亚伙伴关系"在地域上包括中国、印度、巴基斯坦、伊朗和独联体国家等。同时他还表示，"大欧亚伙伴关系"计划无疑是开放的，包括对欧洲开放，希望欧洲人能够参与到"大欧亚伙伴关系"计划中来。他表示，"大欧亚伙伴关系"可以从部门合作和投资管控，以及技术、检验检疫标准的非关税措施、海关程序、知识产权保护的便利化和规则统一化开始，将来逐步降低直至取消关税限制。2022年5月，他表示，"制定大欧亚伙伴关系综合发展战略的条件已经成熟"，该综合战略要充分反映当前的国际局势，明确发展前景和目标以及实施手段和机制。③

2. "一带一路"：发展更高水平、更深层次的区域经济合作关系

2015年3月中国国务院授权国家发改委、商务部和外交部共同发布的《推动共建丝绸之路经济带和21世纪海上丝绸之路的愿景与行动》明确指

---

① Путин В., «Новый интеграционный проект для Евразии – будущее рождается сегодня». «Известия», 3 октября 2011 года.

② Назарбаев Н., «Евразийский Союз: от идеи к истории будущего». «Известия», 25 октября 2011 года.

③ Выступление на пленарном заседании I Евразийского экономического форума(26 мая 2022 г.) [сайт]. URL: http://www.kremlin.ru/events/president/news/68484. (дата обращения:16.10.2022)

出,"共建'一带一路'旨在促进经济要素有序自由流动、资源高效配置和市场深度融合,推动沿线各国实现经济政策协调,开展更大范围、更高水平、更深层次的区域合作,共同打造开放、包容、均衡、普惠的区域经济合作架构"。

共建"一带一路"致力于亚欧非大陆及附近海洋的互联互通,建立和加强共建各国互联互通伙伴关系。"一带一路"贯穿亚欧非大陆,一头是活跃的东亚经济圈,另一头是发达的欧洲经济圈,中间广大腹地国家经济发展潜力巨大。丝绸之路经济带重点畅通中国经中亚、俄罗斯至欧洲(波罗的海);中国经中亚、西亚至波斯湾、地中海;中国至东南亚、南亚、印度洋。21世纪海上丝绸之路重点方向是从中国沿海港口过南海到印度洋,延伸至欧洲;从中国沿海港口过南海到南太平洋。"一带一路"建设将努力实现区域基础设施更加完善,安全高效的陆海空通道网络基本形成,互联互通达到新水平;投资贸易便利化水平进一步提升,高标准自由贸易区网络基本形成,经济联系更加紧密。

建设"一带一路"的重点是实现政策沟通、设施联通、贸易畅通、资金融通、民心相通。"其中,投资贸易合作是'一带一路'建设的重点内容。宜着力研究解决投资贸易便利化问题,消除投资和贸易壁垒,构建区域内和各国良好的营商环境,积极同沿线国家和地区共同商建自由贸易区,激发释放合作潜力,做大做好合作'蛋糕'。"宜重点加强海关合作,以及检验检疫、标准计量等方面的双多边合作,降低非关税壁垒,提高贸易自由化便利化水平;拓宽贸易领域,优化贸易结构,创新贸易方式,把投资和贸易有机结合起来,以投资带动贸易发展;加快投资便利化进程,消除投资壁垒;拓展相互投资领域,推动新兴产业合作,优化产业链分工布局,提升区域产业配套能力和综合竞争力。

加快实施自由贸易区战略是我国新一轮对外开放的重要内容,也是我国适应经济全球化新趋势的客观要求,是全面深化改革、构建开放型经济新体制的必然选择。为加快实施自由贸易区战略,国务院发布了《关于加快实施自由贸易区战略的若干意见》。其宗旨是通过自由贸易区扩大开放,提高开放水平和质量,深度参与国际规则制定,拓展开放型经济新空间,形成全方位开放新格局。"重点加快与周边、'一带一路'沿线以及产能合作重点国家、地区和区域经济集团商建自由贸易区",形成"一带一路"大市场,将"一带一路"打造成畅通之路、商贸之路、开放之路,争取同大部分新兴经济体、发展中大国、主要区域经济集团和部分发达国家建立自由贸易区,构建金砖国家大市场、新兴经济体大市场和发展中国家大市场等。

3."一带一路"与"大欧亚伙伴关系"并行不悖,相向而行,协调发展

2019年中俄两国签署的《关于发展新时代全面战略协作伙伴关系的联合声明》正式明确了中国对俄罗斯"大欧亚伙伴关系"倡议的支持,"双方认为,'一带一路'倡议同大欧亚伙伴关系可以并行不悖,协调发展,共同促进区域组织、双多边一体化进程,造福亚欧大陆人民"。[1] 2021年6月,《中华人民共和国和俄罗斯联邦关于〈中俄睦邻友好合作条约〉签署20周年的联合声明》再次重申了"落实中俄两国元首关于并行不悖、协调发展'一带一路'倡议和'大欧亚伙伴关系'的共识"。[2] 不能不承认,俄罗斯"大欧亚"战略更多地具有与西方对抗的性质,同时也表达了其为大欧亚地区提供安全保障公共产品的意愿,俄罗斯"大欧亚伙伴关系"构想的许多内容有助于中国"一带一路"建设,以及新型国际关系和人类命运共同体的构建。

(1) 以上合组织为平台符合中俄两国利益

俄罗斯希望上合组织成为"大欧亚"战略的制度模式。2020年俄罗斯作为上合组织轮值主席国的重要任务之一,就是促进各国发展战略和多边一体化项目潜力的协同,确立上合组织为在欧亚地区建设广泛、平等和互利合作空间的重要支柱,保障"大欧亚伙伴关系"思想下的可靠安全和稳定发展,并将"大欧亚伙伴关系"范畴正式纳入《上海合作组织成员国元首理事会莫斯科宣言》。中国更是将上合组织看作构建新型国际关系的典

---

[1] 《中华人民共和国和俄罗斯联邦关于发展新时代全面战略协作伙伴关系的联合声明》,中国政府网,2019年6月6日,http://www.gov.cn/xinwen/2019-06/06/content_5397865.htm,访问日期:2022年10月20日。

[2] 《中华人民共和国和俄罗斯联邦关于〈中俄睦邻友好合作条约〉签署20周年的联合声明》,《人民日报》2021年6月29日,第2版。

范,并倡议率先在上合组织范围内构建人类命运共同体。2018年习近平强调齐心协力构建上海合作组织命运共同体,推动建设新型国际关系。2018年上合组织正式确立了构建人类命运共同体理念。人类命运共同体理念要求发展开放型世界经济,发展全球自由贸易和投资,推动经济全球化朝着更加开放、包容、普惠、平衡、共赢的方向发展。

不仅如此,2015年中俄签署的《关于丝绸之路经济带建设和欧亚经济联盟建设对接合作的联合声明》明确强调了上合组织在实现两大项目战略对接合作中的平台作用。[①]同年12月,《中俄总理第二十次定期会晤联合公报》明确指出,双方认为上海合作组织是实现丝绸之路经济带建设与欧亚经济联盟建设对接的最有效平台。李克强总理在上海合作组织成员国政府首脑(总理)理事会第十四次会议上建议将上合组织打造成丝绸之路经济带建设的安全、产能、互联互通、金融、区域贸易、社会民生六大合作平台。上合组织其他成员国也积极谋求与"一带一路"合作,与中国签署了共建"一带一路"合作文件。2017年习近平在上海合作组织成员国元首理事会第十七次会议上的讲话中表示,"中方和有关各方正积极推动'一带一路'建设同欧亚经济联盟建设等区域合作倡议以及哈萨克斯坦'光明之路'等各国发展战略对接,上海合作组织可以为此发挥重要平台作用"。

(2)"大欧亚伙伴关系"与"一带一路"和"人类命运共同体"构想并行不悖

普京表示,"大欧亚伙伴关系"的基础是欧亚经济联盟、"一带一路"、上合组织、东盟等一体化机构潜力的合成,要推动签署欧亚贸易便利化协定,在整个亚欧大陆范围内实现"和谐的"自由贸易和市场开放原则。"大欧亚共同体"的设计师C.卡拉甘诺夫认为,"大欧亚伙伴关系"将通过逐步形成的囊括整个亚欧大陆的自由贸易区来实现共同富裕,制定协商一致的大欧亚交通战略,建立稳定的金融秩序,实现跨境贸易和投资本币结算,建立独立的支付体系和欧亚互助组织。这与中国推进共建"一带一路"倡议和实行面向全球的高质量自由贸易区战略具有相似之处,二者的结合构

---

① 《中华人民共和国与俄罗斯联邦关于丝绸之路经济带建设和欧亚经济联盟建设对接合作的联合声明》,新华网,2015年5月9日,http://www.xinhuanet.com/world/2015-05/09/c_127780866.htm,访问日期:2022年10月10日。

成亚欧经济伙伴关系的主要内容。他还表示,"大欧亚伙伴关系"将遵循如下基本原则:尊重主权和领土完整,维护和平与稳定;尊重政治多元化,拒绝干涉内政;经济开放,互利共赢;政治稳定,防止冲突;文化多样性,文明对话;等等。这与中国提倡的构建新型国际关系和人类命运共同体具有很多一致性。

中国的"一带一路"倡议与俄罗斯的"大欧亚伙伴关系"倡议在推进地区一体化进程方面具有一致性的目标。2019年普京表示,"中国'一带一路'倡议与俄罗斯建设'大欧亚伙伴关系'的思想彼此呼应……有着共同的根源……两大构想所包含的全部内容让我们加强大陆的经济合作"。[①] 2022年2月中俄两国签署的《关于新时代国际关系和全球可持续发展的联合声明》再次重申,"双方将积极推进共建'一带一路'与欧亚经济联盟对接合作,深化中国同欧亚经济联盟各领域务实合作。提高亚太地区和欧亚地区互联互通水平。双方愿继续推动共建'一带一路'和'大欧亚伙伴关系'建设并行不悖、协调发展,推动区域组织发展及双多边经济一体化进程,造福亚欧大陆各国人民"。[②]

(3)共建亚欧经济伙伴关系

2020年年底中国参与《区域全面经济伙伴关系协定》标志着欧亚地区作为世界经济发动机的亚太经济圈和世界最大经济体欧盟之间最大共同经济空间的初步形成。此外,中国正积极谋求加入CPTPP,届时这一自由贸易共同经济空间将进一步跨越太平洋。如果上合组织框架内实现自由贸易,那么这一共同经济空间将会与欧盟连成一体,成为全球最大的自由贸易区。为此,中俄在2016年签署的联合声明表示,将在欧亚经济联盟、上合组织、东盟成员国参加的基础上构建"欧亚全面伙伴关系",2017年进一步聚焦为经济一体化进程,构建"欧亚经济伙伴关系",即以"一带一路"与欧亚经济联盟对接合作为抓手,硬件基础设施和软件基础设施两方

---

① Выступление В. Путина во втором Международном форуме «Один пояс, один путь» (26 апреля 2019 г.) [сайт]. URL: www.kremlin.ru/events/president/news/60378. (дата обращения:15.11.2022)

② 《中华人民共和国和俄罗斯联邦关于新时代国际关系和全球可持续发展的联合声明》,《人民日报》2022年2月5日,第2版。

面对接齐头并进，共同开辟"欧亚共同经济空间"，构建欧亚经济伙伴关系。硬件基础设施对接，即加强互联互通建设，实现跨境对接，打通亚欧大陆六条大经济走廊和环绕亚欧大陆的两条蓝色经济通道；软件基础设施对接，即规则、标准、法律基础等的对接和统一，优化市场软环境，推进贸易和投资便利化自由化，消除各种要素在不同经济体之间自由流动的障碍。

俄罗斯"大欧亚伙伴关系"从地域上覆盖整个欧亚地区。主张"欧亚经济联盟、上合组织、东盟与'一带一路'对接"，坚持欧亚经济联盟与东盟建立自贸区。普京还表示，"大欧亚伙伴关系"计划也是向欧洲开放的，并希望欧洲参与"大欧亚伙伴关系"计划。中国的"21世纪海上丝绸之路"从中国沿海港口过南海到印度洋，延伸至欧洲，向北与俄罗斯的北方海航线对接经北冰洋进入欧洲，圈起整个亚欧大陆；而陆上的"丝绸之路经济带"将通过六大经济走廊开辟整个亚欧大陆的"共同经济空间"。

俄罗斯"大欧亚伙伴关系"致力于区域经济一体化发展。俄罗斯主导的旨在推进欧亚经济一体化进程的欧亚经济联盟突破后苏联空间，以欧亚经济联盟与丝绸之路经济带合作为契机，改变了对在上合组织空间内建设自贸区的立场，尝试与东盟建设自贸区。目前，欧亚经济联盟正在与中国建立对话机制，与越南已经签署自由贸易协定，与印度已经启动自贸区谈判，与新加坡、印尼、泰国、马来西亚等计划研究自由贸易的可能性。中国的"一带一路"意在进一步提升投资贸易便利化水平，形成经济联系更加紧密的高标准自由贸易区。根据国务院发布的《关于实施自由贸易区战略的若干意见》，中国要"全方位参与自由贸易区等各种区域贸易安排合作，重点加快与周边、'一带一路'沿线以及产能合作重点国家、地区和区域经济集团商建自由贸易区"。提出的任务目标是"近期加快正在进行的自由贸易区谈判进程"，"积极推动与我国周边大部分国家和地区建立自由贸易区"；"中长期，形成包括邻近国家和地区、涵盖'一带一路'沿线国家以及辐射五大洲重要国家的高标准全球自由贸易区网络"。截至2023年年初，中国与东盟、韩国、澳大利亚、新西兰、瑞士等21个经济体签署了自由贸易（包括升级版）和更紧密贸易关系协定，正在谈判的自贸区有10个（包括升级版），另有8个自贸区正在研究，还参加了1个优惠贸易安排——《亚太贸易协定》。

三、区域全面经济伙伴关系经验借鉴

区域全面经济伙伴关系谈判于2012年在柬埔寨首都金边正式启动。谈判成员国包括东盟十国、中国、日本、韩国、印度、澳大利亚和新西兰。2020年11月，除印度之外的15个国家签署了世界规模最大和成员国最多的自由贸易协定，旨在通过整合现有资源，加强区域经济贸易合作，全面实现亚太地区的贸易和投资自由化，推动地区经济的繁荣发展。

区域全面经济伙伴关系涵盖的主要谈判议题有货物贸易、服务贸易、投资、经济技术合作、知识产权、竞争政策、争端解决机制和其他根据形势需要加入的谈判内容。区域全面经济伙伴关系谈判基于以下核心原则加以推进：第一，确保谈判内容符合WTO等多边贸易体制的监管规定，并在同成员国之间现有的自由贸易协定内容相互兼容的基础上，在货物贸易、服务贸易、投资和其他议题上达成更加广泛和深入的贸易自由化承诺；第二，鉴于不同国家在经济发展水平上的差异，考虑引入灵活的安排机制和差别待遇条款，并对发展中国家和最不发达国家给予技术援助并帮助其进行能力建设，确保所有谈判成员国能够参与谈判，履行《区域全面经济伙伴关系协定》的权利和义务，分享谈判成果；第三，通过实现区域内部贸易自由化和投资便利化，增强贸易和投资的透明度，以利于各成员国全面参与全球和地区价值链；第四，关于投资议题谈判主要包括投资保护、促进、便利和自由化四方面内容，旨在构建自由、便利和竞争性的投资环境；第五，在取得谈判成员国一致同意的基础上，可以吸引其他外部伙伴国加入。

区域全面经济伙伴关系谈判经历了诸多挑战，克服了诸多困难。首先，各国经济发展阶段不同，贸易自由化水平存在显著差异。最终由部分国家先行作出高水平开放承诺，给予其他欠发达国家更多的灵活安排和较长的过渡期，双轨推进《区域全面经济伙伴关系协定》谈判进程。其次，部分谈判国家之间缺乏政治互信，会干扰自由贸易协定谈判的推进。中日、日韩等国克服了历史遗留问题、领土纠纷等造成的影响，各国政府最终拿出智慧，推动相互谅解，为推动《区域全面经济伙伴关系协定》谈判的推进营造了良好的政治氛围。最后，部分国家还克服了国内敏感行业中利益集团和非政府组织阻挠和反对贸易自由化声浪。

四、亚欧经济伙伴关系的定位和基本原则

1. 关于欧亚的几个概念界定

欧亚：俄罗斯语境中的"欧亚"概念系"欧洲"和"亚洲"的合成词Евразия（Eurasia），意为横跨欧亚两大洲的俄罗斯帝国，并表达了与西欧的亲密关系。苏联解体后使用的Евразия主要指整个后苏联空间，如欧亚经济共同体和欧亚经济联盟，意在在后苏联空间推进俄罗斯主导的欧亚经济一体化进程。俄罗斯主导的地区（Русский мир），有俄罗斯学者称之为"小欧亚"。笔者站在亚洲的角度看"欧亚"，应叫作"亚欧"（Азиатско-еврапейский / Asia-Europe）。

欧亚经济联盟和欧亚经济一体化（Евразийский экономический союз и Евразийская экономическая интеграция）：俄罗斯在2000年后主导推进的后苏联空间的经济一体化进程，其中包括独联体自贸区、欧亚经济共同体、俄白哈关税同盟，以及2014年成立的欧亚经济联盟。目前欧亚经济联盟成员国有俄罗斯、哈萨克斯坦、白俄罗斯、亚美尼亚和吉尔吉斯斯坦5个国家。

大欧亚伙伴关系（Большое Евразийское партёрство, БЕП）：俄罗斯总统普京于2016年6月在第20届圣彼得堡国际经济论坛上第一次确认的概念，其意思是在欧亚经济联盟、上合组织、东盟与"一带一路"合作基础上形成"大欧亚伙伴关系"，其中包括中国、印度、巴基斯坦、伊朗、独联体国家、欧洲和东盟国家，当然也不排除日本和韩国。

欧亚全面伙伴关系：2016年6月《中俄联合声明》表示，中俄主张建立包括欧亚经济联盟、上海合作组织和东盟成员国在内的开放、透明和考虑彼此利益的欧亚全面伙伴关系。这一称谓在俄语版《中俄联合声明》中的表述为Евразийское всеобъемлющее партнёнство。笔者尊重俄罗斯语境中的意涵。

中国–欧亚经济联盟全面经济贸易伙伴关系：2015年5月中俄《关于丝绸之路经济带建设和欧亚经济联盟建设对接合作的联合声明》表示，"双方支持启动中国与欧亚经济联盟对接丝绸之路经济带建设与欧亚经济一体化的对话机制"。① 2016年6月，普京将这一对话机制进一步明确为"关于在欧亚地区建立包括欧亚经济联盟成员国和中国参与的全面经济贸易伙伴关系"（Всеобъемлющее торгово-экономическое партнёрство между Китаем и ЕАЭС）。②

欧亚经济伙伴关系（Евразийское экономическое партнёрство, ЕАЭП）和亚欧经济伙伴关系（Азиатско-Европейское экономическое партнёрство, АЕЭП）：2017年6月中俄《关于进一步深化全面战略协作伙伴关系的联合声明》进一步强调，"双方将在开放、透明和考虑彼此利益的基础上，为推动地区一体化进程，继续就构建'欧亚经济伙伴关系'制定相关措施。双方欢迎签署《中华人民共和国商务部与俄罗斯联邦经济发展部关于欧亚经济伙伴关系协定联合可行性研究的联合声明》"。③ 笔者将站在亚洲和中国的角度研究"亚欧经济伙伴关系"。

2. 亚欧经济伙伴关系定位

亚欧经济伙伴关系是中俄两国在世界区域经济一体化发展大趋势的基础上，根据习近平主席"一带一路"倡议和普京总统"大欧亚伙伴关系"倡议以及我国实施自由贸易区战略，共同提出来的重大倡议。亚欧经济伙伴关系以"一带一路"为纽带，以丝绸之路经济带对接欧亚经济联盟，21世纪海上丝绸之路贯穿东盟和欧盟，六大经济走廊畅通亚太经济圈和欧洲经济圈为基本框架，整合欧亚经济联盟、上合组织经济合作、东盟乃至《区域全面经济伙伴关系协定》等亚欧地区现有众多经济一体化进程，意在消除"意大利面碗效应"，实现亚太经济圈与欧洲经济圈的融合发展，辐射中亚、西亚和南亚地区。亚欧经济伙伴关系将成为继RCEP、CPTPP、

---

① 《中华人民共和国与俄罗斯联邦关于丝绸之路经济带建设和欧亚经济联盟建设对接合作的联合声明》，《人民日报》2015年5月9日，第2版。

② Выступление В. Путина 17 июня 2016 года на пленарном заседании XX Петербургского международного экономического форума [сайт]. URL: http://www.kremlin.ru/events/president/news/52178. (дата обращения:10.11.2022)

③ 《中华人民共和国和俄罗斯联邦关于进一步深化全面战略协作伙伴关系的联合声明》，上海合作组织，2017年7月4日，http://www.scio.gov.cn/31773/35507/htws35512/Document/1557503/1557503.htm，访问日期：2022年11月24日。

APEC等之后又一个洲际超级区域经济一体化联合体。亚欧经济伙伴关系是俄罗斯"大欧亚"战略构想与中国"一带一路"倡议的相互结合，其地缘经济战略目标是在整个亚欧地区实现基础设施互联互通，经济一体化发展，商品、资本、技术和服务自由流通，使得经济资源在整个亚欧地区实现有效配置，从而为全球经济规则的制定和世界经济的发展作出自己的贡献。如果亚欧经济伙伴关系能够实现突破性发展，那么其对代表广大发展中国家利益的亚欧地区新兴经济体来说具有重大地缘经济意义，对推动全球经济体系的改革和对发展中国家参与全球经济贸易规则的制定具有重大现实意义。

亚欧经济伙伴关系旨在在遵循WTO基本规则的前提下，在整个亚欧地区达成自由贸易协定，通过整合现有资源，加强区域经济贸易合作，全面实现整个亚欧地区的贸易和投资自由化，推动地区经济的繁荣发展。涉及的主要谈判议题可以包括货物贸易、服务贸易、投资、经济技术合作、知识产权、竞争政策、争端解决机制和其他根据形势需要加入的谈判内容。

3. 亚欧经济伙伴关系的基本原则

由于整个亚欧地区经济多样性、安全复杂性以及宗教、文化传统多样性，亚欧经济伙伴关系谈判在坚持统一性原则的前提下，也必须具有一定的灵活性。鉴于此，亚欧经济伙伴关系谈判应坚持以下基本原则。

第一，开放合作，和谐包容。宜尊重各国发展道路和模式的选择，求同存异，谋求区域经济繁荣发展。亚欧经济伙伴关系倡议虽然是中俄两国提出来的重大倡议，以中国–欧亚经济联盟全面经济贸易伙伴关系为基础，但其同时向独联体、上合组织、东盟和欧盟开放，其他欧洲和亚洲感兴趣的国家、区域组织均可参与。在取得谈判成员国一致同意的基础上，其他外部伙伴国可以加入。

第二，互利共赢，共同发展。所有参加国应一律平等，兼顾各方利益和关切，考虑发展中经济体和最不发达经济体的实际情况，寻求利益契合点和合作最大公约数，体现各方智慧和创意，各施所长，各尽所能，充分发挥各方优势和潜力，努力构建互利共赢的自由贸易区网络。

第三，确保谈判内容符合WTO等多边贸易体制的基本规则，坚持透明度原则和非歧视原则，在同成员国之间现有的自由贸易协定内容相互兼容的基础上，在货物贸易、服务贸易、投资和其他议题上达成更加广泛和深入的贸易自由化承诺，最终实现贸易和投资自由化。

第四，正确处理统一性和灵活性的辩证关系。鉴于不同国家在经济发展水平上的差异，可以考虑引入灵活的安排机制和差别待遇条款，并对发展中国家和最不发达国家给予技术援助和能力建设方面的帮助，确保所有谈判成员国能够参与谈判，履行自由贸易协定的权利和义务，分享谈判成果。为此，俄罗斯总统普京建议，根据不同国家准备程度不同，"我们可以依靠一系列双边和多边层面合作深度、速度和水平以及市场开放程度不等的贸易协定"，就某些领域的合作项目达成一致，"为共同和谐发展奠定基础"。[①] 他还认为，目前亚欧地区出现的多个一体化进程相互补充成为一体化网络，包括自贸区在内的一系列多边和双边协定，可以成为建设"大欧亚伙伴关系"的基础。

第五，通过实现区域内部贸易自由化和投资便利化，增强贸易和投资的透明度，促进各成员国全面参与全球和地区价值链。关于投资议题的谈判主要包括投资保护、促进、便利和自由化四方面内容，旨在构建自由、便利和竞争性的投资环境。

五、亚欧经济伙伴关系的内容

俄罗斯总统普京在2016年9月东方经济论坛上透露，欧亚经济联盟的同事们正在研究综合而务实的建议，涉及调控指标，统一管理程序，取消贸易壁垒，支持商品和投资流动、技术和生产合作，保护知识产权，进行基础设施建设，等等。[②] 根据国务院发布的《关于实施自由贸易区战略的若

[①] Выступление В. Путина 17 июня 2016 года на пленарном заседании XX Петербургского международного экономического форума [сайт]. URL: http://www.kremlin.ru/events/president/news/52178. (дата обращения:12.11.2022)

[②] Выступление В. Путина 3 сентября 2016 года на пленарном заседании Восточного экономического форума[сайт]. URL: http://www.kremlin.ru/events/president/news/52808. (дата обращения:11.11.2022)

干意见》，① 亚欧经济伙伴关系体现为以自贸区为核心的全面经济贸易合作伙伴关系。其内容应包括以下几个方面。

1. 提高货物贸易规模

建议稳步扩大与伙伴国货物贸易双向市场准入，合理设计原产地规则，与伙伴国共同削减关税和非关税壁垒，相互开放货物贸易市场，实现互利共赢，促进与伙伴国贸易发展，推动构建更高效的全球和区域价值链。

2. 扩大服务贸易

建议在与伙伴国协商一致的基础上，逐步推进以负面清单模式开展谈判，积极扩大服务业开放，推进服务贸易便利化和自由化。稳步扩大与伙伴国服务贸易双向市场准入，一方面推进我国金融、教育、文化、医疗等服务业领域有序开放，放开育幼养老、建筑设计、会计审计、商贸物流、电子商务等服务业领域外资准入限制；另一方面加快发展我国对外文化贸易，创新对外文化贸易方式，更好地推动中华文化"走出去"。

3. 放宽投资准入

建议加快与伙伴国投资领域谈判，有序推进以准入前国民待遇加负面清单模式开展谈判。在维护好我国作为投资东道国利益和监管权的前提下，为我国投资者"走出去"营造更好的市场准入和投资保护条件，实质性改善我国与伙伴国双向投资准入。积极稳妥推进人民币资本项目可兑换的各项试点，便利境内外主体跨境投融资。加强与伙伴国货币合作，促进贸易投资便利化。

4. 推进规则谈判

建议参照国际通行规则及其发展趋势，结合我国发展水平和治理能力，加快推进知识产权保护、环境保护、电子商务、竞争政策、政府采购等新议题谈判。知识产权保护方面，为我国企业"走出去"营造更加公平的知识产权保护环境，推动各方完善知识产权保护制度，加大知识产权保护和执法力度，增强企业和公众的知识产权保护意识，提升我国企业在知

---

① 《国务院关于加快实施自由贸易区战略的若干意见》，中国政府网，2015年12月17日，http://www.gov.cn/zhengce/content/2015-12/17/content_10424.htm，访问日期：2022年12月1日。

识产权保护领域的适应和应对能力。环境保护方面,加强环境保护立法和执法工作,借鉴国际经验探讨建立有关环境影响评价机制的可行性,促进贸易、投资与环境和谐发展。电子商务方面,推动我国与伙伴国电子商务企业的合作,营造对彼此有利的电子商务规则环境。竞争政策方面,发挥市场在资源配置中的决定性作用,促进完善我国竞争政策法律环境,构建法治化、国际化的营商环境。政府采购方面,条件成熟时与伙伴国在自由贸易区框架下开展政府采购市场开放谈判,推动政府采购市场互惠对等开放。

5. 提升贸易便利化水平

建议加强原产地管理,推进电子联网建设,加强与伙伴国原产地电子数据交换,积极探索在更大范围实施经核准出口商原产地自主声明制度。改革海关监管、检验检疫等管理体制,加强关检等领域合作,逐步实现国际贸易"单一窗口"受理。简化海关通关手续和环节,加速放行低风险货物,加强与伙伴国海关的协调与合作,推进实现"经认证经营者"互认,提升通关便利化水平。提高检验检疫效率,实行法检目录动态调整。加快推行检验检疫申报无纸化,完善检验检疫电子证书联网核查,加强与自由贸易伙伴电子证书数据交换。增强检验检疫标准和程序的透明度。

6. 推进规制合作

建议加强与伙伴国就各自监管体系的信息交换,加快推进在技术性贸易壁垒、卫生与植物卫生措施、具体行业部门监管标准和资格等方面的互认,促进在监管体系、程序、方法和标准方面适度融合,降低贸易成本,提高贸易效率。

7. 推动自然人流动便利化

建议配合我国"走出去"战略的实施,推动自然人流动便利化,如简化签证手续直至互免签证,为我国境外投资企业的人员出入境提供更多便利条件。

8. 加强经济技术合作

建议不断丰富欧亚全面伙伴关系建设内涵,适当纳入产业合作、发展合作、全球价值链等经济技术合作议题,推动我国与伙伴国的务实合作。

9. 争端解决机制

应坚持国际惯例，以WTO争端解决机制为基本原则，但同时也必须考虑亚欧地区政治经济制度、社会发展多样性的特点，因地制宜，对国际惯例适当创新，使得争端得到圆满、快捷、高效的解决。

六、亚欧经济伙伴关系建设路线图

亚欧经济伙伴关系建设路线图需要着重解决建设的抓手、平台、出发点和建设的阶段等问题。

1. 以丝绸之路经济带和欧亚经济联盟合作为抓手，硬件基础设施和软件基础设施两方面对接齐头并进

2015年5月中俄两国元首在莫斯科签署的《关于丝绸之路经济带建设和欧亚经济联盟建设对接合作的联合声明》已经将对接合作的最终目标设定为开辟整个亚欧大陆的"共同经济空间"。[①] 开辟共同经济空间可以从软件基础设施和硬件基础设施两个方面同时进行。软件基础设施对接，即贸易、投资规则、技术标准、法律基础、海关监管等的对接和相互适应。目的是优化市场软环境，推进贸易和投资便利化、自由化，减少乃至消除有形和无形的贸易壁垒，消除各种要素在不同经济体之间自由流动的障碍。硬件基础设施对接，主要是指通过各种方式，加强互联互通建设，促进各相关国家之间加快交通、能源、信息等基础设施的网络化建设和跨境对接，打造跨欧亚物流运输体系，为畅通物流、人流和信息流提供硬件基础。为此，2015年3月发布的《推动共建丝绸之路经济带和21世纪海上丝绸之路的愿景与行动》和2017年发布的《"一带一路"建设海上合作设想》规划了新亚欧大陆桥、中俄蒙、中巴等六大经济走廊和三条蓝色经济通道，以畅通亚欧大陆共同经济空间。

2. 以上合组织为平台，推进亚欧区域经济一体化发展

2015年12月签署的《中俄总理第二十次定期会晤联合公报》明确指出，"双方认为上海合作组织是实现丝绸之路经济带建设与欧亚经济联盟建设

---

① Заявления для прессы по итогам российско-китайских переговоров (8 мая 2015 г.) [сайт]. URL: http://www.kremlin.ru/events/president/transcripts/49433. (дата обращения:12.12.2022)

对接的最有效平台"。① 中俄《关于丝绸之路经济带建设和欧亚经济联盟建设对接合作的联合声明》明确规定，在交通基础设施、物流和多式联运方面加强互联互通。扩大投资贸易合作，实现贸易便利化，优化贸易结构；促进相互投资便利化和产能合作。促进金融合作，实现货币互换和本币结算，深化项目和贸易融资；推动区域和全球多边合作。这些合作方向与上合组织区域经济合作方向是高度一致的。更重要的是，上合组织的地域空间已经包含了欧亚经济联盟成员国。上合组织九个成员国、三个观察员国和十四个对话伙伴国都是丝绸之路经济带重要共建国家，遍布整个亚欧大陆的六大经济走廊。上合组织不仅发表宣言"支持中国关于建设丝绸之路经济带的倡议"，而且"认为该倡议契合上合组织发展目标"。早在2002年，《上海合作组织宪章》就明确了经济合作的宗旨，即支持和鼓励各种形式的区域经济合作，推动贸易和投资便利化，以逐步实现商品、资本、服务和技术的自由流动，与"旨在促进经济要素有序自由流动、资源高效配置和市场深度融合"的"一带一路"一脉相承，与致力于开辟整个亚欧大陆的"共同经济空间"的"大欧亚伙伴关系"相吻合。

3. 丝绸之路经济带与欧亚经济联盟：软件基础设施对接

世界区域经济一体化进程的基本形式，依据一体化的深度和水平由低到高分别有特惠关税区（或称优惠贸易安排）、自由贸易区、关税同盟、共同市场和经济联盟。其中每一种形式的区域经济一体化都是伙伴国达成的关于贸易和投资自由化的制度安排和统一规则。这里所说的软件基础设施对接主要是解决中国与伙伴国之间贸易和投资规则、技术标准、法律基础、海关监管等涉及相互贸易、投资和经济合作的各种制度安排的对接和相互适应，以及制定相关的统一规则和进行制度安排。目的是优化市场软环境，推进贸易和投资便利化、自由化，减少乃至消除有形和无形的贸易壁垒，消除各种要素在不同经济体之间自由流动的障碍。基本目标是建设自由贸易区。

建议以中国-欧亚经济联盟全面经济贸易伙伴关系为核心，逐步打造亚欧经济伙伴关系。上合组织是丝绸之路经济带与欧亚经济联盟对接合

---

① 《中俄总理第二十次定期会晤联合公报》，《人民日报》2015年12月18日，第3版。

作的最有效平台，也是构建亚欧经济伙伴关系的第一步。中俄是在上合组织起主导作用的两个大国，所以两国之间的直接对话是打造亚欧经济伙伴关系的关键和基础，中国－欧亚经济联盟全面经济贸易伙伴关系进一步构成亚欧经济伙伴关系的核心，同样也可以说是上合组织经济贸易合作的核心。鉴于此，为实现丝绸之路经济带与欧亚经济联盟有效对接，2016年6月普京访华正式决定启动中国－欧亚经济联盟全面经济贸易伙伴关系。2018年欧亚经济联盟与中国签署《中国与欧亚经济联盟经贸合作协定》。普京将这一"5+1模式"看作"全面欧亚伙伴关系的基础……建立大欧亚伙伴关系的第一步"。[①] 根据我国正在实施的自由贸易区战略，[②] 以及中国－欧亚经济联盟全面经济贸易伙伴关系的"全面性"，我们认为中国－欧亚经济联盟全面经济伙伴关系应体现为以自贸区为核心的全面经济贸易合作伙伴关系，中国与欧亚经济联盟应于近年开启自贸区谈判。其涵盖的主要谈判议题应该包括货物贸易、服务贸易、投资、经济技术合作、知识产权、竞争政策、争端解决机制和其他根据形势需要加入的谈判内容。鉴于中国与欧亚经济联盟五个成员国之间经济发展水平、经济结构等方面的多样性和差异，本着所有伙伴国都能参与进来的原则，在贸易和投资自由化总体目标原则下，对不同伙伴国应区别对待。首先在"浅水区"达成一致，如推进贸易投资便利化、优化市场环境、减少无形的贸易壁垒、便利通关、简化海关、卫生检验检疫、提倡电子化报关等；然后逐步进入"深水区"，实现商品、资本、服务和技术的自由流动，即建设自由贸易区。这一过程可以延续很长时间。

中国－欧亚经济联盟全面经济贸易伙伴关系谈判中必须遵循平等原则，并坚持中国－欧亚经济联盟全面经济贸易伙伴关系不排他原则，即不能损害中国与欧亚经济联盟成员国双边关系的发展。

第二步可整合欧亚经济联盟与上合组织经贸合作，开启上合组织自

---

① Выступление В. Путина 3 сентября 2016 года на пленарном заседании Восточного экономического форума[сайт]. URL: http://www.kremlin.ru/events/president/news/52808. (дата обращения: 12.12.2022)

② 《国务院关于加快实施自由贸易区战略的若干意见》，中国政府网，2015年12月17日，http://www.gov.cn/zhengce/content/2015-12/17/content_10424.htm，访问日期：2022年12月18日。

贸区谈判，形成上合组织全面经济伙伴关系。2016年3月，中、俄、哈、吉、塔五国经济部长在莫斯科会晤，开始讨论在上合组织框架内建设经济伙伴关系的可能性和机制。鉴于上合组织二十六个成员国、观察员国和对话伙伴国国家大小、经济发展水平和经济结构的巨大差异，上合组织自贸区谈判可以不囿于成员国之间，也不囿于所有参加国达成一致，可以分阶段完成。上合组织自贸区谈判的启动不可操之过急，可以在中国-欧亚经济联盟全面经济伙伴关系谈判取得阶段性成果之后开启上合组织自贸区谈判。应在平等和考虑相互利益原则基础上保护投资，优化商品过境手续，共同制定新产品技术标准，相互开放服务和资本市场等。应重视规则、政策、监管、标准等软环境建设；其目标为消除内部贸易壁垒，创造和完善自由的投资环境，扩大服务贸易；覆盖商品贸易、服务贸易、投资、经济和技术合作、知识产权、竞争、争端解决及其他问题；目的是扩大贸易规模、推进贸易投资便利化，继续推进上合组织框架内的区域经济合作，逐步实现商品、资本、服务和技术的自由流动，这也是2001年上合组织成立之初所设定的目标。如前所述，中、俄是在上合组织起主导作用的两个大国，只要中俄或中国与欧亚经济联盟之间达成自由贸易协定，上合组织自贸区的谈判就会顺利很多。可以将上合组织自贸区建立时间设定为2030年前后。

第三步可开启上合组织与东盟自贸区合作，基本形成亚欧经济伙伴关系。欧亚经济联盟与东盟在经济一体化方面取得了一定成果，如2015年和2019年欧亚经济联盟分别与越南和新加坡签署了自由贸易协定，2016年决定研究与东盟自贸区的可能性。中国与东盟于2010年就实现了自由贸易，并已经就"升级版"自贸区开展了系列谈判，中国与巴基斯坦自贸区也已升级，2020年年底中国参与的《区域全面经济伙伴关系协定》正式签署。这些都构成了上合组织与东盟自贸区的基础。

第四步在2040年前后，促成上合组织自贸区生效后与《区域全面经济伙伴关系协定》相互融合，形成更大范围的亚欧经济伙伴关系，在整个亚欧大陆形成"共同经济空间"，全面实现自由贸易制度，保障资本自由流动，建立共同运输服务市场和统一运输体系、共同能源市场、共同金融市场，构建地区金融稳定机制。亚欧经济伙伴关系建设路线图见图6.1。

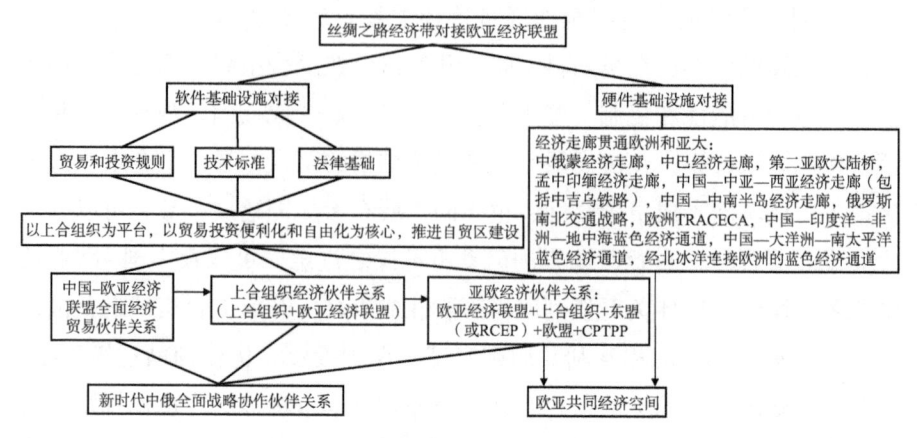

图6.1 亚欧经济伙伴关系建设路线图

未来前景是以丝绸之路经济带与欧亚经济联盟合作为核心,"一带一路"联通欧亚经济联盟、上合组织、东盟、RCEP乃至欧盟和CPTPP,建设中国–欧亚经济联盟自贸区、上合组织自贸区,并与RCEP、CPTPP和欧盟建立紧密的经济联系,形成立足周边,辐射"一带一路"共建国家,面向全球的高标准自由贸易区网络,2050年前后实现亚太经济圈与欧洲经济圈的融合发展。

4. 丝绸之路经济带与欧亚经济联盟:硬件基础设施对接

硬件基础设施对接,主要是指通过各种方式,加强互联互通建设,促进各相关国家之间加快交通、能源、信息等基础设施的网络化建设和跨境对接,打造跨欧亚物流运输体系,为畅通物流、人流和信息流提供硬件基础,即在双边和小多边层面务实推进经济走廊建设,开辟欧亚共同经济空间。为此,2015年3月发布的《推动共建丝绸之路经济带和21世纪海上丝绸之路的愿景与行动》规划了六大经济走廊,[①] 以畅通整个亚欧大陆的共同经济空间。

中国丝绸之路经济带与俄罗斯跨欧亚发展带和蒙古国"草原之路"相互对接形成中俄蒙经济走廊。一方面助力中国东北振兴,另一方面带动蒙

---

① 《推动共建丝绸之路经济带和21世纪海上丝绸之路的愿景与行动》,《人民日报》2015年3月29日,第4版。

古国铁路、公路、油气管道、输电线路等交通基础设施建设以及矿产资源开发与加工产业的发展，同时充分发挥第一亚欧大陆桥——跨欧亚大铁路运输干线的作用，与俄罗斯东西向的油气管道共同构成跨欧亚发展带，从而引领俄罗斯东西伯利亚和远东开发与开放。此外，中俄合作建设北方海航道不仅为欧亚物流提供了又一便捷通道，而且有利于俄罗斯北极地区的资源开发和利用乃至社会经济发展。

丝绸之路经济带从中国新疆出境，经哈萨克斯坦、俄罗斯抵达波罗的海，再经白俄罗斯、波兰进入欧洲，或经哈萨克斯坦（或经中吉乌铁路）、里海，穿过高加索地区的阿塞拜疆和格鲁吉亚、黑海，经乌克兰、罗马尼亚等国进入欧洲，与欧洲TRACECA和俄罗斯推动的"南北交通走廊"形成新亚欧大陆桥。新亚欧大陆桥以中亚为物流、客流、信息流、资金流、技术流等集散中心畅通欧亚经济联盟主要成员国，连接作为世界经济火车头的亚太经济圈和发达经济体欧洲经济圈，将会带动广阔的中间腹地社会经济的全面发展，改变该地区国家经济对原料和能源的高度依赖，实现工业化和再工业化战略任务，走向现代化。

丝绸之路经济带从中国新疆出境，经哈萨克斯坦、土库曼斯坦、伊朗、土耳其进入地中海，或从伊朗进入波斯湾，此即为中国—中亚—西亚经济走廊。该走廊一方面可把中亚、西亚丰富的能源资源顺畅地输送到经济发展最快、对能源需求最强烈的亚太经济圈，另一方面有助于亚太经济圈的富裕资本、先进技术和优质产能实现向中亚和西亚的梯度转移，带动该地区的产业发展和创新，实现该地区经济多元化和现代化。贯穿巴基斯坦全境的中巴经济走廊建成之后，丝绸之路经济带从中国新疆出境，可以北上直接进入伊朗，成为中国—中亚—西亚经济走廊的重要补充。不仅可使中国西北地区，而且也可使欧亚经济联盟国家经中亚地区便捷地南下进入印度洋。

丝绸之路经济带从中国西南地区出境的孟中印缅经济走廊不仅使南亚地区与中亚和西亚地区紧密联系起来，而且也将使以印度为主的迅速发展的南亚与东南亚国家经济日趋融合，进而带动中亚、南亚、东南亚乃至东亚和西亚五大经济板块联合发展。

丝绸之路经济带从中国西南地区出境的中国—中南半岛经济走廊纵贯

越南、老挝、柬埔寨、泰国、马来西亚等国家,直抵新加坡,是中国与东盟合作跨国经济走廊。

此外,2017年国家发改委和海洋局共同发布的《"一带一路"建设海上合作设想》规划了"一带一路"建设海上合作蓝图:以发展蓝色经济为主线,共同建设中国—印度洋—非洲—地中海、中国—大洋洲—南太平洋,以及中国—北冰洋—欧洲等三大蓝色经济通道,全方位推动各领域的务实合作,携手共走绿色发展之路,共创依海繁荣之路,共筑安全保障之路,共建智慧创新之路,共谋合作治理之路,实现人海和谐、共同发展。①

---

① 国家发改委、海洋局:《"一带一路"建设海上合作设想》,中国政府网,2017年6月20日,http://www.gov.cn/xinwen/2017-06/20/content_5203985.htm,访问日期:2022年12月6日。

后 记

本书是《"一带一路":构建亚欧经济伙伴关系》一书的延续,意在聚焦日渐扩大的上海合作组织经济合作,构建亚欧经济伙伴关系。作者先后赴后苏联空间斯拉夫四国(俄罗斯、白俄罗斯、乌克兰、摩尔多瓦)、中亚五国(哈萨克斯坦、乌兹别克斯坦、吉尔吉斯斯坦、塔吉克斯坦和土库曼斯坦)、波罗的海三国(拉脱维亚、立陶宛和爱沙尼亚)、高加索三国(格鲁吉亚、阿塞拜疆和亚美尼亚)进行多次调研,与这些国家的主要智库专家进行了广泛交流,沿途了解相关国家对"一带一路"的认识,对以上合组织为平台共建"一带一路"的意愿和担心;宣讲"一带一路"政策,与各国友人共商共建"一带一路"的方式方法和合作领域。作者还多次应邀赴美国、加拿大、德国、芬兰、捷克、希腊、阿根廷、秘鲁、哥伦比亚、日本和中国台湾等国家和地区参加有关"一带一路"、俄罗斯和中亚、上合组织等议题的会议。作者非常荣幸地成为俄罗斯科学院历史上第一个在主席团会议上发表演讲的中国学者,以及第一个在俄罗斯议会上院联邦委员会会议上发表演讲的外国学者。作者积极从事学术外交活动,与俄罗斯、中亚五国等后苏联空间国家主要智库、高校有着紧密联系,特别是通过俄罗斯时任总统顾问C.格拉季耶夫和时任俄罗斯铁路总公司董事长B.亚库宁推动了"一带一路"与俄罗斯跨欧亚铁路(发展带)以及与欧亚经济联盟的合作,为中俄关系和上合组织的发展作出了重要贡献,荣获"上海合作组织20周年奖章"。

在本书的写作和研究过程中,作者得到了中国上海合作组织研究中心主任、中国国际问题研究院院长徐步,中国上海合作组织研究中心秘书长邓浩,中国国际问题研究院研究员陈玉荣,中国社会科学院学部委员陆南泉和邢广程,研究员孙壮志和李建民,中国现代国际关系研究院研究员许涛和丁晓星,复旦大学教授唐朱昌和刘军梅,华东师范大学教授冯绍雷,上海市社会科学院研究员潘光，中共上海市委党校教授李敦瑞，同济大学教授张鑫，上海大学教授贾利军，上海对外经贸大学副教授胡贝贝，黑龙江省社会科学院研究员刘爽和马友君，黑龙江大学教授靳会新，兰州大学教授杨恕，新疆师范大学教授潘志平，以及俄罗斯铁路总公司前董事长В.亚库宁，俄罗斯总统前顾问、欧亚经济委员会经济部长С.格拉季耶夫院士，俄罗斯科学院А.邓金、П.米纳基尔、Р.格林贝格、В.拉林院士，莫斯科国际关系学院教授А.卢金，圣彼得堡国立大学教授Л.希罗科拉德，俄罗斯国际事务理事会秘书长А.科尔图诺夫，俄罗斯对外和国防政策理事会名誉主席С.卡拉冈诺夫，俄罗斯《全球政治中的俄罗斯》杂志主编Ф.卢基扬诺夫，乌克兰总统前顾问Д.魏德林，哈萨克斯坦中国研究中心主任Т.沙伊梅尔根诺夫，哈萨克斯坦应用政治和国际研究中心主任А.阿姆列巴耶夫，哈萨克斯坦-德国大学Б.苏尔坦诺夫，乌兹别克斯坦外交部长、上合组织前秘书长В.诺罗夫，吉尔吉斯斯坦前外长、上合组织前秘书长М.伊马纳利耶夫先生等给予的热情支持和无私帮助，在此一并表示衷心的感谢。

  作者对世界知识出版社责任编辑蒋少荣、范景峰对本书的出版所给予的支持表示由衷的感谢。

  同时，作者对热情读者即将给予的批评和建议不胜感谢。联系方式：rusland@126.com。

2022年12月30日